Le grand livre
Marabout
de la

cuisine facile

800
recettes

Le grand livre
Marabout
de la

cuisine facile

800
recettes

LES PICTOS

Les infos pratiques en un clin d'œil

TABLE DES BONUS

Les petits plus qui font la différence

Temps de préparation

Temps de cuisson

Nombre de personnes

Nombre de pièces

Nombre de verres ou de bols

Temps de réfrigération

Nombre de calories

Temps de congélation

Temps de repos

Température du four

Temps de trempage

Quantité de sauce

SOMMAIRE

Un code couleur pour s'y retrouver plus facilement

Menu classique n° 1

1. Préparez les profiteroles à l'avance.

2. Une heure à l'avance, découpez les pommes de terre en frites et faites-les tremper dans de l'eau froide.

3. Préparez la salade à l'avocat et aux crevettes.

4. Nettoyez les moules.

5. Faites cuire les moules et les frites en même temps.

6. Préparez la sauce au chocolat juste avant de servir les profiteroles et nappez-en le dessert.

Salade à l'avocat et aux crevettes   121

Moules marinière   258

Frites   370

Profiteroles au chocolat   431

Menu classique n° 2

Salade d'endives à la poire et au bleu   122

Poulet rôti aux 40 gousses d'ail   171

1. Préparez le poulet et faites-le cuire au four.

2. Pendant ce temps, faites précuire les pommes de terre à la vapeur.

3. Au bout de 30 minutes de cuisson du poulet, placez les pommes de terre au four.

4. Pendant ce temps, réalisez la salade d'endives à la poire et au bleu et sa sauce.

5. Préparez le crumble puis mettez-le au four.

Pommes de terre rôties   371

Crumble aux pommes   514

Bloody Mary   022

Palmiers au fromage et aux olives   044

Spaghettis à la bolognaise   296

Tiramisù   432

Menu classique n° 3

1. Préparez le tiramisù à l'avance et réservez-le au frais.

2. Démarrez la sauce bolognaise et laissez-la mijoter 1 h 30.

3. Pendant ce temps, garnissez la pâte pour les palmiers et placez-la au réfrigérateur.

4. Découpez la pâte et faites cuire les palmiers.

5. Préparez les Bloody Mary juste avant de les servir.

6. Mettez les pâtes à cuire juste avant de les servir avec la sauce bolognaise.

Menu classique n° 4

1. La veille, préparez le bœuf bourguignon et la tarte au citron.

2. Trente minutes à l'avance, faites cuire les pommes de terre pour la purée.

3. Préparez la salade de chèvre chaud aux noix juste avant de servir.

4. Réchauffez le bœuf bourguignon.

Salade de chèvre chaud aux noix   123

Bœuf bourguignon   197

Purée de pommes de terre   366

Tarte au citron   496

Menu bien-être n° 1

1. Au moins 4 heures à l'avance ou la veille, préparez les sorbets aux fruits des tropiques.

2. Une heure à l'avance, faites cuire le riz pour le riz aux deux citrons.

3. Pendant la cuisson du riz, préparez la sauce aux deux citrons pour le riz, la salade au fenouil et au pamplemousse et la salade d'agrumes et sa sauce pour les noix de saint-jacques. N'assaisonnez les salades qu'avant de les servir.

4. Au dernier moment, faites griller les noix de saint-jacques juste avant de les servir.

Salade au fenouil et au pamplemousse   118

Saint-jacques grillées aux agrumes   260

Riz aux deux citrons   302

Sorbets aux fruits des tropiques   523

Menu bien-être n° 2

Nectar de canneberge et de framboise   27

Gaspacho   109

1. Trois heures à l'avance, préparez le gaspacho puis mettez-le au réfrigérateur.

2. Préparez la salade romaine, avocat et tomates rôties puis les figues caramélisées et le yaourt aux épices.

3. Au dernier moment, préparez le nectar de canneberge et de framboise.

Salade romaine, avocat et tomates rôties   148

Figues caramélisées et yaourt aux épices   506

Asperges au vinaigre balsamique   116

Chips vite prêtes   030

Menu bien-être n° 3

1. Une heure à l'avance, coupez les pommes de terre pour les chips et mettez-les à tremper.

2. Pendant ce temps, préparez la salade de fruits, sans la garnir de yaourt ni de muesli, ainsi que les papillotes de poulet.

3. Au dernier moment, faites griller les asperges, faites cuire les brocolis chinois et faites frire les chips de pomme de terre.

4. Garnissez la salade de fruits rouges au yaourt et au muesli avant de servir.

Blancs de poulet au citron vert   172

Salade de fruits rouges au yaourt et au muesli   503

Menu bien-être n° 4

1. Faites cuire la soupe et faites rôtir les poivrons pour les antipasti.

2. Mixez la soupe. Ensuite, pelez les poivrons et réalisez les antipasti.

3. Préparez la salade de fruits toute rouge.

4. Au dernier moment, faites cuire les pâtes et réalisez le pesto à la roquette.

Soupe à la tomate et au fenouil   104

Antipasti en brochettes   051

Pâtes au poulet et pesto à la roquette   283

Salade de fruits toute rouge   502

Menu asiatique n° 1

1. Quatre heures à l'avance, préparez le yaourt glacé aux fruits de la Passion.

2. Une heure à l'avance, faites tremper le riz, puis faites-le cuire.

3. Préparez les Bloody Mary à la thaïlandaise avant de les servir.

4. Faites sauter le porc thaï aux brocolis juste avant de le servir.

Bloody Mary à la thaïlandaise 022

Porc thaï aux brocolis 216

Riz jaune au lait de coco 311

Yaourt glacé aux fruits de la Passion 520

Raviolis vapeur 326

Bœuf sauté au piment 201

Menu asiatique n° 2

1. La veille, rincez le riz gluant puis laissez-le tremper toute la nuit.

2. Préparez les raviolis vapeur puis faites-les cuire.

3. En même temps, faites cuire le riz gluant.

4. Pendant ce temps, préparez les fruits pour le dessert et réservez-les au frais.

5. Le bœuf sauté au piment sera préparé juste avant d'être servi.

6. Garnissez la glace de coulis de fruits juste avant de servir.

Riz gluant 310

Crème glacée et sauce aux fruits exotiques 521

Crevettes à la noix de coco et au citron vert 054

Ailes de poulet marinées 174

Menu asiatique n° 3

1. Six heures à l'avance, préparez le yaourt glacé et mettez-le au congélateur pendant 4 heures.

2. Quatre heures à l'avance, faites mariner les ailes de poulet pendant 3 heures au réfrigérateur.

3. Deux heures à l'avance, mettez les crevettes à mariner pendant 1 heure au réfrigérateur.

4. Préparez le riz au coco, au poivron et à la coriandre.

5. Faites cuire les ailes de poulet.

6. Faites cuire les crevettes et réalisez la sauce aux cacahuètes.

Riz au coco, au poivron et à la coriandre 312

Yaourt glacé à la mangue 523

Menu asiatique n° 4

1. La veille, préparez le sorbet exotique.

2. Préparez la salade de mangue verte et réservez-la au réfrigérateur.

3. Préparez la salade de vermicelles aux crevettes et la pâte à frire pour les blancs de poulet.

4. Faites frire les blancs de poulet.

5. Faites griller les mangues pour accompagner le sorbet juste avant de servir le dessert.

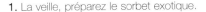

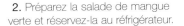

Salade de mangue verte 047

Blancs de poulet au citron 172

Salade de vermicelles aux crevettes 152

Sorbet exotique et mangues grillées 524

COUTEAUX

À chaque couteau son usage : pour tout vrai amateur de cuisine,
le choix de cet outil est déterminant.

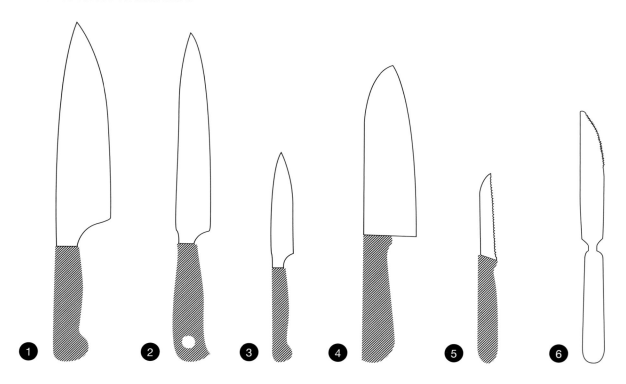

① Couteau de chef

Le couteau de chef est doté d'une lame rigide et suffisamment lourde pour trancher, émincer ou hacher. La taille des lames varie de 15 à 32 cm. Choisissez-le juste assez lourd pour assurer une bonne coupe et le tenir confortablement en main.

② Couteau à découper

La longue lame du couteau à découper est spécialement conçue pour découper les rôtis en tranches, facilement et à une cadence continue. On obtient ainsi des tranches bien nettes.

③ Couteau d'office

Ce petit couteau travaille en prolongement de votre main pour éplucher, dégraisser, et effectuer des découpes précises. Pour un parfait confort d'utilisation, tenez-le fermement entre le pouce et l'index.

④ Couteau Santoku

Conçu pour émincer, couper en dés et trancher lors de la préparation de plats culinaires asiatiques comme les sushis, le Santoku ressemble un peu au couteau de chef. Plus petit, il est doté d'une lame à la fois plus fine et plus précise. Son fil dentelé empêche les aliments d'adhérer à la lame.

⑤ Couteau à dents

Un petit couteau à dents permet de trancher très facilement une tomate mûre ou une pâtisserie sans l'écraser. Un couteau bon marché fera l'affaire. Assurez-vous seulement que la lame est suffisamment robuste pour effectuer une coupe nette.

⑥ Couteau à viande

C'est le couteau adéquat lorsque vous servez un bifteck, des côtelettes, un poulet ou toute autre volaille. La lame, fine et robuste, est généralement dentelée afin que vos invités puissent découper et savourer les viandes sans effort.

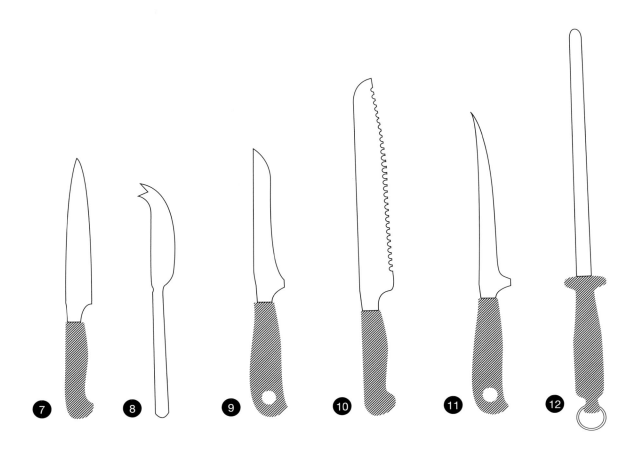

⑦ Couteau à larder

Parfait intermédiaire entre le couteau de chef et le couteau d'office, il est très pratique pour couper les légumes en julienne ou découper les viandes. Cet ustensile vous sera également très utile pour hacher les oignons et le céleri.

⑧ Couteau à fromage

Ce couteau à découper et à servir accompagne naturellement le plateau de fromages. Vous pouvez également l'utiliser comme couteau de bar pour découper et préparer des garnitures pour vos cocktails.

⑨ Couteau à désosser

Long et robuste pour désosser les grosses pièces de viande, on le choisira au contraire fin et souple pour des opérations plus délicates comme désosser une caille. Pour qu'il convienne à tous les usages, choisissez-le avec une lame légèrement flexible.

⑩ Couteau à pain

Un bon couteau à pain est doté d'une lame longue, robuste, et d'une tranche dentelée pour couper aisément la croûte et la mie du pain sans l'écraser. Pour cet usage, préférez un couteau à dentelures et évitez les couteaux « à dents de scie ».

⑪ Couteau « à filet de sole »

Spécialement étudié pour lever les filets de poisson avec précision et les séparer des arêtes, le couteau à filet de sole est doté d'une lame particulièrement fine et souple. La lame doit être soigneusement aiguisée afin de ne pas déchirer les chairs.

⑫ Fusil à aiguiser

Correctement utilisé, le fusil à aiguiser permet à vos couteaux de conserver leur tranchant. Cet instrument de précision demande un certain investissement. Évitez les articles bon marché.

BIEN PRÉSENTER LES PLATS

Impressionnez vos invités et métamorphosez vos plats en fignolant la présentation.

Losanges de mangue

Posez la mangue sur le plan de travail et tranchez-la dans la longueur de chaque côté du noyau. Placez les moitiés côté chair vers le haut, et quadrillez la chair en diagonale, sans percer la peau. Retournez la peau pour faire ressortir les losanges de mangue.

Jolis quartiers de citron

Coupez un citron dans le sens de la longueur en six quartiers, ou huit s'il s'agit d'un gros citron. Posez les quartiers sur une planche à découper et éliminez soigneusement les peaux blanches et les pépins. Si vous le souhaitez, vous pouvez retirer les peaux blanches en coupant en diagonale de chaque côté, en forme de V.

Flacon souple

Conservez le vinaigre balsamique et/ou l'huile d'olive dans des flacons souples. Pressez dessus pour parsemer des gouttes sur le bord de l'assiette, ou bien tracer des zigzags à travers les aliments ; faites attention à ne pas trop en mettre.

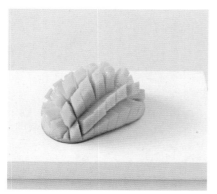

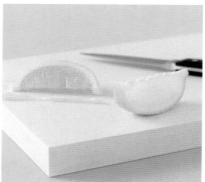

Couper des oignons nouveaux

Pour obtenir de belles rondelles d'oignons nouveaux, parez les oignons puis alignez-les, par deux ou par trois, sur une planche à découper. Munissez-vous d'un couteau lourd et inclinez-le fortement pour couper des rondelles très fines.

Faire des copeaux de parmesan

Préparez des copeaux à mettre dans une salade César ou une autre salade, ou bien sur des pâtes : tenez un morceau de parmesan d'une main et de l'autre, passez un épluche-légumes ou un rabot à fromage sur l'arête étroite pour obtenir de fins copeaux.

Citron vert

Pour décorer des plats asiatiques et proposer à vos convives un assaisonnement rafraîchissant à presser sur les aliments juste avant de les déguster, coupez des citrons verts de chaque côté du centre dans le sens de la longueur pour obtenir des morceaux sans la partie blanche.

Râper du chocolat

Pour réaliser des copeaux de chocolat soignés et décorer gâteaux ou desserts, enveloppez le chocolat dans un film plastique en serrant bien, puis placez-le au congélateur jusqu'à ce qu'il soit ferme, mais pas gelé. Râpez des copeaux de différentes tailles et mettez-les au réfrigérateur jusqu'à emploi.

Servir des huîtres et des moules

Pour présenter des huîtres et des moules en entrée ou sur un buffet, préparez un lit de gros sel ou de glace pilée sur des assiettes individuelles ou sur un plat de service, et disposez-y les crustacés ouverts en cercle. Vous pouvez placer la sauce au centre.

Râper ou tamiser

Mettez du cacao en poudre, de la muscade moulue et/ou du sucre glace dans une passoire, tenez-la au-dessus de l'assiette et tapotez-la pour tamiser les ingrédients. Vous pouvez râper de la muscade entière directement sur des plats sucrés ou salés.

  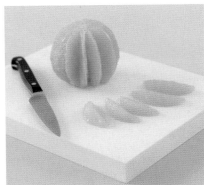

Herbes frites

Lavez et séchez quelques brins de persil, des herbes tendres ou du cresson ; placez-en quelques morceaux dans un tamis en métal et plongez-les dans une poêle à bord épais contenant de l'huile très chaude pendant environ 3 secondes ; attention aux éclaboussures. Disposez les herbes frites sur un plat de fruits de mer, de poisson ou de viande ; c'est chic et délicieux.

Amandes effilées grillées

Se marient parfaitement avec des plats sucrés aussi bien que salés. Fruits frais d'été, crèmes glacées, génoises délicates ou salade verte seront ainsi sublimés. Pour les préparer, placez les amandes dans une poêle chaude et remuez sur le feu jusqu'à ce qu'elles commencent à brunir – soyez vigilant car elles brunissent rapidement et peuvent brûler en un rien de temps.

Suprêmes d'orange

Pour obtenir des suprêmes d'orange à mettre dans une salade ou un dessert, coupez les deux extrémités de l'orange pour que la chair soit apparente, puis pelez-la à vif. Passez la lame du couteau le long de chaque membrane pour récupérer les suprêmes.

APÉRO

Sélection de recettes prêtes en moins de 20 minutes

Mojito   20

Cosmopolitan   21

Bloody Mary   22

Margarita   22

Tom Collins   23

Piña colada   23

Cuba libre   24

Bellini   25

Jus tropical frappé   26

BONUS

AGRÉMENTER LES COCKTAILS

Servez des cocktails inoubliables à vos invités en ajoutant une touche finale attrayante. Les décorations peuvent être préparées à l'avance et conservées au réfrigérateur dans des récipients couverts.

Cerises

Choisissez des paires de cerises mûres noires, rouges ou jaunes. Placez-les à cheval sur le bord d'un grand verre rempli d'une boisson fruitée ou crémeuse.

Rondelles d'agrume

Faites une fente dans une rondelle de citron ou de citron vert (ou les deux) et placez-la (les) sur le bord d'un verre ; pour les fruits plus larges, comme l'orange ou l'orange sanguine, coupez les rondelles en deux puis incisez-les au milieu.

Ananas

Retirez quelques petites feuilles sur un ananas en tirant, incisez-les au milieu en partant du bas et placez-les sur le bord d'un verre. Vous pouvez ajouter un petit quartier d'ananas.

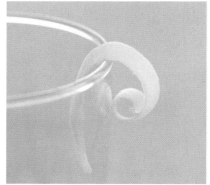

Glaçons décoratifs

Mettez au congélateur un bac à glaçons à moitié rempli d'eau. Une fois que les glaçons sont pris, posez dessus des herbes aromatiques, des petits morceaux d'agrumes, des fleurs comestibles, etc., préalablement plongés dans de l'eau glacée ; replacez au congélateur jusqu'à ce qu'ils durcissent. Ajoutez de l'eau glacée par-dessus pour remplir le bac et congelez.

Boucles de coco

Faites cuire une noix de coco entière au four pendant environ 10 min à température moyenne, puis cassez-la en la frappant avec un marteau. Prélevez la chair puis, à l'aide d'un couteau très tranchant, pelez des fins rubans pour obtenir des boucles à accrocher sur le bord d'un verre.

Givrer un verre

Tenez un verre à l'envers et frottez l'extérieur du bord avec un citron coupé, jusqu'à ce qu'il soit uniformément mouillé. Trempez le bord dans une soucoupe remplie de sel ou de sucre en poudre puis secouez pour enlevez l'excédent.

Fraise

Choisissez des fraises fermes et mûres avec des pédoncules bien verts ; incisez-les en partant de la pointe, ou bien faites quelques fentes et ouvrez la fraise en éventail. Disposez sur le bord d'un verre.

Bâtonnet de céleri

Coupez le céleri en bâtonnets, environ 4 cm plus longs que les verres que vous allez utiliser ; vous pouvez laisser les extrémités feuillues si elles sont fraîches et en bon état. Placez-les dans un bloody mary ou un jus de légumes en guise de bâtonnets mélangeurs.

Billes de melon

À l'aide d'une cuillère parisienne, prélevez des billes de melons de différentes couleurs. Enfilez-les sur des piques en bois en alternant les couleurs et déposez-les sur des petits verres.

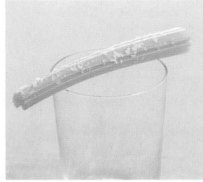

Concombre

Coupez des fines tranches de concombre libanais non épluché, dans la longueur. C'est une décoration originale, qui peut aussi faire office de bâtonnets mélangeurs très commodes.

Poire et menthe

Coupez une fine tranche de poire et incisez-la jusqu'au centre en partant du bas. Glissez délicatement un petit brin de menthe frais dans la fente et placez le tout dans une boisson.

Zeste d'agrume

Prélevez un zeste d'agrume en forme de spirale. Déposez-le au fond d'un verre, en laissant pendre une extrémité sur le rebord. Vous pouvez aussi couper des fines bandes droites dans le zeste, y faire des nœuds et les laisser tomber dans le verre.

Mojito

1 citron vert
15 ml de sirop de sucre de canne
6 brins de menthe fraîche
45 ml de rhum léger
75 g de glaçons
150 ml d'eau pétillante

1 Découpez le citron vert en 4 quartiers. Dans un shaker, avec une cuillère à cocktail, écrasez délicatement 3 quartiers avec le sirop de sucre de canne et les brins de menthe fraîche.

2 Ajoutez le rhum et les glaçons. Secouez vigoureusement et filtrez le tout dans un verre haut. Ajoutez l'eau pétillante puis décorez avec le dernier quartier de citron vert.

Mojito à la citronnelle

1 bâton de citronnelle
4 brins de menthe fraîche
15 ml de sirop de sucre de canne
45 ml de rhum
150 g de glaçons
150 ml d'eau pétillante

1 Coupez en deux le bâton de citronnelle : réservez le vert et émincez le blanc très finement. Mettez-le dans un shaker avec la menthe fraîche et le sirop de sucre.

2 Écrasez le tout à la cuillère à cocktail puis ajoutez le rhum et la moitié des glaçons. Secouez vigoureusement et filtrez le mélange dans un verre haut. Ajoutez le reste des glaçons et l'eau pétillante. Avec la lame d'un couteau, écrasez l'autre bout de citronnelle et décorez-en le cocktail, la partie écrasée plongée dans le liquide.

Caipiroska

1 citron vert
2 c. à c. de sucre en poudre
45 ml de vodka
150 ml de glace pilée

1 Détaillez le citron vert en 8 quartiers. Écrasez-les à la cuillère à cocktail dans un shaker avec le sucre en poudre.

2 Ajoutez la vodka et la glace pilée. Agitez vigoureusement le mélange avant de le verser dans un verre à whisky.

Caipiroska aux litchis

2 litchis frais
2 c. à c. de sucre en poudre
45 ml de vodka
10 ml de jus de citron vert
125 ml de glace pilée

1 Dans un shaker, écrasez à la cuillère à cocktail les litchis avec le sucre en poudre. Ajoutez la vodka, le jus de citron vert et la glace pilée

2 Agitez vigoureusement le shaker puis filtrez le mélange et versez-le dans un verre à whisky.

Martini à la vodka

1 olive verte dénoyautée
1 trait de Martini blanc
45 ml de vodka
150 g de glaçons

1 Dans un verre à Martini frappé, déposez l'olive verte et versez un trait de Martini blanc. Inclinez le verre en tous sens pour napper les parois de Martini.

2 Dans un shaker, mélangez la vodka aux glaçons. Agitez vigoureusement et versez le tout dans le verre.

Martini à la vodka et aux piments

1 petit piment rouge
3 gouttes de Tabasco®
45 ml de vodka
150 g de glaçons

1 Dans un verre à Martini frappé, déposez le piment et le Tabasco®.

2 Dans un shaker, mélangez la vodka et les glaçons. Agitez vigoureusement et versez le tout dans le verre.

Cosmopolitan

150 g de glaçons
45 ml de vodka
30 ml de Cointreau®
20 ml de jus de canneberge
10 ml de jus de citron vert
1 zeste d'orange

1 Dans un shaker, versez sur les glaçons les alcools, les jus de canneberge et de citron vert.

2 Agitez vigoureusement et versez le mélange dans un verre à cocktail frappé. Décorez le verre d'une lanière de zeste d'orange.

Cosmopolitan à la pomme

45 ml de vodka
30 ml de Cointreau®
10 ml de jus de canneberge
15 ml de jus de pomme
5 ml de jus de citron vert
150 g de glaçons
1 lanière de pelure de pomme

1 Dans un shaker, versez tous les alcools ainsi que les jus de canneberge, de pomme et de citron vert sur les glaçons.

2 Agitez vigoureusement et versez le mélange dans un verre frappé. Décorez le verre d'une lanière de pelure de pomme.

Bloody Mary

150 g de glaçons
60 ml de vodka
10 ml de jus de citron
¼ de c. à c. de Tabasco®
½ c. à c. de raifort
1 trait de sauce Worcestershire
1 pincée de sel au céleri
150 ml de jus de tomate
1 tronçon de céleri
Poivre du moulin

1 Mettez les glaçons dans un verre haut, ajoutez la vodka, le jus de citron, le Tabasco®, le raifort, un trait de sauce Worcestershire, le sel au céleri et le jus de tomate. Remuez pour mélanger.

2 Donnez quelques tours de moulin à poivre et décorez le verre d'un tronçon de céleri.

Bloody Mary à la thaïlandaise

1 c. à c. de sucre roux
2 feuilles de citron kaffir
1 petit piment rouge
20 ml de jus de citron vert
60 ml de vodka
150 g de glaçons
1 trait de nuoc-mâm
150 ml de jus de tomate
1 tranche de citron vert

1 Avec une cuillère à cocktail, écrasez dans un shaker le sucre, les feuilles de kaffir finement ciselées, le piment avec le jus de citron vert. Ajoutez la vodka, les glaçons et un trait de nuoc-mâm.

2 Agitez vigoureusement et filtrez le mélange dans un verre haut. Complétez avec le jus de tomate, remuez pour mélanger, puis garnissez le cocktail d'une tranche de citron vert.

Margarita

45 ml de tequila ambrée
30 ml de Cointreau®
30 ml de jus de citron
30 ml de sirop de sucre
150 g de glaçons
1 citron

1 Dans un shaker, versez tous les alcools, le jus de citron et le sirop de sucre sur les glaçons. Agitez vigoureusement le tout.

2 Passez un quartier de citron vert sur le bord du verre avant de le retourner sur une soucoupe de sel pour le givrer. Versez le cocktail dans le verre et décorez-le d'une tranche de citron vert.

Margarita à la sanguine

45 ml de tequila ambrée
30 ml de jus de citron vert
30 ml de jus d'orange sanguine
30 ml de sirop de sucre
150 g de glaçons
1 tranche d'orange sanguine

1 Versez dans un shaker la tequila, les jus de citron vert et d'orange sanguine, le sirop de sucre sur les glaçons.

2 Agitez vigoureusement le tout et versez-le dans un verre à margarita givré au sel. Décorez le cocktail avec une tranche d'orange sanguine.

Tom Collins

60 ml de gin
80 ml de jus de citron
2 c. à c. de sucre glace
80 ml d'eau pétillante
60 g de glaçons
1 cerise au marasquin

1 Versez le gin, le jus de citron, le sucre glace et l'eau pétillante sur les glaçons dans un verre haut frappé.

2 Mélangez bien le tout et ajoutez 1 cerise au marasquin.

Tom Collins au bitter

60 ml de gin
80 ml de jus de citron
2 c. à c. de sucre glace
1 trait d'angostura bitters
80 ml d'eau pétillante
60 g de glaçons
½ tranche d'orange

1 Dans un verre haut frappé, versez le gin, le jus de citron, le sucre glace, un trait d'angostura bitters et l'eau pétillante sur les glaçons.

2 Mélangez bien et décorez le cocktail d'une demi-tranche d'orange.

Piña colada

30 ml de rhum blanc
30 ml de rhum ambré
80 ml de jus d'ananas
20 ml de sirop de sucre
40 ml de crème de coco
220 g de glaçons
1 trait d'angostura bitters

1 Mélangez les rhums, le jus d'ananas, le sirop de sucre, la crème de coco, les glaçons et un trait d'angostura bitters.

2 Versez le cocktail dans un grand verre tulipe.

Piña colada au fruit de la Passion

30 ml de rhum blanc
30 ml de rhum ambré
80 ml de jus de fruit de la Passion frais filtré (soit le jus de 8 fruits frais)
20 ml de sirop de sucre
40 ml de crème de coco
½ c. à c. de graines de fruit de la Passion
150 g de glaçons

1 Mixez les rhums, le jus de fruit de la Passion, le sirop de sucre, la crème de coco, les graines de fruit de la Passion et les glaçons.

2 Versez le tout dans un grand verre tulipe.

Cuba libre

45 ml de rhum ambré
20 ml de jus de citron vert
75 g de glaçons
125 ml de soda au cola
1 tranche de citron vert

1 Dans un verre haut, versez le rhum et le jus de citron vert sur les glaçons.

2 Mélangez bien avant d'ajouter le soda au cola. Décorez le verre avec la tranche de citron vert.

Cuba libre à la vanille

45 ml de rhum ambré
10 ml de jus de citron vert
75 g de glaçons
125 ml de limonade parfumée à la vanille
1 tranche de citron

1 Versez dans un verre haut le rhum et le jus de citron sur les glaçons. Remuez bien le tout, puis ajoutez la limonade parfumée.

2 Décorez le verre avec la tranche de citron.

White russian

30 ml de vodka
45 ml de liqueur au café
40 ml de crème liquide
75 g de glaçons

1 Dans un verre à whisky, versez tous les alcools, la crème liquide et les glaçons. Mélangez bien.

White russian à la noix de coco

30 ml de vodka
15 ml de liqueur de café
30 ml de malibu
40 ml de crème de coco
75 g de glaçons

1 Dans un verre à whisky, versez tous les alcools et la crème de coco sur les glaçons. Mélangez bien.

Bellini

45 ml de nectar de pêche
5 ml de jus de citron vert
15 ml d'alcool à la pêche
150 ml de champagne brut frappé

1 Dans une grande flûte à champagne, versez le nectar de pêche, le jus de citron vert et l'alcool à la pêche.

2 Mélangez bien le tout, puis ajoutez le champagne.

Bellini à la mangue

60 ml de nectar de mangue
15 ml de liqueur à la mangue
5 ml de jus de citron vert
120 ml de champagne brut frappé

1 Versez le nectar et la liqueur à la mangue et le jus de citron vert dans une grande flûte à champagne.

2 Mélangez bien le tout, puis complétez le cocktail avec le champagne.

Long island tea

15 ml de vodka
15 ml de rhum blanc
15 ml de tequila blanche
15 ml de gin
10 ml de Cointreau®
15 ml de jus de citron
15 ml de sirop de sucre
75 g de glaçons
80 ml de soda au cola
1 tranche de citron

1 Dans un shaker, versez tous les alcools, le jus de citron et le sirop de sucre sur les glaçons.

2 Agitez vigoureusement et versez le tout dans un verre haut. Ajoutez le soda et décorez le verre avec la tranche de citron.

Iced tea à la limonade

15 ml de vodka
15 ml de rhum blanc
15 ml de tequila blanche
15 ml de gin
10 ml de Cointreau®
15 ml de jus de citron vert
15 ml de sirop de sucre de canne
120 g de glaçons
80 ml de limonade
1 tranche de citron

1 Dans un shaker, versez tous les alcools, le jus de citron et le sirop de sucre de canne sur les glaçons.

2 Agitez vigoureusement et versez le tout dans un verre haut. Ajoutez la limonade et décorez le verre avec la tranche de citron.

Jus de cerise frappé

250 ml de sorbet à la cerise
500 ml de jus de canneberge
150 g de cerises surgelées

1 Mixez le sorbet à la cerise, avec le jus de canneberge et les cerises surgelées.

Jus tropical frappé

250 ml de sorbet aux fruits de la Passion
250 ml de jus d'orange
450 g d'ananas en boîte avec le jus
1 petite banane

1 Mixez le sorbet aux fruits de la Passion, le jus d'orange, l'ananas en boîte et la banane coupée en morceaux.

Punch sans alcool

425 g de mangue
300 g d'ananas
250 g de fraises
750 ml de jus de fruits exotiques
Quelques feuilles de menthe
finement ciselées
1 c. à s. de sucre roux
750 ml de ginger ale (soda aromatisé
au gingembre et au citron)

1 Coupez les fruits en petits dés et mettez-les dans un grand saladier avec le jus de fruits exotiques.

2 Ajoutez les feuilles de menthe, le sucre et le ginger ale. Mettez 2 h au réfrigérateur.

Sirop de framboise

300 g de framboises surgelées
125 ml de jus de canneberge
220 g de sucre en poudre

1 Mixez les framboises surgelées et le jus de canneberge.

2 Mélangez dans une casserole 500 ml d'eau et le sucre et portez à ébullition en remuant sans cesse. Laissez

ensuite frémir 5 min à feu moyen avant d'ajouter les framboises mixées.

3 Portez à nouveau à ébullition pendant 2 min. Filtrez le mélange et mettez-le 30 min au réfrigérateur. Servez-le avec de l'eau plate ou pétillante, ou encore de la limonade (1 volume de sirop de framboise pour 3 volumes d'eau).

Nectar de canneberge et de framboise

500 ml de jus de canneberge
250 ml de sorbet aux fruits rouges
150 g de framboises surgelées
20 ml de jus de citron

1 Mixez en purée liquide le jus de canneberge, le sorbet, les framboises et le jus de citron.

2 Pour une boisson plus douce, ajoutez du sucre glace. Si les jus se séparent, mélangez à nouveau vigoureusement le nectar.

Fraîcheur de pastèque

900 g de chair de pastèque
125 ml de jus d'orange frappé
40 ml de jus de citron vert
1 citron vert

1 Mixez en purée liquide la chair de pastèque détaillée en gros cubes avec les jus d'orange frappé et de citron vert. Garnissez de tranches de citron vert.

Sea breeze sans alcool

500 ml de jus de canneberge frappé
500 ml de jus de pamplemousse
Rubis frappé
40 ml de jus de citron vert

1 Dans une carafe, versez les jus de canneberge et de pamplemousse rubis frappés et de citron vert. Mélangez vigoureusement.

Frappé à l'orange, à la fraise et à la papaye

1,5 kg de chair de papaye
(à chair rouge de préférence)
250 g de fraises
180 ml de jus d'orange frappé

1 Découpez en cubes la chair de papaye puis mixez-la en purée avec les fraises et le jus d'orange frappé.

FRUITS À COQUE & GRAINES

Les fruits à coque et les graines doivent absolument être frais ; achetez-les donc dans un magasin qui renouvelle souvent ses stocks. Et si vous devez les conserver, mettez-les au congélateur.

Noix de pecan

Similaires aux noix mais plus sucrées et plus douces. On les connaît surtout dans la tarte aux noix de pecan, spécialité du sud des États-Unis. Elles peuvent agrémenter des salades ou se déguster avec des fromages moelleux, du céleri ou de la pomme, dans des gâteaux, des cookies et du pain.

Amandes

Très appréciées des cuisiniers car on peut en faire de nombreuses utilisations : truite aux amandes, pilafs, salades de poulet, plats chinois et indiens, pain aux amandes... Achetez-les non blanchies et blanchissez-les avant emploi.

Noix du Brésil

Également connues sous le nom de noix de para ou noix d'Amazonie. Si vous les achetez entières, évitez celles qui font du bruit lorsqu'on les secoue ou qui semblent légères pour leur taille. Moins courantes que les autres noix, elles se servent pour l'apéritif ou s'utilisent dans des biscuits ou des desserts : cela change !

Noix

Les noix sont délicieuse fraîches, mais elles ont tendance à sécher et à rancir rapidement. Elles sont meilleures achetées entières, ou bien emballées sous vide si elles sont décortiquées. Servez-les simplement avec du fromage ou dans des salades, gâteaux ou desserts.

Pistaches

Vendues dans leur coquille entrouverte ou en vrac, salées pour l'apéritif ou non salées pour être employées en cuisine. D'une jolie couleur verte, les pistaches ont une saveur douce et légèrement résineuse. Elles peuvent être incorporées dans des pâtés, des terrines, des biscuits, des gâteaux et des confiseries.

Pignons de pin

Généralement grillés ou revenus à la poêle pour faire ressortir leur saveur délicate, les pignons de pin sont un élément essentiel du pesto ; ils sont souvent utilisés dans la cuisine méditerranéenne et pour décorer des plats de viande et de riz du Moyen-Orient.

Noisettes

Elles s'accordent très bien avec du cresson, de l'orange et des viandes riches comme le canard, et sont délicieuses dans les meringues, biscuits, gâteaux, et tout ce qui contient du chocolat. Faire griller les noisettes permet de rehausser leur saveur.

Noix de macadamia

Les noix de macadamia sont relativement chères mais elles valent leur prix. Croustillantes et avec une saveur douce de beurre, elles sont exquises grillées, dans du beurre noisette avec des haricots ou du poisson d'eau douce, ainsi que dans des biscuits, brownies et autres pâtisseries au chocolat.

Noix de cajou

Grillées, salées et crues, elles remportent la deuxième place pour l'apéritif, juste derrière les cacahuètes. Leur saveur riche et assez sucrée se marie bien avec des épices et des sautés. Elles sont courantes dans la cuisine chinoise et indienne.

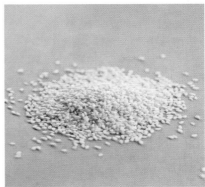

Graines de courge

Les pépins de courge séchés se dégustent principalement salés en guise d'en-cas ; on en trouve aussi dans les céréales pour petit déjeuner, les salades et les plats de riz. Assurez-vous d'acheter des graines décortiquées, car l'enveloppe est difficile à enlever une fois que la graine est séchée.

Graines de tournesol

Pour les déguster nature et les cuisiner, vous avez besoin des graines séchées écalées, et non des graines entières. Très nutritives, elles se mangent salées en guise de collation ; on s'en sert également dans les céréales pour petit déjeuner, les salades et les plats de riz.

Graines de sésame

On les connaît surtout sur le pain. Vous les apprécierez aussi en les faisant revenir à la poêle dans du beurre ou de l'huile, en les mélangeant avec des bâtonnets de carottes cuites, des morceaux de citrouille ou de patate douce rôtis, ou en les parsemant sur des biscuits sucrés avant de les faire cuire au four.

Pelures de pomme de terre en amuse-bouche

4   5'   1h10   220°C   kcal 247

1 kg de pommes de terre avec la peau
2 c. à s. d'huile d'olive

1 Préchauffez le four à 220 °C.

2 Grattez les pommes de terre et badigeonnez-les avec la moitié de l'huile d'olive. Étalez-les sur le plateau du four et laissez-les cuire 50 min jusqu'à ce qu'elles soient tendres.

3 Coupez les pommes de terre en quartiers dans la longueur puis retirez délicatement la chair (gardez-la pour un autre emploi) à l'aide d'un couteau bien aiguisé.

4 Disposez les pelures sur la grille du four, côté chair vers le haut, et badigeonnez-les avec le reste d'huile. Laissez-les rôtir 20 min pour les rendre croustillantes. Servez en amuse-bouche avec un assortiment de sauces.

Chips vite prêtes

8   10'   30'   20'   kcal 122

1 kg de pommes de terre pelées
Huile végétale pour la friture

Sel aromatisé
½ c. à c. de paprika doux
1 c. à c. de sel fin
½ c. à c. de poivre noir du moulin
1 pincée de poivre de Cayenne

1 Coupez les pommes de terre en tranches de 2 mm d'épaisseur et faites-les tremper 30 min dans de l'eau froide puis égouttez-les et essuyez-les avec du papier absorbant.

2 Faites chauffer l'huile dans une friteuse ou une grande sauteuse et faites frire les pommes de terre en plusieurs fois, jusqu'à ce qu'elles soient dorées. Sortez-les de l'huile et disposez-les en une seule couche sur plusieurs feuilles de papier absorbant.

3 Préparez le sel aromatisé : mélangez tous les ingrédients dans un petit récipient. Saupoudrez généreusement sur les chips et servez.

Chips de patate douce au sel pimenté

4 · 25' · 25' · kcal 300

1 patate douce orange moyenne (400 g)
1 patate douce blanche moyenne (400 g)
1 patate douce violette moyenne (400 g)
Huile de friture
2 c. à c. de sel de mer
½ **c. à c.** de piment séché émietté
½ **c. à c.** de paprika doux

1 À l'aide d'un épluche-légumes, découpez les patates douces en lamelles longues et fines.

2 Faites chauffer l'huile dans un wok. Faites frire les lamelles de patate douce en plusieurs fois, jusqu'à ce qu'elles soient dorées et croustillantes. Égouttez-les sur une grille placée sur du papier absorbant.

3 Mélangez le sel, le piment et le paprika dans un bol. Saupoudrez les chips de patate douce avec ce mélange.

Chips de topinambour

4 · 30' · 20' · 180°C · kcal 300

1 kg de topinambours non pelés et coupés en fines tranches
2 c. à s. d'huile d'olive
1 c. à c. de sel
½ **c. à c.** de poivre du moulin

1 Préchauffez le four à 180 °C. Mélangez les ingrédients dans un saladier.

2 Disposez les tranches de topinambour sur une grille posée dans un grand plat. Faites cuire au four 20 min, jusqu'à ce que les chips soient bien croustillantes.

Chips au persil

4 · 30' · 5' · kcal 131

500 g de pommes de terre pelées
1 bouquet de persil plat
Huile végétale pour la friture

1 Coupez les pommes de terre en tranches de 2 mm d'épaisseur.

2 Glissez une feuille de persil entre deux tranches et pressez bien pour fermer la chips.

3 Faites chauffer l'huile dans une friteuse ou dans une grande sauteuse et faites frire les chips en plusieurs fois, jusqu'à ce qu'elles soient dorées et croustillantes. Égouttez-les sur du papier absorbant et servez aussitôt.

Variante
Aromatisez ces chips avec d'autres herbes, comme la sauge ou le basilic.

① Pistou

100 g de feuilles de basilic frais
160 ml d'huile d'olive
1 gousse d'ail coupée en quatre
2 c. à c. de zeste de citron finement râpé
2 c. à c. de parmesan finement râpé

Mixez tous les ingrédients jusqu'à
obtention d'une pâte lisse.

② Tapenade

300 g d'olives noires dénoyautées
2 c. à s. de câpres rincées et égouttées
1 gousse d'ail coupée en quatre
2 c. à s. de jus de citron
1 c. à s. de persil plat frais
80 ml d'huile d'olive

Mixez ou écrasez tous les ingrédients
jusqu'à obtention d'une pâte lisse.

③ Anchoïade

40 filets d'anchois égouttés
1 c. à s. de jus de citron
2 gousses d'ail coupées en quatre
3 c. à c. de feuilles de thym citronné
80 ml d'huile d'olive
2 c. à s. d'eau chaude

Mixez ou écrasez les anchois avec le jus
de citron, l'ail et le thym jusqu'à obtention
d'une pâte lisse. Ajoutez l'huile d'olive
en filet tout en continuant de mixer
jusqu'à ce que la pâte s'épaississe.
Versez dans un bol et ajoutez
l'eau chaude en remuant.

Caviar d'aubergine

  625 ml 10' 15' kcal 20

2 aubergines moyennes (600 g)
60 ml d'huile d'olive
2 c. à s. de persil plat frais finement haché
½ petit oignon rouge (50 g) finement haché
1 tomate moyenne bien mûre (150 g)
finement hachée
1 c. à s. de jus de citron

1 Piquez les aubergines à l'aide d'une fourchette. Faites-les griller à la flamme de la gazinière réglée sur feu doux ou au barbecue jusqu'à ce qu'elles soient tendres et noircies. Ôtez la peau et jetez-la.

2 Hachez la chair des aubergines, puis mélangez-la avec l'huile d'olive dans un saladier. Incorporez le reste des ingrédients et assaisonnez.

Felfla (dip de poivron)

     375 ml 25' 20' 220°C kcal 37

4 gros poivrons rouges (1,4 kg)
3 gousses d'ail, avec la peau
2 c. à s. d'huile d'olive
1 c. à s. de vinaigre de vin rouge
1 c. à s. de jus de citron
1 c. à s. de zeste de citron confit haché
½ c. à c. de paprika fort
2 c. à s. de coriandre fraîche ciselée

1 Préchauffez le four à 220 °C. Huilez 2 plaques de cuisson.

2 Coupez les poivrons en quatre, épépinez-les. Faites-les griller au four avec l'ail, côté peau vers le haut, jusqu'à ce que leur peau éclate et noircisse. Couvrez les poivrons et l'ail de film alimentaire, laissez reposer 5 min, puis retirez les peaux.

3 Mixez tous les ingrédients. Assaisonnez. Servez avec du pain croustillant.

Guacamole

  2 10'

3 avocats moyens (750 g)
½ petit oignon rouge (50 g) émincé
1 petite tomate oblongue (60 g),
épépinée et coupée en dés
1 c. à s. de jus de citron vert
5 ou 6 branches de coriandre fraîche ciselées

1 Écrasez les avocats dans un bol. Ajoutez les autres ingrédients et mélangez.

Tzatziki

     435 ml 10' 2ʰ 20' kcal 30

500 g de yaourt
1 miniconcombre (130 g) pelé et râpé
½ c. à c. de sel
1 gousse d'ail écrasée
1 c. à s. de jus de citron
2 c. à s. de menthe fraîche finement hachée

1 Versez le yaourt dans un grand carré de mousseline double épaisseur. Nouez ensemble les coins et suspendez la mousseline au-dessus d'un saladier.

Placez 2 h au réfrigérateur puis jetez l'eau du saladier.

2 Mélangez le concombre avec le sel dans un bol et laissez dégorger 20 min. Pressez pour extraire l'excédent d'eau.

3 Mélangez le yaourt, le concombre, l'ail, le jus de citron et la menthe.

Dip au fenouil rôti

 375 ml 15' 30' 200°C kcal 64

4 petits bulbes de fenouil (520 g) avec les feuilles
2 gousses d'ail non pelées
1 c. à s. d'huile d'olive

250 ml de crème fraîche
Quelques gouttes de jus de citron (facultatif)

1 Préchauffez le four à 200 °C. Coupez les bulbes de fenouil en deux. Ôtez le cœur et jetez-le. Réservez 2 c. à c. de feuilles hachées.

2 Mélangez le fenouil, les gousses d'ail et l'huile d'olive dans

un plat allant au four. Enfournez pour 30 min. Laissez refroidir.

3 Pelez l'ail. Mixez le fenouil et l'ail avec la crème fraîche. Ajoutez le jus de citron. Servez parsemé des feuilles de fenouil.

Houmous

 500 ml 10' kcal 56

800 g de pois chiches en conserve, rincés et égouttés
90 g de miel
60 ml de jus de citron
30 ml d'huile d'olive

4 cm de curcuma frais (20 g), râpé
2 gousses d'ail écrasées
1 c. à c. de cumin moulu
1 pincée de piment de Cayenne
1 c. à s. de coriandre fraîche ciselée

1 Mixez tous les ingrédients, sauf la coriandre, jusqu'à obtention d'un mélange lisse. Mettez la préparation dans un bol, incorporez la coriandre et assaisonnez.

2 Saupoudrez le houmous de 1 pincée de piment de Cayenne et arrosez-le de 30 ml d'huile d'olive supplémentaire. Servez avec du pain croustillant.

Dip artichaut-épinard

  500 ml   10' 20' 200°C kcal 31

340 g d'artichauts marinés en conserve
250 g d'épinards hachés surgelés, décongelés
125 ml de crème fraîche
Quelques gouttes de jus de citron

75 g de mayonnaise
60 g de kefalotyri (fromage grec) grossièrement râpé
1 gousse d'ail écrasée

1 Préchauffez le four à 200 °C. Rincez et égouttez les artichauts, hachez-les grossièrement. Mélangez-les dans un petit saladier avec les épinards, la crème fraîche, du jus de citron, la mayonnaise, le kefalotyri et l'ail.

2 Transférez la préparation dans un plat allant au four et faites cuire à couvert 20 min.

Taramasalata

  415 ml   10' 15' 15' kcal 113

1 grosse pomme de terre (300 g)
90 g de tarama
½ petit oignon blanc (40 g) finement râpé

180 ml d'huile d'olive vierge extra
60 ml de vinaigre de vin blanc
1 c. à s. de jus de citron

1 Hachez grossièrement la pomme de terre et faites-la cuire à l'eau, à la vapeur ou au micro-ondes, puis laissez tiédir. Placez-la ensuite au réfrigérateur afin qu'elle refroidisse.

2 Écrasez la pomme de terre dans un petit saladier avec le tarama, l'oignon blanc, l'huile d'olive, le vinaigre et le jus de citron. Mélangez en écrasant jusqu'à obtention d'une consistance homogène.

Houmous à la courge

| 8 | 30' | 12h | 45' | 180°C | kcal 494 |

200 g de pois chiches secs
500 g de courge butternut
Huile d'olive en spray
1,25 litre d'eau
2 gousses d'ail

80 ml de jus de citron
140 g de tahin
60 ml d'huile d'olive
2 c. à s. d'huile d'olive
supplémentaire

1 Mettez les pois chiches dans un saladier, couvrez-les d'eau froide et faites-les tremper toute la nuit.

2 Coupez la courge en morceaux que vous étalez sur une plaque de cuisson recouverte de papier sulfurisé. Vaporisez d'huile. Faites cuire 45 min au four à 180 °C, puis laissez refroidir.

3 Rincez et égouttez les pois chiches. Mettez-les dans une grande casserole avec l'eau. Portez à ébullition et faites-les cuire 45 min.

Égouttez-les et réservez l'eau de cuisson.

4 Pelez et coupez l'ail en quatre. Mixez les pois chiches, 250 ml d'eau de cuisson réservée, l'ail, la courge, le jus de citron, le tahin et l'huile jusqu'à ce que le mélange soit onctueux (ajoutez un peu d'eau de cuisson si nécessaire). Assaisonnez.

5 Ajoutez l'huile d'olive supplémentaire sur le houmous et servez avec du pain croustillant.

Dip aux pois chiches et au cumin

| 2 | 15' | 10' | kcal 53 |

125 g de pois chiches en conserve
1 c. à s. de jus de citron
1 gousse d'ail
1/4 c. à c. de cumin moulu

1 Dans un robot ou un blender, mixez les pois chiches rincés et égouttés, le jus de citron, la gousse d'ail pilée et le cumin.

2 Quand le mélange est lisse, déposez 1 pincée de cumin sur le dip et servez avec des bâtonnets de concombre.

À GRIGNOTER POUR L'APÉRO

Ces petites bouchées sont simples et rapides à préparer et se marient parfaitement avec des boissons fraîches et pétillantes.

Pita à la salade de thon

Mixez 180 g de thon en boîte égoutté avec 1 c. à s. de yaourt, 1 . à s. de mayonnaise et 1 c. à s. de raifort préparé ; incorporez de l'oignon nouveau émincé. Servez sur de la pita grillée.

Minipizzas grecques

Coupez des disques de 4,5 cm de diamètre dans une pâte à pizza toute prête ; disposez-les sur une plaque de four. Tartinez-les de concentré de tomates puis ajoutez des olives coupées en deux, des tranches de poivrons grillés et de la feta émiettée. Enfournez à température élevée et faites cuire jusqu'à ce que les pizzas soient chaudes. Parsemez de feuilles de basilic.

Saumon, avocat et concombre

Mixez 250 g de fromage frais avec un avocat, du jus de citron et du sambal oelek. À l'aide d'une poche à douille ou d'une cuillère, disposez la préparation sur des rondelles de concombre ; ajoutez par-dessus du saumon en boîte égoutté et des rondelles d'oignon nouveau.

  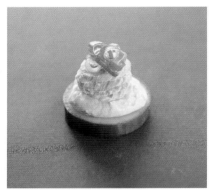

Dinde, brie et canneberges

Coupez du brie en fines tranches. Disposez le brie, du blanc de dinde fumé émincé, de la sauce aux canneberges entières et de la ciboulette fraîche hachée sur du pain noir découpé en ronds.

Canapés à l'aïoli, aux tomates et aux crevettes

Mélangez 250 ml de mayonnaise avec 2 gousses d'ail écrasées et 2 c. à s. de pesto de tomates séchées ; étalez cette préparation sur des tranches de baguette grillées. Disposez sur chacune 1 crevette et du zeste de citron vert finement râpé.

Laitue aux crevettes

Parfumez de la mayonnaise avec de la sauce tomate, de la sauce Worcestershire, du Tabasco® et de la crème de raifort. Remplissez des petites feuilles de laitue avec cette mayonnaise parfumée ; ajoutez des crevettes cuites décortiquées, de la ciboulette hachée et du zeste de citron finement râpé.

Boulettes de pomme de terre et chèvre

Mélangez 650 g de pommes de terre écrasées, 1 œuf, 75 g de farine avec levure incorporée, de l'ail écrasé, 3 tranches de bacon hachées, 2 oignons nouveaux émincés et 100 g de fromage de chèvre. Formez des petites boules avec cette préparation et faites-les frire jusqu'à ce qu'elles brunissent.

Canapés au saumon fumé et à l'aneth

Mélangez de la crème fraîche, de l'aneth frais finement haché, du zeste de citron finement râpé, de l'oignon rouge finement haché et des petites câpres hachées ; étalez sur des mini-toasts. Ajoutez du saumon fumé et des brins d'aneth.

Minitoasts BLT (bacon, laitue et tomate)

Coupez des tranches de bacon en morceaux de 2 cm ; faites-les cuire dans une poêle légèrement huilée jusqu'à ce qu'ils soient croustillants. Tartinez des minitoasts de mayonnaise ; ajoutez de la laitue, le bacon et des tomates cerises émincées.

Saint-jacques à l'asiatique

Dans une poêle, mélangez 2 c. à c. de jus de citron vert, 2 c. à c. de nuoc-mâm, 2 c. à s. de crème de coco, 1 oignon nouveau émincé, du piment et de la coriandre ; portez à ébullition. Ajoutez ensuite 24 noix de saint-jacques et servez immédiatement.

Bruschetta à l'halloumi et à la tapenade

Coupez de l'halloumi en tranches ; faites-le cuire dans une poêle légèrement huilée jusqu'à ce qu'il soit légèrement bruni des deux côtés. Tartinez des tranches de baguette grillées de tapenade puis ajoutez sur chacune du halloumi chaud et des feuilles d'origan frais.

Wontons frits au poulet fumé

Coupez des feuilles de wonton en carrés puis faites-les frire jusqu'à ce qu'elles soient croustillantes. Mélangez des lamelles de poulet fumé avec de la pomme hachée, des oignons nouveaux, de la mayonnaise et de la moutarde. Répartissez cette préparation sur les carrés de wonton frits.

Canapés au fromage de chèvre et au poivron grillé

48 · 25' · 25'

2 poivrons rouges
60 ml d'huile d'olive
1 gousse d'ail écrasée
1 pain pide

200 g de fromage de chèvre ferme, coupé en fines lamelles
48 petites feuilles de basilic

1 Coupez les poivrons en quatre. Jetez les graines et les filaments. Faites griller les poivrons au four jusqu'à ce que la peau noircisse et se boursoufle. Sortez-les du four et mettez-les 5 min dans un sachet de congélation fermé (la peau se détachera plus facilement). Pelez-les et émincez-les.

2 Pendant que les poivrons grillent, mélangez l'huile et l'ail dans un bol. Coupez le pain en deux dans le sens de la longueur. Taillez des tranches de 1,5 cm d'épaisseur. Frottez un des côtés d'huile aromatisée. Faites griller le pain de ce côté sous le gril du four.

3 Répartissez le fromage sur les canapés. Recouvrez de tranches de poivron. Passez à nouveau sous le gril. Décorez d'une feuille de basilic. Servez chaud.

Canapés au camembert et aux poires

24 · 20' · 10'

75 g de poires sèches finement hachées
2 c. à s. de raisins secs finement hachés
1 bâton de cannelle
1 c. à c. de sucre en poudre
60 ml d'eau
200 g de camembert au lait cru
24 tranches de pain noir
1 c. à c. de pistaches finement broyées

1 Mettez dans une petite casserole l'eau, les poires, les raisins secs, la cannelle et le sucre. Portez à ébullition, puis laissez frémir 10 min à feu doux sans couvrir. Laissez tiédir la compote à température ambiante (jetez la cannelle).

2 Découpez le fromage en 24 portions.

3 Disposez 1 morceau de camembert sur chaque tranche de pain et garnissez d'un peu de mélange aux poires séchées. Saupoudrez de pistaches. Disposez les canapés sur un plat de service.

Blinis au poulet fumé

Pâte à blinis

50 g de farine de sarrasin

2 c. à c. de farine

½ c. à c. de levure chimique

1 œuf

125 ml de lait fermenté

20 g de beurre fondu

Salade au poulet fumé

100 g de poulet fumé,
coupé en petits dés

1 petite pomme verte (130 g) en dés

2 oignons verts émincés

75 g de mayonnaise

2 c. à c. de moutarde en grains

1 c. à c. de ciboulette fraîche ciselée

1 Tamisez les farines et la levure dans un saladier, puis incorporez au fouet le mélange d'œuf et de lait fermenté, jusqu'à ce que la pâte soit homogène. Ajoutez enfin le beurre fondu.

2 Formez des blinis dans une poêle chaude huilée (2 c. à c. de pâte par blini) et faites-les dorer sur les deux faces. Procédez en plusieurs tournées. Vous devez obtenir 24 blinis. Laissez-les tiédir.

3 Mélangez les ingrédients pour la salade. Garnissez chaque blini de salade au poulet fumé et disposez-les sur un plat de service. Décorez de ciboulette.

Canapés croustillants au tartare de thon

100 g de thon frais finement haché

50 g d'oignon rouge en dés

1 c. à c. de menthe fraîche ciselée

1 c. à c. de coriandre fraîche ciselée

1 c. à c. de jus de citron vert

1 c. à c. de nuoc-mâm

6 carrés de pâte à raviolis chinois

Huile végétale pour la friture

24 feuilles de coriandre fraîche

1 Dans un saladier, mélangez le thon, l'oignon, la coriandre, la menthe, le jus de citron vert et le nuoc-mâm.

2 Découpez chaque feuille de pâte à raviolis en 4 triangles. Faites-les frire à l'huile dans une grande poêle, jusqu'à ce qu'ils croustillent. Égouttez-les sur du papier absorbant.

3 Garnissez-les de tartare de thon et décorez de coriandre avant de les disposer sur un plat de présentation.

EN PÂTE FEUILLETÉE

Achetez quelques rouleaux de pâte feuilletée et préparez ces finger food, tartes et desserts en un tournemain.

Triangles au pavot

Badigeonnez un rouleau de pâte avec du beurre fondu puis saupoudrez de graines de pavot. Coupez la pâte en triangles ; faites cuire à four moyen-chaud entre deux plaques de four pendant environ 10 min. Servez avec de la soupe.

Tartelettes au canard

Coupez des ronds de 4 cm dans la pâte puis pressez-les dans les alvéoles d'un moule à minimuffins. Piquez les bases avec une fourchette et faites cuire au four à température élevée pendant environ 8 min. Remplissez les bases de lamelles de canard ; ajoutez de la sauce hoisin et des rondelles d'oignon nouveau.

Tartelettes à la tapenade

Coupez des ronds de 8 cm de diamètre dans la pâte ; faites cuire à four moyen-chaud entre deux plaques de four pendant environ 10 min. Ajoutez de la tapenade, des rondelles de tomate, du fromage de chèvre émietté et des feuilles d'origan.

Tarte Tatin à la banane

Tapissez un moule à tarte de 23 cm de diamètre de fines rondelles de banane ; saupoudrez de sucre roux et de beurre fondu. Recouvrez d'un rond de pâte de 24 cm de diamètre, puis faites cuire à four chaud pendant 15 min. Laissez reposer 10 min avant de démouler la tarte sur un plat.

Galettes aux figues

Coupez des ronds de 10 cm de diamètre dans la pâte. Saupoudrez-les de poudre d'amandes et ajoutez des tranches de figue ; badigeonnez d'un mélange de beurre fondu et de sirop d'érable pur. Pliez les coins de la pâte pour faire une bordure puis faites cuire à four moyen 20 min.

Tarte aux poires rôties

Coupez deux rectangles dans la pâte et badigeonnez-les d'œuf. Placez 3 moitiés de poire en boîte bien égouttées sur chaque rectangle de pâte puis badigeonnez de beurre fondu. Saupoudrez de sucre roux et faites cuire à four moyen-chaud pendant 20 min.

Torsades au fromage

Badigeonnez un grand rectangle de pâte avec de l'œuf puis saupoudrez-le de fromage à pizza. Recouvrez d'un autre rectangle de pâte de la même taille, badigeonnez-le également d'œuf puis saupoudrez de parmesan râpé. Découpez 24 bandes et torsadez-les. Faites cuire à four chaud pendant environ 10 min.

Roulés au bacon et aux tomates

Découpez un carré dans un rouleau de pâte, puis badigeonnez-le de pesto aux tomates séchées. Mélangez du bacon haché, des rondelles d'oignon nouveau et du parmesan râpé et étalez la préparation sur la pâte. Roulez-la en serrant bien, puis coupez-la en tranches de 1,5 cm ; faites cuire à four chaud pendant 10 min.

Tartes aux légumes sans moule

Découpez deux rectangles dans la pâte et posez-les sur une plaque de four ; ajoutez des légumes grillés égouttés, grossièrement coupés, des tomates émincées et de la feta émiettée. Pliez les bords de la pâte pour former une bordure ; faites cuire à four moyen pendant 30 min.

Roulés aux pistaches et à l'eau de rose

Mélangez quelques gouttes d'eau de rose avec du beurre fondu ; badigeonnez-en un grand carré de pâte. Saupoudrez de pistaches finement hachées, de sucre en poudre et de cannelle. Roulez en serrant bien, coupez des rondelles de 1,5 cm et faites cuire à four chaud pendant 10 min.

Croissants au chocolat et à la confiture

Coupez quatre triangles dans la pâte et badigeonnez-les de confiture d'orange chaude. Saupoudrez généreusement de chocolat blanc râpé. Roulez les triangles pour recouvrir la garniture puis donnez-leur la forme de croissants. Faites cuire à four chaud pendant environ 12 min.

Chaussons aux pommes

Coupez quatre triangles dans la pâte puis badigeonnez-les d'œuf. Mélangez de la compote de pomme en boîte avec de la cannelle, du sucre en poudre et des raisins secs. Ajoutez cette préparation sur la moitié de chaque triangle et pliez pour recouvrir la garniture. Faites cuire à four moyen 20 min.

Rondelles d'oignon en beignets

75 g de farine de blé
75 g de farine de maïs
1 œuf légèrement battu
180 ml d'eau
150 g de chapelure
2 oignons blancs en rondelles
Huile végétale

Sauce pimentée douce
120 g de crème fraîche
60 ml de sauce au piment douce

1 Dans un saladier, mélangez la farine de blé, la farine de maïs, l'œuf et l'eau jusqu'à obtention d'une pâte homogène. Versez la chapelure dans un bol.

2 Séparez les rondelles des oignons. Plongez-les une à une dans la pâte, puis retournez-les plusieurs fois dans la chapelure pour bien les enrober. Réservez sur un plateau sans les empiler.

3 Préchauffez de l'huile dans une sauteuse et faites frire les rondelles en plusieurs fois, jusqu'à ce qu'elles soient dorées. Égouttez-les sur du papier absorbant.

4 Préparez la sauce en mélangeant les ingrédients dans un bol.

5 Servez chaud avec la sauce.

Friands aux saucisses

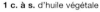

1 c. à s. d'huile végétale
1 oignon jaune, finement haché
3 tranches de pain de mie, sans la croûte
350 g de chair à saucisses
350 g de bœuf haché
1 c. à s. de concentré de tomates

1 c. à c. d'herbes aromatiques séchées
2 c. à s. de persil plat frais, finement ciselé
4 feuilles de pâte feuilletée
1 œuf légèrement battu
2 c. à s. de graines de sésame

1 Préchauffez l'huile dans une poêle. Faites fondre l'oignon. Plongez le pain dans de l'eau froide et sortez-le aussitôt. Jetez l'eau.

2 Dans un grand saladier, mélangez l'oignon, le pain, le bœuf, la chair à saucisse, le concentré de tomates, les herbes et le persil.

3 Préchauffez le four à 240 °C. Graissez 2 plaques de four.

4 Coupez les feuilles de pâte en deux dans le sens de la longueur. Déposez de la farce au centre puis roulez la pâte tout autour pour enfermer la garniture. Placez les 8 rouleaux ainsi obtenus sur les plaques, badigeonnez-les d'œuf et saupoudrez-les de graines de sésame. Découpez chaque rouleau en huit et faites cuire 15 min.

5 Servez chaud avec de la sauce tomate.

Torsades au parmesan et aux graines de pavot

24   15'   15'   200°C   kcal 33

1 feuille de pâte feuilletée coupée en deux
1 jaune d'œuf
1 c. à s. de graines de pavot
2 c. à c. de graines de moutarde
1 c. à c. de paprika doux
½ c. à c. de sel
2 c. à s. de parmesan frais finement râpé

1 Préchauffez le four à 200 °C. Graissez 2 plaques de cuisson et garnissez-les de papier sulfurisé.

2 Badigeonnez de jaune d'œuf une moitié de la pâte feuilletée sur une seule face et saupoudrez-la avec la moitié des graines de pavot et de moutarde mélangées, du paprika et du sel. Pliez-la en deux dans la longueur, badigeonnez-la de jaune d'œuf et saupoudrez-la avec la moitié du parmesan. Repliez-la à nouveau en deux et pressez fermement. Faites de même avec l'autre moitié de pâte feuilletée.

3 Découpez les deux feuilletés en 24 bandes. Torsadez chaque bande en pinçant les bords. Disposez les torsades sur les plaques de cuisson et enfournez pour 15 min.

Feuilletés de saucisses de Francfort

16   5'   15'   180°C

2 rouleaux de pâte feuilletée
16 saucisses de Francfort
1 œuf
Ketchup
Moutarde

1 Préchauffez le four à 180 °C. Découpez la pâte feuilletée en 16 carrés. Enveloppez une saucisse de Francfort dans chaque carré.

2 Badigeonnez la pâte avec un œuf légèrement battu. Déposez les feuilletés sur une plaque de four garnie de papier sulfurisé.

3 Passez à four chaud jusqu'à ce que la pâte soit dorée. Servez avec du ketchup et de la moutarde.

Palmiers

32   20'   1ʰ   12'   240°C

2 feuilles de pâte feuilletée
1 garniture de votre choix (voir ci-dessous)

1 Étalez la moitié de la garniture sur l'une des feuilles de pâte, au centre. Repliez les deux côtés sur la garniture de sorte qu'ils se rejoignent au centre. Aplatissez légèrement, puis rabattez encore deux fois chaque côté vers le centre. Répétez l'opération avec le reste des ingrédients. Protégez chaque rouleau dans du film alimentaire et laissez 1 h au réfrigérateur.

2 Préchauffez le four à 240°C. Graissez légèrement deux plaques de four.

3 Découpez la pâte en tranches de 1,5 cm. Disposez ces tranches à plat sur les plaques, à 1,5 cm d'intervalle, et faites cuire 12 min à 200 °C , jusqu'à ce que les palmiers soient légèrement dorés. Servez chaud.

Conseil

Vous pouvez préparer les palmiers 5 h à l'avance, sans les découper. Conservez-les au réfrigérateur dans un film alimentaire.

Palmiers, garniture aux herbes et aux champignons

32   20'   10'

60 g de beurre
2 c. à s. d'huile d'olive
250 g de champignons de Paris hachés
1 c. à s. de farine
2 c. à s. de ciboulette fraîche ciselée
1 c. à s. d'estragon frais, finement ciselé
¼ de c. à c. de poivre noir du moulin

1 Mettez à chauffer le beurre et l'huile et faites cuire les champignons, jusqu'à ce que toute l'eau soit évaporée. Ajoutez la farine et laissez cuire 2 min, sans cesser de remuer.

2 Incorporez la ciboulette, l'estragon et le poivre noir. Laissez refroidir.

Palmiers, garniture au fromage et aux olives

32   20'   10'

75 g d'olives vertes farcies aux piments
100 g de fromage frais, ramolli
1 c. à s. de jus de citron

1 Hachez finement les olives. Dans un petit saladier, mélangez les olives, le fromage et le jus de citron.

Gressins au fenouil et au prosciutto

60 | 45' | 1ʰ | 15' | 220°C | kcal 25

300 g de farine ordinaire
½ c. à c. de sucre blanc en poudre
1 c. à c. de sel
1 c. à c. de levure sèche
2 c. à c. de graines de fenouil

250 ml d'eau, environ
Huile en spray
Sel de mer
20 tranches de prosciutto (300 g)

1 Tamisez la farine au-dessus d'un saladier. Ajoutez le sucre, le sel, la levure, les graines de fenouil et assez d'eau pour obtenir une pâte souple. Pétrissez la pâte 5 min sur un plan de travail fariné.

2 Placez la pâte dans un grand saladier huilé, couvrez-la de film alimentaire et laissez-la lever 1 h dans un endroit tiède.

3 Préchauffez le four à 220 °C. Huilez des plaques de four.

4 Pétrissez la pâte sur un plan de travail fariné. Divisez-la en quatre, puis chaque pâton en 15 parts. Façonnez-les en longs bâtonnets fins. Déposez-les sur les plaques et vaporisez-les légèrement d'huile. Saupoudrez-les de sel de mer.

5 Faites cuire les gressins 15 min.

6 Coupez chaque tranche de prosciutto en trois dans la longueur. Enroulez-les autour des gressins tièdes. Servez.

Feuilletés aux épinards et au fromage

24 | 30' | 25' | 220°C | kcal 62

500 g d'épinards frais, équeutés et finement hachés
80 g de kefalotyri râpé (fromage grec)
500 g de fromage blanc égoutté
2 c. à s. de menthe fraîche hachée
1 œuf
12 feuilles de pâte filo
2 c. à s. d'huile d'olive

1 Préchauffez le four à 220 °C. Huilez des plaques de four et chemisez-les de papier sulfurisé.

2 Faites fondre les épinards dans une grande poêle puis égouttez-les. Quand ils ont tiédi, pressez-les pour en extraire l'excédent d'eau. Dans un petit saladier, mélangez les épinards avec les deux fromages, la menthe et l'œuf. Assaisonnez.

3 Huilez 1 feuille de pâte filo au pinceau puis surmontez-la de 3 autres feuilles huilées. Découpez les feuilles superposées en quatre, puis chaque quart en deux de façon à obtenir 8 rectangles. Déposez 1 c. à s. de préparation au fromage au centre de chaque rectangle. Repliez les côtés vers l'intérieur, en laissant le centre ouvert. Répétez l'opération pour obtenir 24 feuilletés.

4 Huilez les feuilletés au pinceau. Enfournez pour 15 min de cuisson.

Champignons farcis au crabe

30 petits champignons de Paris (350 g)

20 g de beurre

1 petit oignon jaune (80 g) émincé

¼ de c. à c. de piment de Cayenne

125 ml de vin blanc sec

125 ml de crème liquide

200 g de chair de crabe cuite émiettée

1 c. à c. de persil plat frais ciselé

1 c. à c. de jus de citron

1 Préchauffez le four à 220 °C ; huilez une plaque de cuisson. Coupez les pieds des champignons et détaillez-les en fines rondelles. Placez les chapeaux sur la plaque, partie bombée vers le haut, et faites-les rôtir 10 min.

2 Faites fondre le beurre dans une poêle pour y faire revenir les pieds des champignons avec l'oignon. Ajoutez le piment de Cayenne, le vin blanc et la crème, portez à ébullition. Laissez mijoter 10 min sans couvrir, en remuant (il ne doit plus rester de liquide). Hors du feu, incorporez le crabe, le persil et le jus de citron.

3 Déposez 1 pleine cuillerée de farce au crabe tiède à l'intérieur des chapeaux des champignons et posez ces derniers sur une assiette de présentation.

Salade tricolore

1 petite tomate (90 g) épépinée et coupée en petits dés

40 g de chorizo coupé en petits dés

50 g de mozzarella coupée en petits dés

1 c. à c. d'huile d'olive

2 c. à c. de vinaigre balsamique

24 grosses feuilles de basilic frais

1 Mélangez dans un saladier la tomate, le chorizo, les dés de mozzarella, l'huile et le vinaigre.

2 Déposez un peu de salade sur chaque feuille de basilic.

Salade César en barquettes

24   20'   10'

2 tranches de pain de mie rassis (sans la croûte)
2 tranches de jambon cru (30 g)
160 g de poulet rôti émincé
80 ml de vinaigrette César
40 g de copeaux de parmesan
2 petites romaines (360 g)

1 Préchauffez le gril du four. Découpez le pain en cubes de 1 cm de côté, disposez ces derniers sur une plaque de cuisson et passez-les sous le gril.

2 Saisissez les tranches de jambon à sec dans une poêle jusqu'à ce qu'elles croustillent. Hachez-les grossièrement.

3 Mélangez dans un saladier les croûtons, le jambon, le poulet, la vinaigrette et un tiers du parmesan.

4 Séparez la salade en feuilles. Disposez 24 petites feuilles sur un plat de service et garnissez-les de salade. Décorez avec les copeaux de parmesan restants.

Salade de mangue verte

24   25'

15 g de gingembre frais râpé
2 c. à c. de vinaigre de riz
1 c. à c. d'huile d'arachide
2 c. à c. de mirin
2 c. à c. de sauce soja
2 petites mangues vertes (150 g) râpées
2 oignons verts émincés
1 long piment rouge frais émincé
40 g de germes de soja frais
2 grosses poignées de coriandre fraîche
50 g de pois gourmands coupés en tranches fines
80 g de chou chinois coupé en lanières
24 grosses feuilles de bétel

1 Mélangez le gingembre, le vinaigre, l'huile, le mirin et la sauce soja dans un saladier. Ajoutez la mangue râpée, l'oignon, le piment, les germes de soja, la coriandre, les pois gourmands et le chou chinois. Remuez délicatement.

2 Disposez un peu de salade sur chaque feuille de bétel présentée à plat sur une grande assiette.

Conseil
Si vous ne trouvez pas de feuilles de bétel, utilisez des feuilles de laitue croquantes ou des pousses d'épinard.

Bruschetta à l'ail, feta et champignons

500 g de champignons creminis
125 ml d'huile d'olive vierge extra
12 tomates cerises coupées en deux
8 tranches de pain croustillant
1 gousse d'ail coupée en deux
2 c. à s. de basilic ciselé
120 g de roquette
80 g de feta émiettée

1 Préchauffez le four à 220 °C. Huilez les champignons avec la moitié de l'huile et placez-les sur une plaque de cuisson. Placez 3 demi-tomates sur chaque champignon, côté coupé vers le bas. Enfournez pour 10 min.

2 Pendant ce temps, badigeonnez les tranches de pain avec 2 c. à s. d'huile d'olive et frottez-les avec l'ail puis faites-les cuire au four pendant 6 min.

3 Mixez ou écrasez le basilic avec le reste d'huile pour obtenir une sauce homogène. Garnissez chaque tartine de quelques feuilles de roquette, d'un champignon, de quelques miettes de feta et de quelques gouttes de la sauce au basilic. Vous pouvez aussi ajouter quelques feuilles de basilic frais.

Bruschetta à l'aubergine et aux olives

1 c. à s. d'huile d'olive
1 petit oignon (80 g) émincé
2 gousses d'ail écrasées
1 bâton de céleri (100 g) paré, émincé
150 g d'aubergine grillée, finement hachée
150 g de poivron rouge grillé, finement haché
30 g d'olives noires dénoyautées, finement hachées
1 c. à s. de câpres égouttées et rincées
2 c. à s. de pignons de pin grillés
5 ou 6 branches de basilic frais ciselées + quelques feuilles
350 g de pain ciabatta
2 c. à s. d'huile d'olive vierge extra

1 Faites chauffer l'huile dans une poêle et faites revenir l'oignon, l'ail et le céleri, jusqu'à ce que l'oignon soit tendre. Versez dans un grand bol.

2 Ajoutez l'aubergine, le poivron, les olives, les câpres, les pignons et le basilic.

3 Coupez le pain légèrement en biais, en 8 tranches. Badigeonnez un côté des tranches avec l'huile d'olive vierge extra et faites-les griller au four jusqu'à ce qu'elles soient dorées des deux côtés. Garnissez chaque tranche de pain avec le mélange à l'aubergine et ajoutez quelques feuilles de basilic.

Feta grillée et tomates cerises

✕	🥘	🍲	kcal
4	2'	8'	190

200 g de feta
275 g de tomates cerises en grappe
1 c. à s. d'huile d'olive
1 c. à c. d'origan séché
Poivre

1 Préchauffez le gril du four.

2 Disposez la feta et les tomates sur une plaque de four. Arrosez d'huile d'olive et parsemez d'origan. Poivrez.

3 Placez la plaque sous le gril pendant 8 min environ jusqu'à ce que le fromage soit légèrement doré.

Brochettes d'aubergine et de haloumi

1 aubergine moyenne (300 g)

250 g de fromage haloumi

35 g de farine

1 œuf légèrement battu

35 g de chapelure

40 g de parmesan finement râpé

36 feuilles de basilic frais

Huile végétale pour la friture

1 Détaillez l'aubergine et le fromage en 36 cubes.

2 Farinez les cubes d'aubergine avant de les plonger dans l'œuf battu. Passez-les ensuite dans la chapelure mélangée au préalable avec le parmesan.

3 Préparez les brochettes en enfilant sur chaque pique en bois 1 cube d'aubergine, 1 feuille de basilic et 1 morceau de haloumi. Faites chauffer de l'huile dans une sauteuse pour y faire frire les brochettes environ 30 sec, jusqu'à ce qu'elles soient bien dorées. Égouttez-les sur du papier absorbant.

Brochettes frites d'olives, de tomates séchées et de salami

1 œuf

2 c. à c. de lait

50 g de chapelure

20 g de parmesan râpé

24 grosses olives vertes fourrées à la feta ou au poivron (230 g)

24 feuilles fraîches de basilic

100 g de tomates séchées marinées dans l'huile

12 tranches épaisses de salami

Huile végétale pour la friture

1 Fouettez dans un saladier l'œuf et le lait. Dans un bol, mélangez la chapelure et le fromage.

2 Trempez les olives dans l'œuf puis dans la chapelure. Recommencez puis étalez-les sur une plaque de cuisson chemisée de papier sulfurisé. Couvrez et réfrigérez 15 min.

3 Sur chaque brochette, enfilez 1 feuille de basilic, ½ tomate séchée, et ½ tranche de salami.

4 Chauffez l'huile dans un wok pour y faire frire les olives. Égouttez-les sur du papier absorbant avant de les piquer sur les brochettes.

Brochettes de poivron et de fromage

24 · 40' · 10' · 200°C

1 petit poivron jaune (150 g)

1 petit poivron rouge (150 g)

1 petit poivron vert (150 g)

250 g de fromage haloumi coupé en tranches de 1 cm

2 c. à s. d'huile d'olive

1 c. à s. de jus de citron

1 c. à c. de poivre noir moulu

1 Préchauffez le four à 200 °C.

2 Coupez les poivrons en quatre et épépinez-les, badigeonnez-les avec un peu d'huile d'olive avant de les faire griller sur une plaque en fonte préchauffée. Faites aussi dorer les tranches de haloumi après les avoir badigeonnées avec un peu d'huile d'olive.

3 Détaillez le fromage en 48 cubes ; coupez aussi 24 carrés de taille égale dans chaque poivron. Assemblez les cubes de fromage et les carrés de poivron en minibrochettes.

4 Placez les brochettes en une seule couche sur une plaque de cuisson. Mélangez le jus de citron et le poivre avec le reste de l'huile, versez cette sauce sur les brochettes et passez ces dernières 5 min au four pour les réchauffer.

Antipasti en brochettes

36 · 40' · 30' · 180°C

6 poivrons rouges moyens (1,2 kg)

200 g de ricotta

50 g de roquette ciselée

2 filets d'anchois, égouttés et finement hachés

50 g de cœurs d'artichaut marinés, égouttés et finement hachés

½ c. à c. de piment séché

36 grosses olives vertes fourrées aux anchois ou aux poivrons

1 Détaillez chaque poivron en 6 lanières (enlevez les pépins) et faites-les griller au four, jusqu'à ce que la peau se boursoufle et noircisse. Mettez-les alors dans un sac alimentaire, fermez bien et laissez reposer 5 min. Pelez les poivrons et laissez-les tiédir à température ambiante.

2 Mélangez dans un saladier la ricotta, la roquette, les anchois, les cœurs d'artichaut et le piment. Posez les lanières de poivron à plat sur le plan de travail avant de les garnir d'un peu de farce. Formez des rouleaux serrés et piquez-les avec une olive farcie sur une brochette en bois.

Brochettes de bœuf aux trois légumes

400 g de chair de patate
douce en cubes
24 échalotes (600 g)
2 gousses d'ail en chemise
2 c. à c. d'huile d'olive
1 c. à c. de romarin frais ciselé

350 g de filet de bœuf
1 jaune d'œuf
2 c. à c. de moutarde forte
125 g de beurre fondu
1 c. à c. de vinaigre de vin blanc
1 c. à c. de ciboulette fraîche ciselée

1 Préchauffez le four à
200 °C. Mettez dans
un plat les cubes de patate
douce, les échalotes et l'ail,
versez l'huile, saupoudrez de
romarin et mélangez bien.
Faites rôtir 20 min environ.

2 Détaillez la viande
en 24 cubes. Enfilez sur
chaque brochette 1 morceau
de viande, 1 échalote
et 1 morceau de patate
douce. Faites cuire
en plusieurs tournées
sur une plaque en fonte huilée.

3 Pelez l'ail et mixez-le
avec le jaune d'œuf
et la moutarde ; versez
le beurre chaud en filet
jusqu'à ce que la sauce
épaississe. Versez-la dans
une saucière et incorporez
le vinaigre et la ciboulette.
Servez les brochettes
avec cette sauce à l'ail.

Brochettes de poisson cru
à la sauce thaïe

250 ml de jus de citron
60 ml de jus de citron vert
1 c. à c. de nuoc-mâm
2 c. à c. de cassonade

1 poignée de menthe fraîche ciselée
1 poignée de coriandre ciselée
2 courgettes moyennes (240 g)
400 g de filet de saumon

1 Préparez une marinade
avec les jus de citron,
la sauce au poisson, le sucre
et les aromates.

2 Ôtez le bout
des courgettes
et détaillez-les en 24 rubans
fins avec un épluche-légumes.

3 Retirez les arêtes
du saumon et coupez
le filet en 24 fines lamelles.
Couvrez chaque lamelle
d'un ruban de courgette puis
piquez-les ensemble

en accordéon
sur des brochettes.

4 Déposez les brochettes
dans un grand plat
peu profond. Arrosez-les
de marinade, couvrez et
réfrigérez 3 h (jusqu'à toute
une nuit), en les retournant
de temps en temps

5 Présentez les brochettes
dans un autre plat, en les
nappant d'un peu de marinade.
Vous pouvez aussi les arroser
d'un filet d'huile d'olive.

Brochettes de thon au sésame

24 · 20' · 5'

1 c. à s. de graines de sésame blanc
1 c. à s. de graines de sésame noir
2 pavés de thon frais (300 g en tout)
1 c. à s. d'huile de sésame
2 c. à s. de mayonnaise
1 c. à c. de pâte de wasabi

1 Mélangez les graines de sésame dans une assiette et pressez les pavés de thon dedans, sur les deux faces.

2 Versez l'huile dans une poêle et saisissez le thon à feu vif ; il doit rester rosé à cœur, sinon sa chair a tendance à sécher.

3 Détaillez les pavés en 24 cubes égaux (de 2 cm de côté). Mélangez la mayonnaise avec le wasabi.

4 Présentez chaque cube sur une pique et servez avec la mayonnaise au wasabi.

Brochettes yakitori

24 · 20' · 3ʰ · 10'

500 g de blancs de poulet
125 ml de mirin
60 ml de kecap manis
1 c. à c. de sauce soja
1 c. à c. de graines de sésame grillées
1 oignon vert émincé

1 Détaillez la viande en fines lamelles et enfilez-les en accordéon sur des brochettes en bambou (faites d'abord tremper ces dernières 1 h dans de l'eau froide). Disposez les brochettes en une seule couche dans un plat peu profond.

2 Préparez une marinade avec le mirin, le kecap manis et la sauce soja, versez-en la moitié sur les brochettes et laissez 3 h au moins au réfrigérateur. Réservez le reste de la marinade dans un récipient fermé.

3 Juste avant de faire cuire les brochettes, versez la marinade réservée dans une casserole et faites-la réduire de moitié à feu doux.

4 Égouttez les brochettes et faites-les griller sur une plaque en fonte huilée. Disposez-les dans un plat de service, nappez-les de marinade chaude et saupoudrez de graines de sésame et d'oignon vert.

Crevettes à l'orange et au miel

24 crevettes moyennes
crues (1 kg)
2 c. à c. d'huile d'olive
1 c. à c. de zeste
d'orange râpé
2 c. à c. de jus d'orange
2 c. à c. de miel

**Sauce au gingembre
et au soja**
80 ml de sauce soja
2 c. à c. de sucre en poudre
5 g de gingembre frais râpé

1 Décortiquez les crevettes
en gardant les queues.
Préparez une marinade
avec l'huile, le zeste d'orange,
le jus d'orange et la moitié
du miel. Ajoutez les crevettes
et mélangez bien. Couvrez
et réfrigérez 1 h.

2 Dans une casserole,
mélangez à feu doux
les ingrédients de la sauce
au gingembre en remuant
pour faire dissoudre le sucre.

3 Faites cuire les crevettes
égouttées sur une plaque
en fonte huilée, en les
badigeonnant du reste
du miel. Servez les
crevettes avec la sauce.

Crevettes à la noix de coco
et au citron vert

80 ml de jus de citron vert
125 ml de lait de coco
24 gambas moyennes crues (1 kg)
décortiquées, avec la queue
75 g de farine
100 g de noix de coco râpée
Huile d'arachide pour la friture

Sauce aux cacahuètes
50 g de cacahuètes grillées
80 ml de jus de citron vert
60 ml de bouillon de poulet
60 ml de lait de coco
2 c. à c. de beurre
de cacahuète
1 c. à c. de sauce au piment douce

1 Préparez une marinade
avec le jus de citron vert
et le lait de coco, ajoutez
les crevettes et mélangez bien.
Couvrez et réfrigérez 1 h.

2 Pour la sauce : dans
une casserole portez
à ébullition le jus de citron vert,
le bouillon, le lait de coco et
les cacahuètes, laissez mijoter
5 min. Mixez avec le beurre

de cacahuète et la sauce
au piment douce.

3 Égouttez les gambas
et réservez la marinade.
Enrobez les gambas de farine,
puis de marinade et de noix
de coco râpée. Faites-les
frire. Égouttez-les sur
du papier absorbant.
Servez les gambas
avec la sauce tiède.

Crevettes frites pimentées et yaourt à l'ail et au citron

6 **15'** **5'** **kcal 207**

Huile végétale pour la friture
500 g de petites crevettes crues
150 g de farine
1 c. à c. de piment moulu
1 citron
Sel

Yaourt à l'ail et au citron
200 g de yaourt à la grecque
1 gousse d'ail écrasée
1 c. à c. de zeste de
citron finement râpé
1 c. à s. de jus de citron

1 Préparez le yaourt à l'ail et au citron en mélangeant tous les ingrédients dans un bol.

2 Faites chauffer l'huile dans une casserole moyenne ou dans un wok. Mélangez la farine et le piment puis passez les crevettes non décortiquées dans ce mélange. Secouez légèrement pour faire tomber l'éventuel excédent. Faites frire les crevettes,

quelques-unes à la fois, jusqu'à ce qu'elles soient légèrement dorées. Égouttez-les sur du papier absorbant. Salez et saupoudrez un peu de piment moulu supplémentaire, selon votre goût. Servez avec des quartiers de citron.

3 Accompagnez les crevettes de yaourt à l'ail et au citron.

Crevettes au sel, poivre et paprika

24 **15'** **10'**

24 gambas moyennes crues (1 kg)
2 c. à c. de paprika doux
2 c. à c. de fleur de sel
1 c. à c. de poivre noir concassé

Yaourt au citron
95 g de yaourt à la grecque
1 gousse d'ail écrasée
1 c. à c. de jus de citron

1 Décortiquez les gambas en gardant les queues. Mélangez le sel, le poivre et le paprika dans un saladier, ajoutez les crevettes et retournez-les dans cette préparation.

2 Préparez le yaourt au citron en mélangeant les ingrédients dans un bol.

3 Faites cuire les gambas en plusieurs tournées sur une plaque en fonte huilée, jusqu'à ce qu'elles changent de couleur. Servez les gambas avec la sauce au yaourt.

Fromages aux quatre parfums

500 g de fromage de Neufchâtel
500 g de fromage de chèvre frais
2 c. à c. de zeste de citron, finement râpé
2 c. à s. de jus de citron
¼ de c. à c. de sel de mer

1 Garnissez de papier sulfurisé 4 plaques de four.

2 Mélangez les ingrédients au fouet. Laissez raffermir 2 h au réfrigérateur.

3 Formez des petites billes de fromage et déposez-les sur les plaques préparées. Laissez raffermir à nouveau au réfrigérateur.

4 Roulez les billes de fromage dans les aromates. Servez froid.

① Au poivre

Roulez les billes de fromage dans 1 ½ c. à s. de graines de pavot mélangée à 2 c. à c. de poivre noir.

② Au persil

Roulez les billes de fromage dans du persil plat frais finement haché.

③ Aux graines de sésame

Roulez les billes de fromage dans 35 g de graines de sésame.

④ Au za'atar

Mélangez bien 1 c. à s. de sumac, 1 c. à s. de graines de sésame grillées, 1 c. à c. d'origan séché, 1 c. à c. de marjolaine séchée, 1 c. à c. de thym séché. Roulez les billes de fromage dans ce mélange.

Conseils

Vous trouverez du za'atar tout prêt dans les épiceries fines ou les magasins de produits du Moyen-Orient. Les enrobages au za'atar et au poivre peuvent être préparés la veille. Conservez-les à température ambiante dans un récipient hermétique.

Falafels et taboulé

4 | 25' | 45' | 200°C | kcal 242

1 c. à c. d'huile d'olive
+ 2 c. à c. pour badigeonner les falafels
1 oignon moyen émincé
1 gousse d'ail écrasée
2 c. à c. de cumin moulu
1 c. à c. de coriandre moulue
½ c. à c. de piment de Cayenne moulu
400 g de pois chiches en boîte
rincés et égouttés
1 bouquet de persil plat ciselé
2 c. à c. de farine
4 pains pitas

Taboulé
40 g de boulgour
1 tomate moyenne épépinée
et coupée en petits dés
2 bouquets de persil plat ciselés
2 c. à s. de menthe fraîche ciselée
2 c. à s. de jus de citron

1 Préchauffez le four à 200 °C. Faites revenir l'oignon et l'ail dans l'huile. Ajoutez les épices et le piment et laissez cuire jusqu'à ce que le mélange embaume. Mixez les pois chiches avec le persil puis incorporez le mélange aux oignons et la farine. Formez 8 boulettes, mettez-les sur une plaque de cuisson, badigeonnez-les d'huile et faites-les dorer au four pendant 20 min.

2 Préparez le taboulé. Laissez gonfler le boulgour 10 min dans 60 ml d'eau bouillante puis aérez la graine avec une fourchette. Ajoutez le reste des ingrédients et mélangez bien.

3 Roulez les pains pitas en cornets et garnissez-les de taboulé et de falafels. Servez avec du caviar d'aubergine (voir page 33).

Boulettes de pomme de terre à la feta et aux épinards

30 40' 30' kcal 70

450 g de pommes de terre bintje,
coupées en gros morceaux
cuites et écrasées en purée
180 g d'épinards équeutés
et finement ciselés
150 g de feta émiettée

50 g de beurre
160 ml d'eau
1 c. à c. de sel
150 g de farine
2 œufs
Huile végétale pour la friture

1 Faites juste fondre les épinards dans de l'eau bouillante ou à la vapeur, puis égouttez-les. Quand ils ont tiédi, pressez-les pour extraire l'excédent d'eau. Mélangez-les avec la feta dans un petit saladier.

2 Faites fondre le beurre dans une casserole, puis ajoutez l'eau et le sel, et portez à ébullition. Retirez du feu et incorporez aussitôt la farine. Battez avec une cuillère en bois jusqu'à ce que la pâte forme une boule lisse. Incorporez les œufs et les pommes de terre.

3 Farinez vos mains et faites des boulettes. Faites un trou au centre de chaque boulette que vous remplirez avec 1 c. à c. rase de mélange d'épinards. Roulez les boulettes pour enfermer la farce.

4 Faites frire les boulettes dans l'huile chaude.

Beignets de légumes et tzatziki

8 20' 4h 20'

4 courgettes moyennes (480 g)
grossièrement râpées
1 c. à c. de sel
1 oignon moyen (150 g)
finement émincé
50 g de chapelure
2 œufs battus

1 c. à s. d'origan frais finement ciselé
1 c. à s. de menthe fraîche
finement ciselée
2 c. à s. d'huile d'olive vierge extra

Tzatziki
(voir page 33)

1 Mélangez les courgettes et le sel dans un saladier. Laissez dégorger 15 min puis pressez pour enlever le maximum de liquide. Mélangez les courgettes, l'oignon, la chapelure, les œufs, l'origan et la menthe.

2 Faites chauffer l'huile dans une grande poêle et faites-y revenir le mélange par cuillerées, en plusieurs tournées, en aplatissant légèrement, jusqu'à ce que les beignets soient dorés des deux côtés et cuits. Égouttez sur du papier absorbant et couvrez pour les garder chauds.

3 Servez les beignets avec du tzatziki.

Bocconcini marinés et prosciutto

40 · 20' · 30'

2 gousses d'ail écrasées
1 long piment vert finement haché
80 ml d'huile d'olive
40 bocconcini (600 g)
10 fines tranches de prosciutto (150 g)
1 poignée de basilic frais

1 Mélangez l'ail, le piment et l'huile dans un saladier moyen. Ajoutez le fromage et remuez pour bien l'enrober du mélange. Laissez reposer 30 min.

2 Coupez les tranches de prosciutto en deux dans la largeur, puis chaque morceau en deux dans la longueur.

3 Égouttez le fromage, réservez la marinade. Entourez chaque boule de fromage d'un morceau de prosciutto et d'une feuille de basilic. Faites tenir le tout avec un cure-dents. Servez nappé de la marinade.

Champignons marinés

1 litre · 10' · 15' · 5' · kcal 26

500 ml de vinaigre de vin blanc
125 ml de vin blanc sec
250 ml d'eau
4 feuilles de laurier
2 c. à s. de gros sel
750 g de petits champignons de Paris

4 gousses d'ail coupées en lamelles épaisses
1 c. à c. de grains de poivre noir
3 brins d'origan séché
300 ml d'huile d'olive vierge extra

1 Stérilisez un bocal de 1 litre et son couvercle.

2 Mélangez le vinaigre, le vin, l'eau, les feuilles de laurier et le sel dans une grande casserole. Portez à frémissement mais ne laissez pas bouillir. Ajoutez les champignons et laissez mijoter 10 min, sans couvrir. Égouttez les champignons ; réservez les feuilles de laurier mais jetez le liquide. Déposez les champignons en une seule épaisseur sur du papier absorbant et laissez-les reposer 5 min.

3 Mettez les champignons dans le bocal stérilisé encore chaud, ainsi que les feuilles de laurier réservées, l'ail, les grains de poivre et l'origan. Versez l'huile chaude sur les champignons dans le bocal, en appuyant dessus avec le dos d'une cuillère pour éviter les poches d'air, jusqu'à 1 cm du haut du bocal. Refermez le bocal tant qu'il est encore chaud.

Croquettes de pommes de terre aux oignons et au bacon

1 kg de pommes de terre pelées
4 oignons nouveaux émincés
4 tranches de bacon émincées
40 g de gruyère râpé

2 c. à s. de crème fraîche
75 g de farine
2 c. à s. d'huile d'olive
50 g de beurre

1 Faites cuire les pommes de terre à l'eau ou à la vapeur puis égouttez-les. Écrasez-les avec un presse-purée jusqu'à obtention d'une purée lisse.

2 Faites revenir les oignons et le bacon dans une poêle antiadhésive, jusqu'à ce que le bacon soit croustillant. Incorporez ce mélange à la purée de pommes de terre avant d'ajouter de toutes parts le gruyère et la crème fraîche. Remuez bien.

3 Façonnez 12 croquettes aplaties et passez-les dans la farine.

4 Faites chauffer l'huile et le beurre dans une grande sauteuse et faites cuire les croquettes en plusieurs fois, jusqu'à ce qu'elles soient dorées de toutes parts.

Conseil

Pour une version plus diététique, utilisez du gruyère et de la crème fraîche allégés et servez ces croquettes avec une salade verte.

Cake italien aux pommes de terre

250 g de pommes de terre pelées et coupées en morceaux

30 g de beurre fondu

300 g de farine avec levure incorporée

25 cl de lait

60 g d'olives vertes dénoyautées et coupées en rondelles

75 g de tomates séchées conservées dans l'huile et grossièrement hachées

100 g de mozzarella râpée

1 Préchauffez le four à 200 °C. Huilez généreusement le fond et les parois d'un moule à cake rectangulaire.

2 Faites cuire les pommes de terre à l'eau ou à la vapeur, puis égouttez-les et réduisez-les en purée en incorporant progressivement le beurre pour obtenir une préparation homogène.

3 Ajoutez la farine, le lait, les olives, les tomates séchées et la mozzarella, puis transférez cette préparation dans le moule en la tassant avec une spatule. Faites cuire 50 min au four. Laissez refroidir avant de servir.

Mix à grignoter

3 grissinis au romarin et au sel marin

30 g de maïs soufflé

60 g d'abricots secs coupés en morceaux

75 g de poire séchée coupée en morceaux

60 g de dattes séchées, dénoyautées et grossièrement hachées

1 Cassez les grissinis en petits morceaux. Ajoutez le maïs soufflé, les abricots secs, la poire séchée et les dattes. Mélangez. Proposez ⅛ de ce mélange à grignoter par personne. Conservez le reste dans un récipient hermétique.

Note

Les grissinis sont de longs bâtonnets de pain croustillant, aux parfums variés. On en trouve dans les supermarchés.

Croustillants à la moutarde

1 tortilla de blé

Huile en spray

2 c. à c. de moutarde de Dijon

1 c. à c. de graines de pavot

½ c. à c. de paprika doux

¼ de c. à c. de sel marin

1 Préchauffez le four à 180 °C. Chemisez une plaque de cuisson de papier sulfurisé. Vaporisez la tortilla d'huile

en spray. Étalez la moutarde dessus puis parsemez la surface avec les graines de pavot, le paprika doux et le sel. Coupez la tortilla en longues languettes triangulaires que vous poserez sur la plaque.

2 Faites cuire environ 4 min au four jusqu'à ce que les languettes soient croustillantes. Laissez refroidir sur la plaque.

Pop-corn épicé

1 c. à s. de maïs à pop-corn

½ c. à c. de coriandre moulue

½ c. à c. de cumin moulu

¼ de c. à c. de cannelle moulue

15 g de pappadums nature

1 Déposez le maïs à pop-corn dans une poche en papier sulfurisé, refermez, sans la serrer, avec de la ficelle de cuisine. Faites cuire au micro-

ondes 4 min. Sortez la poche du four avec une pince et laissez-la reposer 2 min avant de l'ouvrir.

2 Faites griller à sec la coriandre, le cumin et la cannelle dans une petite poêle. Dans un récipient, cassez les pappadums en petits morceaux. Ajoutez le pop-corn et les épices puis remuez délicatement.

Pizzettas au chorizo et aux épinards

8 · 50' · 8' · 1ʰ · 220°C · kcal 378

150 g de pousses d'épinard

2 gousses d'ail pelées

4 filets d'anchois égouttés

1 c. à s. d'huile d'olive

+ un peu pour les plaques

5 c. à s. de persil plat grossièrement haché

170 g de chorizo

150 g de manchego

Pâte à pizza

2 c. à c. de levure de boulanger express (7 g)

1 c. à c. de sel fin

½ c. à c. de sucre en poudre

300 g de farine

25 g de beurre fondu

2 c. à s. d'huile d'olive

180 ml d'eau chaude environ

1 Préparez la pâte à pizza. Mélangez la levure, le sel, le sucre et la farine tamisée dans un saladier. Creusez un puits au centre. Incorporez le beurre, l'huile d'olive et assez d'eau pour obtenir une pâte souple. Pétrissez la pâte sur le plan de travail fariné 5 min jusqu'à ce qu'elle soit élastique. Mettez la pâte dans un saladier huilé, couvrez et faites lever dans un endroit chaud 1 h environ, jusqu'à ce qu'elle double de volume. Dégonflez la pâte en donnant un coup de poing et pétrissez de nouveau sur le plan de travail fariné.

2 Préchauffez le four à 220 °C. Huilez des plaques de cuisson et chemisez-les de papier sulfurisé.

3 Coupez les pousses d'épinard en lanières, mettez-les dans un saladier avec l'ail haché, les anchois finement hachés, l'huile d'olive et le persil.

4 Divisez la pâte en 8 morceaux et étalez chaque morceau en un disque de 15 cm de diamètre. Mettez-les sur les plaques. Répartissez les épinards sur la pâte, ajoutez le chorizo coupé en fines tranches et le manchego râpé. Faites cuire les pizzettas 8 min environ jusqu'à ce qu'elles soient dorées.

Quiches au prosciutto et aux poivrons grillés

12 · 20' · 30' · 200°C · kcal 350

6 tranches de prosciutto (90 g)

3 rouleaux de pâte brisée

170 g de poivrons rouges grillés, grossièrement hachés

15 g de basilic grossièrement haché

75 g de fromage à pizza

1 Préchauffez le four à 200 °C. Huilez un moule à muffins de 12 alvéoles (contenance 80 ml).

2 Faites griller le prosciutto dans une poêle huilée bien chaude. Laissez refroidir. Hachez grossièrement.

3 Découpez 12 disques de 9 cm de diamètre dans la pâte brisée. Garnissez-en les alvéoles du moule. Mélangez le prosciutto avec les poivrons, le basilic et le fromage. Répartissez ce mélange dans les alvéoles.

4 Faites cuire 25 min au four. Laissez reposer 5 min dans le moule avant de servir.

Quiches aux chèvre et aux fleurs de courgette

12 · 15' · 25' · 180°C · kcal 340

12 petites courgettes avec la fleur (240 g)

3 rouleaux de pâte brisée prête à l'emploi

100 g de fromage de chèvre ferme, finement haché

25 g de parmesan finement râpé

2 c. à s. de ciboulette chinoise finement hachée

1 Préchauffez le four à 180 °C. Huilez un moule à muffins de 12 alvéoles.

2 Détachez les fleurs des courgettes. Retirez les étamines. Émincez les courgettes.

3 Découpez 12 disques de 9 cm de diamètre dans la pâte brisée. Garnissez-en les alvéoles du moule.

4 Mélangez ensemble les lamelles de courgette, le chèvre, le parmesan et la ciboulette. Répartissez cette préparation dans les alvéoles. Déposez une fleur de courgette sur chaque quiche.

5 Faites cuire 25 min au four. Laissez reposer 5 min dans le moule avant de servir.

Feta aux herbes

310ml · **15'** · **2h** · **kcal 14**

200 g de feta
30 g de beurre doux ramolli
2 c. à s. d'origan frais finement haché
1 c. à s. de menthe fraîche finement hachée
1 c. à c. de zeste de citron finement râpé
2 c. à c. d'huile d'olive
Poivre

1 Beurrez un moule d'une contenance de 300 ml puis tapissez-le de film alimentaire.

2 Mixez la feta et le beurre jusqu'à obtention d'une consistance lisse. Transférez dans un petit saladier et incorporez les herbes ainsi que le zeste de citron. Poivrez. Versez la préparation dans le moule et tassez fermement. Couvrez et placez 2 h au réfrigérateur.

3 Démoulez le fromage dans une assiette et versez un filet d'huile d'olive sur le dessus. Servez avec du pain et des bâtons de céleri.

Conseil
Vous pouvez remplacer l'origan et la menthe par d'autres herbes de votre choix ou ajouter des olives finement hachées.

Miniterrines aux poivrons et au chèvre

6 · 30' · 15' · 220°C · 1ʰ · kcal 339

3 gros poivrons rouges (1 kg)
360 g de ricotta émiettée
grossièrement
2 c. à s. de jus de citron

250 g de fromage de chèvre ferme,
émietté
1 gousse d'ail écrasée
10 g de ciboulette ciselée

1 Préchauffez le four
à 220 °C. Huilez 6 alvéoles
d'un moule à petits cakes
de 8 alvéoles (contenance
125 ml). Garnissez le fond
des alvéoles ainsi que
les deux côtés longs
de papier sulfurisé, en faisant
dépasser ce dernier de 5 cm.

2 Coupez les poivrons en
deux. Retirez les graines
et les membranes. Faites griller
les poivrons au four 15 min.
Mettez-les dans un sachet
en plastique. Au bout
de 5 min, sortez-les du sac
et pelez-les. Coupez la chair
en lanières. Tapissez le fond

des alvéoles ainsi que les deux
côtés longs de lanières de
poivron, en faisant dépasser
ces dernières de 2 cm.

3 Dans un récipient,
mélangez les ingrédients
restants, sauf la ciboulette.
Répartissez cette préparation
dans les alvéoles, en pressant.
Recouvrez la farce avec les
lanières de poivrons. Couvrez
puis placez 1 h au réfrigérateur.

4 Démoulez les terrines.
Saupoudrez de
ciboulette et servez avec
du pesto aux épinards et
aux noix (voir page 448).

Petits pâtés au poulet

8. · 15' · 20' · 180°C · kcal 345

900 g de blancs de poulet hachés
100 g de tomates séchées
marinées dans l'huile, égouttées
et finement hachées
2 gousses d'ail écrasées

1 œuf
25 g de chapelure
40 g de pignons de pin grillés
10 g de ciboulette hachée
grossièrement

1 Préchauffez le four à
180 °C. Huilez un moule
à petits cakes de 8 alvéoles
(contenance 125 ml).

2 Préparez les petits
pâtés. Dans un saladier,
mélangez ensemble
le poulet, les tomates
séchées, l'ail, l'œuf,
la chapelure, les pignons
et la ciboulette. Pressez
cette préparation dans
les alvéoles du moule.

3 Faites cuire 10 min au four.
Démoulez les petits pâtés
sur une plaque de cuisson
recouverte de papier sulfurisé.
Enfournez pour encore 10 min.

Flans ricotta, olives et tomates

6   15'   20'   180°C   kcal 330

60 g de parmesan finement râpé

800 g de ricotta

2 œufs

1 gousse d'ail écrasée

1 c. à c. de zeste de citron finement râpé

100 g de tomates séchées marinées dans l'huile, égouttées et finement hachées

100 g d'olives noires dénoyautées, finement hachées

10 g de basilic ciselé

1 Préchauffez le four à 180 °C. Huilez un moule à muffins de 6 alvéoles (contenance 180 ml). Garnissez le fond des alvéoles de papier sulfurisé.

2 Répartissez la moitié du parmesan dans les alvéoles du moule. Inclinez le moule en tous sens pour que le parmesan tapisse le fond et les parois des alvéoles.

3 Dans un saladier, mélangez la ricotta, les œufs, l'ail, le zeste de citron, les tomates séchées, les olives, le basilic et le reste de parmesan. Répartissez ce mélange dans les alvéoles. Lissez la surface avec une spatule, en pressant fermement pour chasser les bulles d'air.

4 Faites cuire 20 min au four. Laissez reposer 15 min avant de démouler. Laissez refroidir.

Flans ricotta, parmesan et piment

6 — 15' — 40' — 120°C — kcal 252

20 g de fines herbes mélangées
(basilic, persil plat, origan), ciselées
2 longs piments rouges
finement hachés
1 c. à c. de sel de mer

40 g de parmesan finement râpé
800 g de ricotta
2 œufs
1 c. à c. de zeste de citron
finement râpé

1 Préchauffez le four
à 120 °C. Huilez un moule
à muffins de 6 alvéoles.
Garnissez le fond des
alvéoles de papier sulfurisé.

2 Dans un bol, mélangez
les fines herbes, les
piments et le sel. Étalez ce
mélange sur une plaque de
cuisson. Faites sécher au
four 20 min. Laissez refroidir.

3 Mélangez le parmesan à
la préparation aux herbes.
Déposez 1 c. à s. de ce
mélange dans chaque alvéole.

4 Montez la température
du four à 180 °C.
Dans un saladier, mélangez
la ricotta, les œufs, le zeste
et le reste de préparation
aux fines herbes. Répartissez
ce mélange dans les
alvéoles. Lissez la surface
avec une spatule.

5 Faites cuire 20 min au four.
Laissez reposer 15 min
dans le moule. Détachez la
préparation des parois à l'aide
d'une palette puis démoulez
en retournant le moule sur
une plaque. Laissez refroidir.

Polentas au fromage et salsa à l'avocat

12 — 20' — 1ʰ — 30' — 220°C — kcal 219

500 ml de bouillon de poulet
500 ml d'eau
170 g de polenta
50 g de fromage à pizza
100 g de feta émiettée

Salsa
2 avocats moyens (500 g)
coupés en gros dés

1 miniconcombre (130 g)
grossièrement haché
100 g de tomates séchées marinées
dans l'huile, égouttées et hachées
1 poivron rouge (150 g) haché
15 g de persil plat haché
½ c. à c. de piment séché émietté
60 ml de vinaigre de vin rouge
60 ml d'huile d'olive

1 Huilez un moule
à muffins de 12 alvéoles.
Préchauffez le four à 220 °C.

2 Dans une petite casserole,
portez le bouillon et l'eau
à ébullition. Versez-y la polenta
en pluie, en remuant. Laissez
épaissir à feu doux 10 min,
sans cesser de remuer.
Incorporez le fromage. Versez
dans les alvéoles. Lissez la
surface et placez 1 h au frais.

3 Faites cuire 15 min
au four puis démoulez
les petites polentas sur
une plaque de cuisson
recouverte de papier sulfurisé.
Enfournez-les pour 5 min.

4 Mélangez les ingrédients
de la salsa dans
un saladier. Servez les
petites polentas chaudes,
nappées de salsa.

Scones au lard et aux tomates

8 | 10' | 30' | 220°C | kcal 299

3 œufs
3 tranches de lard
découennées (195 g)
110 g de tomates semi-séchées à l'huile, égouttées

90 g de gruyère râpé
300 g de farine avec
levure incorporée
1 c. à c. de sucre
180 ml de lait

1 Préchauffez le four à 200 °C. Huilez une plaque de cuisson et chemisez-la de papier sulfurisé.

2 Faites cuire les œufs 6 min à l'eau bouillante. Refroidissez-les puis écalez-les.

3 Faites dorer le lard dans une grande poêle chaude. Égouttez-le sur du papier absorbant. Hachez les œufs, le lard et les tomates et mettez-les dans un saladier. Incorporez la moitié du fromage.

4 Tamisez la farine et le sucre au-dessus d'un saladier. Incorporez la préparation précédente. Creusez un puits au centre et versez le lait. Mélangez pour former une pâte. Pétrissez-la sur un plan de travail. Étalez la pâte du bout des doigts en un disque de 22 cm de diamètre sur la plaque de cuisson. Trempez un couteau pointu dans la farine et coupez la pâte en 8 parts. Parsemez avec le reste du fromage.

5 Faites cuire au four 30 min. Laissez refroidir sur la plaque.

Scones au potiron et au panch phora

24 | 30' | 25' | 200°C | kcal 102

40 g de beurre
à température ambiante
800 g de potiron
2 c. à s. de panch phora
55 g de sucre

1 jaune d'œuf
375 g de farine avec
levure incorporée
80 ml de lait environ
50 g de graines de courge

1 Préchauffez le four à 200 °C. Huilez un moule de 20 x 30 cm. Chemisez-le de papier sulfurisé.

2 Pelez et coupez le potiron en dés. Mettez-le sur une plaque de cuisson. Assaisonnez. Faites-le cuire au four 15 min. Laissez-le refroidir, puis écrasez-le dans un saladier avec une fourchette.

3 Faites griller à sec les épices dans une petite poêle à feu moyen.

4 Battez le beurre, le sucre et le jaune d'œuf dans un saladier. Ajoutez cette préparation ainsi que les épices dans le saladier avec le potiron et mélangez. Incorporez la farine et assez de lait pour obtenir une pâte souple.

5 Étalez la pâte dans le moule. Trempez un couteau dans la farine et découpez la pâte en carrés de 5 cm de côté. Parsemez les graines de courge. Faites cuire 25 min. Laissez refroidir dans le moule.

Scones courgette, feta et maïs

12 · 25' · 30' · 220°C · kcal 196

1 petite courgette (90 g)
½ épi de maïs frais paré (125 g)
100 g de feta
50 g de parmesan finement râpé

450 g de farine avec levure incorporée
2 c. à c. de sucre
250 ml de lait environ

1 Préchauffez le four à 220 °C. Huilez et chemisez une plaque de cuisson de papier sulfurisé.

2 Hachez grossièrement la courgette non pelée. Détachez les grains de maïs de l'épi. Mélangez la courgette, le maïs, la feta émiettée et le parmesan dans un saladier.

3 Tamisez la farine et le sucre dans un saladier. Ajoutez la préparation précédente et mélangez. Creusez un puits au centre et versez le lait. Mélangez pour former une pâte. Mettez la pâte sur le plan de travail fariné et pétrissez-la jusqu'à ce qu'elle soit souple. Étalez la pâte du bout des doigts en un cercle de 22 cm de diamètre sur la plaque de cuisson. Trempez un couteau pointu dans la farine et coupez la pâte en 12 parts. Badigeonnez le dessus d'un peu de lait.

4 Faites cuire au four 30 min jusqu'à ce que le gâteau sonne creux quand vous le tapotez. Laissez refroidir sur la plaque, puis détachez les parts.

Muffins façon pizza

12 · 20' · 25' · 180°C · kcal 222

260 g de lardons fumés
4 tiges de ciboule hachées finement
120 g de poivron rouge grillé en boîte, haché finement
75 g de fromage à pizza
½ c. à c. de piment séché émietté

Pâte à muffins
300 g de farine à levure incorporée
80 g de beurre fondu
1 œuf
250 ml de lait fermenté

1 Préchauffez le four à 180 °C. Huilez un moule à muffins de 12 alvéoles.

2 Faites griller les lardons dans une poêle bien chaude en remuant. Ajoutez la ciboule et poursuivez la cuisson, sans cesser de remuer, jusqu'à ce qu'elle soit fondante.

3 Préparez la pâte à muffins. Tamisez la farine au-dessus d'un saladier. Dans un autre saladier, mélangez le beurre, l'œuf et le lait fermenté puis incorporez ce mélange à la farine.

4 Ajoutez le poivron, le fromage, le piment et les lardons à la pâte à muffins. Mélangez brièvement. Répartissez cette préparation dans les alvéoles. Faites cuire environ 20 min au four. Laissez reposer 5 min avant de démouler sur une grille. Servez chaud.

BRUNCH & SUR LE POUCE

Sélection de recettes prêtes en moins de 20 minutes

Jus de fruits rouges   72

Jus d'orange, mangue
et fraise   72

Smoothie fraise, miel
et lait de soja   73

Jus betterave, carotte,
gingembre   74

Smoothie d'ananas
à la menthe   74

Yaourt aux cerises   77

Smoothie mangue-coco   79

Thé à la menthe   79

Œufs pochés sur pain
au levain   83

BONUS

Jus d'orange et gingembre

1 **5'** **kcal 193**

3 oranges moyennes
2 cm de gingembre frais râpé

1 Pressez les oranges et versez le jus obtenu dans un verre. Ajoutez le gingembre et remuez.

Jus de fruits rouges

1 **5'** **kcal 44**

3 fraises
40 g de myrtilles
35 g de framboises

1 Mixez les fruits avec 80 ml d'eau jusqu'à obtention d'un mélange velouté. Servez le jus obtenu dans un verre.

Jus d'orange, mangue et fraise

1 **5'** **kcal 277**

2 petites oranges
1 petite mangue coupée en morceaux
3 fraises coupées en deux

1 Pressez les oranges. Mixez la mangue et les fraises. Mélangez dans un verre le jus d'orange et les fruits mixés.

Jus de pêche et framboise

1 **5'** **kcal 67**

1 grosse pêche coupée en morceaux
35 g de framboises

1 Mixez les fruits jusqu'à obtention d'un mélange velouté. Versez le jus obtenu dans un verre et ajoutez 125 ml d'eau. Mélangez bien.

Jus d'orange, carotte et céleri

1 **5'** **kcal 137**

1 grosse orange pelée et coupée en quartiers
1 grosse carotte coupée en morceaux
1 branche de céleri grossièrement hachée

1 Passez l'orange, la carotte et le céleri à la centrifugeuse. Servez le jus obtenu dans un verre.

Jus d'ananas, orange et fraise

1 **5'** **kcal 112**

petite orange pelée et détaillée en quartiers
d'ananas frais coupé en morceaux
fraises

1 Passez l'orange, l'ananas et les fraises à la centrifugeuse. Versez le jus obtenu dans un verre, ajoutez 60 ml d'eau et mélangez.

Smoothie banane et lait de soja

250 ml de lait de soja
1 petite banane coupée en morceaux

1 Mixez les ingrédients jusqu'à obtention d'un mélange velouté. Servez ce smoothie dans un verre.

Jus d'orange, carotte et gingembre

2 oranges pelées et détaillées en quartiers
1 petite carotte coupée en rondelles
2 cm de gingembre frais

1 Passez les oranges, la carotte et le gingembre à la centrifugeuse. Servez le jus obtenu dans un verre.

Jus de poire et gingembre

2 poires moyennes coupées en quartiers
2 cm de gingembre frais

1 Passez les ingrédients à la centrifugeuse. Servez le jus obtenu dans un verre.

Jus d'orange, gingembre et ananas

1 orange moyenne
200 g d'ananas frais coupé en morceaux
2 cm de gingembre frais

1 Pressez l'orange. Mixez l'ananas et le gingembre. Mélangez le jus d'orange et la purée d'ananas dans un verre.

Smoothie fraise, miel et lait de soja

120 g de fraises
125 ml de lait de soja
1 c. à s. de miel

1 Mixez les ingrédients jusqu'à obtention d'un mélange mousseux. Versez le jus obtenu dans un verre.

Jus de betterave, carotte et épinard

1 petite betterave pelée
1 petite carotte coupée en rondelles
20 g de pousses d'épinard

1 Passez la betterave, la carotte et les feuilles d'épinard à la centrifugeuse. Versez le jus obtenu dans un verre. Allongez-le avec 125 ml d'eau et remuez bien.

Jus betterave, carotte, gingembre

1   5'   kcal 133

1 grosse betterave crue (200 g)
2 carottes moyennes (240 g)
2 pommes rouges (300 g)
10 g de gingembre frais (2 cm)

1 Ôtez les tiges de la betterave et lavez-la. Coupez-la, non pelée, en quartiers. Hachez grossièrement les carottes et les pommes. Pelez et râpez le gingembre. Mettez la betterave, les carottes et les pommes dans une centrifugeuse pour extraire le jus. Versez dans une carafe et ajoutez le gingembre.

Smoothie de soja, graines de lin, banane et framboise

3   5'   kcal 268

1 grosse banane (230 g)
150 g de framboises surgelées
500 ml de boisson au soja
1 c. à s. de tahin
1 c. à c. de graines de lin moulues
1 c. à c. de graines de tournesol moulues
1 c. à c. de poudre d'amandes
1 c. à s. de miel

1 Pelez la banane et coupez-la en morceaux. Mixez la banane avec le reste des ingrédients.

Smoothie d'ananas à la menthe

3   10'   kcal 47

½ petit ananas (450 g)
125 ml de jus de citron vert
8 c. à s. de menthe
1 grosse poignée de glaçons

1 Pelez l'ananas et retirez-en le cœur. Coupez-le en morceaux et mixez avec le reste des ingrédients. Servez aussitôt.

Jus détox au concombre

3   5'   kcal 99

10 g de gingembre frais (2 cm)
1 pamplemousse rose (350 g)
2 miniconcombres non pelés (260 g)
2 poires non pelées (460 g)

1 Pelez et râpez le gingembre. Pelez le pamplemousse et coupez-le en quartiers. Hachez grossièrement les concombres et les poires.

2 Mettez le pamplemousse, le concombre et la poire dans une centrifugeuse pour extraire le jus. Versez dans une carafe et ajoutez le gingembre.

Lassi à l'ananas et à la fraise

2 | **5'** | **kcal 51**

125 ml de lait

2 c. à s. de yaourt nature

100 g de chair d'ananas frais

125 g de fraises coupées en deux

12 glaçons

1 Mixez le lait, le yaourt, l'ananas, les fraises et les glaçons jusqu'à l'obtention d'un mélange lisse.

Conseil

Variez les fruits selon vos goûts et en fonction des saisons en respectant les proportions.

Smoothie banane, mangue et framboises

2 | **10'** | **kcal 154**

1 petite banane (130 g) coupée en gros morceaux

1 petite mangue (300 g) coupée en gros morceaux

50 g de framboises surgelées

250 ml de lait écrémé

1 Mixez tous les ingrédients jusqu'à obtention d'un mélange lisse.

Astuce

Pour déguster un smoothie glacé au cœur de l'été, placez les morceaux de banane et de mangue au congélateur jusqu'au lendemain.

Smoothie au thé à l'indienne

1 · 10' · kcal 393

1 sachet de thé noir
125 ml d'eau bouillante
1 c. à c. de cannelle moulue
1 c. à c. de cardamome moulue
1 c. à c. de clous de girofle moulus
1 c. à c. de gingembre moulu
2 biscuits secs au gingembre
ou autres biscuits secs
70 g de yaourt à la grecque
1 c. à s. de miel
250 ml de lait

1 Mettez le sachet de thé et l'eau dans une tasse. Faites infuser 3 min. Retirez le sachet et laissez refroidir.

2 Mixez le thé avec le reste des ingrédients jusqu'à ce que le mélange soit onctueux.

Smoothie de thé vert au sagou

1 · 20' · 10' · kcal 294

1 c. à s. de sagou
1 c. à c. de thé vert matcha
250 ml de lait
1 c. à s. de lait concentré sucré

1 Faites cuire le sagou dans une petite casserole d'eau bouillante 10 min environ. Retirez du feu, couvrez et laissez reposer 10 min. Égouttez-le et rincez-le à l'eau froide. Mettez-le dans un bol,

recouvrez-le d'eau froide et placez au réfrigérateur jusqu'au moment de servir.

2 Mixez la poudre de thé, le lait et le lait concentré.

3 Égouttez le sagou et mettez-le dans un verre. Versez le lait au matcha dans le verre. Mélangez.

Smoothie énergétique

2 · 5' · kcal 327

140 g de yaourt à la grecque
75 g d'un mélange de fruits rouges surgelés
1 c. à s. de baies de goji séchées
1 petite banane (130 g) pelée
1 c. à s. de miel
250 ml de lait
2 c. à c. de graines de lin moulues
2 c. à c. de graines de chia
1 c. à c. de menthe fraîche coupée en fines lanières

1 Mixez le yaourt, les fruits rouges, les baies de goji, la banane coupée en dés, le miel, le lait et la moitié des graines, jusqu'à ce que le mélange soit onctueux.

2 Versez le smoothie dans des verres. Ajoutez la menthe sur le dessus ainsi que le reste des graines.

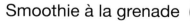

Smoothie à la grenade

1 · 10' · kcal 532

Les graines de **1** grenade
140 g de yaourt à la grecque
2 c. à c. de miel
1 petite banane (130 g) pelée
2 c. à c. de pistaches grillées non salées

1 Réservez 1 c. à c. de graines. Pilez le reste des graines dans un mortier. Filtrez la pulpe dans un blender et jetez les résidus solides.

2 Ajoutez le yaourt, le miel et la banane coupée en dés dans le blender, puis mixez.

3 Hachez finement les pistaches. Versez le smoothie dans un verre et ajoutez les graines de grenade réservées et les pistaches sur le dessus.

Bircher muesli aux myrtilles et à la pomme

2 | 5' | 3ʰ | kcal 152

45 g de flocons d'avoine
125 ml de lait écrémé
60 ml de jus de pomme non sucré
35 g de myrtilles fraîches
1 petite pomme verte (130 g) non pelée,
évidée et coupée en lamelles fines

1 Mélangez les flocons d'avoine, le lait et le jus de pomme dans un bol. Couvrez et placez au moins 3 h au réfrigérateur, (jusqu'à toute une nuit).

2 Servez ce muesli avec les myrtilles et les lamelles de pomme.

Astuce
Vous pouvez aussi râper grossièrement la pomme.

Yaourt aux cerises

2 | 15' | 5' | kcal 154

1 c. à s. de sucre en poudre
2 c. à s. d'eau
150 g de cerises dénoyautées, fraîches ou surgelées, coupées en deux

190 g de yaourt maigre
2 c. à c. d'extrait de vanille
1 pincée de cannelle moulue
2 c. à s. de flocons d'avoine grillés

1 Mélangez le sucre, l'eau et les cerises dans une casserole. Portez à ébullition, puis baissez le feu et laissez mijoter environ 2 min, sans couvrir, jusqu'à ce que le sirop épaississe. Laissez refroidir.

2 Mélangez le yaourt, la vanille et la cannelle dans un bol.

3 Répartissez la moitié de la préparation aux cerises dans 2 verres d'une contenance de 180 ml. Poursuivez avec la moitié du yaourt, puis le reste des cerises et, enfin, l'autre moitié du yaourt. Juste avant de servir, parsemez la surface de flocons d'avoine grillés.

Astuces
Faites griller les flocons d'avoine dans une poêle, à feu moyen, en remuant sans cesse. Vous pouvez aussi les faire griller au four sur une plaque de cuisson. Conservez vos flocons grillés dans un sac de congélation avec une fermeture zippée, et parsemez-en vos yaourts juste avant de servir.

Smoothie noix de coco, mangue et tapioca

1 c. à s. de tapioca
125 ml de lait de coco
225 g de mangue au sirop coupée en morceaux

60 ml de jus de citron vert
1 c. à s. de zeste de citron vert finement râpé
1 c. à s. de noix de coco râpée

1 Faites cuire le tapioca dans une petite casserole d'eau bouillante 10 min environ, jusqu'à ce qu'il soit tendre. Retirez du feu, couvrez et laissez reposer 10 min. Égouttez le tapioca et rincez-le à l'eau froide. Mettez-le dans un bol et couvrez-le d'eau froide. Placez-le au réfrigérateur jusqu'au moment de servir.

2 Mixez le lait de coco, la mangue égouttée, le jus de citron vert et la moitié du zeste dans un blender jusqu'à ce que le mélange soit onctueux.

3 Faites griller à sec la noix de coco dans une petite poêle en remuant, jusqu'à ce qu'elle soit légèrement dorée. Retirez du feu.

4 Égouttez le tapioca et versez-le dans 2 verres. Versez le mélange mixé dans les verres et remuez. Parsemez les smoothies de noix de coco grillée et du zeste de citron vert restant.

Smoothie à l'italienne

1 c. à s. de café soluble
1 c. à s. de cacao amer en poudre
2 c. à c. de sucre
2 c. à s. d'eau bouillante
320 ml de lait froid
6 boudoirs (120 g)

2 c. à s. de mascarpone
2 c. à s. de crème épaisse entière
½ c. à c. de cannelle moulue
10 myrtilles (40 g)
20 g de chocolat noir

1 Mélangez le café, le cacao, le sucre et l'eau dans un saladier. Remuez pour faire fondre le sucre. Incorporez le lait.

2 Coupez chaque boudoir en trois et mettez les biscuits dans 2 verres. Versez le lait sur les biscuits.

3 Mélangez le mascarpone, la crème et la cannelle dans un bol. Versez ce mélange sur les biscuits. Ajoutez les myrtilles

et le chocolat noir râpé ou en copeaux sur le dessus.

Conseils

Ce smoothie s'inspire du tiramisu. Pour réaliser des copeaux de chocolat, vous pouvez utiliser un épluche-légumes. Préparez le mélange à base de lait la veille au soir et conservez-le au réfrigérateur. Assemblez le smoothie le matin dans une petite boîte hermétique et n'oubliez pas d'emporter une cuillère pour le déguster.

Smoothie mangue-coco

4   10'   kcal 446

2 grosses mangues (1,2 kg)
1 noix de coco verte (1,2 kg)
560 g de yaourt à la grecque
2 c. à s. de miel
1 ½ c. à s. de mélasse de grenade

1 Pelez les mangues et coupez-les en morceaux.

2 À l'aide d'un couteau pointu, découpez le sommet de la noix de coco fraîche. Versez l'eau de coco dans un blender. Ouvrez la noix de coco, prélevez la chair crémeuse avec une cuillère et mettez-la dans le blender.

3 Ajoutez la mangue et le reste des ingrédients dans le blender. Mixez jusqu'à obtention d'un mélange lisse et onctueux.

Conseil

Faites congeler préalablement la mangue et l'eau de coco. Cela vous permettra d'obtenir un smoothie glacé.

Thé à la menthe

4   15'   5'   kcal 59

1,25 litre d'eau bouillante
2 bottes de menthe effeuillées
50 g de sucre brun
15 g de feuilles de thé vert

1 Mélangez 250 ml d'eau bouillante et deux tiers de la menthe dans une théière, égouttez la menthe et réservez-la.

2 Mélangez la menthe égouttée avec le reste d'eau bouillante, le sucre et le thé, dans une casserole. Faites chauffer le tout en remuant jusqu'à ce que le sucre soit dissous, puis portez à ébullition.

3 Filtrez le thé au-dessus d'une grande théière.

4 Servez dans des verres et agrémentez du reste des feuilles de menthe.

Conseil

La première étape, qui consiste à blanchir les feuilles de menthe, permet de supprimer leur amertume. Vous pouvez aussi utiliser du thé vert en sachets.

THÉS & TISANES

Siroter une tasse de thé, chaude ou froide, est un moment agréable et réconfortant. Découvrez ou redécouvrez les merveilleuses saveurs que nous vous présentons ici.

Thé glacé

Préparé avec des sachets de thé ou, mieux, avec du thé en vrac (servez-vous d'une boule à thé si c'est pour une tasse). Le thé chaud est versé dans un verre avec des glaçons, dans lequel on met une cuillère pour éviter qu'il ne se fende.

Sun tea

On l'obtient en mélangeant des feuilles de thé et de l'eau froide dans un bocal hermétique, qu'on laisse ensuite au soleil pendant plusieurs heures. Ce thé a un goût plus « propre » que le thé ordinaire, et fait un thé glacé cristallin.

Chai

Chai signifie « thé » en hindi, en chinois et dans plusieurs autres langues. En Inde, le thé peut être consommé nature ou épicé (*masala chai*). Les Indiens aiment préparer le thé en faisant bouillir les feuilles avec du lait et du sucre.

Thé blanc

Le thé blanc est fabriqué en cueillant les bourgeons du théier lorsqu'ils sont encore recouverts d'un fin duvet blanc. On lui attribue de nombreuses vertus médicinales. Il fut un temps où il était réservé aux empereurs chinois ; on le trouve maintenant dans les grands supermarchés.

Yerba maté

Boisson traditionnelle en Amérique du Sud, issue d'une plante proche du houx originaire de plusieurs pays sud-américains. La yerba maté a un fort goût d'herbes et est en train de se populariser dans le monde entier ; on la consomme en remplacement du café, car plus douce pour l'estomac.

Infusion aux fruits

Assez proches des infusions aux herbes, les infusions aux fruits sont également des tisanes ; elles sont fabriquées à partir de fruits séchés et souvent additionnés d'épices. On en trouve aux framboises, cassis, fraises, etc. ; leur délicieux goût naturellement sucré en fait une gourmandise idéale à déguster dans l'après-midi.

Infusion aux herbes

Faites à partir d'herbes séchées comme la menthe poivrée, les infusions aux herbes rentrent dans la catégorie des tisanes, différentes du thé car elles ne contiennent généralement pas de feuilles de théier.

Thé vert

Le thé vert est composé de feuilles séchées non fermentées de l'arbre à thé ou théier, le *Camellia sinensis*. Le plus populaire est le thé au jasmin, un mélange de fleurs de jasmin et de thé. Le matcha est un thé japonais en poudre, idéal pour faire de la glace au thé vert.

Thé noir

Le thé noir est obtenu par fermentation de feuilles de thé, qui a pour effet d'en assombrir la couleur et d'en modifier le goût ; il est plus fort que le thé vert.

Thé aux perles

Boisson très à la mode en Asie, particulièrement chez les jeunes ; c'est un mélange de thé et de boules de tapioca qui se boit froid et fait des bulles lorsqu'on le secoue. Le thé aux perles est aussi connu sous le nom de thé aux bulles, boba ou bubble tea, et existe en de nombreuses saveurs et couleurs différentes.

Rooibos

Infusion populaire d'Afrique du Sud, faite à partir de feuilles de rooibos ou de honeybush. Le rooibos ne contient pas d'acide oxalique ni de caféine. On lui prête différentes vertus médicinales : il serait efficace pour traiter les problèmes d'allergies et aurait de plus un effet apaisant sur le système nerveux.

Thé pu-erh

C'est un thé post-fermenté, ce qui signifie qu'il vieillit généralement pendant des années après la cueillette et la fermentation. Disponible en vrac ou compressé, il est réputé aider à la perte de poids.

Bruschetta au saumon fumé, au fromage frais et à la roquette

4 · 15' · 5' · kcal 515

80 g de fromage frais
1 échalote émincée
2 c. à c. de jus de citron
½ c. à c. de moutarde de Dijon
1 c. à s. de câpres égouttées, rincées et grossièrement hachées
8 tranches de pain au levain
30 g de roquette
200 g de saumon fumé en tranches

1 Préchauffez le gril. Mélangez le fromage frais, l'échalote, le jus de citron, la moutarde et les câpres dans un bol.

2 Faites dorer les tranches de pain au four sur les deux faces puis tartinez-les de la préparation au fromage. Répartissez-les dans les assiettes et garnissez de roquette et de saumon.

Champignons grillés à l'ail, aux épinards et aux œufs pochés

2 · 10' · 25' · 200°C · kcal 190

2 gros champignons plats (160 g)
1 gousse d'ail écrasée
2 c. à s. de persil plat finement haché
1 c. à s. d'huile de son de riz

200 g de pousses d'épinard
2 c. à c. de vinaigre d'alcool blanc
2 œufs

1 Préchauffez le four à 200 °C. Retirez le pied des champignons. Mettez les champignons à l'envers sur une plaque de cuisson. Mélangez l'ail, le persil et l'huile dans un bol. Badigeonnez les champignons de ce mélange. Faites cuire 25 min au four.

2 Faites cuire les pousses d'épinard à l'eau, à la vapeur ou au micro-ondes. Pressez-les pour retirer l'eau. Assaisonnez.

3 Cassez les œufs et plongez-les dans de l'eau bouillante, dans une casserole large. À la reprise de l'ébullition, couvrez la casserole, retirez du feu et laissez reposer 4 min. Retirez les œufs à l'aide d'une écumoire et égouttez-les sur du papier absorbant.

4 Pour servir, ajoutez les épinards et les œufs pochés sur les champignons. Assaisonnez.

Toasts au seigle et tomates rôties

2 petites tomates (180 g) coupées chacune en 6 quartiers
1 c. à s. de vinaigre balsamique
2 tranches de jambon cru (30 g)
2 c. à s. de cottage cheese
2 tranches de pain de seigle (90 g) grillées
2 c. à s. de petites feuilles de basilic

1 Préchauffez le four à 220 °C.

2 Mélangez les tomates et le vinaigre balsamique dans un petit plat à four. Posez les tranches de jambon sur une plaque de cuisson. Faites cuire environ 10 min au four, sans couvrir, jusqu'à ce que les tomates soient molles et que le jambon soit croustillant.

3 Étalez le cottage cheese sur le pain. Ajoutez les tomates, le jambon et le basilic. Assaisonnez.

Œufs pochés sur pain au levain

4 œufs
8 tranches de prosciutto
50 g de jeunes pousses d'épinard
4 tranches de pain au levain

1 Préchauffez le gril. Versez de l'eau dans une poêle jusqu'à mi-hauteur et portez à ébullition. Cassez les œufs un à un dans une tasse et faites-les glisser dans la poêle. Portez à nouveau l'eau à ébullition. Couvrez, éteignez le feu et laissez reposer 4 min. Un léger film doit se former autour des jaunes. Sortez les œufs un à un avec une écumoire et posez-les sur une assiette tapissée de papier absorbant pour éponger le liquide.

2 Pendant la cuisson des œufs, étalez les tranches de prosciutto dans un plat et passez-les sous le gril.

3 Faites cuire les épinards à l'eau ou à la vapeur. Égouttez-les et pressez-les entre les paumes de vos mains pour en extraire toute l'eau.

4 Disposez les tranches de pain sur les assiettes de service et répartissez dessus la moitié du prosciutto, les épinards et les œufs pochés. Couvrez chaque toast avec une tranche de prosciutto.

Muffins anglais au lard
et aux œufs à l'aïoli d'herbes

 4   25' 10' **kcal** 1058

1 gousse d'ail

225 g de mayonnaise

2 c. à s. de ciboulette finement hachée

8 c. à s. de basilic frais finement haché

4 c. à s. de persil plat finement haché

2 c. à s. d'huile végétale

500 g de tranches de lard découennées

8 œufs

4 muffins anglais (660 g)

50 g de pousses d'épinard

1 Pour préparer l'aïoli d'herbes, pelez et écrasez la gousse d'ail. Mélangez la mayonnaise, l'ail et les herbes dans un bol. Assaisonnez.

2 Faites chauffer la moitié de l'huile dans une grande poêle. Faites cuire le lard jusqu'à ce qu'il soit croustillant. Égouttez-le sur du papier absorbant. Essuyez la poêle.

3 Faites chauffer le reste de l'huile dans la même poêle. Faites cuire les œufs au plat.

4 Pendant ce temps, préchauffez le gril du four. Ouvrez les muffins anglais en deux, placez-les sur une plaque de cuisson et faites-les griller sous le gril.

5 Étalez l'aïoli sur la partie inférieure des muffins, ajoutez les pousses d'épinard, le lard et les œufs, puis recouvrez de la partie supérieure des muffins.

Röstis au saumon fumé

4 · 20' · 20' · kcal 302

800 g de pommes de terre
2 c. à s. d'huile végétale
120 g de fromage frais à tartiner
1 c. à s. de persil plat ciselé

1 c. à s. de ciboulette ciselée
1 c. à s. de jus de citron
150 g de saumon fumé

1 Râpez les pommes de terre puis pressez-les bien dans vos mains pour éliminer le plus d'eau possible. Divisez la préparation en huit et formez de petits disques sur une feuille de papier sulfurisé.

2 Faites chauffer l'huile dans une grande poêle et disposez dedans les röstis de pommes de terre en les pressant bien avec le dos d'une spatule. Quand les bords sont bien dorés, retournez les röstis et faites-les cuire sur l'autre face avant de les égoutter sur du papier absorbant.

3 Mélangez le fromage frais, les herbes et le jus de citron dans un récipient puis tartinez-en les röstis avant de les répartir dans les assiettes de service. Garnissez de saumon fumé et servez aussitôt.

Conseil

Pour cette recette, choisissez des pommes de terre à chair farineuse (bintje), riches en amidon et qui ne contiennent pas beaucoup d'eau. La variété charlotte, à chair ferme, se prête néanmoins à une cuisson à l'huile.

Légumes grillés et toasts à la ricotta

2 · 10' · 20' · kcal 152

1 courgette moyenne (120 g), coupée en tranches fines dans la longueur
1 poivron jaune moyen (200 g), coupé en gros morceaux
1 tomate moyenne (150 g), coupée en deux

2 tranches de pain ciabatta (70 g)
Huile de cuisson en spray
1 c. à s. de ricotta allégée
1 c. à s. de petites feuilles de basilic frais
30 g de petites feuilles de roquette

1 Vaporisez les tranches de courgette, le poivron, la tomate et le pain d'un peu d'huile en spray. Assaisonnez les légumes. Faites cuire les légumes et le pain en plusieurs fois, dans une poêle-gril (ou sous le gril du four ou au barbecue), jusqu'à ce que les légumes soient fondants et que le pain soit légèrement doré sur les 2 faces.

2 Étalez la ricotta sur le pain grillé puis parsemez de basilic. Servez le pain avec les légumes et la roquette.

Astuces

Les légumes peuvent être cuits la veille au soir. Conservez-les au réfrigérateur dans un récipient fermé. Faites griller le pain juste avant de servir.

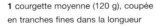

Œufs brouillés au chorizo et tortillas

| 4 | 20' | 10' | kcal 566 |

8 œufs
125 ml de crème liquide
1 chorizo (125 g)
1 c. à s. d'huile d'olive
4 c. à s. de coriandre fraîche finement hachée
4 tortillas de blé de 20 cm de diamètre
125 ml de sauce pimentée sucrée

1 Fouettez les œufs et la crème dans un saladier. Assaisonnez.

2 Retirez la peau du chorizo et hachez-le finement. Faites chauffer l'huile d'olive dans une poêle moyenne et faites dorer le chorizo en remuant. Ajoutez les œufs battus, attendez quelques secondes, puis remuez à l'aide d'une spatule en grattant le fond de la poêle. Faites cuire jusqu'à ce que les œufs soient crémeux et baveux. Retirez du feu et ajoutez la coriandre. Assaisonnez.

3 Préchauffez le gril du four. Faites griller les tortillas environ 1 min de chaque côté jusqu'à ce qu'elles soient légèrement dorées.

4 Servez les œufs nappés de sauce et accompagnés de tortillas.

Conseil
Si les tortillas sont un peu trop sèches, trempez-les quelques secondes dans de l'eau et passez-les au micro-ondes 20 secondes environ.

Pancakes au lard et au sirop d'érable

4   15'   15'   kcal 713

2 œufs
330 ml de lait
2 c. à s. de sucre
300 g de farine avec
levure incorporée

½ c. à c. de bicarbonate de soude
40 g de beurre
4 tranches de lard
découennées (250 g)
180 ml de sirop d'érable

1 Battez les œufs, le lait, le sucre, la farine tamisée et le bicarbonate de soude dans un saladier jusqu'à ce que la pâte soit lisse.

2 Faites fondre 1 c. à c. de beurre dans une poêle moyenne. Versez 80 ml de pâte dans la poêle et étalez-la. Faites cuire 2 min environ, puis retournez quand de petites bulles commencent à se former à la surface. Laissez dorer la deuxième face. Transférez sur une assiette

et couvrez pour garder au chaud. Recommencez avec le reste du beurre et de la pâte pour obtenir 8 pancakes en tout.

3 Coupez le lard en 3 morceaux dans le sens de la longueur. Faites-les cuire dans une grande poêle chaude, puis égouttez-le sur du papier absorbant.

4 Pour servir, ajoutez le lard et le sirop d'érable sur les pancakes.

Pancakes et poire au miel

2   10'   10'   kcal 140

1 petite poire (180 g) non pelée,
évidée et coupée en quartiers
1 c. à s. de miel
180 ml d'eau
2 c. à c. de jus de citron

50 g de farine avec levure incorporée
¼ de c. à c. de cannelle moulue
80 ml de lait écrémé
1 blanc d'œuf

1 Mélangez les quartiers de poire, le miel, l'eau et le jus de citron dans une poêle. Portez à ébullition puis réduisez le feu et laissez mijoter environ 5 min, à couvert.

2 Tamisez la farine et la cannelle au-dessus d'un saladier. Avec un fouet, incorporez progressivement le lait jusqu'à obtention d'une pâte lisse. Dans un bol, montez le blanc d'œuf en neige souple. Incorporez-le à la pâte.

3 Faites chauffer une grande poêle antiadhésive à feu moyen. Versez 2 petites louchées de pâte (50 à 60 ml) dans la poêle, côte à côte, et faites cuire les pancakes des deux côtés. Sortez-les de la poêle et couvrez-les pour les maintenir au chaud. Faites cuire 2 autres pancakes.

4 Servez les pancakes avec les quartiers de poire et le sirop.

Muesli à l'abricot et à la noix de coco

6 — 10' — kcal 140

90 g de flocons d'avoine
10 g de millet soufflé
10 g de blé khorasan soufflé (magasins bio)
160 ml de lait
2 c. à s. de yaourt nature
140 g d'abricots en conserve,
égouttés et coupés en dés
3 c. à c. de noix de coco râpée, grillée

1 Préparez le muesli en mélangeant les flocons d'avoine, le millet et le blé khorasan dans un récipient.

2 Préparez 2 bols en versant dans chacun 80 g de ce mélange. Arrosez avec le lait puis répartissez le yaourt, les abricots et la noix de coco. Conservez le reste du muesli dans un récipient hermétique.

Porridge aux fruits rouges

2 — 5' — 5' — 5' — kcal 146

150 g d'un mélange de fruits rouges surgelés
1 c. à s. de sucre en poudre
2 c. à s. d'eau bouillante
45 g de flocons d'avoine
125 ml de lait
125 ml d'eau bouillante supplémentaire

1 Mettez les fruits rouges dans bol. Ajoutez le sucre et les 2 c. à s. d'eau bouillante. Remuez jusqu'à ce que le sucre soit dissous.

2 Mélangez les flocons d'avoine, le lait et l'eau bouillante supplémentaire dans une casserole. Faites chauffer 5 min, en remuant. Retirez la casserole du feu, couvrez et laissez reposer 5 min.

3 Égouttez les fruits rouges au dernier moment. Versez le porridge dans des bols, nappez de fruits rouges et servez.

Porridge aux poires pochées et aux myrtilles

4 — 15' — 10' — kcal 259

30 g de flocons d'avoine
1 petite poire évidée et grossièrement hachée
2 c. à s. de myrtilles décongelées

1 Faites chauffer 180 ml d'eau dans une casserole, versez les flocons d'avoine en pluie et laissez cuire 5 min en remuant. Le porridge doit prendre une consistance crémeuse.

2 Mettez la poire en morceaux dans une petite casserole, versez 125 ml d'eau froide et portez à ébullition. Réduisez le feu et laissez mijoter 5 min sans couvrir (la poire doit être tendre).

3 Garnissez le porridge de poire chaude et de myrtilles et nappez d'un peu de liquide de cuisson.

Muesli crémeux

1 — 10' — 8ʰ — kcal 273

40 g d'amandes entières
35 g de noix de macadamia
50 g d'abricots secs grossièrement hachés
50 g de dattes dénoyautées grossièrement hachées
180 g de flocons d'avoine
1 litre de lait
50 g de graines de courge

1 Hachez grossièrement les amandes et les noix de macadamia. Mélangez les amandes, les noix de macadamia, les abricots, les dattes, les flocons d'avoine, le lait et les graines de courge dans un saladier.

2 Couvrez et placez au moins 8 h au réfrigérateur (jusqu'à toute une nuit).

Crêpes à la banane
et sirop au fruit de la Passion

35 g de farine ordinaire
1 c. à s. de lait écrémé
80 ml d'eau
2 c. à c. de miel
2 c. à s. de pulpe de fruit de la Passion
1 petite banane (130 g) coupée
en rondelles épaisses

1 Tamisez la farine au-dessus d'un récipient. Avec un fouet, incorporez progressivement le lait et l'eau jusqu'à obtention d'une pâte lisse. Faites chauffer une poêle antiadhésive à feu moyen. Versez-y la moitié de la pâte en inclinant la poêle de manière à en napper le fond. Faites cuire jusqu'à ce que le dessous de la crêpe soit légèrement doré. À l'aide d'une spatule, retournez-la et faites dorer l'autre côté. Faites glisser la crêpe sur une assiette et couvrez-la pour la maintenir au chaud. Faites cuire l'autre crêpe.

2 Mélangez le miel et la pulpe de fruit de la Passion dans un petit récipient adapté au micro-ondes. Faites chauffer pendant environ 30 secondes à puissance moyenne.

3 Servez les crêpes avec les rondelles de banane et le sirop bien chaud.

Note
Vous aurez besoin d'environ 2 fruits de la Passion.

Muesli pomme, noix de pécan et quinoa

2 · 10' · 1ʰ · kcal 275

55 g de flocons de quinoa
125 ml d'eau
1 pomme rouge (150 g)
70 g de yaourt
1 c. à s. de sirop d'agave
1 c. à c. d'extrait de vanille
2 c. à s. de noix de pécan grillées

1 Mélangez le quinoa et l'eau dans un saladier. Couvrez et placez pour 1 h au réfrigérateur, jusqu'à ce que le quinoa soit ramolli.

2 Râpez grossièrement la pomme. Mélangez la pomme, le yaourt, le sirop d'agave et l'extrait de vanille avec le quinoa. Parsemez les noix de pécan hachées et servez.

Muesli aux figues et aux pistaches

4 · 15' · 12ʰ · kcal 413

135 g de flocons d'avoine
30 g de son d'avoine
15 g de flocons de son nature
180 ml de lait
180 ml de jus d'orange
200 g de yaourt à la grecque
½ c. à c. de cannelle moulue
70 g de pistaches grillées, hachées
1 grosse orange (300 g) en quartiers
2 figues fraîches (120 g) en tranches fines

1 Mélangez les céréales, le lait, le jus d'orange, le yaourt et la cannelle dans un grand saladier. Couvrez, puis placez au réfrigérateur pour 1 nuit. Ajoutez la moitié des pistaches.

2 Répartissez le muesli dans des bols de service. Recouvrez de quartiers d'orange, de figues et du reste des pistaches.

Barres de céréales

 24   10'   30'   160°C   kcal 107

80 g d'amandes entières
225 g de flocons d'avoine
2 c. à s. de poudre d'açaï
50 g de beurre
60 ml d'huile d'olive
115 g de miel

1 Préchauffez le four à 160 °C. Huilez un moule rectangulaire de 20 x 30 cm. Chemisez-le de papier sulfurisé en faisant dépasser celui-ci de 5 cm.

2 Hachez grossièrement les amandes. Mélangez les amandes, les flocons d'avoine et la poudre d'açaï dans un saladier.

3 Faites fondre le beurre avec l'huile d'olive et le miel dans une casserole. Ajoutez le mélange précédent et remuez bien. Étalez le tout dans le moule et pressez bien.

4 Faites cuire 30 min au four. Laissez refroidir dans le moule avant de couper.

Conseils

Ce mélange sera mou à la sortie du four puis deviendra croustillant en refroidissant. Choisissez une huile d'olive douce pour préparer la recette. Vous pouvez stocker les barres dans une boîte hermétique à température ambiante 5 jours au maximum.

PAINS

Vous trouverez ici un petit échantillon de pains du monde, que l'on peut maintenant trouver chez nous.

Pain au levain

Le pain au levain ne contient pas de levure commerciale, mais un morceau de pâte de la fournée précédente, pour commencer la fermentation. Le pain au levain est délicieux avec du beurre doux.

Pain noir (pumpernickel)

Pain au levain noir et dense d'origine allemande, composé d'une forte proportion de farine de seigle par rapport à la farine de blé, et souvent additionné de mélasse, pour la couleur et la saveur qu'elle apporte. Très bon avec du saumon fumé ou des saucisses allemandes.

Pain de seigle

Le pain de seigle contient de la farine de seigle et de la farine de blé ; le gluten de cette dernière contribue à faire lever le pain, car le seigle n'en contient que très peu. On trouve des pains de seigle plus ou moins denses et foncés, et avec différentes teneurs en sucre.

Roti

Pain plat indien au blé, que l'on cuit sur une tôle circulaire en fonte appelée « tawa » en pressant la pâte pour favoriser l'apparition de bulles d'air. Les chapatis et les phulkas sont assez similaires.

Baguette

Sa consistance est très légère et sa croûte est croustillante. La perfection de la baguette est éphémère car elle durcit très rapidement. Les tranches de baguette font une bonne base pour préparer des canapés salés, et elles peuvent être grillées pour obtenir des croûtons.

Focaccia

Pain plat italien épais et levé ; il est souvent cuit au four avec une garniture salée et découpé en carrés que l'on sert chauds en guise d'amuse-gueules ; on peut aussi le couper une fois qu'il est cuit et refroidi, puis confectionner des sandwichs en le garnissant de viandes et de légumes.

Ciabatta

Le mot signifie « chausson » en italien, en référence à la forme longue et étroite de ce pain blanc au levain ; elle a une croûte croustillante et sa mie comporte généralement de nombreux trous. Elle accompagne souvent les antipastis.

Pita

Aussi connue sous le nom de pain turc, syrien ou libanais, la pita est un pain long et plat, aux extrémités arrondies et à la texture souple. Elle est souvent servie sous forme de tartine épaisse, et est idéale pour « saucer » son assiette.

Naan

Pain plat indien levé, de forme irrégulière, qui cuit contre la paroi d'un tandoor (four en terre cuite chauffé au feu) ; un naan réussi doit être légèrement boursouflé. Délicieux avec des currys.

Hallah

Pain juif tressé à la consistance riche ; il est traditionnellement dégusté pour le Shabbat et les fêtes, à l'exception de la Pâque car les pains levés sont alors interdits. Il est similaire à la brioche.

Bagel

Petit pain en forme d'anneau plongé dans de l'eau bouillante avant d'être cuit, ce qui lui donne une texture dense et moelleuse. Les bagels sont traditionnellement servis pour le petit déjeuner chez les Juifs, souvent tranchés et tartinés de fromage frais, puis recouverts de saumon fumé.

Lavash

Pain plat arménien fin et moelleux. Le pain lavash est traditionnellement cuit contre la paroi d'un four en terre chauffé au feu. Similaire aux tortillas, il est souple lorsqu'il est frais, mais durcit rapidement et devient alors cassant.

Pain garni au rosbif et au raifort

1 petit pain rond
2 c. à c. de crème de raifort
50 g de rosbif (1 tranche)
Quelques lanières de poivron grillé
Quelques feuilles de roquette

1 Ouvrez le petit pain rond en deux.
Tartinez chaque face de crème de raifort puis disposez sur une moitié le rosbif, les lanières de poivron et la roquette. Fermez le sandwich avec l'autre moitié de pain.

Pain pita à l'agneau et au taboulé

1 pain pita
1 c. à s. d'houmous
50 g de taboulé
50 g d'agneau rôti (1 tranche)
Quelques feuilles de roquette

1 Coupez le pain pita en deux. Étalez à l'intérieur de chaque moitié de pain l'houmous, puis garnissez avec le taboulé, l'agneau rôti et les feuilles de roquette.

Pain complet à la truite fumée

1 petit pain complet
50 g de truite fumée émiettée
1 c. à s. de crème fraîche
1 c. à s. de cornichons hachés
très finement
1 c. à s. d'aneth ciselé
1 c. à s. de jus de citron

1 Ouvrez le petit pain complet en deux.

2 Mélangez dans un bol la truite fumée, la crème fraîche, les cornichons, l'aneth et le jus de citron.

3 Tartinez une moitié de pain de ce mélange et couvrez avec l'autre moitié de pain.

Sandwich aux légumes verts

50 g de petits pois
50 g de ricotta
1 c. à s. de jus de citron
1 c. à s. de menthe fraîche ciselée
2 tranches de pain de mie aux céréales
Quelques pousses d'épinard

1 Faites cuire les petits pois à l'eau. Égouttez-les et laissez-les refroidir, puis écrasez-les légèrement à la fourchette.

2 Mélangez cette purée avec la ricotta, le jus de citron et la menthe.

3 Étalez cette préparation sur une tranche de pain. Terminez par les pousses d'épinard puis refermez le sandwich avec une autre tranche de pain.

Bruschetta au jambon, à la tomate et à l'avocat

2 tomates coupées en deux
2 tranches de pain
½ avocat en dés
50 g de jambon
Sucre

1 Préchauffez le four à 180 °C. Mettez dans un petit plat les tomates saupoudrées de sucre. Faites-les cuire 20 min au four.

2 Faites griller les tranches de pain et répartissez dessus quelques dés d'avocat, le jambon en petits morceaux et les moitiés de tomates grillées.

Bruschetta aux crevettes et mayonnaise au citron

2 fines tranches de ciabatta
50 g de roquette
8 crevettes cuites

Mayonnaise au citron
2 c. à s. de mayonnaise allégée
2 c. à c. d'aneth
1 c. à c. de zeste de citron râpé

1 Préparez la mayonnaise en mélangeant tous les ingrédients.

2 Faites griller les tranches de ciabatta. Répartissez dessus un peu de roquette et les crevettes grossièrement hachées et mélangées avec la mayonnaise.

Bruschetta à la salade de thon

95 g de thon en boîte
1 c. à s. de mayonnaise
½ oignon rouge finement haché
1 c. à s. de persil plat ciselé
2 tranches de ciabatta

1 Mélangez le thon bien égoutté, la mayonnaise, l'oignon rouge et le persil plat.

2 Faites griller légèrement les tranches de ciabatta et garnissez-les de salade au thon.

Bruschetta au poulet et au chutney de mangue

2 tranches de ciabatta
1 c. à s. de mayonnaise
100 g de blanc de poulet fumé
10 g de pousses de salade mélangées
2 c. à s. de chutney de mangue

1 Faites griller légèrement les tranches de ciabatta. Étalez dessus un peu de mayonnaise puis garnissez chacune de blanc de poulet fumé détaillé en fines lanières, de pousses de salade mélangées et de 1 c. à s. de chutney de mangue.

Sandwich à la grecque

1
5'
kcal 167

1 ou 2 c. à s. d'houmous
½ concombre
2 tranches de pain de mie

1 Étalez l'houmous sur une tranche de pain.

2 Recouvrez de fines tranches de concombre (gardez la peau) puis couvrez avec une autre tranche de pain pour fermer le sandwich.

Sandwich œuf et tomate

1
5'
kcal 301

1 tomate épépinée, coupée en dés
1 c. à s. de fromage râpé
1 œuf dur
1 c. à s. de mayonnaise
Quelques feuilles de salade verte
2 tranches de pain de mie

1 Mélangez dans un petit bol la tomate, le fromage râpé, l'œuf dur coupé en morceaux et la mayonnaise.

2 Garnissez une tranche de pain de ce mélange et ajoutez un peu de salade verte. Fermez le sandwich avec une autre tranche de pain.

Sandwich poulet et avocat

1
5'
kcal 338

40 g de blanc de poulet cuit
½ avocat
1 c. à s. de jus de citron
30 g de fromage frais
50 g de feuilles de salade (laitue, pousses de roquette, mâche)
2 tranches de pain de mie

1 Mélangez dans un petit bol le poulet coupé en petits dés, un peu d'avocat détaillé en cubes et le jus de citron.

2 Tartinez de fromage frais une tranche de pain puis garnissez-la de mélange poulet-avocat. Ajoutez quelques feuilles de salade (laitue, pousses de roquette, mâche). Couvrez avec une autre tranche de pain pour fermer le sandwich.

Sandwich fromage et crudités

1
10'
kcal 293

2 ou 3 c. à s. de gruyère râpé (ou de cheddar)
2 c. à s. de carottes râpées
2 c. à s. de céleri râpé
1 c. à s. de crème liquide
2 tranches de pain de mie

1 Mélangez dans un petit bol le fromage râpé, les carottes et le céleri râpés ainsi que la crème liquide. Garnissez une tranche de pain de ce mélange et fermez le sandwich avec une autre tranche de pain.

Wrap au jambon et à l'œuf

1 œuf

2 c. à s. de pesto

1 wrap de tortilla de blé (70 g)

3 tranches de jambon cru (45 g)

1 Mettez l'œuf dans une petite casserole. Couvrez-le d'eau. Portez à ébullition en remuant pour centrer le jaune. Faites cuire 3 min, sans couvrir. Égouttez et rincez l'œuf à l'eau froide, puis écalez-le.

2 Étalez le pesto sur le wrap. Coupez le jambon et l'œuf en morceaux. Mettez-les sur un des côtés du wrap. Roulez le wrap autour de la garniture.

3 Faites dorer le wrap dans un appareil à croque-monsieur ou dans une poêle.

Conseil

Vous pouvez préparer le wrap la veille au soir et le terminer à partir de l'étape 2 le lendemain matin.

Panini au chorizo et manchego

3 chorizos fumés (510 g), coupés en tranches épaisses

280 g de mayonnaise

½ **c. à c.** de paprika

8 pains ronds (800 g)

5 œufs durs coupés en fines tranches

80 g de pousses d'épinard

150 g de manchego (fromage espagnol) détaillé en copeaux

1 Faites cuire les tranches de chorizo dans une grande poêle chaude huilée, en plusieurs fois, pour qu'elles soient dorées. Égouttez-les sur du papier absorbant.

2 Mélangez la mayonnaise et le paprika dans un bol.

3 Coupez les pains en deux dans l'épaisseur. Tartinez-en la moitié avec la mayonnaise au paprika. Garnissez de chorizo,

d'œufs, d'épinards et de manchego, puis recouvrez des moitiés de pain restantes.

Conseils

Si vous ne trouvez pas de manchego, remplacez-le par du parmesan. Faites des copeaux de fromage à l'aide d'un épluche-légumes.

Sandwich au chèvre et aux noix de pécan

40 g de fromage de chèvre
1 c. à s. de noix de pécan hachées
1 c. à s. de persil plat ciselé
2 tranches de pain complet
1 petite tomate coupée en tranches fines
½ concombre détaillé en rubans
½ carotte détaillée en rubans
2 petites feuilles de romaine

1 Mélangez le fromage, les noix de pécan et le persil dans un bol.

2 Étalez cette préparation sur le pain. Ajoutez les tranches de tomate, le concombre, la carotte et la laitue, puis couvrez avec le pain restant.

Sandwich au pain de seigle

1 c. à c. de basilic haché
1 c. à c. de menthe hachée
1 c. à c. de persil plat haché
1 c. à s. de ricotta
1 tranche de pain de seigle
10 g de pousses de roquette
1 petite tomate en tranches fines
½ concombre libanais en tranches fines
1 c. à s. de germes de luzerne

1 Mélangez bien les herbes et le fromage. Étalez cette préparation sur le pain.

2 Garnissez le pain avec le reste des ingrédients.

Rouleau de pain lavash

1 tranche de pain lavash complet
½ avocat
1 c. à c. de tahini
60 g de betterave crue grossièrement râpée
50 g de potiron cru grossièrement râpé
¼ de petit poivron rouge tranché fin
40 g de champignons tranchés fin
¼ d'oignon rouge tranché fin

1 Écrasez grossièrement l'avocat puis étalez-le avec le tahini sur le pain.

2 Disposez dessus les ingrédients restants (dans la longueur) puis roulez le pain pour enfermer la garniture.

Miniwraps jambon, fromage et chutney de tomates

4 pains lavash
160 g de chutney de tomates
50 g de pousses d'épinard
250 g de gruyère grossièrement râpé
300 g de très fines tranches de jambon

1 Tartinez chaque pain lavash de 1 c. à s. bombée de chutney. Recouvrez de pousses d'épinard, de fromage et de jambon. Roulez pour enfermer la garniture.

2 Détaillez les rouleaux en trois, en biais, puis servez.

Pain surprise

4 · 20' · 25' · 2ʰ · 220°C

2 poivrons rouges moyens (400 g)
1 aubergine (300 g), émincée
2 gros champignons à farcir (160 g),
coupés en lamelles
1 gros pain boule (450 g)

100 g de moutarde à l'ancienne
100 g de mayonnaise
Un reste de rosbif (200 g),
coupé en tranches minces
½ batavia, lavée et effeuillée

1 Préchauffez le four à 220 °C. Faites rôtir les poivrons coupés en quatre. Quand leur peau a noirci, mettez-les dans un sachet en plastique 5 min. Pelez-les.

2 Faites rôtir les tranches d'aubergine et les lamelles de champignon 15 min. Laissez refroidir.

3 Découpez le dessus du pain puis extrayez un bloc de mie, en laissant une croûte de 2 cm d'épaisseur.

4 Tartinez l'intérieur du pain ainsi que l'envers du couvercle avec un mélange de mayonnaise et de moutarde. Déposez les tranches de rosbif dans le fond du pain. Ajoutez une couche de champignons, de poivrons et d'aubergine. Tassez bien. Finissez avec le reste du mayonnaise-moutarde et avec les feuilles de batavia. Replacez le couvercle.

5 Emballez le pain en le comprimant dans un film plastique. Placez-le au moins 2 h au réfrigérateur.

Petits sandwichs prosciutto, melon et moutarde

2 · 10' · kcal 401

80 g de cream cheese
à température ambiante
2 c. à c. de moutarde à l'ancienne
4 tranches carrées
de pain blanc (180 g)

2 tranches de prosciutto (30 g)
coupées en deux, en biais
¼ de petit melon cantaloup
(300 g) coupé en fines tranches

1 Mélangez le cream cheese et la moutarde dans un bol.

2 Tartinez le pain avec le mélange obtenu. Garnissez-en la moitié de prosciutto et de melon et recouvrez avec le reste des tranches pour former des sandwichs. Coupez les croûtes, puis détaillez chaque sandwich en trois.

Variante
Mélangez 2 c. à s. de mayonnaise, ½ c. à c. de zeste de citron, 1 c. à c. de jus de citron et 2 c. à c. de ciboulette hachée. Tartinez-en 4 tranches carrées de pain aux céréales. Garnissez 2 tranches de 70 g de truite fumée émiettée et recouvrez des tranches restantes. Jetez les croûtes et coupez les sandwichs en trois.

FRUITS SECS & FRUITS CONFITS

Les fruits secs et les fruits confits sont à l'honneur dans le gâteau aux fruits traditionnel, mais peuvent aussi être employés dans de nombreuses recettes de la cuisine moderne.

Fruits confits

Confire des fruits est une méthode de conservation consistant à remplacer l'eau qu'ils contiennent par du sirop de sucre. Les fruits conservés de cette façon sont très sucrés et juteux et peuvent se garder pendant des années.

Fruits secs

Le séchage est une méthode de conservation utilisée depuis environ 2000 ans avant J.-C. ; elle est toujours très employée. Les fruits secs sont consommés dans le monde entier, particulièrement dans les cuisines anciennes, au Moyen-Orient et en Inde par exemple.

Dattes séchées

Les dattes sont les fruits du palmier dattier qui pousse dans des conditions désertiques. Elles sont charnues et ont une peau fine, un goût sucré de miel et une texture collante. Dénoyautez-les avant de les utiliser en cuisine.

Zestes d'agrumes confits

Les zestes confits parfument un *Christmas cake* (spécialité anglo-saxonne) d'une touche d'agrumes ; vous pouvez aussi les déguster en guise de friandises à la fin du repas, trempés dans du chocolat fondu.

Mélange de fruits secs

Le mélange de fruits secs est un ingrédient essentiel du cake aux fruits. C'est un assortiment de raisins de Smyrne, de raisins secs, de raisins de Corinthe, d'un mélange de zestes et de cerises confites. Pour réaliser un gâteau aux fruits traditionnel, il faut laisser tremper les fruits secs pendant un mois ; prenez-vous-y donc bien à l'avance !

Cerises confites

Pour obtenir ces belles cerises confites sucrées et colorées, les cerises sont bouillies dans un sirop de sucre épais puis séchées. Vous pouvez les utiliser dans des gâteaux, des pains, des desserts ou en décorer un banana split ou un cocktail.

Pruneaux

Les pruneaux sont des prunes qui ont été séchées au soleil ou industriellement. Ils sont très sucrés et collants, et peuvent apporter une touche acidulée à une compote de fruits, un tajine marocain ou des desserts.

Figues séchées

Les figues séchées possèdent la même saveur sucrée de noisette que les figues fraîches, mais sont moins fragiles. On peut les ajouter dans des gâteaux, des muffins ou du pain. Les figues séchées se conservent au minimum un an dans un récipient hermétique placé au réfrigérateur.

Canneberges séchées

Elles sont utilisées en pâtisserie pour ajouter une note sucrée et acidulée. Vous pouvez en mettre dans des salades, des compotes de fruits, des tartes aux fruits secs et des mélanges de fruits secs, ou en farcir votre dinde.

Raisins secs

Les raisins de Corinthe sont des petits raisins secs originaires de Corinthe, en Grèce. On s'en sert dans les pâtisseries, les confitures, les sauces, etc. Les raisins de Malaga sont des gros raisins à la saveur de muscat ; délicieux sur un plateau de fromages. Quant aux sultanines, juteuses et sucrées, ajoutez-les dans des plats salés cuits lentement.

Abricots secs

Les abricots secs d'Australie sont coupés en deux avant d'être séchés ; ils sont légèrement élastiques et ont une couleur et une saveur plus intenses que les abricots de Turquie, qui sont séchés entiers et ont une texture plus charnue, avec une saveur sucrée et délicatement acidulée.

Autres fruits secs

Les pommes, les ananas, les poires et les bananes séchés ont des saveurs intenses et sont très riches en nutriments. Ajoutez-les sur un plateau de fromages, ou composez un assortiment de fruits épicés.

SOUPES & ENTRÉES

Sélection de recettes prêtes en moins de 20 minutes

Velouté de poireau et pomme de terre   105

Soupe udon   112

Soupe asiatique au poulet   113

Soupe chinoise   113

Soupe aux légumes aigre-piquante   115

Asperges à l'ail et aux anchois   116

Asperges au beurre et au parmesan   116

Asperges au vinaigre balsamique   116

Fagots d'asperges au jambon grillé   116

BONUS

Soupe à la tomate et au fenouil

(4) (15') (45') (180°C) (kcal 141)

2 c. à s. d'huile d'olive
300 g de fenouil grossièrement coupé
300 g d'oignons grossièrement coupés
2 gousses d'ail taillées en quatre
1 kg de tomates coupées en quatre
750 ml de bouillon de légumes
4 tranches de pain de campagne sans la croûte

1 Préchauffez le four à 180°C. Dans un faitout huilé, faites revenir le fenouil, les oignons et l'ail en remuant puis ajoutez les tomates et le bouillon. Portez à ébullition. Laissez ensuite frémir 15 min à couvert, en remuant de temps en temps. Retirez le couvercle et laissez frémir encore 15 min jusqu'à ce que les tomates s'écrasent en purée.

2 Coupez le pain en cubes. Mettez-le dans la lèchefrite et badigeonnez-le d'huile. Laissez dorer les croûtons 10 min au four pour qu'ils soient croustillants.

3 Mixez la soupe et passez-la dans un tamis fin. Réchauffez-la rapidement avant de la servir avec les croûtons.

Soupe à la courge butternut

(4) (15') (20') (10') (kcal 373)

1 c. à c. d'huile d'olive
1 petit poireau (200 g) émincé
1 gousse d'ail écrasée
1 c. à c. de cumin moulu
½ c. à c. de coriandre moulue
1 kg de courge butternut
coupée en gros morceaux

1 grosse pomme de terre (300 g)
grossièrement hachée
250 ml de bouillon de poulet
750 ml d'eau
2 c. à c. de feuilles de thym frais
8 tranches de pain multi-
graine (360 g) grillées

1 Faites chauffer l'huile d'olive dans une grande casserole et faites revenir le poireau et l'ail, en remuant, jusqu'à ce que le poireau soit tendre. Ajoutez les épices et faites cuire, sans cesser de remuer, jusqu'à ce qu'elles embaument.

2 Ajoutez la courge, la pomme de terre, le bouillon et l'eau, et portez

à ébullition. Baissez le feu et laissez mijoter environ 20 min, à couvert, jusqu'à ce que les légumes soient tendres. Laissez refroidir 10 min.

3 Mixez progressivement jusqu'à obtenir une soupe onctueuse. Réchauffez-la en remuant. Parsemez de thym, puis servez avec du pain grillé.

Velouté de poireau et pomme de terre

| X 1 | 10' | 25' | kcal 243 |

1 c. à c. d'huile d'olive
1 gousse d'ail écrasée
½ c. à c. de thym frais
1 petit poireau en rondelles
1 pomme de terre en morceaux
500 ml de bouillon de légumes
½ oignon vert en rondelles

1 Faites chauffer l'huile dans une petite cocotte pour y faire revenir le poireau, l'ail et le thym pendant 3 min en remuant sans cesse. Versez ensuite le bouillon et ajoutez la pomme de terre. Portez à ébullition puis laissez frémir 15 min.

2 Quand la pomme de terre est cuite, mixez la soupe pour obtenir un velouté.

3 Décorez de rondelles d'oignon vert.

Soupe au poulet et au maïs

| X 2 | 5' | 20' | kcal 362 |

1 ½ épi de maïs (375 g), grains séparés
2 cm de gingembre frais (10 g), râpé
1 gousse d'ail écrasée
2 ciboules émincées
1 c. à s. de fécule de maïs

1 c. à s. de sauce soja japonaise
1 litre de bouillon de poulet
320 g de poulet cuit, coupé en petits morceaux, sans la peau
1 blanc d'œuf légèrement battu

1 Faites chauffer une grande casserole antiadhésive à feu moyen. Faites-y revenir le maïs, le gingembre, l'ail et 1 ciboule, en remuant. Quand la préparation embaume, ajoutez la fécule de maïs délayée dans un peu d'eau, la sauce soja et le bouillon puis portez à ébullition.

2 Ajoutez le poulet et réduisez la température. Laissez mijoter 10 min,

sans couvrir. Incorporez progressivement le blanc d'œuf avec un fouet. Assaisonnez selon votre goût.

3 Parsemez le reste des ciboules sur la soupe puis servez.

Astuce

La soupe peut se réchauffer au micro-ondes à puissance forte en 1 min 30 environ (remuez à mi-cuisson).

Velouté de chou-fleur

✕	👕	🍲	🌡️	kcal
4	30'	55'	220°C	202

1 chou-fleur moyen en petits bouquets
1 poireau moyen en tranches fines
8 gousses d'ail non pelées
1 c. à s. d'huile d'olive
2 c. à c. de graines de cumin

1 litre de bouillon de légumes
125 ml de lait
2 c. à s. de persil plat ciselé

Rouille
(voir page 462)

1 Préchauffez le four à 220 °C. Mettez dans un grand plat le chou-fleur, le poireau et l'ail. Versez l'huile et mélangez bien. Faites rôtir les légumes 25 min au four.

2 Pendant ce temps, faites griller à sec le cumin dans une casserole en remuant sans cesse. Réservez-en 1 c. à c. pour servir la soupe et laissez le reste dans la casserole.

3 Quand l'ail a refroidi, enlevez la peau et mettez-le dans la casserole. Ajoutez le chou-fleur, le poireau, le bouillon et 375 ml d'eau. Portez à ébullition puis laissez frémir 15 min sans couvrir.

4 Versez le lait sur la soupe et mixez-la. Réchauffez-la à feu doux avant d'incorporer le persil. Servez le potage avec de la rouille et les graines de cumin réservées.

Minestrone

✕	👕	🍲	kcal
6	25'	50'	227

2 c. à s. d'huile d'olive
1 oignon moyen émincé
2 gousses d'ail écrasées
1 bâton de céleri coupé en petits dés
1 grosse carotte coupée en morceaux
1 litre de bouillon de légumes
800 g de tomates concassées en boîte

1 courgette moyenne coupée en dés
160 g de chou pommé coupé en fines lanières
150 g de pâtes courtes
400 g de haricots blancs en boîte, rincés et égouttés
1 petite poignée de persil plat ciselé
60 g de copeaux de parmesan

1 Versez l'huile dans un faitout pour y faire revenir l'oignon et l'ail. Ajoutez le céleri et la carotte. Laissez cuire à feu moyen pendant 5 min en remuant souvent.

2 Versez le bouillon, ajoutez 250 ml d'eau avec les tomates. Portez à ébullition puis laissez frémir 20 min à couvert pour que les légumes soient tendres.

3 Ajoutez la courgette, le chou, les pâtes et les haricots et laissez cuire 15 min environ sans couvrir.

4 Quand les pâtes sont tendres, retirez du feu et incorporez le persil. Ajoutez le parmesan avant de servir.

Soupe à l'oignon

- **2** (portions)
- **10'**
- **35'**
- **kcal 340**

3 gros oignons jaunes (600 g) émincés
1 c. à s. de thym frais finement haché
80 ml de vin blanc sec
1 c. à s. de farine ordinaire
1 litre de bouillon de bœuf pauvre en sel
50 g de baguette coupée en 6 tranches
40 g de gruyère finement râpé

1 Faites chauffer une grande casserole antiadhésive à feu moyen. Faites-y revenir les oignons et le thym, en remuant, pendant 20 min environ. Quand les oignons sont caramélisés, ajoutez le vin et portez à ébullition. Incorporez la farine et faites cuire, en remuant, jusqu'à ce que le mélange bouillonne et épaississe. Versez progressivement le bouillon de bœuf et poursuivez la cuisson jusqu'à épaississement, tout en remuant. Réduisez le feu et laissez mijoter 15 min, sans couvrir. Assaisonnez.

2 Préchauffez le gril du four. Posez les tranches de baguette sur une plaque de cuisson et faites-les dorer légèrement sur les 2 faces. Répartissez le gruyère sur les tranches et faites-le fondre sous le gril.

3 Servez la soupe garnie des toasts au fromage.

Astuce
La soupe peut se réchauffer au micro-ondes à puissance forte en 1 min 30 environ (remuez à mi-cuisson).

Soupe carottes-lentilles

6 | 35' | 55' | 10' | kcal 261

250 ml de bouillon de légumes
2 gros oignons jaunes (400 g)
finement hachés
2 gousses d'ail écrasées
1 c. à s. de cumin moulu
6 grosses carottes (1 kg)
grossièrement hachées

2 bâtons de céleri (200 g)
grossièrement hachés
1,4 litre d'eau
100 g de lentilles brunes
125 ml de lait fermenté

1 Mélangez 125 ml de bouillon, les oignons, l'ail et le cumin dans une grande casserole, et faites cuire, en remuant, jusqu'à ce que les oignons soient tendres. Ajoutez les carottes et le céleri, et poursuivez la cuisson, sans cesser de remuer, 5 min. Versez le reste du bouillon et de l'eau, et portez à ébullition. Baissez le feu et laissez mijoter, à découvert, environ 20 min. Laissez refroidir 10 min.

2 Mixez la soupe dans la casserole, puis ajoutez les lentilles et laissez mijoter, à découvert, environ 20 min.

3 Retirez la soupe du feu et incorporez le lait fermenté. Servez avec des toasts, par exemple, avec de l'ail, du parmesan et des graines de carvi.

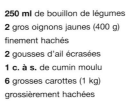

Soupe de navets marocaine

4 | 50' | 50' | kcal 303

1 c. à s. d'huile d'olive
1 gros oignon jaune (200 g)
grossièrement haché
2 gousses d'ail écrasées
2 c. à c. de graines de cumin
2 c. à c. de coriandre moulue
½ c. à c. de paprika fort

1,5 kg de navets, nettoyés
et grossièrement hachés
1,5 litre de bouillon de poulet
125 ml de crème liquide
20 g de persil plat
grossièrement haché

1 Faites chauffer l'huile d'olive dans une grande casserole. Faites fondre l'oignon et l'ail en remuant. Ajoutez les épices. Faites revenir, en remuant, jusqu'à libération des arômes. Ajoutez les navets et le bouillon de poule. Portez à ébullition. Baissez le feu puis laissez mijoter, sans couvrir, jusqu'à ce que les navets soient cuits.

2 Mixez jusqu'à ce que le mélange soit onctueux.

3 Ajoutez la crème liquide et réchauffez en remuant.

4 Servez dans des bols et parsemez de persil.

Gaspacho

6 · 25' · 3ʰ · kcal 188

1 kg de tomates mûres, pelées
et grossièrement hachées
2 miniconcombres (260 g) épépinés
et grossièrement hachés
2 gros poivrons rouges (700 g)
grossièrement hachés
1 gros poivron vert (350 g)
grossièrement haché
1 gros oignon rouge (200 g)
grossièrement haché
2 gousses d'ail
grossièrement hachées

415 ml de jus de tomate
2 c. à s. de vinaigre de vin rouge
1 c. à s. d'huile d'olive
2 c. à c. de Tabasco®
1 avocat moyen (250 g)
finement haché
1 petit poivron jaune (150 g)
finement haché
4 c. à s. de coriandre
fraîche finement hachée

1 Mixez les tomates,
les miniconcombres,
les poivrons, l'oignon, l'ail,
le jus de tomate, le vinaigre,
l'huile d'olive et le Tabasco®
jusqu'à l'obtention d'une soupe
lisse. Versez dans un grand
pichet. Couvrez et réfrigérez
3 h.

2 Mélangez la soupe,
versez-la dans
des bols et ajoutez-y
les ingrédients restants.
Servez le gaspacho avec
une touche supplémentaire
de Tabasco®, si vous
le souhaitez.

Soupe de lentilles rouges épicée

2 · 10' · 25' · kcal 355

1 gros oignon (200 g) finement haché
1 long piment rouge frais émincé
1 c. à s. de pâte de curry douce
500 ml de bouillon de poulet
500 ml d'eau
400 g de tomates concassées
en conserve

100 g de lentilles rouges, rincées
1 morceau de jambon fumé (100 g),
coupé en dés de 1 cm
150 g de pousses d'épinard
½ botte de coriandre fraîche

1 Faites chauffer
une cocotte antiadhésive
à feu moyen. Faites-y fondre
l'oignon avec le piment,
en remuant. Ajoutez la pâte
de curry et poursuivez
la cuisson, sans cesser de
remuer, pendant 1 min jusqu'à
ce que le mélange embaume.

2 Ajoutez le bouillon, l'eau,
les tomates avec leur jus
et les lentilles. Portez
à ébullition puis réduisez le
feu et laissez mijoter 20 min,

à couvert, jusqu'à ce que
les lentilles soient fondantes.
Ajoutez les dés de jambon
et les épinards puis portez
de nouveau à ébullition.
Assaisonnez selon votre goût.

3 Décorez avec les feuilles
de coriandre et servez.

Astuce

Vous pouvez réchauffer cette soupe
au micro-ondes à puissance forte
pendant 1 min 30.

ACCOMPAGNER UNE SOUPE

Égayez en un tour de main vos soupes préférées, faites maison ou achetées dans le commerce, avec ces recettes faciles.

Beurre au paprika

Faites fondre 60 g de beurre dans une petite poêle ; ajoutez 2 c. à c. de paprika fort. Faites cuire en remuant pendant 2 min, puis retirez du feu. Incorporez 2 oignons nouveaux émincés.

Chips de piment et parmesan

Mélangez 80 g de parmesan finement râpé et ½ piment rouge long finement haché. Déposez des cuillerées à soupe rases de la préparation sur une plaque de four tapissée de papier sulfurisé. Enfournez à température élevée pendant environ 3 min ; laissez reposer jusqu'à ce que les chips refroidissent.

Gremolata

Mélangez du persil plat frais finement haché, 1 c. à s. de zeste de citron finement râpé et 2 gousses d'ail finement hachées dans un petit récipient. Couvrez et conservez au réfrigérateur.

Chips de tortilla

Coupez des tortillas de maïs en fines bandes ; faites-les frire dans un fond d'huile végétale, en plusieurs fois, jusqu'à ce qu'elles brunissent légèrement. Égouttez-les sur du papier absorbant.

Toasts au bacon

Coupez une ciabatta en tranches fines ; faites-les griller d'un côté sous un gril préchauffé. Retournez-les puis tartinez-les de moutarde à l'ancienne. Recouvrez d'un mélange de bacon cuit croustillant grossièrement coupé et de parmesan finement râpé. Faites-les griller jusqu'à ce qu'elles soient légèrement brunies.

Crème à la cannelle

Fouettez légèrement de la crème épaisse jusqu'à la formation de pics mous ; incorporez un peu de cannelle moulue, selon votre goût. Versez généreusement dans la soupe.

Toasts au gruyère

Coupez une baguette en tranches épaisses ; faites-les griller d'un côté sous un gril préchauffé. Retournez les tranches et saupoudrez-les de gruyère finement râpé, puis faites-les griller jusqu'à ce que le fromage soit fondu.

Yaourt épicé

Faites chauffer à sec 1 c. à c. de coriandre moulue, 1 c. à c. de cumin moulu et ½ c. à c. de paprika fort jusqu'à ce que le tout soit odorant. Mélangez les épices dans un petit récipient avec 250 g de yaourt et de la menthe fraîche finement hachée.

Pistou

Mixez ou écrasez 1 gros bouquet de basilic frais, 1 gousse d'ail coupée en quartiers, 25 g de parmesan finement râpé et 60 ml d'huile d'olive jusqu'à obtention d'un mélange homogène. Conservez au réfrigérateur dans un récipient couvert.

Crème à l'aneth

Mélangez 125 ml de crème fraîche et 1 c. à s. d'aneth frais finement haché dans un petit récipient. Mettez-en généreusement sur la soupe et parsemez d'aneth haché avant de servir.

Toasts aux anchois

Mélangez 6 filets d'anchois finement hachés, 2 c. à s. de ciboulette chinoise fraîche finement hachée et 50 g de beurre tendre dans un récipient. Faites griller des tranches de pain d'un côté sous un gril préchauffé. Tartinez le côté non grillé de beurre aux anchois ; passez sous le gril jusqu'à ce qu'il soit légèrement bruni.

Concombre et oignon à la crème

Mélangez dans un petit récipient 65 ml de crème fraîche, 1 miniconcombre épépiné finement haché, 1 petit oignon rouge finement haché et 1 piment oiseau finement haché.

Soupe thaïe au potimarron et aux crevettes

24 crevettes moyennes crues (600 g)
1 c. à s. d'huile végétale
1 oignon moyen (150 g) émincé
2 c. à s. de pâte de curry verte
2 gousses d'ail écrasées
2 c. à c. de gingembre frais, râpé
1 piment rouge, épépiné, émincé

1 c. à s. de citronnelle
finement hachée
750 ml de bouillon de poulet
400 ml de lait de coco
600 g de potimarron
en tranches fines

1 Décortiquez et ôtez la veine centrale des crevettes en laissant les queues intactes.

2 Faites chauffer l'huile dans une grande casserole ; faites revenir l'oignon avec la pâte de curry, l'ail, le gingembre, le piment et la citronnelle en remuant jusqu'à ce que l'oignon blondisse. Ajoutez le bouillon et le lait de coco ; portez à ébullition. Baissez le feu et ajoutez le potiron. Prolongez la cuisson sans couvrir jusqu'à ce que le potiron soit cuit.

3 Ajoutez les crevettes et laissez cuire à découvert jusqu'à ce que les crevettes changent de couleur.

Soupe udon

400 g de nouilles udon fraîches
1,5 litre d'eau
½ c. à c. de dashi instantané
400 g de blancs de poulet en tranches fines
100 g de champignons shiitake, coupés en deux
300 g de pousses de bok choy, coupées grossièrement
80 g de germes soja
1 c. à s. de sauce soja légère
2 tiges de ciboule émincées

1 Rincez les nouilles sous l'eau chaude, puis égouttez-les. Transférez-les dans un grand plat creux ; séparez-les à la fourchette.

2 Mélangez l'eau et le dashi dans une grande casserole ; portez à ébullition. Ajoutez le poulet. Laissez mijoter sans couvrir jusqu'à ce que le poulet soit cuit.

3 Ajoutez les nouilles, les champignons, le bok choy, les germes de soja et la sauce. Portez à ébullition. Baissez le feu et prolongez la cuisson, à découvert, jusqu'à ce que le bok choy soit juste flétri. Garnissez de ciboule et servez aussitôt.

Soupe asiatique au poulet

75 g de nouilles fraîches aux œufs
1 c. à s. de pâte de curry jaune
180 ml de lait de coco
250 ml de bouillon de poulet
2 c. à c. de jus de citron vert
1 c. à c. de sucre brun

1 c. à c. de nuoc-mâm
2 feuilles de citron kaffir déchiquetées
120 g de poulet rôti émincé
20 g de germes de soja
2 c. à s. de menthe fraîche

1 Faites gonfler les nouilles dans un saladier d'eau bouillante avant de les séparer à la fourchette. Égouttez-les bien.

2 Faites chauffer la pâte de curry dans une petite casserole jusqu'à ce qu'elle embaume.

3 Versez le lait de coco, le bouillon, le jus de citron, le sucre brun et le nuoc-mâm, ajoutez les feuilles de kaffir et portez à ébullition. Baissez le feu, couvrez et laisser frémir 3 min. Incorporez le poulet et laissez la soupe sur le feu jusqu'à ce que la viande soit bien chaude.

4 Disposez les nouilles dans un grand bol, versez la soupe dessus et garnissez de germes de soja et de menthe fraîche.

Soupe chinoise

250 g de filet de porc
1,5 litre de bouillon de poulet
8 tiges de ciboule émincées
160 g de chou chinois, en lanières
1 c. à c. de gingembre frais, râpé
2 c. à s. de sauce soja légère
1 c. à s. de xérès
125 g de nouilles fraîches aux œufs, fines
40 g de feuilles de coriandre fraîche
40 g de germes de soja

1 Ôtez la graisse et les tendons du porc. Coupez-le en tranches fines et détaillez chaque tranche en fines lanières.

2 Portez le bouillon à ébullition dans une grande casserole. Incorporez le porc, la ciboule, le chou, le gingembre, la sauce soja, le xérès et les nouilles. Laissez mijoter sans couvrir jusqu'à ce que les nouilles et le porc soient juste tendres

3 Servez la soupe dans des bols individuels ; garnissez de coriandre et de germes de soja.

Soupe chinoise au canard

1 canard laqué chinois
750 ml de bouillon de poulet
1,5 litre d'eau
2 étoiles de badiane
1 bâton de cannelle
1 gousse d'ail écrasée

25 g de gingembre frais
150 g de larges nouilles de riz sèches
1 c. à c. d'huile de sésame
200 g de chou chinois en lanières
2 oignons verts émincés
1 poignée de coriandre fraîche

1 Retirez la peau du canard (gardez-en la moitié), dégraissez-la bien et coupez-la en lanières. Désossez la viande et coupez-la en fines lamelles.

2 Broyez la carcasse du canard et mettez-la dans une casserole avec le bouillon, l'eau, la badiane, la cannelle, l'ail et le gingembre en lamelles. Portez à ébullition, puis laissez frémir 20 min. Filtrez le bouillon, versez-le dans un wok et faites-le bouillir.

3 Laissez les nouilles s'assouplir 5 min dans un saladier d'eau bouillante, puis égouttez-les bien.

4 Ajoutez dans le wok la viande, l'huile de sésame, le chou, les oignons et la coriandre. Réchauffez en remuant souvent.

5 Répartissez les nouilles dans des bols, ajoutez la viande et les légumes, arrosez de bouillon et décorez de peau du canard.

Soupe vietnamienne aux crevettes

12 grosses gambas crues
20 g de gingembre frais
en tranches fines
1 c. à c. de grains de poivre noir
2 gousses d'ail écrasées
1 blanc de citronnelle (10 cm)
finement haché
3 litres d'eau

2 gros piments rouges
frais en tranches fines
400 g de nouilles de riz fraîches
60 ml de jus de citron
80 ml de nuoc-mâm
2 oignons verts en tranches fines
2 poignées de coriandre
1 poignée de menthe fraîche

1 Décortiquez les gambas et retirez les têtes. Mettez les carapaces et les têtes dans un wok avec le gingembre, le poivre, l'ail, la citronnelle et la moitié du piment. Versez l'eau et portez à ébullition puis laissez frémir 20 min à feu moyen. Rincez le wok. Filtrez le bouillon avant de le reverser dedans. Ajoutez les gambas, couvrez et laissez-les mijoter 3 min.

2 Faites ramollir les nouilles dans un saladier d'eau bouillante.

3 Versez le jus de citron dans le wok, puis ajoutez progressivement le nuoc-mâm (dosez la quantité à votre goût). Répartissez les gambas et les nouilles dans les bols de service et versez le bouillon chaud. Garnissez d'oignons verts, de coriandre, de menthe et du reste des piments.

Soupe aux légumes aigre-piquante

2	10'	15'	kcal 400

90 g de nouilles soba japonaises

1 c. à s. de pâte tom yum

2 feuilles de citron kaffir froissées

1 long piment rouge frais, coupé en deux

500 ml d'eau

500 ml de bouillon de poulet

1 grande carotte (180 g) taillée en allumettes

1 poivron rouge (150 g) émincé

100 g de petits champignons de Paris émincés

175 g de broccolini grossièrement haché

100 g de pois gourmands émincés

2 ciboules émincées

1 ½ c. à s. de jus de citron vert

1 c. à s. de nuoc-mâm

40 g de germes de soja

1 c. à s. de feuilles de menthe fraîche

1 c. à s. de feuilles de coriandre fraîche

1 Faites cuire les nouilles dans une grande casserole d'eau bouillante. Égouttez-les.

2 Faites chauffer une grande casserole antiadhésive à feu moyen. Faites-y revenir la pâte tom yum, les feuilles de kaffir et le piment, en remuant. Quand la préparation embaume, ajoutez l'eau et le bouillon. Amenez à ébullition, en remuant.

3 Réduisez le feu et laissez mijoter 5 min, sans couvrir. Ajoutez la carotte, le poivron, les champignons, le broccolini et les pois gourmands, et laissez mijoter encore 5 min jusqu'à ce que les légumes soient fondants.

4 En remuant, incorporez les ciboules, le jus de citron vert et le nuoc-mâm. Assaisonnez. Jetez les feuilles de kaffir et le piment. Répartissez les nouilles dans des bols, puis versez la soupe par-dessus. Terminez par les germes de soja, la menthe et la coriandre.

Astuce

La soupe peut se réchauffer au micro-ondes à puissance forte en 1 min 30 environ (remuez à mi-cuisson).

Asperges à l'ail et aux anchois ①

200 g d'asperges parées
2 c. à s. d'huile d'olive vierge extra
1 gousse d'ail émincée
3 anchois égouttés, coupés en morceaux
Poivre noir fraîchement moulu

1 Préchauffez le four à 200 °C. Mélangez l'huile avec l'ail et les anchois. Placez les asperges dans un plat peu profond allant au four et recouvrez-les d'huile aux anchois

et de poivre. Remuez le plat pour bien enrober les asperges de sauce.

2 Faites-les cuire 5 min jusqu'à ce qu'elles soient tendres.

Asperges au beurre et au parmesan ②

200 g d'asperges parées
20 g de beurre doux fondu
2 c. à s. de copeaux de parmesan
½ c. à c. de poivre noir fraîchement moulu

1 Faites cuire les asperges dans de l'eau bouillante, à la vapeur ou au micro-ondes.

2 Servez-les avec un filet de beurre fondu, parsemées de copeaux de parmesan et de poivre.

Asperges au vinaigre balsamique ③

200 g d'asperges parées
1 grosse tomate (220 g) coupée en dés
2 c. à s. d'huile d'olive vierge extra
3 c. à c. de vinaigre balsamique
½ c. à c. de poivre noir du moulin
1 c. à s. de petites feuilles de basilic

1 Faites cuire les asperges sur un gril en fonte légèrement huilé (ou sous le gril du four ou au barbecue) pendant 5 min jusqu'à ce qu'elles soient juste tendres.

2 Servez-les recouvertes du mélange de tomates, d'huile, de vinaigre et de poivre. Parsemez de basilic.

Fagots d'asperges au jambon grillé et salade de tomates cerises

1   10'   8'

60 g de jambon cru en fines tranches recoupées en deux
100 g d'asperges vertes
30 g de roquette
60 g de tomates cerises jaunes coupées en deux

1 c. à s. de feuilles de basilic
2 c. à c. de vinaigre balsamique
2 c. à c. d'huile d'olive
2 c. à s. de copeaux de parmesan

1 Enveloppez les asperges deux à deux de jambon cru et piquez-les d'un pic. Faites-les cuire sur une plaque en fonte huilée jusqu'à ce que le jambon croustille (les asperges doivent rester croquantes).

2 Dressez la roquette, les tomates et le basilic sur une grande assiette.

3 Mélangez le vinaigre et l'huile dans un bol. Versez cette sauce sur la salade puis ajoutez les copeaux de parmesan. Disposez les fagots d'asperges à côté et dégustez aussitôt.

Salade au fenouil
et au pamplemousse

2 pomélos ruby red (700 g)

1 bulbe de fenouil moyen (300 g), paré et émincé

2 bâtons de céleri (300 g) parés et émincés

40 g de persil plat frais

25 g de cerneaux de noix grillés

Sauce au vinaigre balsamique blanc

60 ml d'huile d'olive

1 c. à s. de vinaigre balsamique blanc

1 Pelez les pomélos à vif et détachez les quartiers au-dessus d'un bol. Réservez 2 c. à s. de jus pour la sauce.

2 Préparer la sauce au vinaigre balsamique blanc : versez l'huile d'olive, le vinaigre et les 2 c. à s.

de jus de pomelos dans un shaker pour sauce à salade. Fermez puis secouez énergiquement.

3 Mélangez les quartiers de pomélos, la vinaigrette et les autres ingrédients dans un saladier.

Tomates aux fines herbes
et lavash grillé

40 g de boulgour cuit

2 c. à s. de jus de citron

1 pain lavash (60 g) coupé en quartiers

80 g de feuilles de persil plat frais

40 g de menthe fraîche, hachée grossièrement

2 tiges de ciboule émincées

60 ml d'huile d'olive

4 tomates moyennes (450 g), coupées en tranches de 1 cm d'épaisseur

1 Mélangez le boulgour et le jus de citron dans un saladier. Placez 1 h au réfrigérateur.

2 Préchauffez le four à 180 °C. Posez le pain sur une plaque de cuisson. Enfournez 5 min.

3 Dans un saladier, mélangez le boulgour citronné avec le persil, la menthe, les ciboules et l'huile d'olive.

4 Disposez les tranches de tomate et le boulgour sur les assiettes. Servez avec le pain lavash. Arrosez éventuellement d'un filet d'huile d'olive.

Salade de tomates rôties

6 · 10' · 10' · 30' · 220°C · kcal 50

4 petites tomates rouges (360 g), coupées en deux

4 petites tomates vertes (360 g), coupées en deux

250 g de tomates cerises

200 g de tomates poires rouges

200 g de tomates poires jaunes

2 c. à s. d'huile d'olive

2 c. à s. de vinaigre balsamique

2 c. à s. de petites feuilles de basilic frais

1 c. à s. de feuilles d'origan frais

1 c. à s. de feuilles de thym frais

1 Préchauffez le four à 220 °C. Mélangez les tomates et l'huile dans un grand plat à gratin. Faites rôtir 10 min, sans couvrir. Sortez le plat du four et laissez refroidir 30 min.

2 Dans un grand saladier, mélangez les tomates rôties et les ingrédients restants. Servez avec des gressins, si vous le souhaitez.

Salade grecque à la feta

6 · 25' · 3ʰ · kcal 471

2 tomates moyennes (300 g)

1 miniconcombre (130 g)

1 petit poivron rouge (150 g)

1 petit oignon rouge (100 g) émincé

120 g d'olives noires dénoyautées

Feta marinée

200 g de feta coupée en petits dés

1 long piment rouge frais, finement haché

2 c. à c. de zeste de citron finement râpé

2 c. à s. de feuilles d'origan frais

250 ml d'huile d'olive

1 Préparez la feta marinée : mettez les dés de feta dans un bocal parfaitement propre. Dans un saladier, mélangez ensemble les ingrédients restants. Versez l'huile parfumée sur le fromage. Placez au moins 3 h au réfrigérateur, ou jusqu'au lendemain.

2 Coupez les tomates, le concombre et le poivron en deux. Épépinez-les et taillez-les en allumettes.

3 Dans un grand saladier, mélangez un tiers de la feta marinée et un tiers de la marinade avec le reste des ingrédients.

Concombre à l'orange

4   20'   kcal 201

2 grosses oranges (600 g)

1 concombre (400 g)

2 petites bottes de menthe effeuillées

Sauce miel-citron

60 ml d'huile d'avocat

1 c. à s. de zeste de citron finement râpé

1 c. à s. de jus de citron

2 c. à c. de miel

1 Préparez la sauce miel-citron en mélangeant tous les ingrédients dans un shaker pour sauce à salade.

2 Coupez les oranges en fins quartiers au-dessus d'un bol. Réservez le jus.

3 À l'aide d'un couteau économe, taillez le concombre en rubans. Dans un saladier, mélangez les rubans de concombre, la menthe, les quartiers d'orange, le jus d'orange réservé et la sauce miel-citron. Assaisonnez à votre goût.

Salade de concombre au crabe

10   15'   kcal 56

500 g de chair de crabe cuit, émiettée

10 g de feuilles de coriandre fraîche, hachées grossièrement

10 g de menthe fraîche, hachée grossièrement

2 miniconcombres (260 g), taillés en rubans

15 g de petites feuilles de mizuna

Sauce citronnée et pimentée

60 ml de jus de citron vert

1 c. à s. de sauce soja claire

1 c. à s. d'huile d'arachide

2 c. à c. de sucre de palme râpé

1 long piment rouge frais, haché finement

1 gousse d'ail écrasée

1 Préparez la sauce citronnée et pimentée : versez les ingrédients dans un shaker pour sauce à salade. Fermez puis secouez énergiquement.

2 Dans un récipient, mélangez délicatement le crabe avec les herbes et la sauce.

3 Répartissez les concombres sur les assiettes, ainsi que le crabe aux herbes et les feuilles de mizuna.

Salade à l'avocat et aux crevettes

6 · 20' · 20' · kcal 423

12 très grosses crevettes crues
50 g de chapelure
2 c. à s. de parmesan finement râpé
1 c. à c. de zeste de citron vert finement râpé
2 c. à s. de farine ordinaire
1 œuf légèrement battu
Huile végétale pour la friture
60 g de pousses d'épinard

3 avocats moyens (750 g) coupés en tranches épaisses
1 long piment rouge frais haché

Mayonnaise au citron et au piment
150 g de mayonnaise
1 petit piment rouge thaï frais, finement haché
1 c. à s. de jus de citron vert

1 Mélangez les ingrédients de la mayonnaise dans un bol.

2 Décortiquez les crevettes et ôtez les veines centrales. Laissez les queues intactes.

3 Dans un saladier, mélangez la chapelure, le parmesan et le zeste de citron vert. Tournez les crevettes dans

la farine, dans l'œuf puis dans la chapelure.

4 Faites chauffer l'huile dans un wok. Faites-y frire les crevettes. Égouttez-les sur du papier absorbant.

5 Répartissez les épinards, les avocats et les crevettes sur les assiettes. Parsemez de piment haché et arrosez de mayonnaise.

Salade de crevettes à la mangue

4 · 20' · 15' · 30' · kcal 232

1 kg de grosses crevettes non cuites
2 c. à s. de sauce soja claire
2 c. à c. d'huile de sésame
1 long piment rouge frais, haché
2 c. à c. de tiges et de racines de coriandre fraîche, ciselées
1 cm de gingembre frais (5 g), râpé
2 gousses d'ail écrasées
1 mangue (430 g), en tranches fines
1 gros poivron rouge (350 g), taillé en languettes

1 miniconcombre émincé
80 g de germes de soja
20 g de feuilles de coriandre fraîche
2 tiges de ciboule émincées

Sauce au citron vert
80 ml de jus de citron vert
1 c. à s. de sucre roux
2 c. à c. de nuoc-mâm

1 Décortiquez les crevettes et ôtez les veines centrales. Laissez les queues intactes. Dans un saladier, mélangez les crevettes avec la sauce soja, l'huile de sésame, le piment, la coriandre, le gingembre et l'ail. Placez 30 min au réfrigérateur.

2 Mélangez les ingrédients de la sauce dans un shaker pour sauce à salade.

3 Faites cuire les crevettes dans une grande poêle huilée bien chaude, en plusieurs fois.

4 Dans un grand saladier, mélangez les crevettes avec la sauce au citron vert et les ingrédients restants.

Salade d'endives à la poire et au bleu

(X) 4   (apron) 20'   (kcal) 309

2 endives rouges (250 g) nettoyées
2 endives blanches (250 g) nettoyées
1 poire moyenne (230 g) émincée
90 g de noix de pécan grillées, grossièrement hachées

Sauce au bleu
80 ml de crème liquide
100 g de fromage bleu émietté
1 c. à s. de jus de citron

1 Préparez la sauce au bleu :
mélangez les ingrédients
dans un bol à l'aide d'un fouet.

2 Effeuillez les endives
et mélangez-les aux autres
ingrédients de la salade dans
un saladier. Servez la salade
avec la sauce au bleu.

Salade de poivrons grillés et de betteraves

(X) 4   (apron) 20'   (pot) 30'   (timer) 15'   (thermometer) 220°C   (kcal) 95

500 g de petites betteraves crues
3 petits poivrons (**1** rouge, **1** orange
et **1** jaune, de 150 g chacun)
Huile en spray
½ petit oignon rouge haché

1 c. à s. de persil plat frais ciselé
1 c. à s. de zeste de citron
confit coupé en fines lanières
1 c. à s. de jus de citron

1 Préchauffez le four à
220 °C. Retirez les feuilles
des betteraves. Enveloppez
chaque betterave dans une
feuille d'aluminium et disposez
sur une plaque de cuisson.
Placez les poivrons sur une
plaque de cuisson chemisée
de papier sulfurisé
et vaporisez-les d'huile.
Faites rôtir 30 min.

2 Laissez refroidir
les betteraves 10 min,
pelez-les et coupez-les en

quatre. Couvrez les poivrons
de film alimentaire et laissez
reposer 5 min. Coupez
les poivrons en quatre,
jetez les graines. Retirez
la peau et coupez chaque
morceau en deux dans
le sens de la longueur.

3 Disposez les betteraves
et les poivrons sur un
plat de service. Garnissez
d'oignon, de persil et de citron
confit. Arrosez de jus de citron.

Avocats farcis à la tomate

2 gros avocats (640 g)

2 grosses tomates (440 g) épépinées et finement hachées

1 petit oignon rouge (100 g) finement haché

2 c. à s. d'huile d'olive

2 c. à s. de jus de citron vert

2 c. à s. de coriandre fraîche finement hachée

¼ de c. à c. de Tabasco®

1 Coupez les avocats en deux. Retirez les noyaux. À l'aide d'une cuillère à soupe, sortez les moitiés d'avocat en les conservant intactes.

2 Mélangez le reste des ingrédients dans un saladier.

3 Remplissez les avocats de cette préparation et servez.

Salade de chèvre chaud aux noix

1 petite baguette de pain coupée en tranches

2 c. à s. d'huile d'olive

50 g de noix grillées, grossièrement hachées

15 g de persil plat frais, grossièrement haché

1 gousse d'ail hachée finement

2 c. à s. d'huile de noix

1 c. à s. de vinaigre de vin blanc

1 petite bûche de fromage de chèvre (300 g) avec la croûte, coupée en 4 tranches

80 g de mesclun

1 Badigeonnez le pain d'huile d'olive. Faites griller le pain des deux côtés dans une poêle-gril huilée bien chaude.

2 Pendant ce temps, mélangez les noix, le persil, l'ail, l'huile de noix et le vinaigre dans un bol.

3 Préchauffez le gril du four. Posez les tranches de chèvre sur une plaque de cuisson. Faites-les dorer légèrement.

4 Répartissez le mesclun sur les assiettes. Ajoutez le fromage et la préparation aux noix. Servez avec le pain.

SALADES

Sélection de recettes prêtes en moins de 20 minutes

Panzanella   132

Salade de pois chiches   134

Salade fattoush   134

Pois chiches aux blettes   137

Salade tiède
aux gnocchis   141

Feuille de chêne
aux fines herbes   142

Salade de choux   142

Salade de panais au bleu
et vinaigrette framboise   144

Salade Waldorf au thon   147

Salade de thon   145

Salade de vermicelles
aux crevettes   152

Salade de crabe   152

Salade thaïe au poulet   154

Salade au lard, aux tomates
et au parmesan   164

Salade au jambon,
au brie et aux figues   164

LES GESTES DE BASE

En préparant correctement les aliments, on obtient un très beau résultat final ; et c'est beaucoup plus facile qu'on ne le croit.

Séparer le blanc du jaune

Cassez avec précaution l'œuf dans un récipient. Tenez votre main au-dessus d'un récipient puis versez l'œuf dessus. Laissez le blanc s'écouler entre vos doigts puis transvasez le jaune dans un autre récipient.

Préparer des asperges fraîches

Tenez le milieu de l'asperge d'une main et la base de l'autre, et pliez-la jusqu'à ce qu'elle se casse ; réservez la base des asperges pour faire une soupe. Vous pouvez aussi éplucher les asperges avec un économe à lame pivotante et, si nécessaire, retirer les éventuelles parties ligneuses avec un couteau.

Peler des tomates

Enlevez les pédoncules des tomates puis plongez-les une par une dans de l'eau bouillante, pendant 10 secondes. Sortez-les de la casserole avec une écumoire, passez-les à l'eau froide puis retirez la peau en commençant par l'extrémité du pédoncule.

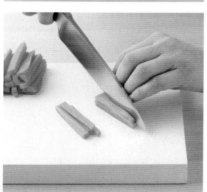

Couper des betteraves en allumettes

Enlevez la peau et coupez la betterave en deux verticalement. Posez chaque moitié à plat et détaillez en tranches fines dans le sens de la longueur. Superposez les tranches par deux ou par trois et coupez à nouveau dans le sens de la longueur en bandes étroites.

Couper des carottes en julienne

Sectionnez les extrémités des carottes puis épluchez-les. Débitez-les en tronçons de 5 à 6 cm de long puis coupez chacun en deux dans la longueur. Posez chaque morceau à plat et tranchez finement dans la longueur ; enfin, superposez les tranches par deux ou par trois et taillez-les en bâtonnets très fins dans la longueur également.

Détailler des pommes de terre en dés

Épluchez les pommes de terre et coupez-les en deux dans la longueur. Posez chaque moitié à plat et taillez-les dans la longueur en tranches de l'épaisseur des dés que vous souhaitez obtenir. Superposez trois ou quatre tranches à la fois et coupez dans la longueur puis perpendiculairement en dés.

Éplucher une gousse d'ail

Posez la gousse d'ail de côté et appuyez dessus d'un coup sec avec le plat d'un couteau lourd pour fendre la peau. Épluchez-la avec les doigts, coupez l'extrémité puis émincez-la dans la longueur ; enlevez le germe.

Griller et peler un poivron

Placez le poivron sous un gril très chaud en le tournant régulièrement jusqu'à ce que la peau cloque et noircisse sur toute sa surface. Mettez-le dans un sac en plastique pendant 10 min pour laisser la vapeur faire son effet, puis retirez la peau.

Émincer un oignon

Enlevez la peau puis coupez l'oignon en deux verticalement. Posez chaque moitié à plat et faites quatre incisions profondes horizontales en allant presque jusqu'au bout. Coupez dans le sens de la longueur pour obtenir de fines tranches, puis perpendiculairement en tout petits dés.

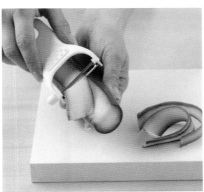

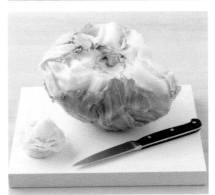

Couper des lamelles de concombre

Lavez les concombres, sectionnez les extrémités et, s'ils sont très longs, détaillez-les en tronçons plus petits. Coupez de fines lamelles en faisant glisser un éplucheur à lame pivotante le long du concombre.

Écraser des capsules de cardamome

Placez les capsules de cardamome sur une planche à découper et tapez doucement dessus avec un maillet à viande ou avec le plat d'un couteau lourd pour fendre la peau, mais non la briser en morceaux.

Détacher des feuilles de laitue

À l'aide d'un couteau pointu, retirez le cœur de la laitue en coupant une forme de cône, ou frappez la laitue sur le plan de travail, côté cœur en bas, pour le faire ressortir. Tenez la laitue à l'envers et passez-la sous le robinet d'eau en l'agitant de haut en bas, puis détachez délicatement les feuilles.

VARIÉTÉS DE SALADES

Achetez-les en petites quantités, servez-les tant qu'elles sont bien fraîches, et vos salades feront forte impression !

Mizuna

Pousse d'origine japonaise, également appelée «moutarde japonaise». Elle peut être utilisée seule ou dans des mélanges comme le mesclun (voir ci-contre). Ses feuilles vertes à l'aspect irrégulier ont une saveur délicate et aromatique.

Cresson

Ses feuilles vert foncé apportent un goût frais, piquant et poivré ainsi qu'une note décorative à une salade ou un sandwich. Il est délicieux assaisonné avec de l'huile de noix ou de noisette et du jus de citron, parsemé de quelques noix.

Lollo rossa et bionda

Laitue à feuilles tendres rouges ou vertes, très frisées ; c'est l'une des jeunes pousses composant le mélange vendu sous le nom de mesclun. Assaisonnez-la légèrement et consommez-la un ou deux jours après l'achat.

Laitue romaine

Laitue pleine de saveurs à feuilles épaisses, qui se prête bien aux assaisonnements riches. Servez-la avec des aliments nourrissants, comme des œufs ou du bacon. Ses feuilles extérieures sont souvent abîmées ; il y a moins de feuilles à jeter sur les petites laitues romaines.

Mâche

Feuilles tendres vert foncé à l'aspect velouté. La mâche a une saveur douce, délicate et rafraîchissante et un léger goût de noisette ; elle ne nécessite qu'un léger assaisonnement.

Frisée

Appelée aussi «endive frisée», elle appartient à la famille de la chicorée et possède une amertume caractéristique ainsi qu'un goût frais d'herbe. Elle se marie particulièrement bien avec la betterave.

Laitue feuille de chêne

Les feuilles tendres et molles de la laitue feuille de chêne rouge ou verte sont joliment dentelées et frisées. Pratique à cultiver car ses feuilles peuvent être cueillies une par une.

Laitue pommée

Laitue à feuilles tendres mais plus croquantes et brillantes que celles de la lollo rossa, de la lollo bionda, ou de la laitue feuille de chêne. Elle a une saveur d'herbe avec une délicate touche d'amertume. Il en existe des variétés rouges et vertes.

Endive

Également connue sous le nom de chicon, l'endive a de longues feuilles croquantes bien serrées et un goût doux et frais avec une pointe d'amertume. Elle est cultivée à l'abri de la lumière pour que ses feuilles restent blanches et qu'elle ne soit pas trop amère. Il en existe des variétés à bout rouge et à bout vert.

Roquette

La saveur piquante de la roquette a été décrite comme celle d'un rosbif avec une touche poivrée. Elle se marie bien avec des légumes grillés, des fromages forts et du vinaigre balsamique. Elle ne se conserve pas longtemps, achetez-la donc le jour même.

Radicchio ou chicorée rouge

Plante annuelle de la famille de la chicorée, dont la saveur amère rafraîchissante est appréciée crue et cuite. Il en existe de nombreuses variétés, souvent nommées d'après leur ville d'origine, telles que la variété pommée de Vérone ou la variété allongée de Trévise.

Mesclun

Assortiment de jeunes pousses vertes, qui peut être composé de lollo rossa ou bionda, laitue pommée, laitue feuille de chêne, roquette, épinards, frisée, mizuna et/ou radicchio. Achetez-en un peu plus que la quantité dont vous avez besoin et jetez les feuilles abîmées.

Salade mélangée et haloumi poêlé

4 · 10' · 10'

50 g de salade frisée
50 g de pousses d'épinard
125 g de tomates séchées
conservées dans l'huile
1 grosse poignée de persil plat
250 g de fromage haloumi

Assaisonnement
60 ml de jus de citron
1 gousse d'ail écrasée
1 c. à c. de sucre en poudre
1 c. à c. de moutarde de Dijon
1 c. à c. de cumin moulu
1 pincée de poivre de Cayenne

1 Mélangez dans un saladier la frisée, les pousses d'épinard, les tomates égouttées coupées en morceaux et le persil.

2 Coupez le fromage en 8 tranches. Faites chauffer une poêle légèrement huilée pour y faire dorer le fromage.

3 Pour l'assaisonnement, mettez les ingrédients dans un shaker pour sauce à salade, ajoutez 1 c. à s. d'eau et mélangez bien.

4 Versez la sauce sur la salade et remuez. Répartissez la salade sur les assiettes de service et garnissez de fromage.

Asperges grillées aux tomates

1 · 20' · 15' · kcal 65

1 tomate moyenne coupée en petits dés
1 gousse d'ail écrasée
2 c. à s. de jus de citron frais
1 c. à s. de basilic frais ciselé
1 c. à s. de persil plat ciselé
125 g d'asperges vertes
25 g de frisée
25 g de feuilles de roquette

1 Portez le jus de citron à ébullition dans une petite casserole avec l'ail et la tomate. Laissez mijoter 2 min, sans couvrir. Ajoutez les herbes hors du feu.

2 Faites dorer les asperges sur un gril chaud légèrement huilé jusqu'à ce qu'elles soient tendres.

3 Dressez la frisée et la roquette sur une assiette, ajoutez les asperges et les dés de tomate tièdes.

Salade épicée aux lentilles et aux légumes rôtis

2	15'	35'	10'	220°C	kcal 388

100 g de minicarottes parées
350 g de potiron coupé en quartiers de 2 cm
1 poivron rouge moyen (200 g), taillé en lanières
1 petit oignon rouge (100 g) coupé en quartiers
1 petite courgette (120 g) coupée en gros dés
1 gousse d'ail écrasée
2 c. à s. de vinaigre balsamique
½ c. à c. de piment séché émietté
1 c. à c. de graines de cumin pilées
400 g de lentilles brunes
en conserve, rincées et égouttées
½ botte de coriandre fraîche ciselée
50 g de petites feuilles de roquette
2 c. à c. d'huile d'olive
1 petite pita coupée en deux
140 g de yaourt nature

1 Préchauffez le four à 220 °C.
Tapissez un grand plat à four
de papier sulfurisé.

2 Mettez les carottes, le potiron,
le poivron, l'oignon, la courgette,
l'ail, le vinaigre, le piment séché et le
cumin dans le plat à four. Remuez
soigneusement et assaisonnez.
Faites rôtir 35 min, sans couvrir.
Laissez refroidir 10 min.

3 Mélangez les légumes rôtis
dans un grand saladier avec
les lentilles, la coriandre, la roquette
et l'huile d'olive. Assaisonnez.
Servez avec la pita et le yaourt.

Panzanella

2 10' 10' 5' kcal 354

1 petit poivron rouge (150 g)

1 petit poivron jaune (150 g)

2 tomates moyennes (300 g),
coupées en gros morceaux

3 tranches de ciabatta (110 g) grillées
et déchiquetées

½ petit oignon rouge (50 g) émincé

2 c. à c. de petites câpres rincées et égouttées

50 g d'olives noires dénoyautées,
coupées en deux

250 g d'un mélange de haricots
en conserve, rincés et égouttés

1 botte de basilic frais

2 c. à c. d'huile d'olive

1 c. à s. de vinaigre de vin rouge

1 gousse d'ail écrasée

1 Coupez les poivrons en quatre,
éliminez les membranes blanches
et les graines. Posez les poivrons, côté
peau vers le haut, sur une plaque
de cuisson, et faites-les rôtir sous
le gril du four jusqu'à ce que
la peau se boursoufle et noircisse.
Emballez-les dans un sachet
en plastique ou en papier 5 min.
Pelez-les puis taillez-les en lanières.

2 Mettez les tomates dans
un saladier avec le pain. Remuez.

3 Ajoutez les poivrons, l'oignon,
les câpres, les olives, les haricots,
le basilic, l'huile d'olive, le vinaigre
et l'ail. Remuez délicatement
et assaisonnez selon votre goût.

Astuce

Préparez cette panzanella au dernier moment
pour éviter que le pain s'imbibe. Si vous voulez
emporter cette salade sur votre lieu de travail,
emballez le pain à part et ajoutez-le à la salade
au dernier moment.

Salade niçoise

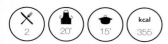

2	20'	15'	kcal 355

8 petites pommes de terre nouvelles (320 g)
coupées en deux

175 g de jeunes haricots verts parés

60 ml de vinaigrette

2 c. à c. de moutarde de Dijon

125 g de tomates cerises coupées en deux

80 g d'olives noires dénoyautées

1 petite romaine effeuillée

1 œuf dur coupé en deux

180 g de thon au naturel en conserve,
égoutté et émietté

2 filets d'anchois bien égouttés,
coupés en deux dans la longueur

1 Faites cuire les pommes de terre
et les haricots séparément,
à l'eau bouillante, à la vapeur
ou au micro-ondes. Égouttez-les,
rincez-les sous l'eau froide
et égouttez-les de nouveau.

2 Mélangez la vinaigrette
et la moutarde dans un saladier.
Ajoutez les tomates, les olives, la romaine,
l'œuf, les pommes de terre, les haricots
et le thon. Remuez délicatement
et assaisonnez selon votre goût.
Décorez avec les anchois puis servez.

Astuce

Si vous voulez emporter cette salade
sur votre lieu de travail, emballez le mélange
vinaigrette-moutarde à part et ajoutez-le
à la salade au dernier moment. Supprimez
les anchois ou emballez-les à part également.

Salade de pois chiches

1 · 15' · kcal 366

125 g de pois chiches
en conserve, rincés et égouttés
1 miniconcombre (130 g)
grossièrement haché
½ petit oignon rouge (50 g) émincé
40 g d'olives Kalamata
5 c. à s. de persil plat frais
grossièrement haché
¼ de petit poivron jaune (75 g)
coupé en gros morceaux
1 petite tomate roma (60 g)
épépinée et grossièrement hachée

2 c. à s. de tzatziki
1 tranche de pain complet
(45 g) grillée

Assaisonnement au citron
¼ de c. à c. de zeste
de citron finement râpé
1 c. à s. de jus de citron
1 c. à c. d'huile d'olive
¼ de c. à c. de cumin moulu

1 Préparez l'assaisonnement
au citron en mélangeant
tous les ingrédients
dans un petit bol.

2 Mélangez les pois chiches,
le concombre, l'oignon,
les olives, le persil, le poivron,
la tomate et l'assaisonnement
au citron dans un saladier.

3 Servez la salade
recouverte de tzatziki.
Accompagnez de pain grillé.

Salade fattoush

4 · 15' · 5' · kcal 327

2 grands pains pita (160 g)
80 ml d'huile d'olive
2 c. à s. de jus de citron
1 gousse d'ail écrasée
3 radis roses (100 g) lavés et émincés
½ daikon (200 g) grossièrement râpé
2 tomates moyennes (300 g)
coupées en dés

1 miniconcombre (130 g)
coupé en dés
1 petit oignon rouge (100 g)
coupé en tranches fines
1 petit poivron vert (150 g)
coupé en dés
1 poignée de menthe
1 poignée de persil plat

1 Préchauffez le gril du four.

2 Mettez le pain sur
une plaque de cuisson.
Faites-le griller puis
coupez-le en morceaux.

3 Mélangez l'huile d'olive,
le jus de citron et l'ail
dans un saladier.
Ajoutez la moitié du pain
et le reste des ingrédients.

4 Ajoutez le reste du
pain sur le dessus
puis servez la salade.

Salade de riz complet aux tomates et aux patates douces

200 g de riz long complet

1 petite patate douce orange (250 g) coupée en gros morceaux

250 g de tomates rouges en grappe coupées en deux

2 ciboules émincées

5 c. à s. de petites feuilles de basilic frais

40 g de feuilles de roquette parées

Assaisonnement au vinaigre balsamique

2 c. à s. de jus d'orange

1 c. à s. de vinaigre balsamique

1 c. à c. d'huile d'olive

1 gousse d'ail écrasée

1 Faites cuire le riz environ 30 min, sans couvrir, dans une grande casserole d'eau bouillante, jusqu'à ce qu'il soit tendre. Égouttez-le, rincez-le à l'eau froide, puis égouttez-le de nouveau.

2 Pendant ce temps, faites cuire la patate douce à l'eau, à la vapeur ou au micro-ondes jusqu'à ce qu'elle soit tendre. Égouttez.

3 Préparez l'assaisonnement au vinaigre balsamique en mélangeant tous les ingrédients dans un shaker pour sauce à salade.

4 Mélangez le riz, la patate douce et l'assaisonnement dans un grand saladier avec les tomates, les ciboules, le basilic et la roquette.

Salade de haricots blancs et riz aux amandes

| 1 | 12h | 10' | 20' | kcal 512 |

50 g de haricots borlotti

50 g de riz complet

1 petit oignon rouge émincé

1 petite poignée de persil plat ciselé

1 petite poignée de menthe ciselée

1 tomate moyenne coupée en petits dés

1 c. à s. d'amandes effilées légèrement grillées

2 c. à s. de jus de citron frais

2 c. à c. d'huile d'olive

1 Mettez les haricots dans un saladier, couvrez d'eau froide et laissez tremper toute une nuit. Rincez-les bien puis égouttez-les. Mettez-les dans une casserole avec de l'eau froide, portez à ébullition puis laissez frémir jusqu'à ce qu'ils soient tendres. Rincez-les sous l'eau froide et égouttez-les bien.

2 Faites cuire le riz dans une petite casserole d'eau bouillante, sans couvrir. Quand les grains sont tendres, égouttez bien, rincez sous l'eau froide.

3 Mélangez les haricots et le riz dans un saladier, ajoutez les autres ingrédients et remuez délicatement.

Salade de tomates rôties à l'orge

| 1 | 15' | 20' | 240°C | kcal 285 |

50 g d'orge perlé

2 tomates olivettes en quartiers épais

1 petit poivron vert en petits dés

1 petit oignon rouge haché

1 poignée de persil plat ciselé

Sauce au citron et à l'aneth

2 c. à s. de jus de citron frais

1 c. à s. d'aneth frais ciselé

1 c. à c. d'huile d'olive

1 gousse d'ail écrasée

1 Préchauffez le four à 240 °C. Faites cuire l'orge 20 min dans une petite casserole d'eau bouillante, sans couvrir. Rincez-le sous l'eau froide puis égouttez-le bien.

2 Disposez les tomates sur une plaque de cuisson légèrement huilée, face tranchée vers le haut, et faites-les cuire 15 min au four.

3 Préparez la sauce en mélangeant vivement tous les ingrédients dans un shaker pour sauce à salade.

4 Mélangez l'orge et la moitié des tomates dans un saladier, ajoutez le poivron, l'oignon, le persil et la sauce. Remuez doucement. Garnissez des tomates restantes.

Salade orientale

| 4 | 20' | 15' | kcal 275 |

300 g de couscous
375 ml d'eau bouillante
270 g de dattes dénoyautées
coupées en quartiers
100 g de noix grillées concassées
1 c. à s. d'huile d'olive
1 c. à s. d'huile de noix
1 kg de pamplemousses
pelés, en tranches fines
480 g d'oranges pelées,
en tranches fines

210 g de radis émincés
80 g de mizuna
1 bouquet de menthe fraîche
1 bouquet de coriandre fraîche

Sauce à l'orange et à l'huile de noix
125 ml de jus d'orange
2 c. à c. de sucre
2 c. à s. d'huile de noix
2 c. à s. d'huile d'olive
½ c. à c. de cannelle moulue

1 Versez le couscous dans un saladier résistant à la chaleur, ajoutez l'eau bouillante, couvrez et laissez reposer 5 min. Quand tout le liquide est absorbé, remuez avec une fourchette pour aérer la graine. Laissez refroidir 10 min avant d'incorporer les dattes, les noix, l'huile d'olive et l'huile de noix.

2 Préparez la sauce en mélangeant tous les ingrédients dans un shaker pour sauce à salade.

3 Incorporez le pamplemousse, l'orange, le radis, la mizuna, la menthe et la coriandre puis mélangez. Répartissez la salade dans les assiettes et nappez de sauce.

Pois chiches aux blettes

| 6 | 20' | kcal 211 |

8 oignons de printemps (200 g)
600 g de pois chiches en conserve, rincés et égouttés
1 kg de blettes parées, coupées en fines lanières
1 gros poivron rouge (350 g) coupé en fines lanières

Sauce au paprika
80 ml d'huile de graine de moutarde
2 c. à c. de paprika doux
1 c. à s. de jus de citron
1 c. à s. de sucre roux

1 Préparez la sauce au paprika en mélangeant les ingrédients dans un shaker pour sauce à salade.

2 Retirez les feuilles vertes des oignons de printemps. Coupez les bulbes en quartiers et émincez les feuilles vertes de 3 des oignons.

3 Dans un grand saladier, mélangez les oignons,

les autres ingrédients et les ¾ de la sauce au paprika. Assaisonnez à votre goût.

4 Arrosez la salade du reste de la sauce et servez.

Conseil

L'huile de graine de moutarde s'achète dans certains grands supermarchés ou épiceries fines. Une fois parée, une botte de 1 kg de blettes donne environ 250 g de légumes consommables.

Salade de macaronis au thon

2   10'   15'   kcal 391

135 g de macaronis
90 g de haricots verts parés,
coupés en deux dans la longueur
1 long piment rouge frais, finement haché
2 c. à c. d'huile d'olive
2 c. à s. de vinaigre de vin rouge
2 c. à c. de moutarde à l'ancienne
1 c. à s. de ciboulette ciselée
1 c. à s. de feuilles de persil plat frais
1 c. à s. de petites feuilles de basilic frais
125 g de tomates cerises coupées en deux
1 petit poivron rouge (150 g) émincé
180 g de thon au naturel en conserve,
égoutté et émietté

1 Faites cuire les pâtes dans une grande quantité d'eau bouillante. Plongez les haricots verts dans l'eau des pâtes 2 min avant la fin de la cuisson. Égouttez le tout, rincez sous l'eau froide et égouttez de nouveau.

2 Préparez la sauce en mélangeant le piment, l'huile d'olive, le vinaigre et la moutarde dans un bol. Dans un saladier, mélangez les macaronis et les haricots avec la ciboulette, le persil, le basilic, les tomates, le poivron, le thon et la sauce. Assaisonnez.

Astuce

Si vous voulez emporter cette salade sur votre lieu de travail, emballez la sauce à part et mélangez-la à la salade au dernier moment.

Papardelle et sauce aux tomates fraîches

8 | 10' | 10' | 10' | kcal 238

1 oignon rouge moyen (170 g) finement haché

2 gousses d'ail écrasées

½ botte de basilic frais grossièrement haché

1 c. à s. de vinaigre de vin rouge

5 tomates moyennes (750 g),
coupées en petits dés

150 g de papardelle

60 g de petites feuilles de roquette

60 g de ricotta émiettée

1 Dans un saladier, mélangez l'oignon, l'ail, le basilic, le vinaigre et les tomates. Laissez reposer 10 min.

2 Pendant ce temps, faites cuire les pâtes dans une grande casserole d'eau bouillante. Égouttez les pâtes et remettez-les dans la casserole. Ajoutez le mélange aux tomates ainsi que la roquette puis remuez délicatement. Assaisonnez selon votre goût.

3 Servez les pâtes parsemées de ricotta.

Astuce

Dès que ce plat est prêt, servez-le sans tarder.

Betterave, potiron, pousses d'épinard et polenta

500 ml d'eau
500 ml de bouillon de légumes
170 g de polenta
200 g de feta émiettée
600 g de petites betteraves
2 c. à s. d'huile d'olive
700 g de chair de potiron
en cubes de 4 cm de côté
150 g de pousses d'épinard
75 g de noix grillées
et grossièrement concassées

Vinaigrette aux noix
2 c. à s. d'huile de noix
60 ml d'huile d'olive
60 ml de jus de citron

1 Préchauffez le four à 160 °C. Graissez un moule rectangulaire et tapissez-le de papier sulfurisé.

2 Mélangez l'eau et le bouillon dans une grande casserole puis portez à ébullition. Ajoutez progressivement la polenta, en remuant. Baissez le feu et laissez cuire environ 10 min, en remuant, jusqu'à ce que la polenta épaississe. Incorporez le fromage et étalez la polenta dans le moule. Laissez refroidir 10 min, couvrez et laissez raffermir 1 h au frais.

3 Pendant ce temps, débarrassez les betteraves de leurs tiges et de leurs feuilles, coupez-les en quatre et placez-les dans un grand plat à rôtir. Arrosez-les avec 1 c. à s. d'huile d'olive et laissez rôtir 15 min à four moyen. Ajoutez le potiron, arrosez-le du reste de l'huile et repassez le plat au four 30 min environ.

4 Préparez la vinaigrette aux noix : mélangez tous les ingrédients dans un shaker pour sauce à salade.

5 Quand les betteraves ont refroidi, épluchez-les. Mettez-les dans un saladier avec la sauce et mélangez.

6 Démoulez la polenta sur une planche, coupez les bords pour qu'ils soient réguliers puis détaillez la polenta en 12 rectangles. Faites-la dorer sur un gril en fonte huilé ou au barbecue jusqu'à ce qu'elle soit bien chaude et colorée des deux côtés. Ajoutez le potiron, les épinards et les noix dans le saladier puis remuez. Disposez des morceaux de polenta dans les assiettes de service et garnissez de salade. Servez aussitôt.

Salade tiède aux gnocchis

125 g de gnocchis frais
60 g de poivrons grillés à l'huile
2 c. à c. de vinaigre de vin rouge
ou de vinaigre balsamique
1 gousse d'ail écrasée
2 c. à s. d'olives noires dénoyautées

2 cœurs d'artichaut marinés, bien
égouttés et coupés en quatre
½ oignon rouge (50 g)
en tranches fines
2 c. à s. de feuilles de basilic frais
4 ou 5 cerneaux de noix grillés

1 Plongez les gnocchis dans un grand volume d'eau bouillante salée. Dès qu'ils remontent à la surface, sortez-les avec une écumoire et égouttez-les dans une passoire. Réservez au chaud.

2 Égouttez les poivrons grillés (gardez 1 c. à s. d'huile) et détaillez-les en fines lanières.

3 Fouettez l'huile des poivrons avec le vinaigre ; ajoutez l'ail.

4 Mélangez dans un saladier les poivrons, les gnocchis, les olives, les cœurs d'artichaut, l'oignon et le basilic. Arrosez de vinaigrette et remuez délicatement. Décorez de noix grillées et dégustez aussitôt.

Salade à la polenta, aux poivrons et aux noix

1 litre d'eau
170 g de polenta
40 g de parmesan râpé
60 g de gruyère râpé
1 c. à s. d'huile d'olive
80 g de pousses d'épinard
1 poivron rouge (350 g), émincé
1 petit oignon rouge (100 g), émincé

Vinaigrette aux noix
60 ml d'huile de noix
2 c. à s. de vinaigre de vin blanc
1 gousse d'ail écrasée
35 g de noix grillées, hachées
10 g de persil plat frais, haché

1 Huilez un moule de 20 x 30 cm. Versez l'eau dans une casserole et portez à ébullition. Versez la polenta en pluie, en fouettant. Réduisez le feu et laissez mijoter 10 min jusqu'à épaississement. Incorporez le parmesan et le gruyère. Étalez la polenta dans le moule huilé et faites prendre 1 h au réfrigérateur.

2 Préparez la vinaigrette aux noix en mélangeant tous les ingrédients.

3 Démoulez la polenta sur une planche. Coupez-la en dés de 1 cm. Faites-les dorer dans l'huile chaude.

4 Mélangez dans un saladier la polenta, la vinaigrette et le reste des ingrédients.

Feuille de chêne aux fines herbes et vinaigrette de Dijon

6 · 10' · kcal 69

1 feuille de chêne
½ botte de ciboulette fraîche grossièrement hachée
1 botte de persil plat
1 botte de cerfeuil

Vinaigrette à la moutarde de Dijon
2 c. à s. d'huile d'olive
2 c. à s. de vinaigre de vin blanc
1 c. à s. de moutarde de Dijon
2 c. à c. de sucre cristallisé

1 Mélangez tous les ingrédients de la vinaigrette dans un shaker pour sauce à salade, fermez et secouez.

2 Dans un saladier, mélangez délicatement les feuilles de salade et les herbes avec la sauce.

Salade de choux

4 · 20' · kcal 200

80 ml d'huile d'olive
2 c. à s. de vinaigre de cidre
2 c. à c. de moutarde de Dijon
160 g de chou vert émincé
160 g de chou rouge émincé
160 g de chou chinois émincé
1 carotte moyenne (120 g) grossièrement râpée
4 ciboules émincées

1 Mélangez l'huile d'olive, le vinaigre et la moutarde dans un saladier. Ajoutez le reste des ingrédients.

Légumes-racines rôtis
au citron et à la feta

2 c. à s. d'huile d'olive
30 g de beurre coupé en dés
2 c. à s. de feuilles d'origan frais
100 g de pousses de roquette
100 g de feta émiettée
500 g de petites pommes
de terre nouvelles non
pelées, coupées en deux
500 g de courge butternut
coupée en gros morceaux

4 petites betteraves (400 g) pelées
1 panais moyen (250 g)
coupé en quatre
400 g de petites carottes grattées
1 citron moyen (140 g)
coupé en tranches fines
2 c. à s. de jus de citron
1 c. à s. de moutarde
à l'ancienne

1 Préchauffez le four
à 200 °C. Mélangez
les pommes de terre,
la courge, les betteraves,
le panais, les carottes,
le citron, l'huile d'olive,
le beurre et la moitié de
l'origan dans un grand plat
à gratin. Faites rôtir 40 min, en
remuant de temps en temps.

2 Mélangez le jus de citron
et la moutarde dans un
shaker pour sauce à salade.

3 Dans un grand saladier,
mélangez les légumes
rôtis avec la sauce à la
moutarde. Ajoutez les feuilles
de roquette. Parsemez
de feta et d'origan restant.

Salade de pommes de terre,
oignon et poivron rôtis

2 c. à c. d'huile d'olive
1 kg de petites pommes de terre
nouvelles coupées en deux
1 oignon rouge en quartiers
1 gros poivron rouge en morceaux
80 g de roquette
300 g de haricots rouges
en boîte, rincés et égouttés

100 g de feta coupée en dés
2 c. à s. de persil plat ciselé

Assaisonnement
1 c. à s. de miel
2 c. à c. de vinaigre balsamique
2 c. à c. d'huile d'olive
2 c. à c. d'eau

1 Préchauffez le four à
220 °C. Versez l'huile dans
un plat. Ajoutez les pommes
de terre, l'oignon et le poivron.
Mélangez bien et laissez cuire
40 min au four en retournant
les légumes à mi-cuisson.

2 Mettez les ingrédients
de l'assaisonnement
dans un shaker pour
sauce à salade.

3 Mettez les légumes rôtis
dans un saladier. Ajoutez
la roquette, les haricots,
la feta et le persil. Assaisonnez
et mélangez délicatement.

Salade au céleri-rave rôti

100 g de céleri-rave en cubes
4 gousses d'ail non pelées
1 c. à c. d'huile végétale
50 g de haricots verts
en petits tronçons
2 c. à s. de jus de citron frais

2 c. à c. d'huile de noix
Quelques feuilles de salade
50 g de pois gourmands
en fines lanières
50 g de noix grillées
grossièrement hachées

1 Préchauffez le four
à 220 °C.

2 Mettez le céleri-rave
et l'ail dans un plat creux.
Versez l'huile végétale
et mélangez bien. Faites rôtir
20 min au four pour que
le céleri soit doré et tendre.

3 Faites cuire les haricots
à la vapeur ou dans un
peu d'eau bouillante. Quand
ils sont tendres, égouttez-les,
passez-les sous l'eau froide
puis égouttez-les de nouveau.

4 Quand l'ail est assez
froid pour être manipulé,
enlevez la peau. Écrasez les
gousses dans un bol avant
d'ajouter le jus de citron
et l'huile. Mélangez bien.

5 Disposez les feuilles
de salade sur une assiette
(recoupez les plus grandes)
et ajoutez dessus le céleri-
rave, les haricots, les pois
gourmands et les noix.
Nappez de sauce et servez
sans attendre.

Salade de panais au bleu et vinaigrette à la framboise

1 petit panais (120 g)
Huile végétale pour la friture
40 g de roquette
120 g de framboises fraîches
1 poire (230 g) émincée
100 g de bleu doux
coupé en 4 morceaux

Vinaigrette à la framboise
80 ml d'huile d'olive
2 c. à s. de vinaigre de framboise

1 À l'aide d'un économe,
taillez le panais en lamelles.

2 Faites chauffer l'huile dans
une casserole à fond
épais. Faites-y frire le panais
en plusieurs fois. Épongez-le
avec du papier absorbant.

3 Préparez la vinaigrette
à la framboise : mélangez
les ingrédients dans un
shaker pour sauce à salade.

4 Dans un grand saladier,
mélangez les feuilles de
roquette, les framboises, la
poire et la vinaigrette. Finissez
avec le fromage et le panais.

Conseil
Pour vérifier que l'huile est bien
chaude avant d'y plonger le panais,
trempez le bout du manche
d'une cuillère en bois : si des bulles
se forment autour, l'huile est chaude.

Salade de thon

4   5'   kcal 191

125 g de thon en boîte au naturel
100 g de pousses d'épinard ou de roquette
1 c. à c. de petites câpres rincées et égouttées
200 g de tomates cerises coupées en deux
3 c. à c. d'aneth frais ciselé
1 c. à s. de jus de citron
1 c. à c. d'huile d'olive

1 Égouttez le thon. Mélangez-le avec les pousses d'épinard ou de roquette, les câpres, les tomates cerises et l'aneth.

2 Dans un autre récipient, mélangez le jus de citron et l'huile d'olive. Assaisonnez la salade de cette sauce.

Salade César et asperges au four

2 | 25' | 10' | 180°C | kcal 356

3 tranches de pain de seigle (135 g)
340 g d'asperges vertes parées,
coupées en deux en biseau
Huile en spray
1 petite courgette (90 g)
95 g de yaourt maigre
1 c. à s. de jus de citron
2 c. à c. de moutarde de Dijon
1 filet d'anchois bien égoutté, finement haché
2 miniromaines
2 œufs mollets coupés en deux

1 Préchauffez le four à 180 °C. Préparez les croûtons : écroûtez le pain puis coupez-le en petits morceaux. Posez les petits bouts de pain avec les asperges sur une plaque de cuisson chemisée de papier sulfurisé. Vaporisez légèrement l'ensemble avec de l'huile. Faites cuire environ 10 min au four jusqu'à ce que les croûtons soient croustillants et que les asperges soient tendres.

2 Taillez la courgette en minces rubans avec un épluche-légumes. Dans un bol, mélangez le yaourt avec le jus de citron, la moutarde et l'anchois.

3 Tournez délicatement la courgette, les feuilles des romaines et les asperges dans la sauce au yaourt. Assaisonnez. Servez cette salade avec les croûtons et les œufs.

Astuce

Si vous voulez emporter cette salade sur votre lieu de travail, emballez la sauce au yaourt à part et mélangez-la à la salade au dernier moment.

Salade Waldorf au thon

 2 15' 5' **kcal** 359

250 g de pois gourmands parés

95 g de yaourt nature

1 c. à s. de jus de citron

2 c. à c. de moutarde de Dijon

1 c. à s. d'eau

1 grosse pomme rouge (200 g) non pelée, coupée en tranches fines

2 bâtons de céleri (300 g) parés et émincés

2 miniromaines effeuillées et taillées en lanières

2 ciboules émincées

2 c. à s. de persil plat frais ciselé

300 g de thon au naturel en conserve, égoutté et émietté

1 c. à s. de noix grossièrement hachées

1 Faites cuire les pois gourmands à l'eau bouillante, à la vapeur ou au micro-ondes jusqu'à ce qu'ils soient tendres. Rincez-les sous l'eau froide et égouttez-les.

2 Mélangez le yaourt, le jus de citron, la moutarde et l'eau dans un saladier. Ajoutez les pois gourmands, la pomme, le céleri, les romaines, les ciboules, le persil et le thon. Remuez soigneusement et assaisonnez.

3 Répartissez la salade sur les assiettes, parsemez de noix puis servez.

Astuce
Si vous voulez emporter cette salade sur votre lieu de travail, emballez la sauce au yaourt à part et mélangez-la à la salade au dernier moment.

Salade roquette, poires et noix

6 | 30' | 10' | kcal 232

2 poires moyennes (460 g)
50 g de noix grillées
50 g de roquette
50 g de copeaux de parmesan

Vinaigrette à la poire
2 c. à s. d'huile de pépins de raisin
1 ½ c. à s. de jus de pomme
1 ½ c. à s. de vinaigre de cidre
1 c. à s. de jus de citron
1 c. à s. d'huile de noix

1 Coupez les poires en deux. Réservez ½ poire pour la vinaigrette. Épépinez et coupez en fines tranches le reste des poires.

2 Préparez la vinaigrette à la poire. Pelez, épépinez et hachez ½ poire réservée. Faites-la cuire à l'eau, égouttez-la et laissez-la refroidir. Mixez-la finement avec le reste des ingrédients. Assaisonnez.

3 Hachez les noix puis mélangez-les avec les poires, la vinaigrette et la roquette dans un saladier. Parsemez de parmesan.

Salade de romaine, avocat et tomates rôties

8 | 5' | 30' | 150°C | kcal 349

350 g de tomates cerises
2 c. à s. d'huile d'olive
4 branches de thym
500 g de gros sel
1 c. à s. de moutarde de Dijon
2 c. à s. de vinaigre de vin blanc

125 ml d'huile de pépins de raisin
80 ml de crème liquide
2 gros avocats (640 g) coupés en quartiers
3 miniromaines (540 g) coupées en tranches

1 Préchauffez le four à 150 °C.

2 Coupez les tomates en deux et mélangez-les avec l'huile et le thym dans un saladier. Étalez le sel sur une plaque de cuisson et ajoutez les tomates, côté coupé vers le haut. Arrosez avec le reste de l'huile du saladier. Faites rôtir 30 min.

3 Mélangez la moutarde et le vinaigre dans un bol à l'aide d'un fouet. Ajoutez l'huile en filet, tout en fouettant. Incorporez la crème. Assaisonnez.

4 Ajoutez les tomates et les avocats sur les romaines et versez la vinaigrette.

Taboulé libanais

4 | 30' | 1ʰ | kcal 189

40 g de boulgour

3 tomates moyennes (450 g)

1 belle botte de persil plat haché

3 ciboules finement hachées

8 c. à s. de menthe fraîche hachée

1 gousse d'ail écrasée

60 ml de jus de citron

60 ml d'huile d'olive

1 Mettez le boulgour dans un saladier. Coupez les tomates en deux, prélevez la pulpe à l'aide d'une petite cuillère et ajoutez-la au boulgour. Coupez la chair des tomates en petits dés et mettez-les sur le boulgour. Couvrez et placez 1 h au réfrigérateur.

2 Mélangez le boulgour avec le reste des ingrédients dans un saladier.

Conseil

La saveur du taboulé libanais repose sur la qualité du persil : il est impératif de bien le laver pour retirer tout grain de sable et de bien le sécher avant de l'ajouter. Si le persil est trop humide, votre taboulé risque d'être pâteux au lieu d'être léger et savoureux.

Truite de mer, cresson et asperges

4 · 30' · 20' · kcal 836

4 petites pommes de terre
nouvelles avec la peau, cuites
et coupées en tranches
4 filets de truite de mer
de 220 g chacun, avec la peau
750 ml d'eau
750 ml de lait
500 g d'asperges vertes

175 g de cresson
1 oignon rouge émincé

Sauce au raifort
1 œuf
2 c. à s. de raifort
2 c. à c. de miel
160 ml d'huile d'olive

1 Mettez les filets de truite
dans une sauteuse puis
versez l'eau et le lait mélangés.
Portez à ébullition puis baissez
le feu et laissez frémir 5 min.
Quand le poisson est cuit,
retirez-le délicatement avec
une écumoire et jetez le
liquide de cuisson. Retirez la
peau et recoupez chaque filet
en deux dans la longueur.

2 Préparez la sauce au
raifort : fouettez l'œuf,

le raifort et le miel puis
versez l'huile en un filet fin
et régulier, sans cesser de
fouetter, jusqu'à ce que
la sauce épaississe.

3 Faites cuire les asperges
à l'eau ou à la vapeur,
puis plongez-les dans de
l'eau froide et égouttez-les.

4 Répartissez les ingrédients
dans les assiettes,
arrosez de sauce et servez.

Salade de truite fumée aux vermicelles de riz

4 · 25' · 5' · kcal 501

200 g de vermicelles de riz
400 g de truite fumée
2 bâtons de céleri émincés
2 miniconcombres épépinés
et émincés
75 g de pistaches grillées
2 c. à s. de menthe fraîche
grossièrement hachée

2 c. à s. de basilic frais
grossièrement haché
80 ml de jus de citron vert
1 c. à c. d'huile pimentée
1 c. à s. d'huile de sésame
2 c. à s. de nuoc-mâm
1 gousse d'ail écrasée

1 Mettez les vermicelles
dans un récipient résistant
à la chaleur et couvrez-les
d'eau bouillante. Dès qu'ils
sont tendres, égouttez-les
puis rincez-les à l'eau froide
et égouttez-les de nouveau.

2 Retirez la peau et les
arêtes des filets de truite
et émiettez grossièrement la
chair dans un saladier. Ajoutez

les vermicelles, le céleri,
le concombre, les pistaches,
la menthe et le basilic.

3 Mélangez énergiquement
le jus de citron, l'huile
pimentée, l'huile de sésame,
le nuoc-mâm et l'ail
dans un bol. Versez cet
assaisonnement sur la salade,
remuez et servez aussitôt.

Salade au poisson croustillant

| 4 | 20' | 30' | 150°C | kcal 170 |

250 g de filet de poisson blanc
Huile végétale pour la friture
1 oignon rouge émincé
6 oignons verts émincés
2 miniconcombres
épépinés et émincés
1 poignée de feuilles
de menthe thaïe
1 poignée de feuilles de coriandre

2 c. à s. de cacahuètes
grillées non salées
2 c. à c. de zeste de citron râpé

Sauce au citron
4 piments verts frais émincés
2 c. à s. de nuoc-mâm
80 ml de jus de citron
1 c. à s. de sucre roux

1 Préchauffez le four à 150 °C. Faites-y cuire le poisson 20 min puis laissez-le refroidir à température ambiante. Quand il a refroidi, effeuillez-le puis mixez-le grossièrement au robot.

2 Faites chauffer l'huile dans un wok et faites frire le poisson jusqu'à ce qu'il croustille. Égouttez-le sur du papier absorbant.

3 Préparez la sauce au citron. Mélangez les oignons, les concombres, la menthe et la coriandre dans un saladier. Versez la sauce au citron et mélangez puis répartissez cette salade dans les assiettes. Saupoudrez de poisson croustillant, de cacahuètes grillées et hachées et de zeste de citron. Servez aussitôt.

Salade de pâtes au saumon

| 4 | 15' | 10' | kcal 864 |

250 g d'orechiette
100 g de grosses câpres égouttées
800 g de chair de saumon
1 gros oignon blanc coupé
en deux et émincé
4 bâtons de céleri émincés
4 feuilles de chou rouge

Mayonnaise au citron
2 c. à s. d'eau
200 g de mayonnaise
120 g de crème fraîche
60 ml de jus de citron
30 g d'aneth frais
grossièrement ciselé

1 Faites cuire les pâtes dans un grand volume d'eau bouillante salée puis égouttez-les. Rincez-les à l'eau froide et égouttez-les de nouveau.

2 Préparez la mayonnaise au citron : fouettez tous les ingrédients dans un bol pour obtenir une sauce homogène.

3 Émincez la moitié des câpres puis mettez-les dans un saladier avec le saumon, l'oignon, le céleri, les pâtes et la moitié de la mayonnaise. Remuez délicatement. Dressez les feuilles de chou sur les assiettes de service, garnissez-les de salade puis ajoutez le reste de la mayonnaise et des câpres.

Salade de crabe

4   15'   kcal 126

500 g de chair de crabe
250 g de chou chinois émincé
1 miniconcombre épépiné
et coupé en fines tranches
1 oignon rouge coupé
en fines lamelles
6 oignons verts émincés
1 poignée de feuilles
de menthe fraîche

Assaisonnement
2 gousses d'ail écrasées
2 c. à s. de jus de citron vert
2 c. à s. de sauce de poisson
1 c. à s. de sucre roux
2 piments rouges frais émincés

1 Égouttez la chair
de crabe et émiettez-la
si les morceaux sont trop gros.

2 Préparez l'assaisonnement :
fouettez tous les
ingrédients dans un
récipient jusqu'à ce que
le sucre soit dissous.

3 Mettez le crabe
dans un saladier
puis ajoutez le reste
des ingrédients. Mélangez
délicatement puis versez
l'assaisonnement et remuez
de nouveau. Servez aussitôt.

Salade de vermicelles aux crevettes

4   20'   kcal 323

200 g de vermicelles de soja séchés
2 c. à s. de nuoc-mâm
1 c. à s. de jus de citron vert
2 c. à c. d'huile végétale
1 gousse d'ail écrasée
35 g de cacahuètes
grillées, non salées

2 oignons verts émincés
Quelques feuilles
de coriandre ciselées
2 piments rouges frais
épépinés et émincés
1 kg de crevettes cuites
décortiquées avec la queue

1 Mettez les nouilles
dans un saladier
et couvrez-les d'eau bouillante.
Quand elles sont souples
et bien gonflées, égouttez-les
puis coupez-les grossièrement
avec des ciseaux de cuisine.

2 Fouettez ensemble
le nuoc-mâm, le jus
de citron, l'huile et l'ail pilé pour
obtenir une sauce homogène.

3 Mettez les nouilles
dans un saladier
avec les cacahuètes grillées
à sec et grossièrement
concassées, les oignons,
la coriandre, les piments
et les crevettes. Versez
l'assaisonnement et mélangez.
Servez aussitôt.

Rollmops et céleri rémoulade

| 4 | 25' | 40' | 160°C | kcal 813 |

800 g de petites pommes de terre nouvelles coupées en deux

1 c. à s. d'huile d'olive

2 c. à c. de graines de carvi concassées

2 bâtons de céleri émincés

1 petite carotte grossièrement râpée

2 petits bulbes de fenouil émincés

2 oignons verts émincés

20 g de ciboulette fraîche grossièrement ciselée

350 g de céleri-rave

500 g de rollmops égouttés

8 brins de persil plat frais

Sauce rémoulade

2 jaunes d'œufs

1 c. à c. de jus de citron

1 c. à c. de moutarde à l'ancienne

125 ml d'huile d'olive

60 ml d'eau chaude

1 c. à s. de cornichons égouttés et émincés

1 c. à s. de persil plat frais, grossièrement ciselé

2 filets d'anchois égouttés, finement hachés

2 c. à c. de câpres égouttées, finement hachées

1 Préchauffez le four à 160 °C. Préparez la sauce : fouettez les jaunes d'œufs, le jus de citron et la moutarde jusqu'à obtention d'une pâte lisse. Sans cesser de fouetter, versez l'huile en filet fin et régulier jusqu'à ce que la sauce épaississe. Incorporez le reste des ingrédients.

2 Mélangez les pommes de terre, l'huile et le carvi dans un plat à rôtir. Faites cuire 40 min au four jusqu'à ce que les pommes de terre soient dorées et bien tendres. Tournez-les de temps à autre.

3 Mélangez le céleri, la carotte, le fenouil, les oignons et la ciboulette dans un saladier. Épluchez le céleri-rave, râpez-le grossièrement et ajoutez-le dans le saladier. Incorporez la moitié de la sauce et remuez délicatement.

4 Déroulez les rollmops. Disposez 1 c. à s. de salade et 1 brin de persil sur chaque filet de hareng. Roulez-les pour enfermer la garniture et maintenez-les avec des piques en bois.

5 Répartissez les pommes de terre dans les assiettes de service puis disposez dessus le reste de salade et les rollmops. Arrosez du reste de sauce et servez aussitôt.

Salade thaïe au poulet

4 grosses feuilles de laitue
2 **c. à c.** de kecap manis
1 **c. à c.** d'huile de sésame
1 **c. à s.** de jus de citron vert
1 petite courgette (90 g)
grossièrement râpée
1 petite carotte (70 g)
grossièrement râpée

2 oignons verts en tranches fines
1 petit poivron rouge (150 g)
en lanières fines
200 **g** de blanc de poulet cuit émincé
2 **c. à c.** de menthe fraîche ciselée
2 **c. à s.** de coriandre fraîche ciselée
1 **c. à s.** de sauce au piment douce

1 Égalisez aux ciseaux le bord des feuilles de laitue et placez-les au réfrigérateur dans un grand saladier d'eau glacée.

2 Mélangez le kecap manis, l'huile et le jus de citron vert dans un saladier. Ajoutez la courgette, la carotte, les oignons, le poivron, le poulet, la menthe et la moitié de la coriandre. Remuez délicatement.

3 Égouttez les feuilles de laitue, tamponnez-les avec du papier absorbant pour enlever l'eau et dressez-les sur les assiettes de service. Garnissez-les de salade au poulet. Arrosez de sauce au piment et parsemez de coriandre avant de servir.

Salade de poulet à l'ancienne

1 **litre** d'eau bouillante
1 **litre** de bouillon de poulet
700 **g** de blanc de poulet
1 baguette coupée
en tranches fines
150 **g** de mayonnaise
2 **c. à s.** d'huile d'olive
120 **g** de crème fraîche
2 **c. à s.** de jus de citron

4 bâtons de céleri émincés
1 oignon blanc moyen émincé
3 concombres marinés
au vinaigre et à l'aneth
ou 3 gros cornichons
2 **c. à s.** de persil plat ciselé
1 **c. à s.** d'estragon ciselé
1 belle laitue boston

1 Portez l'eau et le bouillon à ébullition dans une sauteuse et faites pocher le poulet 10 min jusqu'à ce qu'il soit cuit à point. Laissez-le refroidir 10 min dans le liquide de cuisson avant de l'émincer. Jetez le liquide.

2 Badigeonnez d'huile les tranches de pain sur les deux faces et faites-les dorer sous le gril du four.

3 Battez la mayonnaise, la crème et le jus de citron. Mélangez le poulet, le céleri, l'oignon, les concombres détaillés en fines tranches, le persil et l'estragon dans un saladier puis remuez délicatement. Disposez les feuilles de laitue sur le plat de service, garnissez de salade au poulet et de croûtons puis nappez de sauce.

Taboulé au poulet

2 · 10' · 10' · 10' · kcal 350

80 g de boulgour
6 aiguillettes de poulet (450 g)
2 tomates moyennes (300 g),
coupées en petits dés
1 miniconcombre (130 g) épépiné
et coupé en petits dés
3 ciboules émincées
½ botte de persil plat frais ciselé
2 c. à s. de jus de citron
1 gousse d'ail écrasée
95 g de yaourt nature
1 citron coupé en quartiers

1 Faites dorer légèrement le boulgour à sec dans une grande poêle antiadhésive, en remuant pendant 2 min. Versez-le ensuite dans un récipient résistant à la chaleur et recouvrez-le d'eau bouillante. Laissez reposer 10 min. Quand il est tendre, égouttez-le en le pressant pour extraire l'excédent de liquide, puis remettez-le dans le récipient.

2 Faites cuire le poulet à feu moyen, dans la même poêle.

3 Ajoutez les dés de tomate et de concombre au boulgour, de même que les ciboules, le persil, le jus de citron et l'ail. Remuez et assaisonnez selon votre goût. Servez ce taboulé avec le poulet, du yaourt et des quartiers de citron.

Astuce
Les aiguillettes de poulet peuvent être servies froides avec le taboulé, mais vous pouvez aussi les réchauffer pendant environ 1 min 30 au micro-ondes, à puissance forte, en les couvrant.

Salade de pommes de terre tiède et poulet fumé

300 g de pommes de terre nouvelles
300 g de petites fèves surgelées
250 g de blanc de poulet fumé
détaillé en fines tranches
1 petit oignon (100 g)
en tranches fines
50 g de roquette
1 c. à s. de petites câpres
égouttées et rincées

Assaisonnement

1 poignée de persil plat frais
2 c. à s. d'huile d'olive
1 c. à s. de jus de citron
1 gousse d'ail écrasée
1 c. à c. de moutarde forte

1 Faites cuire séparément à l'eau bouillante ou à la vapeur les pommes de terre et les fèves.

2 Pour l'assaisonnement, mixez le persil avec l'huile avant d'incorporer le jus de citron, l'ail et la moutarde.

3 Dans un saladier, mélangez les tranches de poulet, l'oignon, la roquette et les câpres.

4 Détaillez les pommes de terre chaudes en tranches minces ; pelez les fèves. Mélangez-les avec la salade, arrosez de vinaigrette et remuez.

Artichaut et poulet fumé, sauce aux câpres

2 poivrons jaunes moyens
2 c. à s. d'huile d'olive
4 petites aubergines émincées
2 grosses courgettes émincées
340 g de cœur d'artichaut
550 g de blanc de poulet
fumé en tranches fines
400 g de cresson

Sauce aux câpres

2 œufs durs coupés en quatre
1 c. à s. de câpres égouttées
2 c. à s. de vinaigre de vin blanc
2 c. à s. d'origan ciselé
1 gousse d'ail coupée
en quatre

1 Coupez les poivrons en quatre et épépinez-les. Faites-les rôtir au gril. Couvrez-les de film alimentaire 5 min puis pelez-les et détaillez-les en fines lanières.

2 Préparez la sauce aux câpres : mixez les œufs, les câpres, le vinaigre, l'origan et l'ail. Sans cesser de mixer, versez l'huile en un filet mince.

3 Badigeonnez d'huile les aubergines et les courgettes puis faites-les cuire sur un gril en fonte ou au barbecue. Laissez refroidir.

4 Mélangez les poivrons, les aubergines, les courgettes, les artichauts et le poulet avec la sauce dans un saladier. Servez sur le cresson.

Poulet fumé à la pêche et aux noix de pécan

70 g d'asperges parées,
coupées en tronçons de 3 cm
600 g de filets de poulet fumé
coupés en tranches fines
1 petit oignon rouge (100 g), émincé
2 pêches moyennes (300 g)
coupées en tranches fines
120 g de noix de pécan grillées
150 g de pousses d'épinard

Vinaigrette à l'aneth
80 ml d'huile d'olive
2 c. à s. de vinaigre de cidre
1 c. à s. d'aneth frais ciselé

1 Faites cuire les asperges
à l'eau bouillante, à la vapeur
ou au micro-ondes. Égouttez-les,
rincez-les sous l'eau froide
puis égouttez-les de nouveau.

2 Préparez la vinaigrette à l'aneth :
versez les ingrédients dans un shaker
pour sauce à salade. Fermez le bocal
et secouez énergiquement.

3 Dans un grand saladier, mélangez
les asperges avec la vinaigrette
à l'aneth et les ingrédients restants.

Salade fraîcheur au poulet

| 4 | 25' | 10' | 10' | kcal 386 |

500 g de blancs de poulet
125 g de vermicelles de riz
1 grosse carotte détaillée en julienne
1 poivron rouge moyen
détaillé en fines lanières
1 poivron vert moyen détaillé
en fines lanières
1 miniconcombre épépiné
et détaillé en bâtonnets très fins
1 piment rouge frais (long) émincé
1 bouquet de menthe fraîche grossièrement ciselée
35 g de cacahuètes grillées concassées

Sauce au citron vert
60 ml de jus de citron vert
65 g de sucre roux
60 ml de nuoc-mâm

1 Pour la sauce au citron vert, mélangez le jus de citron vert, le sucre et le nuoc-mâm dans un shaker pour sauce à salade. Fermez et secouez vigoureusement.

2 Versez la moitié de cette sauce dans une petite casserole, ajoutez les blancs de poulet et couvrez d'eau bouillante. Faites-les pocher 10 min sans couvrir. Laissez-les refroidir 10 min dans leur eau de cuisson avant de les égoutter. Détaillez-les en tranches fines.

3 Pendant la cuisson du poulet, plongez les vermicelles dans un grand volume d'eau bouillante et laissez-les tremper quelques minutes pour les assouplir. Égouttez-les, rincez-les sous l'eau froide puis égouttez-les de nouveau.

4 Mélangez dans un saladier le poulet, les vermicelles, la carotte, les poivrons, le concombre, le piment, la menthe et le reste de la sauce. Remuez délicatement. Répartissez la salade dans les assiettes et garnissez de cacahuètes concassées.

Poulet et haricots verts au citron confit

| 4 | 15' | 5' | 5' | kcal 477 |

160 g de raisins de Smyrne
250 ml d'eau chaude
60 ml de jus de citron
900 g de poulet grillé
175 g de petits haricots verts
2 c. à s. de citron confit émincé

340 g de quartiers de cœur d'artichaut
1 bouquet de persil plat frais
2 c. à s. d'huile d'olive
2 c. à s. de vinaigre de vin blanc

1 Mélangez les raisins de Smyrne, l'eau chaude et le jus de citron dans un saladier. Couvrez et laissez reposer 5 min.

2 Pendant ce temps, débarrassez le poulet de la peau et des os puis découpez la viande en tranches épaisses.

3 Faites cuire les haricots verts à l'eau ou à la vapeur. Égouttez-les, rincez-les sous l'eau froide et égouttez-les de nouveau.

4 Mettez les raisins, le poulet et les haricots dans un saladier avec le citron confit, les artichauts, le persil, l'huile et le vinaigre puis mélangez délicatement.

Poulet fumé aux poireaux, sauce moutarde à l'orange

| 4 | 35' | kcal 402 |

200 g de poireaux
180 g de carottes
200 g de poivron rouge émincé
200 g de poivron jaune émincé
500 g de blanc de poulet fumé en tranches fines
200 g de pois gourmands émincés
1 petite laitue à couper

Sauce moutarde à l'orange
2 c. à s. de jus d'orange
2 c. à s. de vinaigre de cidre
2 c. à c. de zeste d'orange finement râpé
1 c. à s. de moutarde de Meaux
1 c. à s. de crème fraîche
60 ml d'huile d'olive

1 Préparez la sauce : mélangez tous les ingrédients dans un shaker pour sauce à salade.

2 Coupez les poireaux en tronçons de 8 cm et recoupez ces derniers en julienne. Procédez de même avec les carottes.

3 Mettez la julienne de poireau et de carotte dans un saladier avec la sauce, les poivrons rouge et jaune, le poulet fumé, les pois gourmands et la laitue. Mélangez délicatement.

Salade de betteraves et agneau au miel

800 g de filet d'agneau
1 c. à s. de miel
1 c. à s. de vinaigre balsamique
1 gousse d'ail écrasée
500 g de petites betteraves avec les feuilles
2 c. à c. d'huile d'olive

1 miniconcombre émincé
200 g de ricotta émiettée

Vinaigrette au miel
60 ml d'huile d'olive
2 c. à s. de vinaigre balsamique
1 c. à s. de miel
1 c. à c. de moutarde de Dijon

1 Dans un plat, mélangez l'agneau, le miel, le vinaigre et l'ail. Couvrez et placez 3 h au moins au frais.

2 Préchauffez le four à 220 °C. Gardez les feuilles de betterave non abîmées. Pelez les betteraves et coupez-les en quartiers. Posez-les sur une plaque de cuisson et arrosez-les d'huile. Faites-les rôtir 30 min.

3 Faites cuire l'agneau dans une poêle huilée bien chaude. Quand la viande est à votre goût, couvrez et réserver 5 min. Coupez en tranches.

4 Préparez la vinaigrette dans un bol. Dans un saladier, mélangez l'agneau avec les quartiers et les feuilles de betterave, le concombre et la vinaigrette. Parsemez de ricotta.

Agneau au poivre et salade au cresson

2 c. à s. de grains de poivre
1 c. à s. d'huile d'olive
600 g de filet d'agneau
160 g de petits pois frais ou surgelés
250 g de tomates poires jaunes coupées en deux
100 g de cresson nettoyé

200 g de feta coupée en fines languettes
10 g de menthe fraîche hachée

Sauce au vinaigre de vin blanc
60 ml de vinaigre de vin blanc
1 c. à s. d'huile d'olive
1 gousse d'ail écrasée

1 À l'aide d'un mortier et d'un pilon, écrasez les grains de poivre. Dans un récipient, mélangez le poivre concassé, l'huile d'olive et l'agneau. Faites cuire l'agneau dans une poêle chaude. Quand la viande est cuite, couvrez la poêle et laissez reposer 5 min. Coupez en tranches fines.

2 Préparez la sauce en mélangeant

les ingrédients dans un shaker pour sauce à salade.

3 Faites cuire les petits pois à l'eau ou à la vapeur. Égouttez-les, rincez-les sous l'eau froide puis égouttez-les de nouveau.

4 Dans un grand saladier, mélangez les tranches d'agneau, les petits pois, la sauce et les ingrédients restants.

Bo bun

4   **25'**   **12ʰ**   **15'**   **kcal 588**

600 g de filet de bœuf émincé

1 c. à s. d'huile d'arachide

1 kg de nouilles de riz fraîches

80 g de chou chinois émincé

80 g de chou rouge émincé

50 g de basilic thaï frais

50 g de menthe fraîche

50 g de coriandre fraîche

6 oignons de printemps émincés

Sauce au piment et au soja

60 ml de sauce au piment douce

60 ml de sauce soja

2 c. à s. de jus de citron vert

2 c. à s. d'huile d'arachide

2 petits piments rouges épépinés et émincés

1 c. à s. de citronnelle fraîche hachée

10 g de gingembre frais râpé

1 Préparez la sauce en mélangeant tous les ingrédients dans un shaker pour sauce à salade. Mettez le bœuf dans un saladier avec un tiers de la sauce, couvrez et laissez mariner toute une nuit au réfrigérateur.

2 Faites chauffer l'huile dans un wok ou une grande poêle et faites revenir le bœuf à feu vif, en plusieurs fois.

3 Mettez les nouilles dans un saladier résistant à la chaleur, couvrez-les d'eau bouillante puis séparez-les à la fourchette. Égouttez-les, rincez-les sous l'eau froide et égouttez-les de nouveau.

4 Mettez le bœuf dans un saladier avec le chou chinois, le chou rouge, le basilic, la menthe, la coriandre, les oignons et le reste de sauce. Mélangez délicatement. Répartissez les nouilles dans des bols de service et garnissez de salade de bœuf.

Salade thaïe au bœuf, au piment et au citron vert

4 — 20' — 10' — 5' — kcal 271

500 g de filet de bœuf
100 g de vermicelles de riz
1 miniconcombre (130 g)
épépiné et émincé
10 g de feuilles de coriandre fraîche
15 g de feuilles de basilic thaï frais
10 cm de citronnelle (20 g) émincée
2 feuilles de kaffir ciselées
2 échalotes (50 g) émincées
2 c. à s. d'échalotes frites

Assaisonnement thaï
2 petits piments rouges thaïs frais,
coupés en deux
1 gousse d'ail coupée en quatre
¼ de c. à c. de sucre en poudre
80 ml de jus de citron vert
2 c. à s. de nuoc-mâm

1 Faites cuire le bœuf dans une poêle-
gril huilée bien chaude. Quand
la viande est cuite à votre goût, arrêtez
la cuisson, couvrez la poêle et laissez
reposer 5 min. Coupez en tranches fines.

2 Pendant ce temps, versez
les vermicelles dans un plat,
recouvrez-les d'eau bouillante
et laissez-les ramollir. Égouttez-les
puis rincez-les sous l'eau froide
et égouttez-les de nouveau.

3 Préparez l'assaisonnement thaï :
dans un mortier, écrasez les piments,
l'ail et le sucre jusqu'à obtention
d'une pâte. Dans un bol, mélangez cette
préparation avec les ingrédients restants.

4 Dans un grand saladier, mélangez
le bœuf avec les vermicelles,
le concombre, la coriandre, le basilic
thaï, la citronnelle, les feuilles de
kaffir et les échalotes. Répartissez
cette salade sur les assiettes.
Arrosez d'assaisonnement thaï
et parsemez d'échalotes frites.

Salade vietnamienne au bœuf mariné

400 g de filet de bœuf coupé
en tranches fines

2 c. à c. de zeste de citron vert
finement râpé

60 ml de jus de citron vert

1 c. à s. de nuoc-mâm

1 c. à s. de sucre roux

1 gousse d'ail écrasée

10 cm de citronnelle (20 g)
finement hachée

1 petit piment rouge thaï frais
finement haché

2 cm de gingembre frais (10 g), râpé

60 ml d'huile d'arachide

80 g de germes de soja

1 poivron rouge moyen (200 g), émincé

1 carotte moyenne (120 g),
taillée en allumettes

40 g de feuilles de menthe vietnamienne

40 g de feuilles de coriandre fraîche

1 Dans un saladier, mélangez ensemble le bœuf, le zeste et le jus de citron, le nuoc-mâm, le sucre, l'ail, la citronnelle, le piment, le gingembre et 2 c. à s. d'huile d'arachide. Placez 1 h au réfrigérateur.

2 Faites chauffer le reste de l'huile dans un wok. Faites-y revenir le mélange au bœuf, en plusieurs fois.

3 Versez cette préparation dans un grand saladier. Ajoutez les ingrédients restants et remuez.

Salade au lard, aux tomates et au parmesan

4 belles tranches de lard (140 g)
8 tomates coupées en deux
200 g de feuilles de romaine
4 c. à s. de parmesan râpé

Mayonnaise
2 c. à s. de mayonnaise
2 c. à c. d'eau chaude

1 Faites rissoler le lard
à la poêle jusqu'à ce qu'il
croustille. Égouttez-le sur
du papier absorbant avant de
le détailler en gros morceaux.

2 Allongez la mayonnaise
avec l'eau chaude.

3 Dressez le lard, les
tomates, la salade
et le parmesan dans un
petit saladier ; mélangez
délicatement.

4 Au dernier moment,
nappez la salade
de mayonnaise. Remuez
délicatement et dégustez.

Salade au jambon, au brie et aux figues

100 g de trévise
40 g de roquette
200 g de jambon blanc en tranches fines
4 petites figues coupées en quatre
80 g de brie en tranches fines

Vinaigrette au miel
2 c. à c. de moutarde à l'ancienne
1 c. à c. de miel
2 c. à s. d'huile d'olive
2 c. à s. de jus de citron

1 Préparez la vinaigrette
en mélangeant tous les
ingrédients dans un shaker
pour sauce à salade.

2 Disposez sur une
grande assiette la trévise,
la roquette, le jambon,
les figues et le fromage.
Versez l'assaisonnement
et dégustez sans attendre.

Salade parmesane

4 · 30' · 30' · 180°C · kcal 672

1 morceau de baguette (150 g)
coupé en fines tranches
60 ml d'huile d'olive
4 tranches de prosciutto (60 g)
4 œufs
2 laitues romaines (360 g) lavées
80 g de copeaux de parmesan

Sauce parmesane
2 jaunes d'œufs
1 gousse d'ail écrasée
4 filets d'anchois égouttés
2 c. à s. de jus de citron
2 c. à c. de moutarde de Dijon
125 ml d'huile d'olive
1 c. à s. d'eau chaude

1 Préchauffez le four à 180 °C.
Préparez la sauce parmesane : mixez les jaunes d'œufs, l'ail, les anchois, le jus de citron et la moutarde. Versez peu à peu l'huile d'olive, tout en mixant. Mélangez jusqu'à épaississement. Ajoutez assez d'eau chaude pour diluer la sauce.

2 Dans un saladier, enrobez le pain d'huile d'olive. Disposez-le sur une plaque de cuisson et faites-le griller au four.

3 Pendant ce temps, faites cuire le prosciutto dans une grande poêle bien chaude pour qu'il soit croustillant.

Égouttez-le sur du papier absorbant et coupez-le en gros morceaux.

4 Faites pocher les œufs dans de l'eau chaude jusqu'à ce que les blancs soient cuits et les jaunes encore coulants.

5 Mélangez les salades, le parmesan, les croûtons, le prosciutto et la sauce dans un grand saladier. Répartissez dans les assiettes et déposez un œuf sur le dessus.

VIANDES & VOLAILLE

Sélection de recettes prêtes en moins de 30 minutes

Blancs de poulet
au citron vert   172

Blancs de poulet
au citron   172

Ailes de poulet au miel
et au soja   174

Poulet aux amandes   175

Poulet yakitori   176

Poulet tikka au raïta   177

Canard croustillant
aux figues   188

Canard au piment, à l'orange
et à la mangue   189

Canard à la pékinoise   191

BONUS

PRÉPARER UNE VOLAILLE

Plus besoin de payer un boucher pour faire vos corvées de volaille :
avec ces conseils, il vous paraîtra aussi simple de le faire à la maison.

Nettoyer

Enlevez les restes de plume et de graisse éventuels. Appuyez sur les deux glandes uropygiennes au niveau du croupion pour les vider. Lavez l'oiseau à l'eau froide et séchez l'extérieur et l'intérieur avec du papier absorbant.

Découper ①

À l'aide de ciseaux à volaille ou de ciseaux résistants, sectionnez les cuisses, puis séparez le pilon et le contre-pilon. Découpez les ailes puis retirez la colonne vertébrale. Vous pouvez servir ce morceau avec une autre portion – une aile par exemple.

Découper ②

Parez les blancs puis coupez-les en deux. Vous pouvez aussi découper un petit morceau dans les blancs et le servir avec une aile pour que les parts soient plus égales.

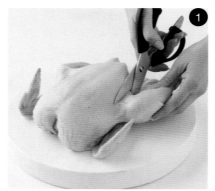

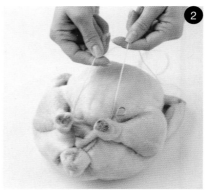

Farcir

Remplissez la cavité de farce avec une cuillère, sans trop tasser car la farce va gonfler pendant la cuisson. Pour farcir sous la peau, décollez la peau avec vos doigts en partant du cou puis introduisez la farce à l'intérieur en la répartissant bien.

Brider ①

Si la cavité est ouverte, enfoncez une aiguille à brider avec de la ficelle dans la cavité, puis passez-la en zigzag de part et d'autre de la cavité, en tirant fermement pour rassembler les flancs. Posez l'oiseau sur le dos, le croupion face à vous, et glissez les extrémités des ailes sous le corps.

Brider ②

Placez le milieu de la ficelle sous le croupion ; croisez la ficelle autour du croupion, passez-la autour des pilons et ficelez-les avec le croupion. Ensuite, faites passer la ficelle entre les cuisses et le long du milieu du corps, puis autour des ailes ; retournez l'oiseau et attachez la ficelle entre les ailes en serrant bien.

Désosser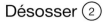

Coupez les extrémités des ailes puis incisez le dos sur toute la longueur. Glissez la lame d'un petit couteau pointu entre la chair et les os et pressez-la contre les côtes pour décoller la chair des os ; sectionnez les ailes et les cuisses au niveau des articulations.

Désosser ②

Tenez la cuisse d'une main, coupez autour de l'os de la cuisse et détachez la chair ; répétez l'opération avec l'autre cuisse. Détachez la chair des ailes de la même façon. Il n'est pas nécessaire de sectionner les ailes et les cuisses des petits oiseaux, comme les cailles.

Découper une volaille en crapaudine

Avec des ciseaux à volaille, incisez la volaille de chaque côté de la colonne vertébrale, tout le long, puis retirez-la. Ouvrez l'oiseau, retournez-le et appuyez sur les os de la poitrine pour les casser et aplatir l'oiseau. Enfoncez des brochettes dans la poitrine, les ailes et les cuisses pour que la volaille reste plate.

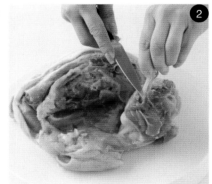
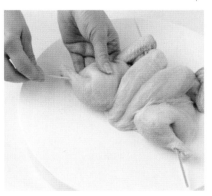

Découper un poulet à la chinoise ①

Munissez-vous d'un fendoir, de ciseaux à volaille ou de ciseaux résistants. Découpez le poulet en deux le long du bréchet puis de la colonne vertébrale, et coupez chaque morceau en deux.

Découper un poulet à la chinoise ②

Découpez les ailes et les cuisses, puis détaillez chaque morceau en trois. Détachez les blancs des quarts de poulet et coupez chacun en trois morceaux. Vous devez obtenir 24 morceaux.

Enlever la peau du poulet

Pour enlever la peau des morceaux de poulet, congelez-les jusqu'à ce qu'ils soient fermes mais pas durs, puis saisissez la peau avec un chiffon ou une serviette en papier. Détachez la peau de la viande et coupez si nécessaire.

Poulet rôti à l'ail, au citron et à l'origan

| 4 | 10' | 1h30 | 180°C | kcal 906 |

1,5 kg de pommes de terre moyennes,
coupées en quatre dans la longueur
4 cuisses de poulet (1,4 kg)
125 ml de jus de citron
125 ml d'huile d'olive
6 gousses d'ail finement hachées
2 c. à c. d'origan séché
375 ml d'eau
Sel et poivre blanc

1 Préchauffez le four à 180 °C.

2 Mettez les pommes de terre dans un grand plat à gratin puis posez les cuisses de poulet par-dessus. Mélangez le jus de citron, l'huile d'olive, l'ail et l'origan dans un petit pichet et arrosez-en le poulet et les pommes de terre. Ajoutez l'eau dans le plat et assaisonnez avec du sel et du poivre blanc.

3 Enfournez le plat 1 h 30 environ jusqu'à ce que le poulet soit cuit et doré. Servez avec de la salade verte.

Poulet aux câpres, aux anchois et au romarin

| 2 | 10' | 30' |

4 c. à c. de câpres rincées, égouttées et finement hachées
2 gousses d'ail écrasées
4 filets d'anchois en saumure rincés et finement hachés
1 c. à c. de romarin frais
4 cuisses de poulet (400 g)

1 Mélangez dans un bol les câpres, l'ail, les anchois et le romarin.

2 Préchauffez le gril du four. Faites deux entailles profondes sur chaque cuisse de poulet. Étalez la farce aux câpres.

3 Faites cuire le poulet sous le gril du four, 15 min de chaque côté, jusqu'à ce qu'il soit bien doré.

4 Servez avec une salade verte et des pommes de terre vapeur.

Poulet rôti aux 40 gousses d'ail

3 ou 4 belles têtes d'ail
60 g de beurre ramolli
1 poulet de 1,5 kg
2 c. à c. de fleur de sel
2 c. à c. de poivre noir concassé
250 ml d'eau

1 Préchauffez le four à 200 °C.
Séparez les gousses d'ail sans retirer
la peau. Enduisez de beurre l'extérieur
et l'intérieur du poulet. Mélangez le sel
et le poivre puis étalez le mélange sur
le poulet en pressant bien pour qu'il
adhère à la peau. Farcissez le poulet
avec la moitié des gousses d'ail et liez
les pattes avec de la ficelle de cuisine.

2 Disposez le reste des gousses d'ail
en une seule couche dans un plat
à rôtir et posez le poulet dessus. Versez
délicatement l'eau dans le plat, enfournez
et laissez rôtir 1 h 20, à découvert,
jusqu'à ce que le poulet soit cuit
à cœur et bien doré. Arrosez-le
régulièrement pendant la cuisson.

3 Dressez le poulet sur un plat
de service, couvrez de papier
d'aluminium et laissez reposer
15 min. Découpez-le et servez
avec les gousses d'ail entières
et des pommes de terre rôties.

Blancs de poulet au citron vert

12 feuilles de citron kaffir
en fines lanières
80 ml de jus de citron vert
2 c. à c. de gingembre frais, râpé
4 blancs de poulet,
coupés en deux (680 g)
400 g de brocolis chinois,
coupés en quatre

Sauce à l'ail et au soja
2 c. à s. de sauce soja légère
2 c. à s. de saké
2 c. à s. de sauce au piment doux
1 c. à c. de sucre roux
1 gousse d'ail écrasée
1 c. à s. de coriandre fraîche,
grossièrement hachée

1 Mélangez les feuilles de kaffir, le jus de citron vert et le gingembre dans un petit bol.

2 Disposez chaque blanc de poulet sur une grande feuille de papier d'aluminium ; arrosez de sauce au citron et au gingembre. Refermez les papillotes.

3 Faites cuire les papillotes 15 min à la vapeur dans un panier en bambou.

4 Préparez la sauce à l'ail et au soja : mélangez tous les ingrédients dans un petit bol.

5 Juste avant de servir, ajoutez les brocolis chinois dans le panier en bambou ; prolongez la cuisson jusqu'à ce que les brocolis soient cuits. Servez le poulet et les brocolis avec la sauce à l'ail et au soja.

Blancs de poulet au citron

75 g de Maïzena®
80 ml d'eau
4 jaunes d'œufs
700 g de blancs de poulet
Huile végétale pour friture
4 tiges de ciboule émincées

Sauce au citron
1 c. à s. de Maïzena®
1 c. à s. de sucre roux
60 ml de jus de citron
½ c. à c. de gingembre râpé
1 c. à c. de sauce soja légère
125 ml de bouillon de poule

1 Mettez la Maïzena® dans un bol ; incorporez progressivement l'eau et les jaunes d'œufs jusqu'à obtention d'une pâte lisse. Ajoutez le poulet.

2 Préparez la sauce : mélangez la Maïzena® et le sucre au jus de citron dans une petite casserole ; ajoutez le gingembre, la sauce soja et le bouillon ; faites chauffer en remuant jusqu'à ce que la sauce épaississe.

3 Juste avant de servir, retirez les morceaux de poulet de la pâte en éliminant l'excédent. Faites chauffer l'huile dans un wok ou une grande poêle. Faites frire le poulet, en petites quantités, jusqu'à ce qu'il soit cuit et légèrement doré ; égouttez-le sur du papier absorbant. Servez-le, arrosé de sauce au citron et garni de ciboule.

Poulet de Chengdu

4 · 20' · 20' · 15'

2 c. à s. de sauce soja claire
2 c. à s. de vin chinois
1 c. à c. d'huile de sésame
800 g de blancs de poulet
coupés en morceaux
60 ml d'huile d'arachide
300 g d'épinards hachés
2 gousses d'ail écrasées

10 g de gingembre frais râpé
4 tiges de ciboule émincées
1 c. à s. de vinaigre de riz
1 c. à c. de sucre en poudre
2 c. à s. de zeste d'orange râpé
2 c. à s. de sambal oelek
1 c. à c. de grains de poivre
du Sichuan, concassés

1 Mélangez la moitié de la sauce soja, du vin et de l'huile de sésame. Ajoutez le poulet. Couvrez et laissez mariner 20 min au réfrigérateur.

2 Faites chauffer 1 c. à s. d'huile dans un wok et faites-y flétrir les épinards. Retirez-les du wok. Réservez au chaud.

3 Faites chauffer 10 ml d'huile dans le wok, puis faites sauter le poulet. Faites chauffer le reste de l'huile puis faites-y revenir l'ail, le gingembre et la ciboule. Remettez le poulet dans le wok. Ajoutez le reste de la sauce soja, du vin et de l'huile de sésame avec le vinaigre de riz, le sucre, le zeste et le sambal oelek.

4 Dressez le poulet sur les épinards et parsemez de poivre.

Poulet au poivron et au piment

4 · 15' · 1h · 15'

800 g de blancs de poulet émincés
2 gousses d'ail écrasées
1 ½ c. à c. de cinq-épices
1 tige de citronnelle fraîche
de 10 cm (20 g), finement hachée
10 g de gingembre frais, râpé
2 c. à s. d'huile d'arachide
1 oignon jaune émincé

1 tige de ciboule émincée
1 gros piment rouge frais, haché
1 poivron rouge moyen (200 g)
détaillé en lanières épaisses
80 ml de sauce hoisin
2 c. à c. de zeste de citron râpé
1 c. à s. de jus de citron
Quelques feuilles de coriandre hachées

1 Dans un grand saladier, mélangez le poulet avec la moitié de l'ail, 1 c. à c. de cinq-épices, la citronnelle et le gingembre. Couvrez et laissez mariner 1 h au réfrigérateur.

2 Faites chauffer la moitié de l'huile d'arachide dans le wok. Faites revenir l'oignon avec le piment, le poivron et le reste de l'ail. Retirez-les ensuite du wok.

3 Faites chauffer le reste de l'huile dans le wok et faites cuire le poulet en plusieurs fois, en remuant.

4 Remettez le mélange à l'oignon et le poulet dans le wok. Ajoutez la sauce hoisin, le zeste et le jus de citron, et le reste de cinq-épices. Laissez réduire, en remuant. Ôtez du feu et ajoutez la coriandre et la ciboule.

Ailes de poulet marinées

12 ailes de poulet (1,5 kg)
60 ml de sauce soja légère
2 gousses d'ail écrasées
2 c. à c. de gingembre frais, râpé

1 c. à s. de sucre roux
1 c. à s. de xérès
1 c. à s. d'huile d'arachide
2 c. à s. de miel

1 Ôtez et jetez le bout des ailes ; coupez les ailes en deux au niveau de l'articulation. En tenant chaque morceau par la petite extrémité, taillez autour de l'os pour dégager la chair ; coupez, grattez et repoussez la viande vers le bout le plus large. L'une des moitiés comporte un os supplémentaire, plus fin ; enlevez-le et jetez-le.

2 Tirez la peau et la viande vers l'extrémité de l'os ; chaque aile ressemblera à une petite baguette de tambour.

3 Mélangez les morceaux de poulet avec les autres ingrédients dans un saladier. Couvrez, puis conservez pendant 3 h ou toute une nuit au réfrigérateur.

4 Faites chauffer un wok ou une grande poêle ; faites cuire le poulet à couvert sans l'égoutter pendant 10 min, ou jusqu'à ce qu'il soit presque cuit. Retirez le couvercle et laissez mijoter en remuant de temps en temps pendant 5 min environ jusqu'à ce que le poulet soit cuit et bien doré.

Ailes de poulet au miel et au soja

12 ailes de poulet (1,5 kg)
3 gousses d'ail écrasées
20 g de gingembre frais râpé
1 c. à c. d'huile d'arachide
1 c. à c. de nuoc-mâm
1 c. à c. de sauce soja
90 g de miel
2 oignons verts en tranches fines

1 Découpez les ailes en deux au niveau de l'articulation ; coupez la pointe et jetez-la. Mélangez l'ail et le gingembre, frottez-en les morceaux de poulet avant de les déposer dans un récipient.

2 Faites chauffer l'huile dans un wok pour y saisir la viande en plusieurs fois. La peau doit être croustillante et dorée.

3 Ajoutez les sauces et le miel, remuez 1 min à feu vif puis couvrez le wok et laissez mijoter 10 min. La viande doit être cuite à cœur. Décorez de tranches d'oignon vert avant de servir. Accompagnez de riz parfumé et de légumes sautés.

Poulet à la marocaine

10 g de beurre

1 c. à c. de coriandre moulue

1 c. à c. de cumin moulu

½ c. à c. de paprika doux

4 pilons de poulet rôtis
(recette page 184)

120 ml de bouillon de poulet

4 c. à s. d'olives vertes
dénoyautées et coupées en deux

2 c. à c. de zeste de citron
confit finement haché

2 c. à s. d'amandes effilées grillées

2 c. à s. de coriandre ciselée

Couscous au beurre

200 ml de bouillon de poulet

250 ml d'eau

40 g de beurre en dés

130 g de couscous

1 Poêlez les épices dans le beurre, jusqu'à ce qu'elles embaument. Ajoutez les pilons, retournez-les dans le mélange d'épices puis versez le bouillon. Laissez frémir 5 min pour réchauffer. Ajoutez les olives, le citron confit et les amandes ; réchauffez le tout.

2 Préparez le couscous : portez l'eau et le bouillon

à ébullition, ajoutez la moitié du beurre, laissez-le fondre puis versez ce mélange sur le couscous. Couvrez et laissez reposer 3 min. Incorporez le reste du beurre.

3 Disposez le couscous dans un plat et garnissez-le de poulet et de sauce. Saupoudrez de coriandre.

Poulet aux amandes

2 c. à s. d'huile d'arachide

160 g d'amandes entières, mondées

600 g de blancs de poulet

1 c. à c. de gingembre frais râpé

2 c. à s. de sauce hoisin

1 petit poireau (200 g), émincé

200 g de haricots verts,
coupés en deux

2 bâtons de céleri (150 g),
parés, tranchés

2 tiges de ciboule émincées

1 c. à s. de sauce soja légère

1 c. à s. de sauce aux prunes

1 c. à c. d'huile de sésame

1 Faites chauffer la moitié de l'huile d'arachide dans un wok ou une grande poêle ; faites sauter les amandes jusqu'à ce qu'elles soient dorées. Réservez. Dans le même récipient, faites revenir le poulet.

2 Mettez le reste de l'huile d'arachide et le gingembre dans le wok ; faites sauter jusqu'à ce que le mélange embaume. Incorporez

la sauce hoisin, le poireau, les haricots et le céleri. Faites revenir jusqu'à ce que les haricots soient juste tendres.

3 Remettez le poulet dans le wok avec la ciboule, la sauce soja, la sauce aux prunes et l'huile de sésame ; faites sauter jusqu'à ce que le tout soit bien chaud. Ajoutez les amandes.

Poulet yakitori

4   15'   10'

1 kg de blancs de poulet
60 ml de mirin
125 ml de sauce soja légère
2 c. à c. de gingembre frais râpé
2 gousses d'ail écrasées
¼ de c. à c. de poivre noir moulu
1 c. à s. de sucre

1 Découpez le poulet en morceaux de 2 cm. Mélangez tous les ingrédients dans un grand plat creux, puis ajoutez le poulet et mélangez bien. Égouttez la viande au-dessus d'un petit bol. Réservez la marinade.

2 Enfilez les morceaux de poulet sur 12 brochettes en bambou. Faites cuire les brochettes sous le gril du four ou au barbecue, en les retournant de temps en temps. Arrosez-les régulièrement de marinade en cours de cuisson.

Conseil

Le mirin est un vin de riz doux très employé dans la cuisine japonaise. Vous pouvez le remplacer par du xérès ou un vin blanc doux.

Poulet tikka au raïta

4 — 15' — 10'

1 kg de blancs de poulet, parés
150 g de pâte à tikka

Raïta
200 g de yaourt
1 petit concombre (130 g), pelé
épépiné, haché menu
2 c. à s. de menthe fraîche, hachée menu
1 c. à c. de cumin moulu

1 Mélangez le poulet et la pâte
à tikka dans un grand plat creux.

2 Faites cuire les blancs de poulet
sous le gril du four ou au barbecue.

3 Pendant ce temps, préparez
le raïta : mélangez tous
les ingrédients dans un petit bol.
Servez le poulet cuit avec le raïta.

Conseil
Servez ce plat en entrée sur un lit
de chou avec un chutney de mangue,
ou en plat principal avec un riz basmati.

Poulet au barbecue chinois

4 · 10' · 3ʰ · 30' · 220°C

1 kg d'ailes de poulet
1 c. à s. d'huile végétale
1 c. à s. de sauce soja
2 c. à s. de sauce char siu ou sauce barbecue
1 c. à c. de cinq-épices en poudre

1 Coupez les ailes de poulet en trois (jetez les extrémités). Mélangez dans un bol l'huile, la sauce soja, la sauce char siu et le cinq-épices puis badigeonnez-en les ailes de poulet. Couvrez et mettez au moins 3 h au réfrigérateur.

2 Préchauffez le four à 220 °C. Égouttez les morceaux de poulet puis disposez-les en une seule couche sur une grille placée au-dessus de la lèchefrite. Faites-les dorer 30 min au four, en les badigeonnant régulièrement de marinade et en les retournant plusieurs fois.

Poulet tandoori

4 · 10' · 2ʰ · 30' · 220°C

1 kg d'ailes de poulet
100 g de pâte tandoori
95 g de yaourt brassé
1 oignon jaune râpé

1 Coupez les ailes de poulet en trois (jetez les extrémités). Mettez-les dans un récipient avec la pâte tandoori, le yaourt et l'oignon. Remuez bien et laissez reposer au moins 2 h au réfrigérateur.

2 Préchauffez le four à 220 °C. Disposez les morceaux de poulet en une seule couche sur une grille et faites-les dorer 30 min au four, en les retournant régulièrement.

Poulet texan

4 · 10' · 3h · 30' · 220°C

1 kg d'ailes de poulet
4 c. à s. de sauce tomate
4 c. à s. de sauce Worcestershire
4 c. à s. de sucre roux
2 c. à s. de moutarde douce

1 Coupez les ailes de poulet en trois (jetez les extrémités). Mélangez dans un grand saladier la sauce tomate, la sauce Worcestershire, le sucre et la moutarde. Réservez, dans un bol, la moitié de ce mélange et mettez-la au réfrigérateur. Ajoutez les ailes de poulet dans le saladier et remuez bien. Laissez reposer au moins 3 h au frais.

2 Préchauffez le four à 220 °C. Égouttez les morceaux de poulet puis disposez-les en une seule couche sur une grille placée au-dessus de la lèchefrite. Faites-les dorer 30 min au four, en les badigeonnant régulièrement de marinade et en les retournant plusieurs fois. Servez avec la sauce réservée présentée dans 4 coupelles.

Poulet à la citronnelle

4 · 10' · 35' · 180°C

8 pilons de poulet (960 g)
2 c. à s. de citronnelle hachée
4 tiges de ciboule (100 g) hachées
2 c. à c. de nuoc-mâm
1 c. à c. de sambal oelek
1 c. à c. de sucre
1 c. à s. d'huile d'arachide

1 Préchauffez le four à 180 °C. Mélangez tous les ingrédients dans un plat allant au four.

2 Faites cuire le poulet 35 min au four, en le retournant une fois au cours de la cuisson.

Conseil

Pour cette recette, vous pouvez utiliser n'importe quel morceau de poulet.

Poulet aux piments doux, aux prunes et aux nouilles

60 ml de sauce au piment douce
2 c. à s. de sauce aux prunes
750 g de chair de cuisses
de poulet émincée
450 g de nouilles hokkien
225 g de châtaignes d'eau
en boîte, coupées en deux
8 tiges de ciboule coupées grossièrement
1 gros piment rouge frais émincé
2 gousses d'ail écrasées
300 g de bok choy paré
et détaillé en gros morceaux

1 Dans un grand saladier, mélangez les deux sauces avec le poulet. Couvrez et laissez mariner 1 h au réfrigérateur.

2 Faites chauffer le wok huilé, puis faites rissoler la préparation au poulet en plusieurs fois. Réservez.

3 Pendant ce temps, mettez les nouilles dans un saladier résistant à la chaleur. Couvrez-les d'eau bouillante, séparez-les à la fourchette puis égouttez-les.

4 Faites revenir les châtaignes d'eau pendant 2 min avec la ciboule, le piment et l'ail. Remettez le poulet dans le wok avec le bok choy et poursuivez la cuisson en remuant. Servez avec les nouilles.

Poulet aux gombos

2 c. à s. d'huile d'arachide
1 kg de blancs de poulet détaillés
en cubes de 2 cm de côté
350 g de gombos coupés en deux
dans la longueur
1 oignon jaune moyen (150) émincé
2 gousses d'ail écrasées
2 cm de gingembre frais (10 g) râpé
75 g de pâte de curry rouge
60 ml de bouillon de poulet
2 c. à s. de jus de citron vert
1 poignée de feuilles de basilic thaï

1 Faites chauffer 1 c. à s. d'huile dans un wok, puis faites sauter le poulet en plusieurs fois. Réservez.

2 Faites chauffer la moitié du reste de l'huile d'arachide dans le wok et faites-y rissoler les gombos. Dès qu'ils sont tendres, retirez-les du wok. Couvrez-les et gardez-les au chaud.

3 Faites chauffer le reste de l'huile dans le wok. Faites revenir l'oignon, l'ail et le gingembre. Ajoutez la pâte de curry et remuez pendant 1 min pour qu'elle libère son parfum.

4 Remettez le poulet dans le wok avec le bouillon de poulet et le jus de citron. Mélangez pendant 2 min. Retirez du feu et ajoutez le basilic. Servez les gombos avec le poulet.

Curry vert de poulet

| 4 | 25' | 30' | kcal 889 |

1 c. à s. d'huile d'arachide

75 g de pâte de curry verte

3 longs piments verts finement hachés

1 kg de cuisses de poulet désossées, coupées en morceaux de 3 cm de côté

800 ml de lait de coco en conserve

2 c. à s. de nuoc-mâm

2 c. à s. de jus de citron vert

1 c. à s. de sucre roux

150 g d'aubergines pois

1 grosse courgette (150 g) coupée en fines rondelles

1 petite botte de basilic thaï frais, effeuillé

½ botte de coriandre fraîche, effeuillée

2 ciboules grossièrement hachées

1 Faites chauffer l'huile dans une grande casserole puis faites-y revenir la pâte de curry et environ ⅔ des piments, en remuant, pendant 2 min jusqu'à ce que les arômes se libèrent. Ajoutez le poulet et faites-le revenir, en remuant, jusqu'à ce qu'il soit doré.

2 Incorporez le lait de coco, le nuoc-mâm, le jus de citron vert, le sucre et les aubergines pois, et laissez frémir à découvert pendant 10 min.

3 Ajoutez la courgette, le basilic et la coriandre, et laissez frémir, à découvert, jusqu'à ce que la courgette soit juste tendre.

4 Servez ce curry garni du reste des piments et de ciboules.

Conseil

La couleur verte de la pâte de curry est due aux piments verts, à la coriandre et au basilic thaï.

Poulet vindaloo aux lentilles et au potiron

4 · 10' · 20'

150 g de lentilles corail
500 g de chair de potiron détaillée en cubes
1 oignon blanc haché
20 g de gingembre frais râpé
2 gousses d'ail écrasées

700 g de poulet (dans la cuisse) en tranches assez épaisses
1 c. à c. d'huile d'arachide
75 g de pâte de curry vindaloo
410 g de crème de coco
250 g de pousses d'épinard

1 Faites cuire les lentilles 15 min à peine dans deux fois leur volume d'eau bouillante non salée. Elles doivent être juste tendres. Égouttez-les.

2 Faites cuire le potiron à l'eau ou à la vapeur. Égouttez-le.

3 Mélangez dans un récipient le poulet, l'oignon, le gingembre et l'ail.

4 Faites chauffer l'huile dans un wok et faites revenir le poulet et ses aromates en plusieurs fois.

5 Faites chauffer la pâte de curry dans le wok. Ajoutez le poulet, les lentilles, le potiron et la crème de coco. Laissez épaissir sur le feu jusqu'à ce que le mélange soit chaud.

6 Hors du feu, incorporez les pousses d'épinard. Servez avec du riz basmati.

Poulet makhani

4 · 15' · 55'

60 ml de lait fermenté
1 kg de poulet dans la cuisse émiettée
20 g de beurre
1 gros oignon jaune émincé
250 ml d'eau
125 ml de crème fraîche
1 poignée de coriandre fraîche

Sauce makhani
7 tomates moyennes
4 gousses d'ail écrasées
30 g de gingembre frais en lamelles
6 piments rouges séchés
10 noix de cajou
100 ml d'eau

1 Préparez la sauce makhani : coupez les tomates en cubes, faites-les sauter dans un wok avec le gingembre. Ajoutez le reste des ingrédients et portez à ébullition. Couvrez et laissez frémir 35 min. Mixez-la et passez-la dans un tamis fin. Laissez refroidir puis mélangez-la avec le lait fermenté. Ajoutez le poulet.

2 Dans un wok, faites fondre l'oignon dans le beurre. Ajoutez le poulet et sa marinade. Faites chauffer quelques minutes en remuant.

3 Versez l'eau, portez à ébullition, puis baissez le feu et laissez mijoter 20 min. Incorporez la crème fraîche. Réchauffez la sauce. Décorez de coriandre et servez avec du riz blanc.

Poulet au miel et salade de fenouil et céleri à la crème

2 c. à s. de miel

2 c. à c. de moutarde de Dijon

4 blancs de poulet

Salade de fenouil et céleri à la crème

2 bulbes de fenouil

3 bâtons de céleri émincés

Quelques feuilles de persil plat frais ciselé

2 c. à s. de jus de citron

2 c. à s. de crème fraîche

2 gousses d'ail écrasées

75 g de mayonnaise

1 Mélangez le miel et la moutarde dans un bol. Badigeonnez les blancs de poulet avec la moitié de cette sauce et faites-les cuire 15 min à feu doux dans une grande poêle légèrement huilée. Badigeonnez-les régulièrement avec le reste de la sauce.

2 Pendant la cuisson du poulet, préparez la salade de fenouil et de céleri. Épluchez le fenouil et réservez la valeur de 1 c. à s.

de feuilles. Émincez-le finement puis mettez-le avec le céleri et le persil dans un saladier. Mélangez la moutarde, le jus de citron, la crème fraîche, l'ail et la mayonnaise dans un bol. Nappez la salade de cette sauce et remuez.

3 Servez le poulet avec la julienne. Utilisez les feuilles de fenouil réservées pour décorer.

Paupiettes de poulet aux herbes et salade de tomates

4 · **25'** · **25'** · **180°C** · **kcal 255**

1 bouquet de basilic ciselé
1 c. à s. d'origan frais ciselé
2 c. à c. de thym citronné frais
2 gousses d'ail écrasées
1 c. à s. de zeste de citron râpé
4 blancs de poulet

4 tranches de jambon cru
250 g de tomates cerises
250 g de tomates poires
150 g de pousses d'épinard
2 c. à s. de vinaigre de vin rouge
2 c. à c. d'huile d'olive

1 Préchauffez le four à 180 °C. Mélangez la moitié du basilic, l'origan, le thym, l'ail et le zeste de citron. Aplatissez les blancs de poulet au maillet à viande après les avoir enveloppés dans du film alimentaire. Vous devez obtenir des escalopes de 5 mm d'épaisseur. Étalez la farce aux herbes dessus, enroulez l'escalope autour de cette garniture puis enroulez chaque paupiette dans 1 tranche de jambon cru.

2 Faites dorer les paupiettes 10 min dans une grande poêle huilée. Mettez-les dans un plat à rôtir et terminez la cuisson pendant 15 min.

3 Faites revenir les tomates dans la même poêle 3 min à feu vif. Mélangez-les avec les épinards et le reste du basilic dans un saladier. Assaisonnez avec le vinaigre et l'huile. Servez les roulades sur un lit de salade de tomates et d'épinards.

Tortillas de poulet laqué

4 · **15'** · **20'** · **5'** · **kcal 310**

80 g de sauce aux canneberges ou aux airelles
1 c. à s. de moutarde à l'ancienne
1 c. à s. de jus de citron
25 g de gingembre frais râpé
1 gousse d'ail écrasée
500 g de blancs de poulet
1 petit oignon rouge émincé

1 petite botte de cresson jeune, lavée et égouttée
Quelques feuilles de coriandre fraîche ciselées en lanières fines
Quelques feuilles de menthe fraîche ciselées en lanières fines
1 c. à s. de vinaigre de vin blanc
4 grandes tortillas de blé

1 Mélangez la sauce aux canneberges, la moutarde, le jus de citron, le gingembre et l'ail dans une casserole ; portez à ébullition, sans cesser de remuer.

2 Faites cuire les blancs de poulet dans une grande poêle légèrement huilée en les badigeonnant régulièrement de sauce. Couvrez et laissez reposer 5 min avant de les détailler en tranches fines.

3 Mélangez l'oignon, le cresson, la coriandre, la menthe et le vinaigre dans un saladier. Faites chauffer les tortillas de blé en respectant les instructions figurant sur l'emballage.

4 Disposez les tranches de poulet et la salade au centre des tortillas et roulez ces dernières pour former un cornet ou présentez-les à plat sur les assiettes de service.

Poulet et patate douce, sauce au sirop d'érable

2 c. à c. de quatre-épices
800 g de blancs de poulet
1 patate douce (400 g), en lamelles
1 gros oignon rouge (300 g), coupé
100 g de petites feuilles de roquette

Sauce au sirop d'érable
60 ml d'huile d'olive
2 c. à s. de vinaigre de malt
2 c. à s. de jus d'orange
1 c. à s. de sirop d'érable
2 c. à c. de moutarde de Dijon

1 Préparez la sauce au sirop d'érable : versez les ingrédients dans un shaker pour sauce à salade. Fermez puis secouez énergiquement.

2 Frottez les blancs de poulet avec le quatre-épices. Faites-les cuire dans une poêle-gril huilée bien chaude. Quand le poulet est cuit à votre goût, arrêtez la cuisson, couvrez la poêle et laissez reposer 5 min. Coupez le poulet en tranches fines.

3 Pendant ce temps, faites cuire les lamelles de patate douce et l'oignon dans la poêle-gril huilée bien chaude jusqu'à ce qu'ils soient fondants.

4 Dans un grand saladier, mélangez le poulet avec la patate douce, l'oignon, la roquette et la sauce au sirop d'érable.

Canard à la pékinoise et litchis

1 kg de canard à la pékinoise

565 g de litchis au sirop en boîte, égouttés et coupés en deux

6 radis (90 g) parés et émincés

60 g de mizuna

20 g de feuilles de menthe fraîche grossièrement hachées

2 tiges de ciboule émincées

Sauce pimentée au citron kaffir

60 ml de jus de citron vert

1 c. à s. d'huile d'olive

1 c. à c. de nuoc-mâm

1 c. à c. de sucre roux

2 feuilles de citron kaffir ciselées

1 petit piment rouge thaï frais finement haché

1 gousse d'ail écrasée

1 Découpez le canard. Détachez la viande des os. Jetez les os. Coupez la peau en gros morceaux et émincez la chair.

2 Préparez la sauce pimentée au citron kaffir. Versez les ingrédients dans un shaker pour sauce à salade. Fermez puis secouez énergiquement.

3 Dans un grand saladier, mélangez le canard avec la sauce pimentée et les ingrédients restants.

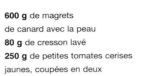

Canard croustillant aux figues

600 g de magrets
de canard avec la peau
80 g de cresson lavé
250 g de petites tomates cerises
jaunes, coupées en deux

4 figues moyennes (240 g)
coupées en quatre

Sauce au vinaigre balsamique
(voir page 449)

1 Faites chauffer les
ingrédients de la sauce
dans une petite casserole
à feu doux en remuant, sans
faire bouillir, jusqu'à ce que
le sucre soit dissous. Portez
à ébullition. Réduisez le feu
et laissez mijoter 5 min, sans
couvrir, jusqu'à ce que le
sirop épaississe légèrement.
Laissez refroidir. Si le mélange
est trop épais, incorporez
un peu d'eau bouillante.

2 Faites cuire les magrets
5 min, côté peau vers
le bas, dans une poêle bien

chaude. Quand la peau est
bien croustillante, tournez
les magrets et poursuivez
la cuisson 5 min. Quand ils
sont cuits à votre goût, retirez
la poêle du feu, couvrez-la
et laissez la viande reposer
5 min. Coupez le canard
en tranches fines.

3 Dans un saladier,
mélangez le cresson
avec les tomates et la sauce.
Répartissez les figues,
le mélange cresson-tomates
et, enfin, les tranches
de canard sur les assiettes.

Rouleaux de canard laqué

1 canard au barbecue chinois
2 miniconcombres (260 g), coupés
dans le sens de la longueur, épépinés
16 galettes de riz carrées
de 16,5 cm de côté

4 tiges de ciboule, en fines tranches,
dans le sens de la longueur
50 g de pousses de pois mange-tout
60 ml de sauce hoisin
1 c. à s. de sauce aux prunes

1 Ôtez la peau du canard
et découpez-le. Jetez
les os et la peau ; détaillez
la viande en tranches fines.
Coupez les concombres
en tronçons de 5 cm.

2 Faites tremper une galette
de riz dans un bol d'eau
chaude jusqu'à ce qu'elle
ramollisse légèrement ;
sortez-la délicatement de l'eau,
puis étalez-la sur une planche.
Séchez-la avec du papier
absorbant. Disposez un peu
de canard, de concombre,

de ciboule, de pousses
de mange-tout au centre
de la galette avec 1 c. à c.
de sauces mélangées.

3 Rabattez la moitié inférieure
de la galette. Repliez
les côtés et roulez la galette
pour enfermer la garniture,
en laissant les pousses
émerger légèrement
à l'extrémité supérieure.
Répétez l'opération
avec les autres galettes
et le reste des ingrédients.

Canard au piment, à l'orange et à la mangue

4 · 15' · 15'

2 mangues moyennes (850 g), pelées
1 c. à s. d'huile végétale
750 g de magrets de canard
sans la peau, en fines tranches
4 cm de gingembre frais (20 g), râpé
1 petit piment rouge thaï frais, haché
175 g de brocoli chinois en morceaux
125 ml de jus d'orange
60 ml de bouillon de poulet
2 c. à s. de sauce au piment douce
4 tiges de ciboule émincées
50 g de noix de cajou non salées, grillées
1 c. à s. de menthe finement ciselée

1 Coupez les mangues en deux, puis chaque moitié en tranches fines.

2 Faites chauffer l'huile végétale dans un wok et faites rissoler le canard en plusieurs fois. Réservez.

3 Faites revenir le gingembre et le piment jusqu'à ce qu'ils libèrent leurs arômes. Ajoutez le brocoli chinois et poursuivez la cuisson. Lorsqu'il est presque tendre, ajoutez le jus d'orange, le bouillon de poulet et la sauce au piment douce.

4 Portez à ébullition et laissez réduire la sauce légèrement.

5 Remettez le canard dans le wok avec les tranches de mangue et la ciboule. Laissez chauffer, en remuant. Retirez du feu et ajoutez la menthe et les noix de cajou.

Canard aigre-doux au brocoli chinois

1 canard laqué de 1 kg
2 petits oignons rouges (200 g)
détaillés en minces quartiers
1 petit piment rouge thaï frais finement haché
250 g de brocoli chinois coupé en tronçons de 3 cm
60 ml de bouillon de poulet
Huile végétale
90 g de miel
60 ml de vinaigre de riz
1 c. à s. de sauce soja claire
2 c. à c. de mélasse de grenade
4 tiges de ciboule coupées en tronçons de 3 cm
1 c. à s. de graines de sésame grillées

1 Coupez le canard en quatre ; jetez les os. Détaillez la chair en tranches épaisses, en gardant la peau. Faites chauffer le wok huilé et faites sauter le canard en plusieurs fois jusqu'à ce que la peau soit croustillante. Réservez.

2 Faites chauffer le wok huilé et faites-y revenir les oignons et le piment. Ajoutez le brocoli chinois, le bouillon de poulet, le miel, le vinaigre de riz, la sauce soja et la mélasse de grenade. Laissez réduire la sauce légèrement en remuant.

3 Retirez le wok du feu. Servez la préparation au brocoli avec le canard et la ciboule. Parsemez de graines de sésame.

Canard à la pékinoise

1 canard laqué de 1 kg
24 crêpes chinoises (240 g)
4 tiges de ciboule détaillées en bâtonnets
160 ml de sauce hoisin
160 g de germes de soja
2 miniconcombres (260 g) coupés
en deux dans la longueur, épépinés
puis détaillés en bâtonnets

1 Retirez la peau du canard et désossez-le ; jetez les os.
Hachez grossièrement la viande et la peau.

2 Pliez les crêpes en quatre puis réchauffez-les
à la vapeur jusqu'à ce qu'elles s'assouplissent.

3 Faites chauffer le wok puis faites-y revenir le canard
et la ciboule. Ajoutez la moitié de la sauce hoisin
et laissez-la chauffer quelques minutes.

4 Retirez le wok du feu pour incorporer les germes de soja.
Servez la préparation au canard avec les crêpes chinoises,
les concombres et le reste de la sauce hoisin.

Carpaccio de bœuf à l'aïoli

4   20'   1ʰ   kcal 510

400 g de filet de bœuf
80 g de feuilles de roquette
100 g de parmesan frais
en copeaux

Aïoli
(voir page 453)

1 Enveloppez le bœuf de film alimentaire et mettez-le 1 h au congélateur, jusqu'à ce qu'il soit juste ferme. Pendant ce temps, préparez l'aïoli.

2 À l'aide d'un couteau bien aiguisé, coupez le bœuf en tranches aussi minces que possible en ne retirant le film alimentaire qu'après la découpe.

3 Répartissez les tranches dans les assiettes de service. Disposez les feuilles de roquette et les copeaux de parmesan sur le bœuf et arrosez d'un filet d'aïoli.

Steaks tartare

(✕ 4) (🕐 30') (kcal 214)

600 g de bœuf dans le filet

2 gousses d'ail écrasées

1 c. à s. de moutarde de Dijon

½ c. à c. de Tabasco®

1 c. à c. de sauce Worcestershire

4 œufs de caille frais

1 oignon rouge émincé

1 c. à s. de câpres égouttées

et finement hachées

4 filets d'anchois finement hachés

1 petit bouquet de persil plat haché

1 Mélangez la viande hachée avec l'ail, la moutarde, le Tabasco® et la sauce Worcestershire. Répartissez-la dans les assiettes en faisant un puits au centre.

2 Cassez 1 œuf sur chaque tartare. Garnissez d'oignon, de câpres, d'anchois et de persil. Servez aussitôt.

Conseil

La viande étant consommée crue, achetez-la le jour même, hachée devant vous par un bon boucher car elle doit être très fraîche. Vous pouvez aussi la hacher vous-même si vous disposez d'un hachoir à viande. Conservez-la au réfrigérateur jusqu'au moment de servir.

Cheese-burgers aux oignons caramélisés

4 | **25'** | **30'** | **kcal 596**

500 g de bœuf haché

4 fines tranches de cheddar (40 g)

4 pains à hamburger coupés en deux

1 petite tomate (90 g) coupée en fines rondelles

8 grandes feuilles de laitue

4 gros cornichons à l'aneth (240 g)
coupés en fines rondelles

1 c. à s. de moutarde à l'américaine

100 g de sauce tomate

Oignons caramélisés

2 c. à s. d'huile d'olive

2 oignons blancs moyens (300 g) émincés

1 c. à s. de sucre brun

2 c. à s. de vinaigre balsamique

2 c. à s. d'eau

1 Préparez les oignons caramélisés. Faites chauffer l'huile d'olive dans une grande poêle et faites-y revenir les oignons, en remuant, jusqu'à ce qu'ils soient tendres. Ajoutez le sucre, le vinaigre et l'eau, et poursuivez la cuisson, en remuant, pour que les oignons se caramélisent.

2 Façonnez 4 steaks avec le bœuf haché. Faites-les cuire à point sur une plancha huilée (ou sous le gril du four, ou dans une poêle-gril). Posez 1 tranche de cheddar sur chaque steak pendant la dernière minute de cuisson.

3 Faites griller les pains, face coupée vers le bas, sur une plancha.

4 Disposez les steaks, les oignons caramélisés, la tomate, les feuilles de laitue et les cornichons entre les morceaux de pain. Servez avec la moutarde et la sauce tomate.

Entrecôtes et frites de champignons à la sauce bordelaise

4 · 30' · 1ʰ40 · 5' · 200°C · kcal 698

1 c. à s. d'huile d'olive
4 entrecôtes de 200 g chacune
8 c. à s. de persil plat

Sauce bordelaise
2 échalotes (50 g)
2 grains de poivre vert séchés
375 ml de vin blanc sec
1 c. à c. de moutarde de Dijon
375 ml de bouillon de bœuf
1 branche de thym frais
50 g de beurre froid coupé en dés

Frites de champignons
6 champignons de Paris géants (480 g)
80 ml d'huile d'olive
2 gousses d'ail
2 c. à c. de thym frais

1 Préchauffez le four à 200 °C.

2 Préparez la sauce bordelaise. Mélangez les échalotes pelées finement hachées, le poivre vert écrasé et le vin dans une casserole. Portez à ébullition, baissez le feu et faites réduire de moitié pendant 15 min. Ajoutez la moutarde et mélangez au fouet. Ajoutez le bouillon et le thym. Portez à ébullition, baissez le feu et faites réduire 45 min, à découvert, pour obtenir 125 ml de sauce. Filtrez la sauce à travers une passoire au-dessus d'une petite casserole, puis ajoutez le beurre, morceau par morceau, en fouettant à feu doux sans faire bouillir jusqu'à ce que la sauce soit onctueuse.

3 Préparez les frites de champignons. Retirez les pieds des champignons. Placez les chapeaux à l'envers sur une plaque de cuisson chemisée de papier sulfurisé. Mélangez l'huile d'olive, l'ail écrasé et le thym dans un bol, puis versez sur les champignons. Faites cuire au four 40 min environ. Laissez-les refroidir quelques instants et coupez-les en tranches épaisses de 3 cm.

4 Faites chauffer l'huile d'olive dans une poêle et faites cuire les entrecôtes 3 min de chaque côté pour une cuisson à point. Couvrez et laissez reposer 5 min.

5 Mettez dans la poêle les frites de champignons et le persil. Faites chauffer, en remuant délicatement.

6 Servez les entrecôtes avec les frites de champignons et la sauce bordelaise.

Bœuf laqué au vinaigre balsamique

| 4 | 15' | 3ʰ | 15' | kcal 518 |

60 ml de vinaigre balsamique
2 gousses d'ail écrasées
4 faux-filets de 200 g chacun
1 c. à s. d'huile d'olive
500 g de champignons
de Paris émincés

2 c. à s. de vin rouge sec
1 c. à s. de confiture de prunes
1 c. à s. de Maïzena®
180 ml de bouillon de bœuf

1 Mélangez le vinaigre et l'ail dans un saladier, ajoutez le bœuf, retournez-le plusieurs fois dans cette marinade, couvrez et mettez-le au moins 3 h au frais.

2 Faites griller les faux-filets sur une plaque en fonte préchauffée ou au barbecue. Sur une autre plaque légèrement huilée, faites rôtir les champignons, en les retournant de temps en temps.

3 Pendant ce temps, portez le vin à ébullition dans une petite casserole, ajoutez la confiture et la Maïzena® préalablement délayée dans le bouillon. Faites épaissir la sauce à petits bouillons, sans cesser de remuer.

4 Présentez les faux-filets sur des assiettes chaudes, nappez-les de sauce et servez sans attendre avec les champignons et des pommes de terre rôties.

Entrecôte maître d'hôtel

| 4 | 20' | 2ʰ | 10' | 30' | kcal 816 |

4 entrecôtes de 250 g
1 ½ c. à s. de poivre noir concassé
2 c. à c. de sel

Beurre maître d'hôtel
1 gousse d'ail
60 g de beurre
2 c. à s. de basilic frais
finement ciselé
2 c. à s. de persil plat
frais finement ciselé

1 Préparez le beurre maître d'hôtel : mettez tous les ingrédients dans un bol et pétrissez-les pour en faire une pâte homogène. Enveloppez le beurre dans du film alimentaire bien serré et façonnez-le en rouleau. Faites-le raffermir au réfrigérateur. Coupez-le en tranches au moment de servir.

2 Mélangez le sel et le poivre dans un grand plat et pressez les steaks

dedans sur les deux faces. Laissez reposer 10 min.

3 Faites chauffer un gril en fonte. Quand il est bien chaud, faites cuire les entrecôtes à votre convenance.

4 Dressez la viande sur les assiettes de service, garnissez-les d'une tranche de beurre maître d'hôtel et servez avec des frites.

Bœuf bourguignon

6 | 30' | 2ʰ30 | kcal 636

350 g d'échalotes

2 c. à s. d'huile d'olive

2 kg de bœuf à braiser coupé
en morceaux

30 g de beurre

4 tranches de lard sans la couenne (260 g),
grossièrement émincées

400 g de champignons de Paris coupés en deux

2 gousses d'ail écrasées

35 g de Fleur de Maïs Maïzena®

300 ml de bouillon de bœuf

625 ml de vin rouge

2 feuilles de laurier

2 brins de thym frais

30 g de persil plat grossièrement ciselé

1 Épluchez les échalotes en gardant la base de façon qu'elles restent entières à la cuisson.

2 Faites chauffer l'huile dans une cocotte allant au four et faites revenir le bœuf de toutes parts, en plusieurs fois. Réservez dans un plat.

3 Faites chauffer le beurre dans la cocotte, ajoutez les échalotes, le lard, les champignons et l'ail et remuez jusqu'à ce que les échalotes soient légèrement dorées.

4 Incorporez la Maïzena® puis continuez la cuisson en remuant jusqu'à ce que la préparation bouillonne et épaississe. Mouillez avec le bouillon et le vin puis continuez à remuer à feu moyen pour que la sauce épaississe. Remettez le bœuf dans la cocotte, ajoutez le thym et le laurier puis portez à ébullition. Baissez le feu et laissez mijoter environ 2 h à couvert, en remuant toutes les 30 min, jusqu'à ce que le bœuf soit tendre. (Cette préparation peut être réalisée la veille et conservée une nuit au réfrigérateur.)

5 Incorporez le persil et retirez les feuilles de laurier avant de servir.

Chili con carne

 8   12 h   45'   3 h   kcal 362

200 g de haricots rouges secs

1,5 kg de paleron de bœuf

2 litres d'eau

1 c. à s. d'huile d'olive

2 oignons moyens (300 g) grossièrement hachés

2 gousses d'ail écrasées

2 c. à c. de coriandre moulue

2 c. à c. de cumin moulu

2 c. à c. de paprika

½ c. à c. de piment de Cayenne

800 g de tomates concassées en boîte

2 c. à s. de concentré de tomates

4 ciboules grossièrement hachées

2 c. à s. de coriandre grossièrement hachée

65 g de pickles de piments jalapeño égouttés, finement hachés

1 Mettez les haricots dans un saladier. Couvrez d'eau et laissez tremper toute la nuit. Égouttez-les.

2 Mettez le bœuf et l'eau dans une grande casserole. Portez à ébullition, baissez le feu et laissez mijoter 1 h 30, à couvert.

3 Versez le bœuf et le bouillon dans une passoire recouverte de mousseline placée au-dessus d'un saladier. Réservez 875 ml de bouillon. Effilochez le bœuf avec 2 fourchettes.

4 Faites chauffer l'huile d'olive dans la même casserole lavée et faites fondre les oignons et l'ail, en remuant. Ajoutez les épices et faites revenir, en remuant. Ajoutez les haricots, les tomates avec leur jus, le concentré de tomates et 500 ml de bouillon réservé. Portez à ébullition, baissez le feu et laissez mijoter 1 h, à couvert.

5 Ajoutez le bœuf et le reste du bouillon réservé dans la casserole. Laissez mijoter 30 min à couvert jusqu'à ce que les haricots soient tendres. Retirez du feu et ajoutez les ciboules, la coriandre et les piments.

Nachos

8 — 20' — 15' — 200°C — kcal 440

Chili con carne
(voir ci-contre)

Guacamole
(voir page 33)

10 g de feuilles de coriandre hachées
230 g de chips de maïs (tortillas)
émiettées grossièrement
180 g de gruyère râpé (ou cheddar)

1 Préparez le chili con carne selon la recette ci-contre ou réchauffez un reste de chili.

2 Préchauffez le four à 200 °C. Huilez 8 alvéoles de 2 moules à muffin de 6 alvéoles chacun. Garnissez les alvéoles huilées avec deux bandes de papier sulfurisé de 5 x 20 cm que vous croiserez.

3 Mélangez les chips et 120 g de gruyère dans un saladier. Répartissez la moitié de cette préparation dans les 8 alvéoles en pressant fermement. Répartissez ensuite la préparation à la viande. Finissez avec le reste de chips-gruyère, en pressant toujours fermement. Répartissez le gruyère restant sur le tout. Faites cuire 15 min au four.

4 Pendant ce temps, préparez le guacamole. Servez ces nachos avec quelques quartiers de citron vert et de la crème fraiche. Parsemez de coriandre.

Bœuf teriyaki au gingembre

4 10' 15' kcal 496

80 ml de sauce teriyaki
125 ml de sauce hoisin
2 c. à s. de mirin
1 c. à s. d'huile d'arachide
750 de rumsteck détaillé en lanières
250 g de brocoli détaillé en bouquets

250 g de pois gourmands parés
115 g de petits épis de maïs frais
coupés en deux dans la longueur
4 cm de gingembre frais (20 g) râpé
120 g de germes de soja

1 Mélangez la sauce teriyaki, la sauce hoisin et le mirin dans un petit pichet ou dans un bol.

2 Faites chauffer la moitié de l'huile d'arachide dans un wok, puis faites rissoler le bœuf en plusieurs fois. Réservez.

3 Faites chauffer le reste d'huile dans le wok. Faites cuire le brocoli en remuant jusqu'à ce qu'il soit presque tendre.

4 Remettez le bœuf dans le wok avec le mélange des sauces du pichet, les pois gourmands, les épis de maïs et le gingembre. Remuez jusqu'à ce que les légumes et le bœuf soient cuits. Retirez du feu et garnissez de germes de soja.

Bœuf haché aux haricots verts piquants

4 10' 15' kcal 446

1 c. à s. d'huile d'arachide
800 g de rumsteck haché
2 gousses d'ail écrasées
3 cm de gingembre frais (15 g) râpé
2 gros piments verts émincés
dans la longueur
300 g de haricots verts coupés
en deux dans la longueur

1 oignon jaune moyen (150 g) émincé
1 c. à s. de jus de citron vert
2 c. à s. de sauce soja claire
1 c. à s. de sucre en poudre
45 g de cacahuètes non salées,
grillées et concassées

1 Faites chauffer la moitié de l'huile d'arachide dans un wok, puis faites cuire le bœuf en plusieurs fois, en remuant, jusqu'à ce qu'il soit doré. Réservez.

2 Faites chauffer le reste d'huile dans le wok. Faites sauter l'ail, le gingembre, les piments, les haricots verts et l'oignon. Les haricots doivent être tout juste tendres.

3 Remettez le bœuf dans le wok, ajoutez le jus de citron, la sauce soja et le sucre. Réchauffez le tout, en remuant. Parsemez la préparation de cacahuètes avant de servir.

Chow mein de bœuf

4   30'   20'   kcal 615

1 c. à s. d'huile végétale
500 g de bœuf haché
1 oignon jaune moyen (150 g)
finement haché
2 gousses d'ail écrasées
1 c. à s. de curry en poudre
1 grosse carotte (180 g)
coupée en dés
2 bâtons de céleri parés (200 g),
émincés

150 g de champignons émincés
250 ml de bouillon de poulet
80 ml de sauce d'huître
2 c. à s. de sauce soja foncée
440 g de nouilles aux œufs fines,
fraîches
60 g de petits pois
½ petit chou chinois (350 g)
grossièrement émincé

1 Faites chauffer l'huile dans un wok, puis faites rissoler le bœuf avec l'oignon et l'ail. Ajoutez le curry en poudre et faites revenir 1 min pour qu'il libère son arôme. Incorporez la carotte, le céleri, les champignons, et poursuivez la cuisson en remuant jusqu'à ce que les légumes soient tendres.

2 Ajoutez le bouillon de poulet, la sauce d'huître, la sauce soja et les nouilles et remuez 2 min. Incorporez les petits pois et le chou chinois puis mélangez jusqu'à ce que le chou commence à flétrir.

Bœuf sauté au piment

4   20'   10'

2 piments rouges longs émincés
10 g de gingembre frais râpé
2 échalotes (25 g) émincées
2 c. à s. de sucre brun
4 c. à c. d'huile végétale
4 c. à c. de nuoc-mâm

300 g de viande de bœuf
en fines lamelles
4 oignons verts en tronçons de 5 cm
200 g de brocoli chinois en tronçons
4 c. à s. de basilic frais

1 Mixez le piment, le gingembre, les échalotes, le sucre, l'huile et la moitié du nuoc-mâm.

2 Faites chauffer 5 min ce mélange dans un wok chaud huilé, en remuant continuellement jusqu'à ce qu'il embaume. Ajoutez la viande et laissez cuire 3 min.

3 Incorporez les oignons et le brocoli chinois. Remuez encore 2 min sur le feu pour que le brocoli soit juste tendre. Ajoutez hors du feu le reste du nuoc-mâm et le basilic. Dégustez avec du riz blanc.

Bœuf sukiyaki

400 g de nouilles udon fraîches

300 g de tofu frais

4 œufs

60 ml d'huile végétale

600 g de rumsteck paré et émincé

8 pleurotes

4 tiges de ciboule émincées

300 g d'épinards parés
et grossièrement hachés

150 g de germes de soja

Bouillon

250 ml de sauce soja japonaise

125 ml de saké

125 ml de mirin

125 ml d'eau

100 g de sucre en poudre

2 gousses d'ail écrasées

1 Mettez les ingrédients du bouillon dans une casserole. Faites cuire à feu moyen, en remuant, jusqu'à dissolution du sucre. Retirez la casserole du feu et couvrez-la pour garder le bouillon au chaud.

2 Mettez les nouilles dans un saladier résistant à la chaleur, couvrez-les d'eau bouillante. Séparez les nouilles à la fourchette, puis égouttez-les. Coupez-les en morceaux de taille irrégulière.

3 Détaillez le tofu en cubes de 2 cm. Placez-les, sans les superposer, sur un plateau recouvert de papier absorbant. Couvrez-les de papier absorbant et laissez reposer 10 min.

4 Cassez les œufs dans des bols individuels, puis battez-les légèrement.

5 Faites chauffer la moitié de l'huile dans un wok et faites-y rissoler le bœuf en plusieurs fois. Réservez.

6 Faites chauffer la moitié du reste de l'huile dans le wok, puis faites dorer le tofu en plusieurs fois. Réservez.

7 Versez le reste de l'huile dans le wok. Faites sauter les pleurotes, la ciboule, les épinards et les germes de soja jusqu'à ce qu'ils soient juste tendres.

8 Remettez le bœuf et le tofu dans le wok avec les nouilles et le bouillon. Réchauffez le tout en remuant. Servez le sukiyaki dans le wok. Les convives prennent les ingrédients avec des baguettes et les plongent au fur et à mesure dans les bols individuels.

Bœuf sauce satay

1 c. à s. d'huile d'arachide

750 g de rumsteck détaillé en lanières

1 gros piment rouge frais, émincé

1 oignon jaune moyen (150 g), émincé

1 poivron rouge moyen (200 g), émincé

140 g de beurre de cacahuète

125 ml de crème de coco

60 ml de sauce au piment douce

1 c. à s. de sauce soja japonaise

1 Faites chauffer la moitié de l'huile d'arachide dans un wok, puis faites cuire le bœuf en plusieurs fois, en remuant. Réservez.

2 Faites chauffer le reste de l'huile dans le wok. Faites sauter le piment, l'oignon et le poivron. Dès que les légumes sont tendres, retirez-les du wok.

3 Mélangez dans le wok le beurre de cacahuète, la crème de coco, la sauce au piment douce et la sauce soja puis portez à ébullition. Remettez le bœuf et les légumes sautés dans le wok. Laissez chauffer en remuant.

Nouilles hokkien au bœuf

4 | 15' | 15' | kcal 461

300 g de nouilles hokkien

1 c. à s. d'huile d'arachide

700 g de rumsteck émincé

1 oignon jaune moyen (150 g), émincé

3 cm de gingembre frais (15 g), râpé

2 gousses d'ail écrasées

2 petits piments rouges thaïs, émincés

1 petit poivron rouge (150 g), émincé

1 petit poivron vert (150 g), émincé

200 g de champignons coupés en quatre

2 c. à s. de sauce hoisin

1 c. à s. de sauce soja foncée

1 Mettez les nouilles dans un saladier résistant à la chaleur, couvrez-les d'eau bouillante. Séparez les nouilles à la fourchette, puis égouttez-les.

2 Faites chauffer la moitié de l'huile d'arachide dans un wok, puis faites-y rissoler le bœuf en plusieurs fois. Réservez.

3 Faites chauffer le reste de l'huile dans le wok et faites-y revenir l'oignon. Ajoutez le gingembre, l'ail et les piments ; remuez pour libérer leurs parfums. Incorporez les poivrons, les champignons, et poursuivez la cuisson jusqu'à ce que les légumes soient tendres.

4 Remettez le bœuf et les nouilles dans le wok, ajoutez la sauce hoisin et la sauce soja. Réchauffez en remuant.

Bœuf sauté au chou chinois

 4 20' 15'

60 ml d'huile d'arachide
320 g de chou chinois en grosses lanières
2 grosses poignées de ciboulette ciselée
750 g de rumsteck en tranches fines
1 gros oignon rouge en tranches épaisses
2 gousses d'ail écrasées
5 g de gingembre frais râpé
1 c. à c. de cinq-épices en poudre
250 g de champignons noirs frais
en tranches épaisses
1 gros poivron rouge en fines lanières
125 ml de sauce hoisin
1 c. à c. de sauce soja
1 c. à c. de vinaigre de riz

1 Faites fondre le chou et la ciboulette dans le wok avec 1 c. à c. d'huile chaude. Réservez à couvert dans le plat de service.

2 Versez 1 autre cuillerée d'huile dans le wok et saisissez la viande à feu vif pour qu'elle dore sur toutes les faces. Procédez en plusieurs tournées.

3 Dans le même wok, faites revenir l'oignon puis ajoutez l'ail, le gingembre, le cinq-épices, les champignons et le poivron. Laissez frémir 2 min jusqu'à ce que les légumes soient cuits mais encore un peu croquants.

4 Remettez le bœuf dans le wok, ajoutez les sauces et le vinaigre. Faites réchauffer le tout. Avant de servir, disposez le bœuf sauté sur le chou.

Foie de veau persillade

4   10'   15'   kcal 616

400 g de foie de veau émincé
50 g de beurre
1 gousse d'ail
1 échalote émincée
125 ml de bouillon de poulet
1 c. à s. de jus de citron
1 petit bouquet de persil plat ciselé

1 Séchez le foie de veau avec du papier absorbant. Faites fondre 1 c. à s. de beurre dans une poêle et saisissez rapidement le foie de veau à feu vif, en plusieurs tournées, jusqu'à ce qu'il soit doré des deux côtés. Couvrez et réservez.

2 Pour la persillade, faites chauffer le reste du beurre dans la même poêle. Hachez finement l'ail et l'échalote et faites-les cuire, en remuant, jusqu'à ce que l'échalote soit tendre. Versez le bouillon et le jus de citron puis portez à ébullition en remuant. Retirez du feu et incorporez le persil. Servez le foie de veau avec de la purée et des asperges. Arrosez le tout de persillade.

Carré de veau farci aux herbes

4   20'   35'   20'   220°C

1 oignon jaune émincé
1 gousse d'ail écrasée
½ bâton de céleri émincé
45 g de chapelure
1 c. à s. de moutarde de Dijon
1 c. à c. de thym frais finement haché
1 c. à s. de persil plat frais finement haché
1 c. à c. de zeste de citron finement râpé
2 c. à c. de sel de mer
2 c. à c. de poivre noir du moulin
1 carré de veau de 4 côtes épaisses
375 ml de bouillon de bœuf
1 oignon jaune grossièrement haché
2 c. à c. d'huile d'olive
2 c. à c. de vinaigre balsamique
125 ml de bouillon de bœuf supplémentaire

1 Préchauffez le four à 220 °C. Faites revenir l'oignon, l'ail et le céleri dans une poêle antiadhésive légèrement huilée jusqu'à ce que l'oignon soit tendre. Ajoutez la chapelure et laissez dorer à feu moyen. Retirez du feu puis ajoutez la moutarde, les herbes, le zeste de citron, la moitié du sel et la moitié du poivre. Laissez reposer 10 min.

2 Avec un couteau fin, dégagez un espace dans le cœur du carré de veau, près de l'os, et farcissez la viande avec la préparation aux herbes.

3 Mettez le veau dans un plat à gratin avec le bouillon et l'oignon grossièrement haché. Arrosez d'huile d'olive et assaisonnez avec le reste du sel et du poivre. Laissez cuire 30 min au four. Retirez le veau du plat, couvrez-le et laissez-le reposer 10 min.

4 Versez le vinaigre et le bouillon supplémentaire dans le plat pour déglacer le jus de cuisson, en remuant bien. Versez la sauce obtenue dans une saucière. Servez le veau avec des légumes verts de votre choix et proposez la sauce à part.

Médaillons de porc à la sauce et fettucine

30 g de jambon cru grossièrement haché

2 c. à c. d'huile d'olive

2 c. à c. de sauge fraîche

2 médaillons de porc (150 g)

60 ml de vin blanc sec

1 c. à c. de sucre brun

75 g de fettucine

30 g de pousses d'épinard

¼ d'oignon rouge (25 g) émincé

1 Faites dorer les copeaux de jambon à la poêle dans la moitié de l'huile. Réservez au chaud.

2 Mettez la sauge dans la même poêle et remuez jusqu'à ce qu'elle commence à fondre. Réservez au chaud.

3 Poêlez les médaillons de porc jusqu'à ce qu'ils soient bien cuits puis gardez-les au chaud. Déglacez la poêle avec le vin en grattant les sucs de cuisson avec une spatule en bois, ajoutez le sucre et laissez épaissir, sans cesser de remuer.

4 Faites cuire les pâtes dans un grand volume d'eau bouillante salée puis égouttez-les bien.

5 Mettez les pâtes dans un saladier avec les épinards, l'oignon et le reste de l'huile. Mélangez délicatement avant d'ajouter la viande, le jambon et la sauce. Nappez de sauce et dégustez sans attendre.

Escalope de porc panée

35 g de chapelure
2 c. à c. de zeste de citron râpé
2 c. à c. de persil plat ciselé
1 escalope de porc dans le filet (150 g)
1 c. à s. de farine
1 blanc d'œuf
2 c. à c. de lait
Huile d'olive pour la poêle

1 Mélangez la chapelure, le zeste de citron et le persil dans une assiette creuse. Battez le blanc d'œuf avec le lait dans un bol.

2 Farinez l'escalope de porc avant de la plonger dans le blanc d'œuf puis retournez-la plusieurs fois dans la chapelure.

3 Faites cuire l'escalope panée dans de l'huile d'olive chaude (2 c. à s.) jusqu'à ce qu'elle soit bien dorée et saisie. Égouttez-la sur du papier absorbant.

4 Accompagnez de haricots verts et de quartiers de citron.

Filet mignon de porc à la moutarde

4 — 15' — 35' — 240°C

1 petit oignon rouge (100 g) émincé

2 c. à c. d'huile d'olive

400 g de filet mignon de porc

2 c. à s. de moutarde à l'ancienne

60 ml de jus de pomme

2 c. à s. d'eau

2 c. à s. de persil plat ciselé

30 g de beurre

2 grosses pommes pelées, évidées et coupées en tranches fines

1 c. à s. de sucre brun

1 Préchauffez le four à 240 °C. Mélangez l'huile et l'oignon dans un plat, ajoutez le filet mignon et nappez-le généreusement de moutarde. Faites cuire 20 min au four.

2 Faites caraméliser les pommes dans le beurre et le sucre. Comptez 10 min de cuisson en surveillant attentivement pour éviter que les pommes attachent.

3 Sortez la viande du four, mettez-la sur la planche

à découper et couvrez-la d'une feuille d'aluminium.

4 Versez le jus de pomme et l'eau dans le plat, posez celui-ci sur le feu et portez à ébullition en grattant le fond du plat pour déglacer les sucs de cuisson. Laissez épaissir avant d'ajouter le persil.

5 Découpez la viande en tranches épaisses et servez-la avec la sauce à l'oignon et les pommes caramélisées.

Travers de porc aux épices

4 — 10' — 30'

1,5 kg de travers de porc, coupés

1 c. à s. d'huile d'arachide

60 ml de sauce barbecue chinoise

2 c. à s. de sauce soja épaisse

2 c. à s. de sauce au piment douce

2 gousses d'ail écrasées

2 c. à c. de gingembre frais râpé

60 ml de miel

75 g de sucre brun

¼ de c. à c. de cinq-épices

60 ml de xérès

1 Plongez les travers dans une grande casserole d'eau bouillante, sans couvrir, pendant 10 min environ, jusqu'à ce qu'ils soient juste cuits ; égouttez sur du papier absorbant ; jetez le liquide de cuisson.

2 Faites chauffer l'huile dans un wok ou une grande poêle ; faites sauter les travers, en petites quantités, jusqu'à ce qu'ils

soient bien dorés ; égouttez sur du papier absorbant. Retirez l'huile du wok. Incorporez les sauces, l'ail, le gingembre, le miel, le sucre, le cinq-épices et le xérès, portez à ébullition, ajoutez les travers. Faites sauter pendant 10 min environ, en remuant, jusqu'à ce que la viande soit enrobée d'une sauce épaisse.

Porc aux pommes caramélisées

| 4 | 20' | 30' | 5' | kcal 392 |

600 g de filet de porc

2 c. à s. de sucre roux

2 c. à c. de moutarde à l'ancienne

2 c. à c. de zeste d'orange finement râpé

1 c. à s. d'huile d'olive

10 g de beurre

1 pomme verte moyenne (150 g)
non pelée, coupée en deux
puis en tranches de 5 mm d'épaisseur

60 g de pousses d'épinard

Vinaigrette épicée à l'orange

60 ml d'huile d'olive

2 c. à s. de jus d'orange

1 c. à s. de vinaigre de cidre

1 c. à c. de quatre-épices

1 Mélangez le porc avec le sucre, la moutarde et le zeste d'orange.

2 Faites chauffer l'huile d'olive dans une poêle. Faites-y cuire le porc. Quand la viande est cuite à votre goût, arrêtez la cuisson, couvrez la poêle et laissez reposer 5 min. Coupez le porc en tranches fines.

3 Faites fondre le beurre dans la même poêle. Faites-y cuire les tranches de pomme jusqu'à ce qu'elles soient caramélisées.

4 Pendant ce temps, préparez la vinaigrette : versez les ingrédients dans un shaker pour sauce à salade. Fermez puis secouez énergiquement.

5 Dans un saladier, mélangez les tranches de pomme avec la vinaigrette et les épinards. Répartissez le porc sur les assiettes. Ajoutez la salade. S'il reste de la vinaigrette, versez-la sur le tout.

Curry vert de porc à l'ail

4   **20'**   **30'**   **20'**   **kcal 394**

35 g de gingembre frais râpé

3 gousses d'ail écrasées

150 g d'oignons jaunes émincés

1 c. à c. de curcuma moulu

2 c. à s. de pâte de curry verte

10 feuilles de citron kaffir ciselées

750 g de filet de porc en cubes de 2 cm

60 ml d'huile végétale

1 c. à s. de pulpe de tamarin

250 ml d'eau bouillante

2 c. à s. de nuoc-mâm

2 têtes d'ail marinées, égouttées et émincées

2 c. à c. de sucre roux

1 Mixez ensemble le gingembre, l'ail, les oignons, le curcuma, la pâte de curry et la moitié des feuilles de kaffir. Mettez ensuite ce mélange dans un grand plat avec le porc et remuez pour que les morceaux soient enrobés de marinade. Couvrez et laissez reposer 30 min au réfrigérateur.

2 Faites chauffer l'huile dans une cocotte. Faites-y revenir les cubes de porc jusqu'à ce qu'ils soient dorés.

3 Délayez le tamarin dans l'eau bouillante, ajoutez le nuoc-mâm, laissez reposer quelques minutes puis versez le mélange dans la cocotte. Laissez cuire 10 min, sans couvrir. La viande doit être juste tendre.

4 Ajoutez l'ail confit et le sucre. Laissez frémir 5 min, en remuant de temps en temps. La sauce doit épaissir légèrement.

5 Présentez le curry dans un plat et saupoudrez-le avec le reste des feuilles de kaffir. Servez aussitôt.

Conseils

Servez ce curry avec du riz jasmin. Ce curry sera encore meilleur si vous le préparez la veille. Les arômes auront ainsi le temps de se développer. Les feuilles de kaffir et les citrons du même arbre sont vendus dans les épiceries asiatiques. On peut les remplacer respectivement par de la citronnelle ou du citron vert, mais la recette y perdra de sa saveur originale.

Porc tonkatsu

4 | 15' | 10'

2 escalopes de porc (800 g)
2 c. à s. de sauce soja légère
2 c. à s. de mirin
1 gousse d'ail écrasée
1 œuf légèrement battu
200 g de chapelure japonaise
Huile végétale pour friture
2 c. à s. de gingembre rose

Sauce tonkatsu
1 c. à s. de sauce Worcestershire
80 ml de sauce tomate
1 c. à c. de sauce soja légère
2 c. à s. de saké
1 c. à c. de moutarde japonaise

1 À l'aide d'un maillet à viande, aplatissez délicatement la viande entre 2 feuilles de film étirable.

2 Mélangez la sauce soja, le mirin et l'ail dans un grand bol creux. Ajoutez le porc ; remuez bien. Plongez ensuite les tranches de porc dans l'œuf, puis enrobez-les de chapelure. Faites chauffer l'huile dans une grande poêle et faites frire la viande en plusieurs fois jusqu'à ce qu'elle soit dorée sur toutes les faces et cuite à point. Égouttez sur du papier absorbant.

3 Préparez la sauce tonkatsu : mélangez tous les ingrédients dans un petit bol ; remuez bien. Coupez le porc en tranches fines et garnissez de gingembre. Servez la sauce tonkatsu à part.

Rouleaux de porc au tofu

4 | 30' | 10' | kcal 135

100 g de riz à sushi
2 c. à c. d'huile d'arachide
1 oignon blanc (avec les fanes) émincé
1 gousse d'ail écrasée
½ c. à c. de gingembre frais râpé
2 piments rouges, épépinés, hachés menu
350 g de porc haché

12 poches de tofu frit assaisonné
12 tiges de ciboulette

Sauce au citron vert et au sésame
60 ml de sauce soja légère
2 c. à s. de vinaigre de riz assaisonné
1 c. à c. de sucre
1 c. à s. de jus de citron vert
2 gouttes d'huile de sésame

1 Faites cuire le riz dans une grande casserole d'eau bouillante. Égouttez-le.

2 Faites chauffer l'huile dans une poêle et faites revenir l'oignon avec l'ail, le gingembre et les piments. Ajoutez le porc et prolongez la cuisson en remuant jusqu'à ce que la viande soit cuite à point. Ajoutez le riz et mélangez bien.

3 Mélangez tous les ingrédients de la sauce.

4 Ouvrez une poche de tofu sur un grand côté en glissant les doigts dans les angles. Remplissez-la d'un peu de la garniture sans déchirer la poche. Nouez un brin de ciboulette autour. Répétez l'opération avec le reste des ingrédients. Servez avec la sauce au citron vert.

Porc aux pêches aigres-douces

4 **20'** **10'** **kcal 527**

2 c. à s. de Maïzena®
800 g de filet de porc émincé
2 c. à s. d'huile d'arachide
1 oignon rouge moyen (170 g)
grossièrement haché
1 poivron rouge moyen (200 g)
coupé en fines lanières
1 poivron jaune moyen (200 g)
coupé en fines lanières
80 ml d'eau
2 gousses d'ail écrasées
2 c. à s. de sucre en poudre
2 c. à s. de vinaigre de vin blanc
2 c. à s. de sauce tomate
2 c. à s. de sauce soja claire
2 grosses pêches (450 g) coupées en quartiers
Quelques feuilles de coriandre ciselées

1 Enrobez le porc de Maïzena® dans un saladier.

2 Faites chauffer la moitié de l'huile d'arachide dans un wok, puis faites rissoler le porc en plusieurs fois. Réservez.

3 Faites chauffer le reste de l'huile dans le wok puis faites revenir l'oignon et les poivrons jusqu'à ce qu'ils soient tendres.

4 Remettez le porc dans le wok avec l'eau, l'ail, le sucre, le vinaigre, la sauce tomate, la sauce soja, et poursuivez la cuisson. Quand le porc est suffisamment cuit, ajoutez les pêches et laissez chauffer en remuant. Retirez du feu et ajoutez la coriandre.

Porc grillé et nouilles aux légumes

2   15'   20'   5'   kcal 395

240 g de filet de porc maigre coupé en deux
dans le sens de la largeur

2 c. à s. de sauce char siu

1 c. à s. d'eau

60 g de nouilles chinoises aux œufs sèches

175 g de broccolini grossièrement haché

400 g de gai lan grossièrement haché

150 g de champignons shiitake frais

60 ml de bouillon de poulet

2 c. à s. de sauce d'huître

1 c. à s. de vin de cuisson chinois

1   Préchauffez le gril du four.

2   Faites des petites entailles en croix
dans la viande sur les 2 faces.
Mélangez la sauce char siu et l'eau
dans une assiette creuse. Tournez
la viande dedans puis assaisonnez.

3   Posez la viande sur une grille,
elle-même posée sur un plat à four.
Versez de l'eau dans le plat sur
une hauteur de 2 cm. Faites griller le
porc 5 min. Retournez la viande et faites-
la griller 5 min de l'autre côté. Couvrez
la viande et laissez-la reposer 5 min
avant de la couper en tranches fines.

4   Mettez les nouilles dans un récipient
résistant à la chaleur. Recouvrez-les
d'eau bouillante. Démêlez-les
avec une fourchette puis égouttez-les.

5   Faites chauffer un wok huilé. Faites-y
cuire le broccolini, le gai lan,
les champignons, le bouillon, la sauce
d'huître et le vin. Quand les légumes sont
tendres, ajoutez les nouilles
et faites sauter jusqu'à ce que l'ensemble
soit bien chaud. Assaisonnez. Servez
les nouilles avec le porc grillé.

Porc thaï aux brocolis

 4 15' 10'

1 c. à c. d'huile d'arachide
300 g de porc haché
2 gousses d'ail en lamelles
80 g de sucre roux
2 c. à c. de nuoc-mâm
4 feuilles de citron kaffir ciselées
70 g de cacahuètes grillées, broyées

40 g d'échalotes frites
350 g de brocolis coupés
en deux dans la longueur
5 grosses poignées
de coriandre fraîche
1 c. à c. de jus de citron vert
1 long piment rouge frais émincé

1 Huilez un wok pour y faire colorer la viande. Ajoutez l'ail et laissez revenir 1 min. Égouttez sur du papier absorbant.

2 Mettez le sucre, le nuoc-mâm et les feuilles de kaffir dans le wok. Portez à ébullition puis laissez mijoter 2 min à feu doux. Remettez la viande dans le wok avec la moitié des échalotes et des cacahuètes. Laissez cuire 2 min : le mélange doit commencer à attacher.

3 Faites cuire les brocolis à l'eau ou à la vapeur : ils doivent rester croquants. Égouttez-les et disposez-les dans un grand plat de service.

4 Ajoutez à la viande 4 poignées de coriandre, le jus de citron vert et le reste des échalotes et des cacahuètes. Mélangez bien et répartissez le tout sur les brocolis. Saupoudrez de coriandre et de piment.

Tofu de grand-mère

 4 15' 15' kcal 481

2 c. à s. d'huile d'arachide
80 g d'amandes
grossièrement hachées
1 oignon jaune moyen (150 g)
finement haché
500 g de porc haché
150 g de champignons
de Paris émincés

200 g de tofu au piment
prêt à l'emploi
2 c. à s. de sambal oelek
1 c. à s. de kecap manis
2 c. à s. de tamari
4 tiges de ciboule émincées
60 ml de jus de citron vert

1 Faites chauffer la moitié de l'huile d'arachide dans un wok et faites-y dorer les amandes. Égouttez-les sur du papier absorbant.

2 Faites chauffer le reste de l'huile dans le wok et faites-y revenir l'oignon. Ajoutez le porc, faites-le cuire en plusieurs fois, en remuant.

3 Remettez le porc et l'oignon dans le wok. Incorporez les champignons et le tofu, puis poursuivez la cuisson jusqu'à ce que les champignons soient juste tendres. Ajoutez le sambal oelek, le kecap manis et le tamari puis laissez réduire la sauce, tout en remuant. Retirez du feu. Avant de servir, décorez la préparation d'amandes et de ciboule et arrosez de jus de citron.

Porc cuit deux fois

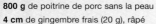

4	15'	1ʰ10	15'	20'	kcal 655

800 g de poitrine de porc sans la peau

4 cm de gingembre frais (20 g), râpé

2 tiges de ciboule grossièrement hachées

3 c. à s. d'huile végétale

1 poivron rouge moyen (200 g), émincé

1 poivron vert moyen (200 g), émincé

1 poivron jaune moyen (200 g), émincé

2 gousses d'ail écrasées

60 ml de sauce hoisin

2 c. à s. de sauce soja foncée

1 c. à s. de jus de citron vert

1 pincée de piment séché émietté

1 Mélangez le porc, le gingembre et la ciboule dans un wok. Couvrez d'eau froide, portez à ébullition et faites frémir 30 min à découvert. Laissez refroidir le porc dans l'eau, puis égouttez-le.

2 Posez le porc sur un plateau et laissez-le reposer 20 min. Lorsqu'il est bien sec, mincez-le finement.

3 Faites chauffer l'huile dans le wok propre, puis faites sauter le porc en plusieurs fois jusqu'à ce qu'il soit croustillant. Égouttez-le et couvrez-le pour le garder au chaud.

4 Reversez environ 2 c. à c. d'huile dans le wok et faites-y revenir les poivrons et l'ail. Quand ils sont tendres, ajoutez la sauce hoisin, la sauce soja, le jus de citron et le piment. Avant de servir, dresser le porc sur la préparation aux poivrons et parsemez de ciboule.

Sang chow bow

2 c. à c. d'huile de sésame
1 petit oignon jaune (80 g),
finement haché
2 gousses d'ail écrasées
2 cm de gingembre frais (10 g), râpé
500 g de porc maigre haché
2 c. à s. d'eau
100 g de champignons
shiitake finement hachés

2 c. à s. de sauce soja claire
2 c. à s. de sauce d'huître
1 c. à s. de jus de citron vert
200 g de germes de soja
4 tiges de ciboule émincées
Quelques feuilles
de coriandre ciselées
12 grandes feuilles de laitue

1 Faites chauffer l'huile
de sésame dans un wok
et faites-y revenir l'oignon, l'ail
et le gingembre. Incorporez
le porc et faites-le rissoler.

2 Ajoutez l'eau, les
champignons, la sauce
soja, la sauce d'huître et
le jus de citron vert. Poursuivez
la cuisson en remuant jusqu'à
ce que les champignons

soient tendres. Retirez
la préparation du feu et
incorporez les germes de soja,
la ciboule et la coriandre.

3 Avant de servir, dressez
le sang choy bow
sur les feuilles de laitue.

Porc mijoté à l'asiatique

1 c. à c. d'huile végétale
1,5 kg de rôti de porc
5 échalotes émincées
10 g de gingembre frais en lamelles fines
2 gousses d'ail émincées
125 ml de sauce soja foncée
135 g de sucre roux
2 étoiles de badiane
500 ml de bouillon de poulet
500 ml d'eau
100 g de pousses de bambou en boîte,
rincées et égouttées
8 champignons noirs chinois secs
1 kg de larges nouilles de riz fraîches
500 g de brocolis chinois en tronçons larges
3 oignons verts émincés

1 Faites revenir la viande sur toutes
les faces dans l'huile chaude puis
ajoutez les échalotes, le gingembre
et l'ail. Laissez cuire 1 min à feu vif,
incorporez la sauce soja, le sucre

et la badiane, puis versez le bouillon et
l'eau. Portez à ébullition. Réduisez le feu,
couvrez et laissez frémir 1 h à feu doux.

2 Faites tremper les champignons
20 min dans de l'eau chaude.
Jetez les pieds et coupez les chapeaux
en deux. Mettez-les dans le wok avec
les pousses de bambou et laissez
cuire encore 30 min à petit feu.

3 Sortez la viande du wok et
couvrez-la pour la garder chaude.
Sortez également les champignons
et réservez-les. Passez le liquide
de cuisson dans un tamis fin et
prélevez-en 625 ml (gardez le reste
pour une autre préparation ou jetez-le).
Versez le liquide réservé dans le wok
et faites-le réduire pendant 10 min à gros
bouillons : il doit en rester environ 400 ml.

4 Plongez les nouilles quelques
minutes dans un saladier d'eau
bouillante puis séparez-les
à la fourchette et égouttez-les.

5 Faites cuire les brocolis chinois
à l'eau, à la vapeur ou au micro-
ondes. Égouttez-les bien. Coupez
la viande en tranches épaisses.

6 Répartissez les nouilles chaudes
dans les assiettes de service.
Disposez dessus quelques tronçons
de brocolis, deux ou trois tranches
de viande et des champignons.
Versez un peu de liquide de cuisson
réduit et décorez d'oignons verts.
Présentez le reste du liquide de
cuisson dans une saucière pour
que chacun se serve à sa guise.

Gigot de quatre heures

4 — 30' — 4"15 — 220°C — kcal 820

1 gigot d'agneau (2 kg)
3 gousses d'ail coupées en quatre
1 poignée d'origan frais
125 ml de vin blanc sec
250 ml de bouillon de poulet
80 ml de jus de citron
2 citrons coupés en quatre

1 kg de pommes de terre
nouvelles, coupées en quatre
dans la longueur
80 g d'olives noires dénoyautées
1 c. à s. d'huile d'olive
2 c. à s. de farine
250 ml d'eau

1 Préchauffez le four à 220 °C. Faites une douzaine d'entailles dans la viande et glissez-y l'ail et l'origan.

2 Mettez l'agneau dans un grand plat à four, versez le vin, le bouillon et le jus de citron sur la viande. Couvrez et faites cuire 30 min au four. Réduisez la température à 180 °C et laissez cuire 3 h 30, en l'arrosant de temps en temps avec le jus de cuisson.

3 Disposez les pommes de terre, les olives et les quartiers de citron dans un plat à four. Arrosez d'huile d'olive. Enfournez 1 h.

4 Avant de servir, faites chauffer 1 c. à s. de jus de viande. Incorporez la farine, en remuant. Quand elle colore, ajoutez l'eau et portez à ébullition, sans cesser de remuer. Servez la viande avec les pommes de terre et la sauce.

Brochettes d'agneau et halloumi

8 — 20' — 40'

½ c. à c. de poivre de Jamaïque
1 c. à c. de poivre noir concassé
1 gousse d'ail écrasée
2 c. à s. de jus de citron
2 c. à s. d'huile d'olive
500 g d'agneau en dés
200 g d'halloumi en dés

1 Mettez le poivre de Jamaïque, le poivre noir, l'ail, le jus de citron et l'huile dans un bol. Incorporez l'agneau et remuez bien pour l'enrober de ce mélange. Piquez l'agneau et le fromage sur des brochettes, en alternant.

2 Faites cuire les brochettes sur un gril en fonte chaud huilé (ou sous le gril du four ou au barbecue) jusqu'à ce qu'elles soient dorées et cuites à souhait.

Carré d'agneau à la moutarde

1 c. à s. d'huile d'olive
1 c. à c. de moutarde forte
2 c. à s. de vinaigre de vin rouge
1 gousse d'ail écrasée
1 c. à s. de miel
2 carrés d'agneau de 4 côtelettes (300 g chacun)

1 Enrobez l'agneau d'une marinade préparée avec l'huile, la moutarde, le vinaigre, l'ail et le miel. Réfrigérez au moins 3 h à couvert.

2 Préchauffez le four à 200 °C. Égouttez la viande en réservant la marinade. Posez l'agneau sur une grille dans un grand plat à four et faites-le cuire pendant 35 min. Réservez-le au chaud, à couvert.

3 Portez la marinade à ébullition puis laissez-la frémir 5 min pour la faire épaissir. Servez l'agneau nappé de sauce.

Burgers à l'agneau et aux betteraves, sauce au yaourt

125 g d'agneau haché

¼ de petit oignon jaune (20 g), haché

1 jaune d'œuf

½ **c. à c.** de zeste de citron râpé

Huile d'olive

2 c. à s. de yaourt

¼ de petit concombre (30 g) épépiné
et détaillé en dés

1 c. à c. de menthe fraîche ciselée

1 petit pain rond (160 g)

75 g de feuilles de romaine ciselées

40 g de dés de betterave égouttés

1 Mélangez à la main l'agneau, l'oignon, le jaune d'œuf et le zeste de citron. Formez deux petites galettes plates.

2 Poêlez les galettes dans l'huile chaude jusqu'à ce qu'elles soient bien cuites.

3 Mélangez le yaourt, le concombre et la menthe dans un bol.

4 Coupez le pain en deux et faites-le griller sur une seule face.

5 Disposez sur un morceau de pain la salade et les betteraves, ajoutez les galettes de viande, garnissez de sauce au yaourt puis fermez le burger.

Pizza très riche à l'agneau

 2 10' 45' 5' 240°C

2 c. à c. d'huile d'olive
1 gros oignon jaune (200 g), émincé
300 g de chair de potiron en tranches fines
335 g de pâte à pizza déroulée
65 g de sauce tomate en bocal
125 g de mozzarella en tranches fines
200 g de filet d'agneau
25 g de feuilles de roquette

1 Préchauffez le four à 240 °C. Faites chauffer l'huile dans une petite poêle antiadhésive, ajoutez l'oignon, couvrez et laissez confire 20 min à feu doux, en remuant de temps en temps. Quand l'oignon est caramélisé, sortez-le de la poêle.

2 Faites rôtir le potiron au four, sur une plaque légèrement huilée, en le retournant à mi-cuisson.

3 Étalez la pâte à pizza sur une plaque et badigeonnez-la de sauce tomate. Garnissez-la de fromage et de potiron avant de la glisser au four. Laissez-la cuire 15 min environ.

4 Pendant ce temps, saisissez l'agneau à feu vif sur un gril en fonte légèrement huilé. Laissez-le reposer 5 min à couvert avant de le couper en tranches fines.

5 Répartissez l'agneau sur la pizza, garnissez de feuilles de roquette et d'oignon caramélisé et servez sans attendre.

Wok d'agneau au cinq-épices et au piment

400 g de filet d'agneau émincé

1 c. à c. de cinq-épices en poudre

2 gousses d'ail écrasées

1 petit oignon rouge (100 g)
taillé en minces quartiers

80 ml d'eau

175 g de broccolini grossièrement haché

250 g de pois gourmands parés

150 g de pleurotes grossièrement hachés

2 c. à s de sauce pimentée forte

2 c. à s. de sauce soja japonaise

1 long piment rouge frais émincé

1 Mélangez l'agneau et le cinq-épices. Faites chauffer un wok légèrement huilé. Faites-y revenir l'agneau, en plusieurs fois, jusqu'à ce qu'il soit doré. Sortez la viande du wok.

2 Mettez l'ail et l'oignon dans le wok. Faites revenir environ 5 min jusqu'à ce que l'oignon soit translucide. Ajoutez 60 ml d'eau, le broccolini, les pois gourmands et les pleurotes puis remuez jusqu'à ce que les légumes soient tendres.

3 Remettez la viande dans le wok avec le reste de l'eau, la sauce pimentée et la sauce soja. Remuez jusqu'à ce que l'ensemble soit bien chaud. Assaisonnez selon votre goût, parsemez de piment rouge émincé puis servez.

Côtelettes d'agneau, purée de panais et salade de courgettes

 2 10' 20' 15'   kcal 354

2 pommes de terre moyennes (400 g),
coupées en gros dés

1 gros panais (350 g), coupé en gros dés

125 ml de lait chaud

1 c. à c. d'huile d'olive

1 c. à c. de zeste de citron finement râpé

1 ½ c. à s. de jus de citron

1 c. à s. de parmesan en copeaux

1 grande courgette verte (150 g)
taillée en rubans minces

1 grande courgette jaune (150 g)
taillée en rubans minces

40 g de petites feuilles de roquette

4 côtelettes d'agneau

1 Faites cuire les pommes de terre
et le panais à l'eau bouillante,
à la vapeur ou au micro-ondes.
Égouttez-les. Réduisez les pommes
de terre et le panais en purée lisse
avec le lait. Assaisonnez selon votre
goût. Couvrez pour maintenir au chaud.

2 Mélangez l'huile d'olive avec
le zeste et le jus de citron. Ajoutez
le parmesan, les rubans de courgette
et la roquette, et remuez délicatement.
Laissez reposer 15 min. Assaisonnez.

3 Faites cuire l'agneau dans
une poêle-gril huilée (ou sous
le gril du four ou au barbecue).

4 Servez l'agneau avec la purée
de panais et la salade de courgettes.

Conseil

Utilisez un épluche-légumes pour tailler
les courgettes en longs rubans minces.

Agneau aux légumes et à la sauce hoisin

1 c. à s. d'huile d'arachide

750 g d'agneau détaillé en lanières

2 gousses d'ail émincées

400 g de légumes frais de votre choix (brocoli, poivron rouge ou vert, jeunes épis de maïs…)

80 ml de sauce hoisin

2 c. à s. de sauce au piment douce

1 Faites chauffer la moitié de l'huile d'arachide dans un wok, puis faites cuire l'agneau, en plusieurs fois, en remuant. Réservez-le.

2 Faites chauffer le reste de l'huile dans le wok. Faites sauter l'ail et les légumes jusqu'à ce qu'ils soient tout juste tendres. Remettez l'agneau dans le wok, ajoutez les deux sauces et 2 c. à s. d'eau. Laissez chauffer en remuant.

Larb d'agneau

4 — 20' — 15' — kcal 443

1 c. à s. d'huile d'arachide
1 tige de citronnelle de 5 cm
(10 g) finement hachée
2 petits piments rouges thaïs
frais, finement hachés
2 gousses d'ail écrasées
15 g de gingembre frais haché
750 g d'agneau haché
1 miniconcombre émincé
1 oignon rouge (100 g) émincé
80 g de germes de soja

Quelques feuilles de basilic thaï
1 botte de coriandre effeuillée
8 grandes feuilles de laitue iceberg

Sauce
80 ml de jus de citron vert
2 c. à s. de nuoc-mâm
2 c. à s. de kecap manis
2 c. à s. d'huile d'arachide
2 c. à c. de sucre roux
½ c. à c. de sambal oelek

1 Mélangez tous les ingrédients de la sauce dans un shaker pour sauce à salade.

2 Faites chauffer l'huile d'arachide dans un wok. Faites revenir la citronnelle, les piments, l'ail et le gingembre. Ajoutez l'agneau et faites-le rissoler en plusieurs fois.

3 Remettez tout l'agneau dans le wok avec un tiers de la sauce. Laissez frémir 2 min jusqu'à ce que le liquide soit en partie évaporé.

4 Mettez le reste de la sauce dans un saladier avec la viande, le concombre, l'oignon, le soja, les herbes. Mélangez. Dressez sur la laitue.

Agneau bengali

4 — 20' — 25' — kcal 817

2 c. à s. d'huile végétale
2 pommes de terre moyennes
(400 g) en cubes
600 g de gigot d'agneau émincé
1 poivron rouge (200 g) haché
1 gros piment rouge émincé
1 oignon jaune (200 g) haché
150 g de champignons
de Paris émincés

2 c. à c. de curry en poudre
160 g de chutney de mangue
2 c. à s. d'eau
Quelques feuilles de coriandre
50 g de noix de cajou grillées
8 rotis (pains indiens)
2 c. à s. de chutney
de mangue supplémentaire
95 g de yaourt

1 Faites chauffer 1 c. à s. d'huile dans un wok et faites sauter les pommes de terre.

2 Faites chauffer la moitié du reste de l'huile dans le wok, puis faites rissoler l'agneau en plusieurs fois. Réservez.

3 Faites chauffer le reste de l'huile et faites-y revenir le poivron, le piment, l'oignon et les champignons. Ajoutez le curry et remuez.

4 Remettez les pommes de terre et l'agneau dans le wok avec le chutney de mangue et l'eau. Laissez chauffer en remuant. Retirez du feu puis parsemez de coriandre et de noix de cajou. Servez avec les rotis, le chutney et le yaourt.

POISSONS & FRUITS DE MER

Sélection de recettes prêtes en moins de 30 minutes

Poisson à la créole   232

Darnes de saumon aux herbes
et aux noix de cajou   234

Saumon sésame
et coriandre   234

Salade betterave-fenouil
et saumon au carvi   235

Daurade grillée à la sauce
tomate épicée   244

Huîtres fraîches garnies   252

Huîtres à la crème d'ail
et de fenouil   253

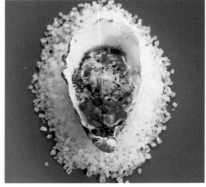

Huîtres à la tomate
et au bacon   253

Crevettes au sel
et au poivre   254

PRÉPARER LES POISSONS

Préparer des créatures de la mer vous semblera un jeu d'enfant si vous suivez ces étapes simples.

Acheter du poisson

Le poisson frais doit avoir une odeur fraîche de mer. Les poissons entiers doivent avoir les yeux clairs et être glissants mais pas visqueux. Les filets doivent avoir un aspect brillant et humide, mais sans être collants. Conservez-les au réfrigérateur enveloppés dans du papier d'aluminium.

Enlever la peau des filets

Posez le filet côté peau sur le plan de travail, l'extrémité de la queue face à vous ; plongez les doigts d'une main dans du sel et tenez la queue fermement pendant que vous introduisez un couteau à filet entre la chair et la peau, en le faisant glisser plutôt qu'en coupant.

Vider le poisson et ôter l'arête centrale

Coupez la tête sous les branchies. Incisez le ventre pour enlever les entrailles, puis ouvrez le ventre et faites tenir le poisson à plat sur le ventre. Appuyez le long du dos pour décoller l'arête centrale puis détachez-la délicatement de la chair. Coupez la queue.

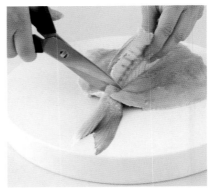

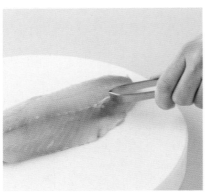

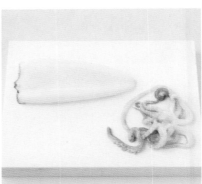

Enlever les arêtes

Pour enlever toutes les petites arêtes cachées dans le filet, passez vos doigts dessus en appuyant fermement, en commençant par l'extrémité de la queue ; à l'aide d'une pince à épiler, retirez toutes les arêtes que vous sentez.

Lever les filets

Pour un poisson rond, coupez la tête, tenez la queue avec des doigts préalablement plongés dans du sel, puis passez un couteau à filet le long de l'arête centrale en partant de la queue pour détacher la chair en un morceau. Pour un poisson plat, coupez dans un premier temps le centre, puis levez les filets de chaque côté.

Préparer un calamar

Tirez sur les tentacules et la tête pour les écarter du corps. Coupez les tentacules, appuyez sur le centre pour dégager le bec, puis ôtez-le ; jetez également la tête, les entrailles et le cartilage transparent (plume). Détachez la membrane qui recouvrez le corps et les nageoires.

Préparer un poulpe

Coupez la tête/corps sous les yeux, incisez l'arrière de la tête et détachez les entrailles en tirant dessus. Faites une petite fente au centre des tentacules pour faire ressortir le bec, puis jetez-le. Coupez les yeux et ôtez le bec et les entrailles. Retournez le poulpe comme un gant et lavez l'intérieur du corps et les tentacules.

Acheter et préparer du sashimi

Achetez du thon de qualité sashimi. Enveloppez-le dans du film plastique en serrant bien et congelez-le jusqu'à ce qu'il soit ferme. Utilisez un couteau tranchant lourd pour couper des tranches de poisson aussi fines que possible dès que vous le sortez du congélateur et que vous le déballez.

Ouvrir des petits poissons

Coupez la tête, incisez le ventre sur toute la longueur et retirez la tête et les entrailles. Ouvrez le poisson, côté peau sur le dessus, et servez-vous de vos pouces ou d'un rouleau à pâtisserie pour appuyer le long de l'arête centrale et aplatir le poisson. Ôtez l'arête centrale en vous aidant d'un grand couteau lourd que vous glissez dessous.

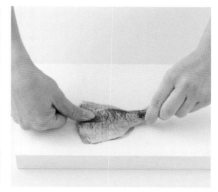

Émietter du poisson fumé ou cuit

Enlevez la peau, détachez la chair des arêtes puis, avec les doigts, cassez la chair en morceaux de la taille désirée, en faisant attention aux arêtes pointues et en les retirant.

Œufs de poisson

Les œufs sont extraits des poissons femelles. Les plus connus sont les œufs d'esturgeon, salés pour devenir du caviar. Les œufs de saumon salés, ou caviar de saumon, sont excellents. Quant aux œufs de lump, colorés en noir ou en rouge, ils sont présentés comme un succédané de caviar.

Écailler du poisson

Recouvrez une surface de journaux ; travaillez de préférence dehors car les écailles vont voltiger. Saisissez la queue du poisson en ayant préalablement plongé vos doigts dans du sel puis, à l'aide d'un écailleur à poisson ou d'un couteau rigide en dents de scie, raclez les écailles en remontant de la queue vers la tête. Répétez l'opération sur l'autre côté du poisson.

Brochettes de lotte et couscous aux amandes et au citron confit

4 | 25' | 45' | 10' | 5' | kcal 572

1 poignée de coriandre ciselée

2 gousses d'ail écrasées

2 c. à s. d'huile d'olive

2 petits piments rouges émincés

60 ml de jus de citron

800 g de filets de lotte, de thon ou d'espadon en gros cubes

375 ml de bouillon de poulet

300 g de couscous

1 poignée de feuilles de coriandre fraîche

1 c. à s. de citron confit finement haché

35 g d'amandes effilées grillées

1 Mélangez la coriandre, l'ail, l'huile, les piments et le jus de citron dans un bol. Versez la moitié de cette marinade dans un saladier, ajoutez les cubes de poisson et remuez. Enfilez-les sur des brochettes. Couvrez et réservez 45 min au frais.

2 Faites cuire les brochettes 5 min sur un gril en fonte préchauffé ou au barbecue.

3 Faites chauffer le bouillon dans une casserole. Aux premiers bouillons, retirez du feu, versez le couscous en pluie, remuez, couvrez et laissez reposer 5 min. Quand le liquide est absorbé et incorporez le reste de la marinade, les feuilles de coriandre, le citron et les amandes. Servez avec les brochettes.

Poisson à la créole

4 | 15' | 15'

150 g de riz basmati

20 g de beurre

½ petit poivron vert (75 g) détaillé en dés

375 ml de bouillon de poulet

20 g de beurre fondu

1 c. à s. de jus de citron

2 darnes de poisson blanc de 200 g chacune

2 c. à c. de mélange d'épices cajun

4 oignons verts en tranches fines

1 poignée de persil plat ciselé

½ c. à c. de poivre noir concassé

1 Rincez abondamment le riz puis égouttez-le.

2 Faites fondre le poivron dans le beurre, dans une grande casserole.

3 Ajoutez le riz et le bouillon, portez à ébullition en remuant souvent, couvrez et baissez le feu. Laissez cuire 12 min environ : le riz doit être tendre.

4 Mélangez le beurre fondu et le jus de citron. Nappez-en les darnes de poisson avant de les saupoudrer du mélange d'épices. Faites-les cuire dans une petite poêle chaude.

5 Mélangez les oignons verts, le persil, le poivre concassé et le riz chaud. Servez avec les darnes de poisson.

Millefeuilles saumon fumé et fromage frais

6 · 30' · 1h · kcal 284

250 g de fromage frais ramolli
120 g de crème fraîche
2 c. à s. de jus de citron
2 c. à s. d'aneth ciselé
2 c. à c. de câpres hachées
1 c. à c. de zeste de citron râpé finement
300 g de tranches de saumon fumé

1 Huilez un moule à muffin de 6 alvéoles. Tapissez les alvéoles de film alimentaire.

2 Dans un saladier, fouettez le fromage frais, la crème fraîche et le jus de citron au batteur électrique. Quand la préparation est bien lisse, ajoutez l'aneth, les câpres et le zeste de citron.

3 Découpez 12 disques de 6 cm de diamètre et 12 autres disques de 7 cm de diamètre dans les tranches de saumon. Posez un petit disque de saumon dans le fond de chaque alvéole.

Étalez 1 c. à s. de crème. Continuez ainsi, en finissant par le saumon.

4 Recouvrez le moule avec du film alimentaire et placez 1 h au frais. Démoulez délicatement et ôtez le film.

Darnes de saumon aux herbes et aux noix de cajou

4   20'   10'   kcal 481

4 darnes de saumon

1 bonne pincée de fleur de sel

3 pommes vertes

2 oignons verts émincés

1 oignon rouge émincé

1 petit bouquet de menthe

1 petit bouquet de coriandre

125 ml de jus de citron vert

110 g de noix de cajou non salées

Sauce

65 g de sucre roux

2 c. à s. de nuoc-mâm

2 c. à c. de gingembre frais râpé

1 Préparez la sauce : mélangez tous les ingrédients dans une petite casserole et portez à ébullition. Retirez du feu, passez dans un tamis fin et laissez refroidir à température ambiante.

2 Saupoudrez de fleur de sel les darnes de saumon puis faites-les cuire sur un gril en fonte préchauffé. Faites également griller à sec les noix de cajou.

3 Détaillez les pommes en fins bâtonnets puis mettez-les dans un saladier avec les oignons, la menthe, la coriandre et le jus de citron. Ajoutez la moitié de la sauce.

4 Présentez les darnes de saumon sur les assiettes de service, garnissez de mélange aux pommes et de noix de cajou grillées. Nappez avec le reste de la sauce et servez.

Saumon sésame et coriandre

2   10'   10'

4 c. à c. de graines de sésame

½ c. à c. de graines de coriandre

½ c. à c. de grains de poivre noir

2 pavés de saumon de 220 g

4 c. à c. d'huile de sésame

½ c. à c. de gingembre frais râpé

2 petits piments rouges frais épépinés et détaillés en lanières

2 minibok choy (120 g) coupés en quatre dans la longueur

2 c. à s. de sauce soja

4 c. à c. de jus de citron vert

1 Mélangez dans un sachet alimentaire solide les graines de sésame, la coriandre et le poivre noir. Écrasez-les avec un rouleau à pâtisserie. Étalez ce mélange sur un des côtés du pavé de saumon en pressant dessus.

2 Faites chauffer la moitié de l'huile de sésame dans un wok et saisissez le pavé de saumon 1 min sur sa face recouverte d'épices, puis 1 min sur l'autre face.

Réservez au chaud entre deux assiettes creuses.

3 Faites sauter le gingembre et les piments avec le reste de l'huile jusqu'à ce qu'ils embaument. Ajoutez les quartiers de bok choy, puis la sauce soja et le jus de citron. Laissez cuire jusqu'à ce que le chou soit tendre.

4 Dégustez le poisson avec le bok choy. Vous pouvez accompagner ce plat de riz basmati.

Salade betterave-fenouil et saumon au carvi

4   **20'**   **10'**   **kcal 469**

1 petit bulbe de fenouil (200 g) paré
1 betterave moyenne (175 g) pelée
1 petite salade trévise (150 g) lavée et émincée
20 g de persil plat frais
1 c. à s. de vinaigre de riz
60 ml d'huile d'olive
4 filets de saumon (880 g)
1 ½ c. à c. de graines de carvi
1 gousse d'ail écrasée
1 citron vert coupé en quartiers

1 À l'aide d'une mandoline ou d'un couteau tranchant, émincez le fenouil et la betterave. Dans un grand saladier, mélangez le fenouil, la betterave, la trévise, le persil, le vinaigre et 2 c. à s. d'huile d'olive.

2 Dans un autre saladier, tournez les filets de saumon dans un mélange d'huile d'olive, de graines de carvi et d'ail. Faites cuire le poisson dans une grande poêle bien chaude. Adaptez le temps de cuisson selon votre goût.

3 Répartissez la salade et les filets de saumon sur les assiettes. Servez avec des quartiers de citron vert.

Croquettes de pommes de terre à la truite fumée

1 kg de pommes de terre pelées et grossièrement hachées

1 gousse d'ail écrasée

35 g de farine

2 œufs légèrement battus

2 c. à s. de coriandre fraîche,

grossièrement hachée

1 c. à c. de sambal oelek

1 c. à c. de zeste de citron finement râpé

1 c. à s. de jus de citron

400 g de truite fumée émiettée

1 Préchauffez le four à 180 °C et graissez 2 plaques de cuisson.

2 Faites cuire les pommes de terre à l'eau ou à la vapeur puis égouttez-les et écrasez-les jusqu'à obtention d'une purée lisse. Incorporez l'ail, la farine, les œufs, la coriandre, le sambal oelek, le zeste de citron, le jus de citron et la truite fumée.

3 Façonnez 12 boulettes de ce mélange et aplatissez-les légèrement. Disposez-les en une seule couche sur les plaques de cuisson et faites-les cuire 30 min au four jusqu'à ce qu'elles soient bien dorées. Retournez-les au moins deux fois en cours de cuisson. Servez avec des quartiers de citron.

Croquettes de poisson

1 oignon jaune moyen (150 g), coupé en quartiers

8 clous de girofle

2 gousses d'ail coupées en deux

2 feuilles de laurier

500 ml de lait

500 g de filets de poisson blanc sans la peau, coupés en morceaux

3 pommes de terre moyennes (600 g), coupées en morceaux

60 g d'olives vertes dénoyautées, grossièrement hachées

110 g de farine

15 filets d'anchois en conserve, égouttés et coupés en deux dans la longueur

Huile végétale pour la friture

Sel et poivre

1 Piquez les quartiers d'oignon de clous de girofle. Mettez l'oignon, l'ail, les feuilles de laurier et le lait dans une casserole. Portez à frémissement, puis ajoutez le poisson et laissez cuire 5 min à feu doux. Retirez le poisson de la casserole et transférez-le dans un saladier. Émiettez-le en ôtant les arêtes.

2 Portez le mélange à base de lait à ébullition. Faites-y cuire les pommes de terre 15 min, à couvert. Retirez les pommes de terre du lait et ajoutez-les au poisson, puis écrasez l'ensemble grossièrement. Filtrez le mélange de lait au-dessus d'un pichet. Jetez les feuilles de laurier et les clous de girofle. Hachez finement l'oignon et l'ail avant de les ajouter dans la préparation à base de poisson, ainsi que les olives. Incorporez progressivement la farine tamisée et 180 ml de lait réservé dans la préparation au poisson. Assaisonnez.

3 Confectionnez des boulettes avec 2 c. à s. bombées de préparation au poisson puis disposez-les sur une plaque chemisée de papier sulfurisé. Placez 1 h au réfrigérateur. Faites un creux dans chaque boulette, enfoncez-y ½ anchois enroulé et remodelez les boulettes de façon à enfermer les anchois et à obtenir des croquettes de forme ovale.

4 Faites chauffer l'huile dans une grande casserole ou dans un wok. Faites-y frire les croquettes, quelques-unes à la fois. Égouttez-les sur du papier absorbant.

5 Servez les croquettes avec des quartiers de citron.

Conseil

Nous avons réalisé cette recette avec de la julienne, mais vous pouvez utiliser tout type de filet de poisson blanc à chair ferme.

Poisson à la peau croustillante et skordalia à l'ail rôti

4 | 20' | 40' | 220°C | kcal 767

4 filets de poisson blanc de 200 g
chacun, avec la peau

Huile au romarin
60 ml d'huile d'olive
4 gousses d'ail émincées
2 c. à s. de romarin

Skordalia à l'ail rôti
2 têtes d'ail moyennes (140 g)
600 g de petites pommes de terre
125 ml de lait chaud
1 c. à s. de zeste de citron finement râpé
125 ml d'huile d'olive
140 g de yaourt à la grecque
60 ml de jus de citron
Sel et poivre

1 Préparez l'huile au romarin.
Faites chauffer l'huile d'olive, l'ail et le romarin dans une petite casserole sur feu doux jusqu'à ce que l'ail commence à se colorer. Laissez tiédir.

2 Préparez la scordalia à l'ail rôti.
Préchauffez le four à 220 °C. Enveloppez l'ail dans du papier d'aluminium et placez-le sur une plaque de four avec les pommes de terre. Enfournez 30 min jusqu'à ce que l'ail et les pommes de terre soient tendres. Quand les pommes de terre ont suffisamment tiédi pour être manipulées, pelez-les et mettez-la dans un petit saladier. Extrayez la pulpe des têtes d'ail en les pressant, ajoutez-la aux pommes de terre ainsi que la moitié du lait chaud. Écrasez le zeste de citron, l'ail et les pommes de terre de façon à obtenir

une purée lisse. Incorporez l'huile peu à peu, 1 c. à s. à la fois. Incorporez ensuite le yaourt ainsi que le jus de citron et assaisonnez selon votre goût. Juste avant de servir, faites chauffer le reste du lait dans une casserole, versez-y la skordalia et réchauffez-la, tout en remuant.

3 Séchez les filets de poisson avec du papier absorbant et assaisonnez-les. Faites chauffer 1 c. à s. d'huile au romarin dans une poêle moyenne. Faites-y cuire les filets, côté peau vers le bas, pendant 2 min environ, jusqu'à ce que la peau soit croustillante. Retournez les filets et laissez-les cuire à cœur.

4 Servez le poisson accompagné de la skordalia et arrosé d'huile au romarin.

Poisson rôti aux tomates et aux olives

4 | 15' | 25' | 200°C | kcal 60

4 poissons blancs entiers
de 260 g chacun
1 c. à s. d'huile d'olive
2 oignons rouges moyens (340 g),
émincés
2 bâtons de céleri (300 g)
parés et émincés
4 gousses d'ail émincées

400 g de tomates cerises
120 g d'olives noires dénoyautées
1 citron moyen (140 g), coupé en deux puis en fines demi-rondelles
4 c. à s. de brins de romarin frais
250 ml de vin blanc sec
25 g de persil plat frais haché

1 Préchauffez le four à 200 °C. Nettoyez les poissons et retirez les têtes.

2 Faites chauffer l'huile d'olive dans un plat allant au four. Faites-y revenir les oignons, le céleri et l'ail, tout en remuant, jusqu'à ce qu'ils soient légèrement dorés. Ajoutez les tomates, les olives, le citron et le romarin.

3 Assaisonnez les poissons et disposez-les sur les légumes, puis arrosez de vin. Faites rôtir 15 min environ.

4 Servez les poissons parsemés de persil.

Vindaloo de poisson et chapatis

4 · 1ʰ20 · 3ʰ · 45' · 180°C · kcal 643

6 gousses d'ail avec la peau
1 oignon jaune avec la peau
15 g de petits piments rouges séchés
30 g de piments anchos séchés
1 c. à c. de grains de poivre noir
1 bâton de cannelle
1 ½ c. à c. de graines de cumin
1 c. à c. de graines de fenouil
25 g de gingembre frais, grossièrement râpé
1 c. à s. de tamarin
1 c. à s. de sucre roux
160 ml de vinaigre de cidre
1 kg de filets de poisson blanc,
coupés en cubes de 5 cm
250 ml d'eau

Chapatis
400 g de farine complète
1 c. à s. d'huile d'arachide
250 ml d'eau chaude

1 Préchauffez le four à 180 °C. Dans un plat huilé, faites rôtir l'ail et l'oignon entiers 20 min. Ajoutez les piments, les grains de poivre, la cannelle, les graines de cumin et de fenouil 2 min avant la fin de la cuisson. Retirez l'ail et l'oignon du plat et réservez-les. Pilez finement le reste des épices.

2 Épluchez l'ail et l'oignon et mettez-les dans un verre doseur avec les épices pilés, le gingembre, le tamarin, le sucre et la moitié du vinaigre ; mixez jusqu'à obtention d'une pâte lisse. Dans un grand saladier, mélangez un tiers de cette pâte avec le reste du vinaigre. Ajoutez le poisson et enrobez-le de la préparation. Couvrez et laissez mariner 3 h au réfrigérateur. Réservez le reste de la pâte vindaloo pour un autre usage.

3 Préparez la pâte à chapatis. Mélangez à la main la farine, l'huile et l'eau dans un récipient puis déposez la pâte obtenue sur un plan de travail fariné et pétrissez-la 10 min. Enveloppez-la de film alimentaire et laissez-la reposer 3 h au réfrigérateur. Pétrissez la pâte 1 min, divisez-la en seize parts et roulez chacune en boule. Abaissez-les en galettes de 15 cm de diamètre avant de les empiler en les séparant avec du papier sulfurisé. Mettez-les au réfrigérateur jusqu'au moment de les faire cuire. Faites frire les chapatis un à un dans une grande poêle antiadhésive légèrement huilée.

4 Mettez le poisson et sa marinade dans une casserole avec l'eau puis portez à ébullition. Baissez le feu et laissez frémir 15 min sans couvrir.

5 Faites cuire les chapatis dans une poêle huilée. Servez le poisson avec du raïta (voir page 191) et les chapatis.

Filet de poisson poché au lait de coco

4 · 20' · 25' · kcal 921

300 g de riz au jasmin
800 ml de lait de coco
4 feuilles de citron kaffir
finement ciselées
2 piments rouges frais émincés
20 g de gingembre frais haché
1 c. à s. de nuoc-mâm
2 c. à s. de jus de citron vert
1 c. à s. de racine de coriandre
fraîche, finement hachée
1 c. à s. de citronnelle
fraîche, finement hachée
1 c. à s. de sucre roux
2 filets de poisson blanc
de 440 g chacun (sans la peau)
2 c. à s. de feuilles
de coriandre fraîche

1 Faites cuire le riz dans un grand volume d'eau bouillante salée puis égouttez-le. Réservez au chaud.

2 Pendant la cuisson du riz, mettez dans une sauteuse le lait de coco, les feuilles de kaffir, les piments, le gingembre, le nuoc-mâm, le jus de citron, la racine de coriandre, la citronnelle et le sucre. Portez à ébullition puis baissez le feu et laissez frémir 10 min sans couvrir. Ajoutez le poisson, couvrez et prolongez la cuisson de 10 min, sans laisser bouillir. Retirez du feu et incorporez les feuilles de coriandre. Servez aussitôt avec le riz.

Fish and chips

500 g de pommes de terre

Huile d'arachide pour la friture

110 g de farine à levure incorporée

125 ml de bière

125 ml d'eau froide

4 filets de poisson blanc sans la peau (440 g)

1 citron coupé en quartiers

1 Préchauffez le four à 160 °C. Coupez les pommes de terre en frites de 1 cm de section. Faites-les tremper 30 min dans un grand saladier d'eau froide. Égouttez-les avant de les frotter avec un torchon propre.

2 Plongez ces frites 4 min dans une grande sauteuse d'huile très chaude. Procédez en plusieurs tournées pour qu'elles cuisent uniformément. Faites-les égoutter sur du papier absorbant pendant que vous réchauffez l'huile.

3 Plongez une seconde fois les frites dans l'huile chaude pour terminer la cuisson. Elles doivent être croustillantes et dorées. Égouttez-les puis étalez-les sur une plaque de cuisson garnie de papier sulfurisé et gardez-les au chaud dans le four pendant que vous préparez le poisson.

4 Fouettez en pâte lisse la farine, la bière et l'eau.

5 Faites chauffer de nouveau l'huile. Plongez les filets de poisson dans la pâte puis faites-les frire jusqu'à ce qu'ils soient croustillants et cuits à point. Égouttez-les sur du papier absorbant.

6 Servez les filets de poisson avec les frites et des quartiers de citron.

Conseil

Vous pouvez remplacer la bière par de l'eau pétillante.

Filets de saint-pierre au sésame

4 filets de saint-pierre de 240 g chacun

75 g de graines de sésame

35 g de farine

Huile végétale pour la friture

1 grosse patate douce en tranches de 5 mm d'épaisseur

1 citron vert coupé en quartiers

Pâte à la bière

310 ml de bière

150 g de farine

1 c. à c. de paprika doux

1 Préparez la pâte à la bière : fouettez la bière, la farine et le paprika dans un récipient.

2 Coupez chaque filet de poisson en 3 morceaux. Mélangez les graines de sésame et la farine dans un plat creux et passez le poisson dans ce mélange.

3 Faites chauffer environ 60 ml d'huile dans une grande sauteuse et faites

dorer le poisson de toutes parts. Quand il est cuit à votre convenance, maintenez-le au chaud, à couvert.

4 Versez de l'huile dans la sauteuse jusqu'à mi-hauteur et faites-la chauffer. Plongez les tranches de patate douce dans la pâte puis faites-les frire. Servez le poisson avec les chips de patate douce et des quartiers de citron vert.

Daurade grillée à la sauce tomate épicée

4 · 15' · 15' · kcal 317

2 c. à s. d'huile d'olive
3 gousses d'ail écrasées
3 échalotes finement hachées
425 g de tomates concassées en boîte
1 c. à s. de xérès sec
1 c. à s. de sauce soja

1 c. à c. de sambal oelek
2 c. à c. de sucre blanc
4 filets de daurade de 200 g chacun
75 g de pousses d'épinard
2 c. à c. de vinaigre de vin rouge

1 Faites chauffer la moitié de l'huile dans une petite poêle pour y faire revenir l'ail et les échalotes 1 min. Ajoutez les tomates avec leur jus, le xérès, la sauce soja, le sambal oelek et le sucre. Portez à ébullition puis réduisez le feu et laissez frémir 10 min, sans couvrir, pour que le liquide réduise de moitié.

2 Pendant ce temps, faites dorer le poisson 10 min dans une grande poêle chaude légèrement huilée.

3 Mettez les pousses d'épinard dans un saladier avec le vinaigre et le reste de l'huile et mélangez délicatement. Servez le poisson nappé de sauce. Disposez sur la même assiette la salade d'épinards.

Carpaccio de thon, de saumon et de maquereau

6 · 50' · 1ʰ · 1ʰ · kcal 643

350 g de filet de thon
350 g de filet de maquereau
350 g de filet de saumon
80 ml de jus de citron vert
160 ml de jus de citron
20 g de gingembre frais finement râpé
60 ml de sauce soja
1 petit fenouil
80 ml d'huile d'olive vierge extra
1 c. à s. de petites câpres, rincées et égouttées
1 petit oignon rouge émincé
1 c. à c. d'aneth frais ciselé

1 Enveloppez séparément les poissons dans du film alimentaire et mettez-les 1 h au congélateur pour que leur chair devienne très ferme.

2 Détaillez les poissons en tranches le plus fin possible, à dresser séparément sur 3 plats. Arrosez le thon de jus de citron vert, le maquereau et le saumon de jus de citron. Couvrez et laissez reposer 1 h au réfrigérateur.

3 Pendant ce temps, mélangez le gingembre et la sauce soja dans un bol. Laissez reposer jusqu'au moment de servir. Hachez finement les feuilles de fenouil pour obtenir 1 c. à s. rase d'herbe (réservez le reste pour un autre usage). Émincez le bulbe.

4 Égouttez les poissons et dressez-les sur des assiettes de service. Arrosez le thon de sauce au gingembre préalablement passée au chinois ; disposez le bulbe et les feuilles de fenouil sur le maquereau et arrosez de la moitié de l'huile ; parsemez le saumon de câpres, d'oignon et d'aneth mélangés avec le reste de l'huile. Servez le carpaccio avec des tranches de pain de campagne grillées.

Riz pour sushi

200 g de riz à sushi
250 ml d'eau

Assaisonnement
2 c. à s. de vinaigre de riz
1 c. à s. de sucre
¼ c. à c. de sel

1 Versez le riz dans un grand saladier et recouvrez-le d'eau froide. Remuez-le à la main, puis égouttez-le. Relavez le riz 2 ou 3 fois. Laissez égoutter 30 min dans une passoire.

2 Préparez l'assaisonnement en mélangeant tous les ingrédients jusqu'à dissolution du sucre.

3 Mettez le riz égoutté et l'eau dans une casserole. Couvrez hermétiquement et portez à ébullition, puis laissez cuire 12 min environ à feu doux. Retirez du feu et laissez reposer 10 min à couvert.

4 Étalez le riz dans un grand plat. À l'aide d'une spatule en bois, remuez-le pour séparer les grains, en versant l'assaisonnement au fur et à mesure : le riz ne doit pas être détrempé.

5 Continuez à retourner le riz pendant 5 min en le ramenant de l'extérieur vers le centre jusqu'à ce qu'il soit presque froid. Couvrez avec un linge humide pendant que vous préparez les sushi.

Ura-maki

2 feuilles de nori, coupées en deux dans la longueur
Riz pour sushi (voir ci-dessus)
2 c. à c. de shichimi
4 c. à c. de graines de sésame noir et blanc

1 ½ c. à c. de wasabi
1 petit avocat, en lamelles
200 g de saumon frais, découpé en bandes de 1 cm
60 ml de sauce soja japonaise

1 Étalez un film alimentaire sur une natte en bambou. Déposez ½ feuille de nori dans le sens de la hauteur, la face alvéolée sur le dessus. Humectez vos mains d'eau vinaigrée. Divisez le riz en quatre et étalez 1 portion sur la feuille de nori.

2 Saupoudrez le riz de ¼ du shichimi et de ¼ du sésame. Retournez la feuille de nori pour que le riz se trouve contre le film. Étalez un trait de wasabi d'un bout à l'autre de la feuille de nori, à 2 cm du bord, puis recouvrez d'avocat et de saumon.

3 À l'aide de la natte et en retirant progressivement le film, roulez l'ura-maki en partant du bord le plus près de vous.

4 Coupez le rouleau en six. Répétez l'opération avec le reste des ingrédients.

5 Servez les ura-maki avec le reste de wasabi et la sauce soja.

Maki au thon et au concombre

4 feuilles de nori
Riz pour sushi (voir ci-contre)
2 c. à c. de wasabi
120 g de thon frais, découpé

en lanières de 5 mm
1 miniconcombre épépiné et émincé
60 ml de sauce soja japonaise

1 Pliez une feuille de nori en deux et coupez-la à la pliure. Placez une moitié de feuille sur une natte en bambou dans le sens de la hauteur, la face alvéolée sur le dessus, à 2 cm du bas de la natte.

2 Humectez vos mains avec de l'eau vinaigrée. Divisez le riz en 4 portions égales et déposez 1 portion au centre de la feuille de nori, en formant un rectangle.

3 Étalez délicatement le riz en laissant 2 cm en haut de la feuille.

4 Déposez un trait de wasabi au milieu du riz, sur toute la largeur. Recouvrez le wasabi de lanières de thon, puis de lamelles de concombre.

5 En vous aidant de la natte, enroulez la feuille de nori sur la garniture et pressez.

6 Déroulez la natte de bambou. Placez le rouleau sur un plan de travail. Avec un couteau très bien aiguisé, coupez-le en six. Répétez l'opération avec le reste des ingrédients. Servez aussitôt avec de la sauce soja et du wasabi.

Cornet californien

10 feuilles de nori
100 g de mayonnaise
1 c. à c. de wasabi
Riz pour sushi (voir ci-contre)
60 g de crabe cuit, émietté

1 miniconcombre épépiné
et coupé en lamelles
1 petit avocat, coupé en lamelles
1 petit poivron rouge,
coupé en lamelles

1 Coupez chaque feuille de nori en quatre. Mélangez la mayonnaise et le wasabi dans un bol.

2 Placez un morceau de feuille de nori en diagonale dans votre main gauche, la face lisse en dessous. Humectez vos mains avec de l'eau vinaigrée. Divisez le riz en 4 portions égales et déposez 1 portion au centre de la feuille de nori, en formant un rectangle. Étalez délicatement le riz sur la feuille

de nori, en creusant une petite rainure au milieu. Garnissez cette rainure de mayonnaise au wasabi, puis recouvrez de crabe, de concombre, d'avocat et de poivron.

3 Rabattez un côté de la feuille de nori sur la garniture, puis rabattez l'autre côté pour former un cornet. Repliez la pointe du cornet.

4 Servez à température ambiante.

COQUILLAGES & CRUSTACÉS

Servir des fruits de mer bien présentés à ses invités, c'est très facile une fois qu'on connaît les techniques des pros.

Décortiquer un crabe ①

Détachez les pattes et les pinces en les tordant, soulevez la queue osseuse située sous le crabe pour décoller la carapace supérieure. Retirez les branchies blanchâtres, le foie et les viscères, en réservant une partie de la substance jaune pour des sauces.

Décortiquer un crabe ②

Rincez le crabe, brisez la carapace et extrayez la chair, en cassant la carapace lorsque c'est nécessaire. Brisez la carapace des pinces avec un casse-noix, cassez les pattes en deux et récupérez la chair à l'aide d'une brochette.

Préparer un homard ①

Posez le homard à l'envers et, avec un couteau lourd, coupez la queue et le coffre en deux dans la longueur ; retournez le homard et divisez la tête en deux. Séparez les moitiés et enlevez le foie et les viscères à l'aide d'une cuillère.

Préparer un homard ②

Récupérez la chair de la queue avec les doigts. Si vous voulez extraire la chair en un morceau afin de préparer des médaillons, détachez la queue en la faisant pivoter puis décortiquez-la.

Préparer des huîtres ①

Protégez votre main avec un torchon ou une manique ; introduisez un couteau à huîtres (ou un autre petit couteau pointu à lame rigide) entre les deux coquilles au niveau de la charnière, et faites-le pivoter pour séparer les coquilles.

Préparer des huîtres ②

Sectionnez le muscle adducteur puis ôtez la coquille supérieure. Disposez-les sur un plat ou un plateau, sur un lit de gros sel pour que les huîtres soient stables.

Acheter des crevettes

Pour préparer des plats asiatiques, des barbecues, des crevettes à l'ail, etc., achetez des crevettes crues. Elles doivent avoir une bonne odeur de mer. Quant aux crevettes cuites, à utiliser dans des salades, sandwichs, ou accompagnées de quartiers de citron et de pain complet, elles doivent sentir légèrement la crevette.

Préparer des crevettes (1)

Tenez la tête d'une main et le corps de l'autre, et détachez-les en les faisant pivoter. Retirez la carapace et les pattes des crevettes, en laissant la queue intacte si vous le souhaitez, en guise de décoration. Jetez la tête et la carapace.

Préparer des crevettes (2)

Faites une incision peu profonde le long du dos pour dégager la veine noire (intestin). Glissez la pointe d'un petit couteau pointu sous la veine et tirez doucement pour la dégager, puis jetez-la. Si elle se casse, veillez à bien enlever tous les morceaux.

Préparer des moules

Grattez les moules avec une brosse à poils durs et nettoyez-les en les laissant tremper pendant plusieurs heures dans de l'eau additionnée d'une poignée de flocons d'avoine ou de farine de maïs. Ébarbez-les en tirant d'un coup sec dans la direction opposée à la charnière, puis jetez les filaments.

Préparer des palourdes et des coques

Lavez-les en changeant l'eau plusieurs fois, grattez les coquilles avec une brosse à poils durs puis laissez-les tremper dans de l'eau salée (100 g de sel pour 4 litres) pendant plusieurs heures.

Préparer des saint-jacques

Lorsque vous achetez des saint-jacques sans coquille ou présentées sur leur coquille, elles ont généralement déjà été préparées – il ne vous reste plus qu'à enlever les éventuelles petites parties brunes. Si la recette précise que seule la chair blanche est nécessaire, détachez délicatement le corail orange avec les doigts et gardez-le pour une utilisation ultérieure.

Plateau de fruits de mer

4 · **1ʰ** · **kcal 407**

1 langouste cuite
2 araignées de mer cuites
4 cigales de mer cuites
16 crevettes géantes cuites
12 huîtres
3 citrons coupés en quartiers

1 Préparez la langouste en la fendant en deux sur toute la longueur. Séparez les deux moitiés et retirez le foie et les viscères à l'aide d'une petite cuillère. Séchez-la en la tapotant avec du papier absorbant.

2 Préparez les araignées en détachant les pinces et les pattes et en coupant le corps en deux.

3 Coupez les cigales en deux dans la longueur. Retirez les matières verdâtres, le foie et la veine dorsale.

4 Ouvrez les huîtres. Disposez la langouste, les araignées, les cigales de mer, les crevettes et les huîtres sur un grand plateau avec les quartiers de citron. Servez, accompagné de sauces.

Mayonnaise piquante

5' · **kcal 67**

150 g de mayonnaise
1 c. à s. d'eau
2 c. à s. de ketchup
1 c. à c. de sauce Worcestershire
1 c. à c. de sambal oelek

1 Mélangez tous les ingrédients dans un bol.

Sauce soja et mirin

5' · **kcal 10**

2 c. à s. d'eau
1 c. à s. de sauce soja
2 c. à s. de mirin
2 c. à c. de vinaigre de riz
½ c. à c. de sambal oelek

1 Mélangez tous les ingrédients dans un bol.

Sauce moutarde à l'aneth

5' · **kcal 71**

150 g de mayonnaise
1 c. à s. d'eau
1 c. à s. de petites câpres rincées et égouttées
1 c. à c. de moutarde à l'ancienne
1 c. à s. d'aneth frais grossièrement ciselé

1 Mélangez tous les ingrédients dans un bol.

Sauce pimentée au citron vert

5' · **kcal 13**

60 ml de sauce au piment douce
2 c. à s. de jus de citron vert
1 c. à s. d'eau
1 c. à c. de nuoc-mâm
2 c. à c. de menthe fraîche ciselée

1 Mélangez tous les ingrédients dans un bol.

Huîtres fraîches garnies

2 **5'**

Gros sel pour la présentation
24 huîtres
1 c. à s. de ciboulette ciselée
2 c. à s. d'œufs de saumon
2 citrons verts en quartiers

1 Tapissez un plat de service de gros sel.
Ouvrez les huîtres et déposez-les sur le sel.

2 Saupoudrez les huîtres de ciboulette avant
de les garnir d'œufs de saumon.

3 Servez avec les quartiers de citron vert.

Conseil
Vous pouvez faire ouvrir les huîtres par votre écailler à condition
qu'il vous les prépare sur un lit de glace et que vous les dégustiez
rapidement. Gardez-les au réfrigérateur, recouvertes de leur
coquille, jusqu'au moment de les garnir et de les servir.

Huîtres à la crème d'ail et de fenouil

  kcal 51

12 huîtres
20 g de beurre
1 petit bulbe de fenouil émincé
1 gousse d'ail écrasée
2 c. à s. de vin blanc sec
80 ml de crème fraîche
1 c. à s. de câpres égouttées et finement hachées
2 c. à s. de persil plat ciselé

1 Faites fondre le beurre dans une poêle et faites revenir le fenouil et l'ail 5 min puis mouillez avec le vin blanc. Poursuivez la cuisson jusqu'à complète absorption du liquide.

2 Incorporez la crème fraîche et laissez épaissir sur le feu, sans cesser de remuer. Ajoutez les câpres et le persil plat. Garnissez les huîtres de ce mélange.

Huîtres à la tomate et au bacon

   kcal 44

12 huîtres
1 c. à s. d'huile d'olive
1 oignon haché
1 gousse d'ail écrasée
2 tranches de bacon émincées
2 tomates épépinées et concassées
1 c. à s. de basilic frais finement ciselé
Parmesan râpé

1 Faites chauffer l'huile d'olive dans une poêle et faites fondre l'oignon haché avec l'ail. Ajoutez le bacon que vous laissez dorer à feu vif avant d'incorporer les tomates. Quand la chair des tomates est tendre, ajoutez le basilic frais finement ciselé.

2 Garnissez les huîtres de ce mélange et disposez-les en une seule couche sur une plaque de cuisson. Saupoudrez de parmesan et faites gratiner sous le gril du four.

Huîtres à la salsa verde

  kcal 65

12 huîtres
80 g de persil plat
2 c. à s. de menthe fraîche
2 c. à c. de câpres égouttées
1 filet d'anchois
1 gousse d'ail
½ c. à c. de zeste de citron
½ c. à c. de moutarde de Dijon
80 ml d'huile d'olive

1 Mixez le persil, la menthe fraîche, les câpres, l'anchois, l'ail, le zeste de citron et la moutarde de Dijon. Sans cesser de mixer, versez en filet fin et régulier l'huile d'olive jusqu'à obtention d'une pâte lisse.

2 Garnissez les huîtres de cette sauce et saupoudrez de zeste de citron râpé. Servez frais.

Huîtres soufflées au fromage

    kcal 38

12 huîtres
20 g de beurre
2 c. à c. de farine
60 ml de lait
1 œuf, blanc et jaune séparés
2 c. à s. de parmesan râpé
1 c. à s. de ciboulette hachée

1 Préchauffez le four à 220 °C. Faites fondre le beurre dans une casserole, incorporez la farine et laissez cuire jusqu'à épaississement. Versez lentement le lait, en remuant sans cesse, et portez à ébullition. Retirez la casserole du feu et incorporez le jaune d'œuf, le parmesan râpé et la ciboulette hachée.

2 Montez le blanc d'œuf en neige, incorporez à la crème. Garnissez les huîtres de pâte, disposez-les sur une plaque et faites cuire 5 min au four jusqu'à ce que la pâte ait gonflé. Servez aussitôt.

Crevettes au sel et au poivre

18 grosses crevettes crues (1,2 kg)
2 c. à c. de sel de mer
¼ **de c. à c.** de cinq-épices
½ **c. à c.** de poivre noir
fraîchement moulu

1 Décortiquez les crevettes et ôtez la veine en laissant les queues intactes. Piquez chaque crevette sur une brochette, dans la longueur.

2 Mélangez le sel, le cinq-épices et le poivre dans un bol.

3 Faites cuire les brochettes sur un gril en fonte chaud huilé (ou sous le gril du four ou au barbecue) à feu vif jusqu'à ce qu'elles soient dorées des deux côtés et juste cuites. Parsemez la moitié du mélange de sel-poivre-épices pendant la cuisson.

4 Servez les brochettes accompagnées du reste du mélange de sel-poivre-épices.

Crevettes sautées à la coriandre

1 kg de crevettes crues moyennes
1 pied de coriandre fraîche hachée, y compris la racine
2 c. à c. de graines de coriandre
1 c. à c. de grains de poivre vert
4 gousses d'ail coupées en quatre
2 c. à s. d'huile végétale

80 g de germes de soja
1 c. à s. de coriandre fraîche ciselée
1 c. à s. d'échalote frite
1 c. à s. d'ail frit
Quelques feuilles de coriandre fraîche pour décorer

1 Décortiquez les crevettes en gardant la queue intacte.

2 Pilez le pied de coriandre haché, les graines de coriandre, le poivre vert et l'ail dans un mortier. Mettez le tout dans un plat avec la moitié de l'huile puis ajoutez les crevettes et remuez pour les enrober de ce mélange. Laissez mariner au moins 3 h au réfrigérateur.

3 Faites chauffer le reste de l'huile dans un wok et faites revenir à feu vif les crevettes jusqu'à ce qu'elles soient cuites et bien roses. Retirez du feu et ajoutez les germes de soja, la coriandre ciselée, l'ail et l'échalote frits. Décorez de feuilles de coriandre et servez aussitôt.

Paella

6 · 50' · 2ʰ · 1ʰ10 · kcal 509

500 g de palourdes
1 c. à s. de gros sel
500 g de crevettes moyennes, crues
500 g de petites moules
2 c. à s. d'huile d'olive
750 ml de bouillon de poulet
1 pincée de filaments de safran
220 g de hauts de cuisse de poulet
désossés et coupés en morceaux
1 chorizo (170 g) coupé en rondelles épaisses
1 gros oignon rouge (300 g) finement haché
1 poivron rouge moyen (200 g) finement haché
2 gousses d'ail écrasées
2 c. à c. de paprika fumé
2 tomates moyennes (300 g) pelées,
épépinées et finement hachées
300 g de riz de Calasparra (ou autre
riz à grain moyen, ou riz bomba)
120 g de petits pois surgelés
2 c. à s. de persil plat frais finement haché

1 Rincez les palourdes sous l'eau froide, plongez-les dans un saladier d'eau froide avec le gros sel, et laissez reposer 2 h. Égouttez-les et rincez-les.

2 Décortiquez les crevettes en laissant la queue intacte et retirez le nerf. Réservez les carapaces. Brossez les moules et ébarbez-les.

3 Faites chauffer 2 c. à c. d'huile d'olive dans une grande casserole, ajoutez les carapaces de crevette et faites-les revenir, en remuant, jusqu'à ce qu'elles deviennent roses. Ajoutez le bouillon et portez à ébullition. Baissez le feu et laissez frémir 20 min, sans couvrir. Filtrez le liquide à travers un chinois très fin, ajoutez le safran. Jetez les carapaces.

4 Faites chauffer 2 c. à c. d'huile dans une poêle à paella de 45 cm de diamètre, ou dans une grande poêle. Faites-y revenir le poulet pour qu'il soit bien doré. Réservez. Faites revenir le chorizo dans la même poêle. Égouttez-le sur du papier absorbant.

5 Faites chauffer le reste de l'huile dans une casserole, ajoutez l'oignon, le poivron, l'ail, le paprika et les tomates, et faites cuire, en remuant, jusqu'à ce que tout soit bien tendre. Ajoutez le riz et mélangez pour bien l'enrober du mélange.

6 Ajoutez le poulet, le chorizo et le bouillon, et mélangez. Portez à ébullition, baissez le feu et laissez frémir 15 min environ, sans couvrir, jusqu'à ce que le riz soit presque cuit.

7 Ajoutez les petits pois. Disposez les palourdes, les crevettes et les moules sur le dessus de la paella. Couvrez avec un couvercle ou du papier d'aluminium et laissez cuire à feu doux 5 min environ jusqu'à ce que les crevettes soient cuites et les moules et palourdes ouvertes (jetez celles qui restent fermées). Parsemez de persil et servez sans attendre.

Souvlakia de crevettes et sauce tomate-fenouil

 8 15' 1ʰ 10' kcal 168

16 grosses crevettes crues (1,1 kg)

2 c. à s. d'huile d'olive

3 gousses d'ail écrasées

2 c. à c. de menthe séchée

1 c. à c. de zeste de citron finement râpé

2 c. à s. de jus de citron

Sauce tomate-fenouil

2 minibulbes de fenouil (260 g)

1 c. à s. d'huile d'olive

1 oignon jaune moyen (150 g), finement haché

2 gousses d'ail finement hachées

3 tomates moyennes bien mûres (450 g),
grossièrement hachées

60 ml d'ouzo ou de Pernod

50 g de menthe fraîche grossièrement hachée

1 Décortiquez et déveinez les crevettes, en laissant les queues intactes. Dans un saladier, mélangez les crevettes avec les autres ingrédients. Couvrez et placez 1 h au réfrigérateur.

2 Préparez la sauce tomate-fenouil. Réservez les feuilles du fenouil. Hachez finement le fenouil et ses feuilles, séparément. Faites chauffer l'huile d'olive dans une casserole moyenne, sur feu moyen. Faites-y revenir l'oignon, l'ail et le fenouil jusqu'à ce qu'ils soient tendres. Ajoutez les tomates et l'ouzo, et laissez réchauffer. Juste avant de servir, incorporez les feuilles du fenouil et la menthe, puis assaisonnez.

3 Enfilez les crevettes sur 8 piques à brochette en métal ; réservez la marinade. Faites cuire les brochettes sur un gril préchauffé et huilé (ou au barbecue ou sur une poêle-gril), tout en les badigeonnant de marinade réservée.

4 Servez les crevettes avec la sauce. Accompagnez de riz pilaf.

Pilaf de crevettes et de courgettes à la menthe

 4   20'   20'   5'   kcal 688

20 crevettes moyennes crues (1 kg)
60 g de beurre
1 c. à s. d'huile d'olive
1 oignon blanc moyen (150 g), finement haché
2 gousses d'ail finement hachées
1 petit piment rouge frais finement haché
300 g de riz blanc long grain
1 c. à c. de zeste de citron finement râpé
60 ml de vin blanc sec
375 ml de fumet de poisson chaud
3 courgettes moyennes (360 g),
grossièrement râpées

Sauce au citron et à la menthe
2 citrons moyens (280 g), pelés
et séparés en quartiers
40 g de feuilles de persil plat frais
20 g de feuilles de menthe fraîches
60 ml d'huile d'olive

1 Décortiquez et déveinez
les crevettes, en laissant les queues
intactes. Réservez-les au réfrigérateur.

2 Faites chauffer le beurre et l'huile
d'olive dans une casserole moyenne
à fond épais. Faites-y revenir l'oignon,
l'ail et le piment, en remuant, jusqu'à
ce que l'oignon soit tendre. Ajoutez
le riz, le zeste de citron ainsi que le vin
et laissez cuire jusqu'à ce que le liquide
soit absorbé. Incorporez le fumet
de poisson chaud et portez à ébullition.
Baissez sur feu doux et poursuivez
la cuisson, à couvert, pendant 10 min.

3 Préparez la sauce au citron
et à la menthe. Hachez finement
les ingrédients au mixeur. Assaisonnez.

4 Incorporez les courgettes dans
le mélange de riz et surmontez de
crevettes. Couvrez et laissez cuire 5 min.
Retirez du feu puis laissez reposer 5 min,
à couvert. Servez le pilaf arrosé de sauce.

Moules marinière

4 — 10' — 15'

1 kg de moules de bouchot
20 g de beurre
1 petit oignon jaune (40 g) émincé
1 petite carotte (35 g)
en tranches fines
2 bâtons de céleri en tranches fines

1 gousse d'ail écrasée
4 c. à s. de vin blanc sec
4 tranches de baguette
2 c. à c. d'huile d'olive
4 c. à s. de persil plat ciselé

1 Grattez soigneusement
les moules ; enlevez
les barbes.

2 Faites revenir au beurre
l'oignon, la carotte, le céleri
et l'ail dans une petite cocotte.

3 Versez le vin et portez
à ébullition. Ajoutez
les moules, couvrez et laissez
cuire 5 min environ pour
que les coquilles soient bien
ouvertes (éliminez celles qui
sont restées fermées).

4 Badigeonnez le pain
d'huile et faites-le dorer sur
une plaque en fonte chaude.

5 Saupoudrez le persil
sur les moules
et dégustez sans attendre
avec le pain grillé.

Moules à la thaïlandaise

4 — 30' — 10' — kcal 142

2 kg de grosses moules
2 c. à s. d'eau
80 ml de jus de citron vert
2 c. à s. de sucre roux
2 c. à s. de nuoc-mâm
1 piment rouge frais finement haché
2 c. à c. d'huile d'arachide
20 g de blanc de citronnelle finement haché
1 gousse d'ail écrasée
20 g de gingembre frais râpé
2 c. à c. de racines et de tiges
de coriandre hachées
2 oignons verts émincés
Quelques feuilles de coriandre
Quelques feuilles de basilic thaï
2 piments rouges en fines lanières, pour décorer

1 Grattez les moules sous l'eau
froide et supprimez les barbes.

2 Mélangez l'eau, le jus de citron
vert, le sucre, le nuoc-mâm
et le piment haché dans un bol.

3 Faites chauffer l'huile dans
un grand faitout pour y faire revenir
la citronnelle, l'ail, le gingembre et les
tiges et racines de coriandre. Quand
le mélange embaume, versez la sauce
au citron et portez à ébullition. Jetez
les moules dans la casserole, ramenez
à ébullition puis baissez le feu. Couvrez
et laissez frémir 5 min en agitant vivement
le faitout pour faire ouvrir les moules (jetez
toutes celles qui sont restées fermées).

4 Répartissez les moules et le jus
de cuisson dans des assiettes
creuses, décorez d'oignons verts,
de feuilles de coriandre, de basilic
et de lanières de piment.

Saint-jacques grillées aux agrumes

(4) (15') (10') (kcal 181)

1 pamplemousse rose
1 orange
1 citron vert
1 mangue
30 g de basilic finement haché
30 g de menthe fraîche hachée
32 noix de saint-jacques,
sans le corail

Sauce aux agrumes
2 c. à s. de mirin
1 c. à s. de jus d'orange
1 c. à s. de jus de citron
1 c. à s. d'huile d'olive
1 c. à c. de zeste de citron râpé

1 Pelez les agrumes à vif. Prélevez les quartiers en écartant les membranes qui les recouvrent puis détaillez-les en petits dés dans un saladier. Coupez la mangue en dés et mettez-les dans le saladier avec le basilic et la menthe.

2 Huilez légèrement un gril en fonte et faites griller les noix de saint-jacques jusqu'à ce qu'elles soient dorées et cuites à votre convenance.

3 Préparez la sauce : mélangez tous les ingrédients dans un shaker pour sauce à salade. Versez-en la moitié sur la salade d'agrumes. Remuez.

4 Servez les noix de saint-jacques sur la salade d'agrumes et arrosez-les avec le reste de sauce.

Saint-jacques vapeur au gingembre et à la citronnelle

(4) (15') (15') (kcal 361)

20 coquilles Saint-Jacques
300 g de riz au jasmin
15 g de gingembre frais
2 c. à s. de citronnelle fraîche émincée
4 oignons nouveaux émincés
1 c. à s. d'huile de sésame
60 ml de kecap manis
60 ml de sauce soja

1 Faites ouvrir les coquilles par votre poissonnier en lui demandant de retirer le corail. Gardez la base des coquilles pour servir.

2 Faites cuire le riz dans un grand volume d'eau bouillante salée. Égouttez-le quand il est encore légèrement croquant. Réservez au chaud pendant que vous préparez les noix de saint-jacques.

3 Dès que le riz commence à cuire, détaillez le gingembre en fins bâtonnets. Disposez les noix de saint-jacques en une seule couche dans un panier vapeur en bambou (graissez le fond ou garnissez-le de feuilles de laitue pour éviter que les noix de saint-jacques ne collent). Garnissez-les de gingembre, de citronnelle et d'oignon. Couvrez et faites cuire 5 min à la vapeur. Procédez en plusieurs fois si votre panier n'est pas assez grand.

4 Répartissez les noix de saint-jacques avec leur garniture dans les coquilles vides. Mélangez dans un bol l'huile de sésame, le kecap manis et la sauce soja et nappez-en les noix de saint-jacques. Servez aussitôt avec le riz.

Salade de homard aux fines herbes

2 gros homards cuits (2,5 kg)
100 g de nouilles de riz sèches
30 g de feuilles de coriandre fraîche
30 g de feuilles de menthe fraîche

Sauce pimentée à la noix de coco
200 ml de crème de coco
1 c. à s. de sauce pimentée forte
1 c. à s. de jus de citron vert
2 c. à c. de nuoc-mâm
2 feuilles de citron kaffir
fraîches froissées

1 Préparez la sauce à la noix de coco : mélangez les ingrédients dans une casserole. Portez à ébullition. Réduisez le feu et laissez frémir 2 min sans couvrir. Filtrez le mélange et laissez refroidir 20 min.

2 Ôtez les têtes des homards. Décortiquez les homards en coupant la carapace avec des ciseaux. Coupez la chair en tranches de 1 cm.

Tournez ces tranches dans la sauce à la noix de coco.

3 Faites ramollir les nouilles dans un saladier d'eau bouillante. Égouttez-les, rincez-les sous l'eau froide puis égouttez-les de nouveau.

4 Répartissez les nouilles sur les assiettes. Déposez les tranches de homard sur les nouilles. Parsemez de coriandre et de menthe.

Homard à la cantonaise

4 queues de homard crues avec la carapace (environ 700 g)
2 c. à s. de farine
Huile d'arachide pour la friture
1 gousse d'ail écrasée
10 g de gingembre frais râpé
1 oignon jaune (150 g) émincé
2 petits piments rouges hachés
200 g de porc haché

250 ml de bouillon de poulet
60 ml de xérès doux
2 c. à s. de sauce soja claire
1 c. à s. de sauce soja foncée
1 c. à s. de Maïzena®
1 c. à s. d'eau
150 g de pois gourmands
Quelques feuilles de coriandre
Quelques feuilles de menthe

1 À l'aide de ciseaux de cuisine, fendez les queues en deux dans la longueur, puis partagez chaque moitié en deux dans la largeur pour obtenir 16 morceaux. Roulez-les dans la farine.

2 Faites chauffer l'huile dans un wok et faites-y frire les queues, puis égouttez-les sur du papier absorbant.

3 Faites sauter dans le wok l'ail, le gingembre, l'oignon et les piments. Incorporez le porc et faites-le rissoler. Ajoutez le bouillon, le xérès, les deux sauces et la Maïzena® délayée dans l'eau. Portez à ébullition et laissez réduire. Remettez les queues dans le wok et réchauffez-les 1 min. Retirez du feu et ajoutez les pois gourmands et les herbes.

Salade tiède aux calamars farcis

4 · **20'** · **25'** · **180°C** · **kcal 697**

120 g d'olives noires dénoyautées
40 g de feta émiettée
1 c. à s. de zeste de citron râpé
20 g de feuilles d'origan frais
12 petits calamars nettoyés (700 g)
4 tomates roma (300 g),
coupées en quatre
1 oignon rouge (300 g), émincé

2 c. à s. d'huile d'olive
1 petite chicorée frisée (300 g)

Vinaigrette à l'origan
60 ml d'huile d'olive
2 c. à s. de vinaigre de vin rouge
1 gousse d'ail écrasée
1 c. à s. d'origan frais ciselé

1 Préchauffez le four à 180 °C. Dans un saladier, mélangez les olives, la feta, le zeste de citron et l'origan. Farcissez les calamars de cette préparation. Maintenez-les fermés avec des piques en bois. Placez-les au frais.

2 Étalez les tomates et l'oignon dans un plat à gratin. Arrosez d'huile d'olive. Faites rôtir 15 min. Sortez le plat du four. Posez les calamars farcis sur les tomates. Poursuivez la cuisson 10 min.

3 Mélangez les ingrédients de la vinaigrette dans un shaker pour sauce à salade.

4 Dans un saladier, mélangez les tomates et l'oignon rôtis, et les feuilles de frisée. Répartissez sur les assiettes. Ajoutez les calamars. Arrosez de vinaigrette.

Salade de petits poulpes au tamarin et au piment

4 · **20'** · **10'** · **kcal 432**

1 kg de petits poulpes nettoyés
1 c. à s. de tamarin concentré
1 petit piment rouge thaï haché
2 c. à s. d'huile d'arachide
80 g de germes de soja
50 g de pousses de pois mange-tout
100 g de pois gourmands parés
et émincés dans la longueur

1 petit poivron rouge (150 g) émincé
40 g de feuilles de coriandre fraîche

Sauce au citron vert
60 ml d'huile d'arachide
1 c. à c. de zeste de citron vert râpé
2 c. à s. de jus de citron vert
1 c. à s. de sucre roux

1 Mélangez les ingrédients de la sauce au citron vert dans un shaker pour sauce à salade. Fermez puis secouez énergiquement.

2 Dans un grand récipient, mélangez les petits poulpes, le tamarin, le piment et la moitié de l'huile.

3 Faites chauffer le reste d'huile dans un wok. Faites-y cuire les poulpes en plusieurs fois.

4 Dans un grand saladier, mélangez les petits poulpes, la sauce au citron vert et les ingrédients restants.

Petits calamars frits

4   10'   5'   kcal 100

500 g de petits calamars nettoyés
50 g de farine
Huile végétale pour la friture
2 c. à c. d'origan séché
Citron
Sel et poivre

1 Découpez les calamars en anneaux fins. Assaisonnez la farine avec du sel et du poivre.

2 Faites chauffer l'huile dans une casserole ou dans un wok. Passez les anneaux de calamar dans la farine, puis secouez pour ôter l'excédent. Faites frire les calamars, quelques-uns à la fois. Égouttez-les sur du papier absorbant. Saupoudrez-les d'origan et pressez un peu de citron dessus avant de servir.

Conseil

Ne faites pas cuire les calamars trop longtemps, sinon ils durciront. Une petite fournée cuit en 30 secondes environ. Laissez l'huile chauffer de nouveau entre chaque fournée. Demandez à votre poissonnier de nettoyer les calamars.

Calamars farcis au riz, aux raisins secs et aux pignons de pin

4   40'   20'   180 °C   kcal 360

12 petits calamars (800 g)
60 ml d'huile d'olive
1 oignon moyen (150 g), finement haché
2 gousses d'ail, finement hachées
100 g de riz blanc long grain
180 ml de fumet de poisson
2 c. à s. de raisins secs
2 c. à s. de pignons de pin grillés
25 g de petites feuilles d'épinard, finement émincées
1 c. à s. de feuilles de menthe fraîches, finement ciselées
1 c. à c. de zeste de citron finement râpé
2 c. à s. de jus de citron
Sel et poivre

1 Nettoyez les calamars ; réservez les tentacules et les ailes que vous découperez en petits morceaux.

2 Faites chauffer 1 c. à s. d'huile d'olive dans une casserole à fond épais et faites-y revenir l'oignon et l'ail. Remuez jusqu'à ce que l'oignon soit tendre. Ajoutez le riz et mélangez pour bien l'incorporer au mélange à l'oignon. Ajoutez les morceaux de calamar, le fumet de poisson, les raisins secs et les pignons de pin. Laissez mijoter, avec un couvercle bien ajusté, pendant 10 min environ, jusqu'à ce que le liquide soit absorbé et que le riz soit cuit.

3 Incorporez les épinards, la menthe ainsi que le zeste et le jus de citron au riz puis assaisonnez.

Farcissez les tubes de calamar de cette préparation, en laissant une marge de 1 cm, puis maintenez l'ouverture fermée avec des petites piques en bois.

4 Préchauffez le four à 180 °C. Faites chauffer le reste de l'huile dans une grande poêle et faites-y revenir les calamars, par petites quantités, jusqu'à ce qu'ils soient légèrement dorés. Transférez-les sur une plaque de four et laissez rôtir 5 min environ jusqu'à ce que les calamars soient opaques. Accompagnez de jeunes feuilles de roquette.

ŒUFS

Sélection de recettes prêtes en moins de 30 minutes

Frittata primavera   269

Œufs pochés
aux champignons   270

Œufs pochés et salade
d'asperges aux noix   271

Omelette aux champignons
et aux fines herbes   271

Salade aux œufs
et mayonnaise au curry   272

Salade aux œufs
et aux lardons   273

Frittata aux asperges
et salade de roquette   273

Œufs mollets et yaourt
aux herbes et au curry   275

Œufs cocotte
végétariens   277

Tortilla à la mexicaine

2   15'   45'   5'   180°C   kcal 354

400 g de patates douces
coupées en gros morceaux
2 œufs
6 blancs d'œufs
80 ml de lait
125 g de grains de maïs en conserve

80 g de poivron rouge grillé,
coupé en gros morceaux
2 grosses tomates (440 g) émincées
3 ciboules émincées
½ botte de coriandre fraîche
25 g de gruyère râpé

1 Préchauffez le four
à 180 °C. Disposez les
morceaux de patate douce
sur la plaque de cuisson
chemisée de papier sulfurisé
et faites rôtir 30 min.

2 Fouettez les œufs,
les blancs d'œufs et le lait.
Ajoutez le maïs et assaisonnez.

3 Faites chauffer à feu moyen
une poêle antiadhésive de
20 cm de diamètre. Mettez
les morceaux de patate

douce, le poivron, les tomates,
la moitié des ciboules et de
la coriandre dans la poêle.
Versez les œufs, réduisez
le feu et faites cuire 10 min,
à feu doux, sans couvrir.

4 Préchauffez le gril du four.
Parsemez la tortilla de
fromage râpé et faites dorer
2 min au four. Laissez reposer
5 min dans la poêle, parsemez
du reste des ciboules et de
la coriandre puis servez.

Frittatas aux poireaux, champignons et tomates

2   15'   25'   200°C   kcal 182

1 petit poireau (200 g)
90 g de champignons de Paris
2 c. à c. d'huile d'olive
6 tomates cerises (75 g)

1 œuf
3 blancs d'œufs
60 g de ricotta

1 Préchauffez le four
à 200 °C.

2 Parez et lavez
le poireau. Coupez-le
en fines tranches. Coupez
les champignons en quatre.
Faites chauffer l'huile d'olive
dans une poêle et faites
fondre le poireau 5 min,
en remuant. Ajoutez les
champignons et faites cuire
5 min, en remuant. Versez la
préparation dans des plats
à four individuels (250 ml).

3 Coupez les tomates
cerises en deux. Mélangez
l'œuf, les blancs d'œufs et
le fromage dans un saladier.
Assaisonnez. Versez
ce mélange dans les plats
à four. Ajoutez les moitiés
de tomate sur le dessus.

4 Faites cuire
les frittatas 25 min.

Frittata primavera

2 · **10'** · **25'** · **5'** · **kcal 358**

1 gros oignon (200 g) finement haché
2 gousses d'ail écrasées
2 pommes de terre moyennes (400 g),
pelées et coupées en gros dés
170 g d'asperges vertes
coupées en gros tronçons
2 courgettes moyennes (240 g),
émincées
2 œufs

6 blancs d'œufs
80 ml de lait
1 botte de fines herbes mélangées
(persil, basilic, aneth…), ciselées
60 g de petits pois surgelés
1 ½ c. à s. de parmesan
finement râpé
1 c. à s. de brins d'aneth frais
Sel et poivre

1 Faites chauffer à feu moyen une poêle antiadhésive
de 20 cm de diamètre. Faites-y revenir l'oignon
et l'ail pendant 10 min, en remuant.

2 Faites cuire les pommes de terre, les asperges
et les courgettes séparément à l'eau bouillante,
à la vapeur ou au micro-ondes. Égouttez-les.

3 Fouettez les œufs entiers avec les blancs d'œufs,
le lait et les fines herbes. Assaisonnez.

4 Ajoutez les pommes de terre, les asperges
et les courgettes dans la poêle. Versez les œufs sur
les légumes puis parsemez de petits pois. Réduisez le feu
et faites cuire 10 min à feu doux, sans couvrir, jusqu'à ce que
l'omelette soit presque prise. Saupoudrez de parmesan.

5 Préchauffez le gril du four. Faites dorer la frittata
2 min sous le gril. Laissez reposer 5 min dans
la poêle puis décorez avec l'aneth et servez.

Œufs pochés et champignons

2 | **10'** | **15'** | **kcal 836**

2 gros champignons plats (160 g)
2 c. à s. d'huile d'olive
1 c. à s. de vinaigre d'alcool blanc
4 œufs extrafrais
4 tranches épaisses de pain
au levain (400 g)
1 gousse d'ail
40 g de roquette

1 Coupez les champignons
en fines tranches. Faites chauffer
l'huile d'olive dans une poêle.
Faites cuire les champignons,
en remuant, jusqu'à ce qu'ils soient
dorés et tendres. Assaisonnez.
Couvrez pour garder au chaud.

2 Pour pocher les œufs, faites
chauffer de l'eau à mi-hauteur dans
une casserole large. Ajoutez le vinaigre
et portez à ébullition. Cassez 1 œuf
dans une tasse. Formez un tourbillon
dans l'eau avec une cuillère en bois.
Glissez l'œuf dans le tourbillon.
Recommencez avec les autres œufs.
Faites bouillir l'eau à nouveau, couvrez
la casserole, retirez du feu et laissez
reposer 4 min jusqu'à ce que
le blanc soit cuit autour du jaune.
Retirez les œufs, un par un, à l'aide
d'une écumoire, et égouttez-les
sur du papier absorbant. Ébarbez
les œufs, si nécessaire.

3 Pendant ce temps, faites griller
le pain. Pelez la gousse d'ail et
coupez-la en deux. Frottez les tranches
de pain de chaque côté avec l'ail.
Avant de servir, disposez les
champignons, les œufs et la roquette
sur le pain grillé. Assaisonnez.

Conseil
Pour réussir des œufs pochés, les œufs doivent
être extrafrais (pondus il y a moins de 7 jours)
afin que le blanc coagule bien en restant autour
du jaune d'œuf. Des œufs moins frais auront
tendance à se répandre dans la casserole.

Œufs pochés et salade d'asperges aux noix

500 g d'asperges vertes parées et coupées en deux
55 g de noix grillées hachées
40 g de parmesan râpé
250 g de tomates poires jaunes coupées en deux
8 œufs
1 petite baguette de pain (150 g)

coupée en tranches fines
Sauce au citron vert, à l'ail et à l'aneth
60 ml d'huile d'olive
2 c. à c. de zeste de citron vert finement râpé
1 c. à s. de jus de citron vert
1 gousse d'ail écrasée
2 c. à c. d'aneth frais ciselé

1 Mélangez les ingrédients de la sauce dans un shaker pour sauce à salade.

2 Faites cuire les asperges à l'eau bouillante, à la vapeur ou au micro-ondes, puis égouttez-les. Dans un saladier, mélangez les asperges avec les noix, le parmesan, les tomates

et la sauce au citron vert, à l'ail et à l'aneth. Répartissez ce mélange sur les assiettes.

3 Pochez les œufs et faites griller les tranches de pain. Déposez 2 œufs sur chaque assiette. Servez avec le pain grillé.

Omelette aux champignons et aux fines herbes

5 champignons de Paris (60 g) coupés en tranches épaisses
1 champignon portobello (80 g) émincé
150 g de pleurotes coupés en gros morceaux

60 g de pousses d'épinard
1 œuf
5 blancs d'œufs
2 c. à s. d'eau
3 ciboules émincées
½ botte de persil plat frais ciselé

1 Faites chauffer à feu moyen une poêle antiadhésive huilée. Faites-y cuire les champignons 5 min, en remuant. Versez-les dans un bol et ajoutez les épinards. Assaisonnez. Couvrez pour maintenir au chaud.

2 Fouettez l'œuf et les blancs d'œufs. Avec le fouet, incorporez l'eau, la moitié des ciboules et la moitié du persil.

3 Versez la moitié des œufs dans la poêle chaude et faites cuire l'omelette à feu moyen. Répartissez la moitié des champignons sur l'omelette. Pliez l'omelette en deux puis faites-la glisser sur une assiette. Couvrez pour la maintenir au chaud. Préparez l'autre omelette.

4 Parsemez les omelettes du reste des ciboules et du persil. Servez.

Salade aux œufs et mayonnaise au curry

4 10' kcal 199

1 bâton de céleri (150 g) paré
et taillé en allumettes
¼ de petit oignon rouge (25 g) émincé
20 g de persil plat frais, grossièrement haché
4 œufs durs, finement émiettés
4 petites feuilles de laitue, ciselées

Mayonnaise au curry
100 g de mayonnaise
1 c. à s. de jus de citron
½ c. à c. de curry en poudre

1 Préparez la mayonnaise au curry :
mélangez tous les ingrédients dans
un bol.

2 Dans un saladier, mélangez ensemble
le céleri, l'oignon et le persil.
Répartissez la laitue et les œufs sur les
assiettes. Ajoutez la préparation au céleri
et arrosez de mayonnaise au curry.

Salade aux œufs et aux lardons

4	5'	25'	220°C	kcal 470

1 patate douce moyenne (400 g)
coupée en dés de 2 cm
Huile de cuisson
4 tranches de poitrine de porc
(260 g) sans la couenne
6 œufs durs coupés en quatre
1 bâton de céleri (150 g)
paré et émincé
80 g de mesclun

**Mayonnaise au miel
et à la moutarde**
140 g de mayonnaise
60 ml de vinaigre de cidre
1 c. à s. de miel
2 c. à c. de moutarde à l'ancienne

1 Préchauffez le four
à 220 °C. Étalez les
dés de patate douce sur
une plaque de cuisson.
Badigeonnez-les d'huile. Faites
rôtir 20 min sans couvrir.

2 Pendant ce temps, faites
revenir les tranches de
poitrine dans une grande poêle
bien chaude. Posez-les sur du
papier absorbant. Coupez les
tranches en gros morceaux.

3 Préparez la mayonnaise
au miel et à la moutarde :
mélangez tous les ingrédients
dans un bol.

4 Dans un grand saladier,
mélangez les dés de
patate douce, les tranches
de poitrine, la mayonnaise
et les ingrédients restants.

Frittata aux asperges
et salade de roquette

2	10'	15'	kcal 147

Huile de cuisson en spray
1 petit oignon rouge (100 g) émincé
170 g d'asperges parées
et grossièrement hachées
2 œufs
2 blancs d'œufs

2 c. à s. de fromage blanc égoutté
40 g de jeunes pousses de roquette
2 c. à s. de jus de citron
2 c. à c. de câpres rincées
et égouttées

1 Préchauffez le gril du four.

2 Vaporisez de l'huile
dans une petite poêle et
faites revenir l'oignon 1 min,
en remuant. Ajoutez les
asperges et poursuivez la
cuisson 2 min, en remuant.

3 Mélangez les œufs,
les blancs d'œufs
et le fromage blanc dans
un bol. Nappez les asperges
contenues dans la poêle

de cette préparation et faites-
les cuire à découvert environ
5 min jusqu'à ce que
le dessous de la frittata
soit doré.

4 Placez la poêle sous
le gril et laissez-la
environ 5 min jusqu'à ce
que la frittata prenne.

5 Mélangez le reste
des ingrédients
dans un saladier. Servez
la frittata avec la salade.

Œufs pochés, polenta à la truffe et salsa verde

| 2 | 20' | 30' | kcal 728 |

8 œufs

1 c. à s. de vinaigre d'alcool blanc

500 ml de bouillon de légumes ou de poulet

1 litre de lait

170 g de polenta

40 g de parmesan grossièrement râpé

40 g de beurre

½ c. à c. d'huile parfumée à la truffe blanche

Salsa verde

1 gousse d'ail

2 filets d'anchois égouttés

1 c. à c. de câpres rincées et égouttées

1 bouquet de persil plat

5 c. à s. de feuilles de basilic

1 poignée de roquette

60 ml d'huile d'olive

1 c. à s. de jus de citron

1 Pour pocher les œufs, faites chauffer de l'eau à mi-hauteur dans une casserole large. Ajoutez le vinaigre et portez à ébullition. Cassez 1 œuf dans une tasse. Formez un tourbillon dans l'eau avec une cuillère en bois. Glissez l'œuf dans le tourbillon. Recommencez avec les autres œufs. Faites bouillir l'eau de nouveau, couvrez la casserole, retirez du feu et laissez reposer 4 min jusqu'à ce que le blanc soit cuit autour du jaune. Retirez les œufs un par un à l'aide d'une écumoire, et égouttez-les sur du papier absorbant. Ébarbez les œufs, si nécessaire.

2 Portez le bouillon et le lait à ébullition dans une casserole. Versez la polenta peu à peu. Faites cuire 20 min en remuant jusqu'à ce que la polenta soit tendre. Incorporez le parmesan, le beurre et l'huile. Assaisonnez. Retirez du feu et couvrez.

3 Préparez la salsa verde. Pelez et écrasez l'ail. Hachez finement les anchois, les câpres, les herbes et la roquette. Mélangez avec l'ail, l'huile d'olive et le jus de citron dans un bol. Assaisonnez.

4 Avant de servir, ajoutez les œufs et la salsa verde sur la polenta.

Œufs mollets et yaourt aux herbes et au curry

4   15'   15'   kcal 427

3 tomates moyennes mûres (450 g)
25 g de gingembre frais (5 cm)
3 gousses d'ail
3 piments verts longs frais
1 c. à c. de sel
1 bouquet de coriandre fraîche
4 c. à s. de menthe fraîche
8 œufs
200 g de yaourt à la grecque
8 minipains roti ou naans
(dans les épiceries indiennes)
4 c. à s. de coriandre fraîche, supplémentaire

1 Hachez grossièrement 2 tomates, coupez la troisième en quartiers. Pelez et râpez le gingembre. Pelez et coupez les gousses d'ail en quatre. Hachez grossièrement les piments. Mixez finement les tomates hachées, le gingembre, l'ail, les piments, le sel, la coriandre (feuilles et tiges) et la menthe. Réservez 5 c. à s. du mélange pour servir.

2 Mettez les œufs dans une casserole moyenne. Couvrez-les d'eau froide. Portez à ébullition en remuant pour centrer le jaune. Faites cuire 2 min sans couvrir. Égouttez et rincez les œufs à l'eau froide, puis écalez-les.

3 Mettez les herbes mixées dans une petite casserole. Faites revenir en remuant 2 min environ jusqu'à ce que le mélange soit chaud. Retirez du feu et incorporez le yaourt. Assaisonnez.

4 Réchauffez les pains en suivant les instructions de l'emballage. Avant de servir, mettez le yaourt aux herbes dans les assiettes et disposez les œufs et les quartiers de tomate sur le dessus. Ajoutez les herbes mixées réservées, ainsi que quelques feuilles de coriandre. Servez avec les pains indiens.

Soufflé au gruyère

 4   20'   35'   220°C   kcal 450

50 g de farine ordinaire
400 ml de lait
20 g de beurre coupé en dés
6 œufs, blancs et jaunes séparés
175 g de gruyère râpé
100 g de saumon fumé en tranches
1 ½ c. à c. de petites câpres rincées et égouttées
1 c. à s. de feuilles de cerfeuil frais

1 Préchauffez le four à 220 °C.
Graissez un plat à soufflé de 2 litres
et placez-le sur la plaque de four.

2 Mettez la farine dans une
petite casserole et incorporez
progressivement le lait à l'aide d'un
fouet jusqu'à obtention d'une pâte
lisse. Sans cesser de fouetter, faites
cuire le mélange à feu moyen jusqu'à
ce qu'il bouillonne et épaississe.
Hors du feu, incorporez le beurre.

3 À l'aide du fouet, incorporez
les jaunes d'œufs et le fromage
dans la préparation et transférez
le tout dans un grand saladier.

4 Avec un batteur, montez les
blancs d'œufs en neige dans un
grand saladier. Incorporez-les dans la
préparation à base de farine, en 2 fois.

5 Versez le mélange dans le plat
à soufflé et faites cuire 35 min.

6 Dressez les tranches de saumon
sur un plat de service. Décorez-
les de câpres et de cerfeuil.

7 Sortez le soufflé du four et servez-le
immédiatement avec le saumon.

Œufs cocotte végétariens

✕ 4	🍳 10'	🥘 10'	kcal 129

8 c. à s. de basilic
8 c. à s. de persil plat
80 ml d'huile d'olive
420 g de haricots blancs en boîte
100 g de champignons de Paris
125 g de tomates cerises
100 g de fromage haloumi
8 œufs

1 Mixez finement les herbes et l'huile d'olive. Assaisonnez.

2 Rincez et égouttez les haricots blancs. Coupez les champignons en quatre. Coupez les tomates en deux. Râpez grossièrement le fromage.

3 Répartissez dans 4 ramequins (250 ml) la moitié des champignons, des tomates, du fromage et des herbes. Cassez 1 œuf dans chaque ramequin.

Ajoutez le reste des champignons, des tomates, du fromage et des herbes sur le dessus, puis cassez un autre œuf.

4 Mettez 2 ramequins à la fois dans un cuit-vapeur et faites cuire 10 min environ, à couvert, jusqu'à ce que les œufs soient cuits. Recommencez avec les 2 autres ramequins.

PÂTES, RIZ, NOODLES & CIE

Sélection de recettes prêtes en moins de 30 minutes

Pâtes aux courgettes
et à la ricotta   281

Rigatonis à la sauce
d'aubergine   286

Fusillis au poulet
et au fenouil   289

Orechiette aux fèves
et à la ricotta   292

Linguine marinara   293

Gnocchis aux quatre
fromages   294

Fettucine alla carbonara   295

Riz aux deux citrons   302

Riz aux épinards
et aux figues   303

Nouilles au gingembre
et aux pleurotes   318

Thon grillé et nouilles
soba froides   319

Nouilles au curry   323

Salade de nouilles
chinoises   325

Salade de haricots et sauce
crémeuse au basilic   330

Couscous au curry
et aux pois chiches   332

Pâtes aux tomates séchées et à la tapenade

10 20' 20' kcal 247

500 g de fusillis (spirales)
250 g de tomates cerises
coupées en deux
50 g de petites feuilles de roquette
25 g de copeaux de parmesan

Tapenade à la tomate
75 g de tomates séchées marinées
dans l'huile, égouttées
60 g d'olives noires dénoyautées
2 c. à s. d'huile d'olive
1 c. à s. de vinaigre de vin rouge
2 c. à c. de sucre roux

1 Faites cuire les pâtes dans une grande quantité d'eau bouillante. Égouttez-les. Rincez-les sous l'eau froide puis égouttez-les de nouveau.

2 Pendant ce temps, préparez la tapenade à la tomate : dans un robot, mixez tous les ingrédients jusqu'à obtention d'une pâte lisse.

3 Dans un grand saladier, mélangez les pâtes avec la tapenade et les ingrédients restants.

Pâtes crémeuses et chutney à la tomate

10 10' 15' kcal 372

500 g de rigatonis (tubes courts)
10 tranches (150 g) de prosciutto
240 g de crème fraîche
160 g de chutney à la tomate

300 g de bocconcinis
coupées en deux
1 petit oignon rouge (100 g) émincé
40 g de basilic frais, haché

1 Faites cuire les pâtes dans une grande quantité d'eau bouillante. Égouttez-les. Rincez-les sous l'eau froide puis égouttez-les de nouveau.

2 Pendant ce temps, faites griller le prosciutto dans une grande poêle huilée bien chaude pour qu'il soit croustillant. Égouttez les tranches sur du papier absorbant puis coupez-les en gros morceaux.

3 Dans un grand saladier, mélangez la crème fraîche et le chutney à la tomate. Ajoutez les pâtes, le prosciutto et les ingrédients restants. Mélangez délicatement.

Salade de pâtes et chapelure à l'ail

10 · 10' · 10' · kcal 357

500 g de farfalle (nœuds papillons)
60 ml d'huile d'olive
100 g de beurre coupé en petits cubes
175 g de chapelure
4 gousses d'ail écrasées
40 g de persil plat frais, grossièrement haché

1 Faites cuire les pâtes dans une grande quantité d'eau bouillante. Égouttez-les.

2 Pendant ce temps, faites chauffer l'huile d'olive et le beurre dans une grande poêle. Faites-y revenir la chapelure et l'ail à feu moyen en remuant jusqu'à ce que la chapelure soit dorée.

3 Dans un grand saladier, mélangez les pâtes chaudes avec la chapelure et le persil.

Pâtes aux courgettes et à la ricotta

10 · 10' · 15' · kcal 306

500 g de penne
4 grosses courgettes (600 g) taillées en rubans minces
80 ml d'huile d'olive
1 c. à s. de zeste de citron râpé
80 ml de jus de citron
2 gousses d'ail écrasées
400 g de ricotta émiettée
20 g de basilic frais, finement haché

1 Faites cuire les pâtes dans une grande quantité d'eau bouillante. Égouttez-les.

2 Pendant ce temps, mélangez les rubans de courgette et la moitié de l'huile d'olive dans un récipient.

3 Faites cuire les courgettes en plusieurs fois sur une poêle-gril huilée bien chaude jusqu'à ce qu'elles soient fondantes.

4 Dans un saladier, mélangez les courgettes, le zeste et le jus de citron, l'ail et le reste d'huile. Ajoutez les pâtes, la ricotta et le basilic. Remuez délicatement.

Salade de linguine à la roquette, au poulet et aux noisettes

4 5' 15' 5'

250 g de linguine
340 g de blancs de poulet
75 g de noisettes grillées, grossièrement hachées
100 g de frisée

150 g de pousses de roquette
80 ml de jus de citron
80 ml d'huile d'olive
2 gousses d'ail écrasées
2 c. à s. de moutarde de Dijon

1 Faites cuire les pâtes dans un grand volume d'eau bouillante salée. Égouttez et laissez refroidir.

2 Pendant ce temps, faites rôtir les blancs de poulet au four sur une plaque huilée jusqu'à ce qu'ils soient bien dorés. Laissez reposer 5 min, puis détaillez-les en tranches fines.

3 Mettez les pâtes et le poulet dans un grand saladier avec les noisettes, la frisée et la roquette. Mélangez le reste des ingrédients dans un bol, puis versez le tout sur la salade de pâtes et remuez délicatement.

Salade d'épinards au prosciutto

4 10' 10'

375 g de fusillis
12 tranches fines de prosciutto (240 g)
150 g de pousses d'épinard

2 c. à s. de moutarde à l'ancienne
2 gousses d'ail écrasées
125 ml d'huile d'olive
60 ml de jus de citron

1 Faites cuire les pâtes dans un grand volume d'eau bouillante salée. Égouttez et laissez refroidir.

2 Pendant ce temps, faites rissoler le prosciutto, par petites quantités, dans une grande poêle chaude jusqu'à ce qu'il soit croustillant ; égouttez-le sur du papier absorbant et coupez-le grossièrement.

3 Mettez les pâtes et le prosciutto dans un grand saladier avec les épinards. Mélangez le reste des ingrédients dans un bol et versez le tout sur les pâtes. Remuez délicatement.

Conseil
Hachez finement 2 œufs durs et ajoutez-les à la salade au moment de servir.

Pâtes au poulet et pesto à la roquette

375 g de pâtes coquilles

120 g de petits pois surgelés

480 g de poulet rôti coupé en petits morceaux

40 g de petites feuilles de roquette

Pesto à la roquette

40 g de petites feuilles de roquette

2 c. à s. de pignons de pin grillés

40 g de parmesan finement râpé

2 c. à s. de zeste de citron finement râpé

1 c. à s. de jus de citron

60 ml d'huile d'olive

1 Faites cuire les pâtes dans une grande quantité d'eau bouillante. Deux minutes avant la fin de la cuisson, versez les petits pois dans la cocotte. Égouttez.

2 Pendant ce temps, préparez le pesto à la roquette : dans un robot, hachez finement la roquette, les pignons, le parmesan, le zeste et le jus de citron. Sans couper le moteur, versez l'huile d'olive en filet. Mixez jusqu'à obtention d'une purée lisse.

3 Dans un grand saladier, mélangez les pâtes, les petits pois, le pesto à la roquette, le poulet et les feuilles de roquette.

Conseil

Dans cette recette, vous aurez besoin d'un poulet d'environ 900 g pour recueillir 480 g de chair.

Penne aux poivrons grillés et aux petits légumes

 4 15' 20' 5'

2 poivrons rouges moyens (400 g)
375 g de penne
200 g de mini-épis de maïs coupés
en deux dans le sens de la longueur

200 g de haricots verts, parés
100 g de beurre
2 gousses d'ail écrasées
2 c. à s. d'origan frais, haché

1 Coupez les poivrons en quatre, retirez les graines et les membranes. Placez les morceaux de poivron sous le gril, la peau vers le haut, et laissez cuire jusqu'à ce que celle-ci boursoufle et noircisse. Recouvrez d'un film plastique, laissez reposer 5 min, puis pelez-les et détaillez-les en fines lanières.

2 Faites cuire les pâtes dans un grand volume d'eau bouillante salée.

3 Faites cuire séparément le maïs et les haricots ; égouttez-les. Faites fondre le beurre dans une petite casserole et faites-le chauffer en remuant bien, 3 min environ, jusqu'à ce qu'il brunisse. Retirez-le du feu ; ajoutez l'ail et l'origan et réservez.

4 Dans un grand plat, mélangez les pâtes et les légumes, arrosez de beurre aromatisé, remuez et servez.

Spaghettinis à la roquette, aux pignons et aux poivrons séchés

 2 10' 15'

250 g de spaghettinis
2 c. à s. d'huile d'olive
4 c. à s. de pignons de pin grillés grossièrement broyés
2 petits piments rouges épépinés et coupés en tranches fines

2 gousses d'ail écrasées
160 g de poivrons séchés marinés dans l'huile, bien égouttés et grossièrement hachés
40 g de roquette ciselée
2 c. à s. de parmesan râpé

1 Faites cuire les pâtes dans un grand volume d'eau bouillante salée puis égouttez-les.

2 Dans une grande poêle, faites revenir dans l'huile chaude les pignons de pin, les piments et l'ail, en remuant jusqu'à ce que le mélange embaume. Ajoutez les pâtes, le poivron et la roquette. Remuez quelques minutes.

3 Disposez les pâtes sur une grande assiette et saupoudrez-les de parmesan. Dégustez sans attendre.

Papardelle aux épinards et tomates grillées à la ricotta

4 — 10' — 25' — 180°C — kcal 492

60 ml de vinaigre balsamique
3 gousses d'ail écrasées
4 tomates moyennes détaillées en 8 quartiers
375 g de papardelle
100 g de pousses d'épinard
2 c. à s. d'huile d'olive
200 g de ricotta

1 Préchauffez le four à 180 °C. Mélangez le vinaigre et l'ail dans un récipient.

2 Étalez les quartiers de tomate sur la plaque de four et arrosez-les de vinaigre à l'ail. Faites cuire 25 min au four. Les tomates doivent être légèrement dorées.

3 Pendant ce temps, faites cuire les pâtes dans une grande casserole d'eau bouillante salée.

4 Mélangez les pâtes égouttées, les tomates, les épinards et l'huile dans un plat creux. Détaillez la ricotta en petits cubes, incorporez-la aux pâtes et remuez délicatement. Servez aussitôt.

Rigatonis à la sauce d'aubergine

60 ml d'huile d'olive
1 oignon moyen (150 g) émincé
2 bâtons de céleri (150 g)
parés, coupés finement
1 gousse d'ail écrasée
2 c. à s. de cognac
1 aubergine moyenne (300 g)
en tranches fines

600 ml de sauce tomate en bocal
140 g de concentré de tomates
125 ml d'eau
375 g de rigatonis
20 g de parmesan finement râpé

1 Faites chauffer l'huile dans une grande casserole et faites revenir l'oignon, le céleri et l'ail en remuant bien. Ajoutez le cognac et prolongez la cuisson, sans cesser de remuer, jusqu'à évaporation de l'alcool. Ajoutez l'aubergine et laissez-la cuire jusqu'à ce qu'elle soit tendre.

2 Incorporez la sauce tomate, le concentré et l'eau, et portez le tout à ébullition. Baissez le feu et laissez mijoter 10 min environ, sans couvrir, jusqu'à ce que la sauce épaississe légèrement.

3 Faites cuire les pâtes dans un grand volume d'eau bouillante salée ; égouttez-les. Mettez les pâtes dans un grand plat avec la moitié de la sauce et remuez délicatement. Répartissez sur des assiettes chaudes, nappez de sauce et servez avec le fromage dans un bol à part.

Penne arrabiata

1 c. à s. d'huile d'olive
2 oignons moyens (300 g), émincés
3 gousses d'ail écrasées
3 piments rouges, coupés fin
600 ml de sauce tomate, en bocal
2 c. à c. de vinaigre balsamique
375 g de penne
20 g de parmesan, finement râpé

1 Faites chauffer l'huile dans une grande casserole et faites revenir les oignons, l'ail et les piments en remuant sans cesse. Ajoutez la sauce et le vinaigre ; portez à ébullition. Baissez le feu et laissez mijoter 5 min environ, sans couvrir, jusqu'à ce que la sauce épaississe légèrement.

2 Pendant ce temps, faites cuire les pâtes dans un grand volume d'eau bouillante salée ; égouttez-les. Mélangez-les avec la sauce et parsemez de fromage.

Lasagnes aux légumes rôtis

6 · 40' · 20' · 1ʰ · 180°C · kcal 311

3 poivrons rouges
2 aubergines en tranches fines
2 c. à s. de gros sel
2 courgettes en tranches fines
600 g de patate douce en tranches fines
2 c. à s. d'huile d'olive
700 g de sauce tomate
3 feuilles de lasagnes fraîches
150 g de ricotta émiettée
1 c. à s. de parmesan râpé

Sauce Béchamel
(voir page 459)

1 Préchauffez le gril du four. Coupez les poivrons en quatre, épépinez-les et retirez la membrane blanche. Faites griller les quartiers de poivron au four jusqu'à ce que la peau commence à noircir. Couvrez-les et laissez-les reposer 5 min. Pelez-les.

2 Réglez le thermostat du four à 180 °C. Saupoudrez les tranches d'aubergine de gros sel et faites-les dégorger 20 min dans une passoire. Rincez-les sous l'eau froide, égouttez-les et essuyez-les avec du papier absorbant.

3 Disposez les tranches d'aubergine, de courgette et de patate douce sur une plaque de cuisson légèrement huilée, badigeonnez-les d'huile et faites-les rôtir 15 min au four.

4 Préparez la sauce Béchamel. Quand la sauce a épaissi, retirez la casserole du feu et incorporez le parmesan.

5 Huilez légèrement un grand plat à gratin. Versez un quart de sauce tomate et étalez-la bien. Disposez en une seule couche la moitié des aubergines et des poivrons, couvrez d'une feuille de lasagne, ajoutez un autre quart de sauce tomate, la ricotta puis les courgettes et les patates douces. Étalez une autre feuille de lasagne, nappez avec le reste de sauce tomate puis ajoutez le reste des aubergines et des poivrons. Couvrez avec la dernière feuille de lasagne, versez la sauce Béchamel et saupoudrez de parmesan râpé. Faites gratiner 45 min au four.

6 Laissez reposer les lasagnes 5 min avant de les découper. Servez avec une salade de roquette.

Raviolis à la ricotta et sauce au potiron

2 · 15' · 25'

1 c. à s. d'huile d'olive
8 feuilles de sauge fraîche
400 g de potiron en tranches fines
1 petit poireau (200 g) émincé
2 c. à c. de sauge fraîche ciselée
2 c. à c. de vinaigre balsamique
125 ml de crème fraîche
400 g de raviolis à la ricotta

1 Dans une poêle moyenne, faites frire les feuilles de sauge dans la moitié de l'huile. Retirez-les avec une écumoire et égouttez-les sur du papier absorbant.

2 Faites chauffer le reste de l'huile dans la même poêle pour y faire dorer le potiron, en le retournant une fois. Conservez-le au chaud, à couvert.

3 Faites sauter le poireau dans la poêle pendant 5 min environ jusqu'à ce qu'il soit tendre.

4 Ajoutez la sauge ciselée, le vinaigre balsamique et la crème. Dès les premiers bouillons, baissez le feu et laissez épaissir 5 min.

5 Faites cuire les raviolis dans une grande quantité d'eau bouillante salée puis égouttez-les.

6 Mettez les pâtes dans un plat de service avant d'ajouter le potiron et la sauce. Remuez délicatement. Décorez de feuilles de sauge frites et servez sans attendre.

Fusillis au poulet et au fenouil

4   10'   20'   200°C

2 gros fenouils, émincés
3 gousses d'ail émincées
60 ml de xérès
375 ml de bouillon de poulet
375 g de fusillis

340 g de poulet cuit, en lanières
200 g de haricots mange-tout,
parés, en tranches fines
240 g de fromage blanc
1 c. à s. d'estragon frais

1 Préchauffez le four
à 200 °C. Mélangez
les fenouils, l'ail, le xérès
et 125 ml de bouillon dans
un grand plat allant au four
et faites rôtir le tout 15 min
environ, sans couvrir,
jusqu'à ce que les fenouils
soient juste tendres.

2 Faites cuire les pâtes dans
un grand volume d'eau
bouillante salée ; égouttez-les.

3 Mélangez les fenouils
et les pâtes dans
le même récipient avec
le reste des ingrédients ;
réchauffez à feu doux en
remuant régulièrement et
servez dès que la préparation
est à la bonne température.

Linguine au chorizo,
sauce aux champignons et à la crème

4   10'   20'   200°C

300 g de champignons
bruns, coupés en deux
2 c. à s. d'huile d'olive
2 gousses d'ail écrasées
2 chorizos (400 g)
125 ml de vin blanc sec

250 ml de bouillon de poulet
300 g de fromage blanc
4 tiges de ciboule émincées
375 g de linguine
2 c. à s. de basilic, en lanières fines

1 Préchauffez le four
à 200 °C. Mettez les
champignons dans un grand
plat allant au four, arrosez-
les du mélange huile et ail
et faites-les rôtir 15 min.

2 Faites cuire les chorizos
à sec dans une poêle
préchauffée jusqu'à ce qu'ils
cuisent à point ; égouttez-les
sur du papier absorbant et
détaillez-les en fines tranches.

3 Versez le vin dans la poêle
et portez à ébullition.
Baissez le feu et laissez mijoter
5 min. Ajoutez le bouillon
et le fromage blanc, portez
à ébullition, puis baissez le
feu et laissez mijoter 2 min.
Hors du feu, ajoutez les
champignons et la ciboule.

4 Faites cuire les pâtes.
Dressez dans un plat,
ajoutez le chorizo et le basilic,
puis nappez de sauce.

Papardelle au potiron et à la sauge

Icônes : X 4 · 20' · 55' · 220°C · kcal 622

1 kg de potiron pelé et coupé en dés
4 gousses d'ail entières
3 c. à s. d'huile d'olive
500 g de papardelle

250 ml de bouillon de légumes
375 ml de lait concentré non sucré
1 grosse poignée de sauge fraîche
25 g de parmesan râpé

1 Préchauffez le four
à 220 °C. Mélangez
le potiron, l'ail et 2 c. à s.
d'huile d'olive dans un plat de
cuisson et faites rôtir 40 min
au four. Laissez refroidir
un peu l'ail pour le peler.

2 Faites cuire les pâtes
dans un grand volume
d'eau bouillante salée
puis égouttez-les.

3 Mixez le potiron et l'ail avec
le bouillon et le lait pour
obtenir une sauce homogène.

4 Faites chauffer le reste de
l'huile dans une casserole
pour y faire colorer les feuilles
de sauge jusqu'à ce qu'elles
soient croustillantes. Réservez-
les dans un bol. Versez
la sauce au potiron dans
la casserole et réchauffez-la
rapidement. Ajoutez la moitié
du parmesan hors du feu.

5 Mettez les pâtes dans
un plat, versez la sauce
et mélangez bien. Décorez
avec les feuilles de sauge
ciselées et servez avec
le reste du parmesan.

Pâtes aux tomates, aux artichauts et aux olives

Icônes : X 4 · 15' · 25' · kcal 399

2 c. à c. d'huile d'olive
1 oignon jaune moyen (150 g)
finement haché
2 gousses d'ail écrasées
60 ml de vin blanc sec
800 g de tomates
concassées en conserve
2 c. à s. de concentré de tomates

40 g d'olives noires dénoyautées
390 g de cœurs d'artichaut
au vinaigre, égouttés
et coupés en quatre
2 c. à s. de basilic frais
grossièrement haché
300 g de torsades au blé complet
25 g de parmesan finement râpé

1 Faites chauffer l'huile d'olive
dans une casserole
et faites revenir l'oignon et l'ail,
en remuant, jusqu'à ce que
l'oignon soit fondant. Ajoutez
le vin, les tomates avec leur jus
et le concentré de tomates
et portez à ébullition. Baissez
le feu et laissez mijoter, sans
couvrir, 15 min, jusqu'à
épaississement. Ajoutez les
olives, les cœurs d'artichaut
et le basilic. Remuez jusqu'à
ce qu'ils soient chauds.

2 Faites cuire les pâtes
dans une grande
casserole d'eau bouillante,
puis égouttez-les.

3 Mélangez-les avec
la sauce dans un
grand saladier et servez
saupoudré de fromage.

Lasagnes aux aubergines, aux tomates et aux poireaux

6 · 10' · 50' · 10' · 200°C · kcal 261

3 aubergines moyennes (900 g)

1 gros oignon brun (200 g) finement haché

4 gousses d'ail écrasées

3 grosses tomates (660 g) grossièrement hachées

2 c. à s. de concentré de tomates

4 c. à s. de basilic frais ciselé

125 ml d'eau

2 c. à c. d'huile d'olive

2 poireaux moyens (700 g) émincés

1 c. à s. de cassonade

4 feuilles de lasagnes fraîches

125 g de gruyère grossièrement râpé

1 Coupez les aubergines dans la longueur en tranches de 1 cm. Faites-les cuire, en plusieurs fois, sur une plancha chaude huilée (ou sous le gril du four ou au barbecue) jusqu'à ce qu'elles soient légèrement dorées et tendres.

2 Faites chauffer une poêle huilée et faites revenir l'oignon et la moitié de l'ail, en remuant, jusqu'à ce qu'ils soient fondants. Incorporez les tomates, le concentré de tomates et le basilic. Portez à ébullition, sans cesser de remuer. Baissez le feu et laissez frémir, sans couvrir, environ 10 min, jusqu'à ce que la sauce épaississe. Mixez cette préparation avec l'eau jusqu'à obtention d'une sauce presque lisse.

3 Faites chauffer l'huile d'olive dans la même poêle et faites revenir les poireaux et le reste de l'ail, en remuant, jusqu'à ce qu'ils soient tendres. Ajoutez la cassonade et poursuivez la cuisson, en remuant, environ 5 min.

4 Préchauffez le four à 200 °C et huilez un plat à gratin de 20 x 30 cm.

5 Mettez 1 feuille de lasagne dans le fond du plat. Recouvrez avec ¼ des aubergines, ¼ des poireaux, ¼ de la sauce à la tomate et ¼ du fromage. Répétez l'opération de façon à obtenir 3 couches de lasagnes. Faites cuire celles-ci au four au moins 50 min. Laissez reposer 10 min avant de servir. Servez ces lasagnes avec une salade de légumes frais.

Orechiette aux fèves et à la ricotta

4 | 10' | 20' | kcal 599

375 g de pâtes orechiette
1 c. à s. d'huile d'olive
300 g de fèves fraîches pelées
1 gousse d'ail écrasée
125 ml de crème liquide
1 c. à c. de zeste de citron râpé
2 c. à s. de jus de citron
200 g de ricotta émiettée
25 g de feuilles de menthe fraîche
grossièrement hachées

1 Faites cuire les pâtes dans une grande quantité d'eau bouillante puis égouttez-les.

2 Pendant ce temps, faites chauffer l'huile d'olive dans une poêle. Faites revenir les fèves et l'ail jusqu'à ce que les fèves soient à peine cuites. Ajoutez la crème liquide, le zeste et le jus de citron.

Laissez mijoter à découvert jusqu'à ce que la sauce épaississe légèrement.

3 Mélangez les pâtes, la sauce, la ricotta et la menthe dans un saladier.

Cheveux d'ange aux pois gourmands et à la ricotta

4 | 20' | 55' | kcal 622

375 g de spaghettinis
300 g de pois gourmands
60 g de petits pois
1 c. à s. d'huile d'olive
1 oignon rouge émincé
2 gousses d'ail écrasées
2 c. à s. de petites câpres
égouttées et rincées

125 ml de jus de citron
1 grosse poignée
de menthe fraîche ciselée
1 grosse poignée de persil plat ciselé
200 g de ricotta émiettée

1 Faites cuire les pâtes puis égouttez-les.

2 Faites cuire séparément les pois gourmands et les petits pois. Rafraîchissez-les sous un filet d'eau puis égouttez-les bien.

3 Faites chauffer l'huile dans une casserole et laissez revenir 2 min à feu moyen

l'oignon, l'ail et les câpres. Ajoutez les pâtes et réchauffez-les 3 min sans cesser de remuer. Mettez-les dans un saladier avec les légumes, le jus de citron et les herbes. Mélangez délicatement.

4 Parsemez de ricotta avant de servir.

Linguine marinara

✕	👨‍🍳	🍳	kcal
2	5'	15'	571

150 g de linguine

400 g de cocktail de fruits de mer surgelés

1 petit oignon jaune (80 g) finement haché

2 gousses d'ail écrasées

1 petit piment rouge thaï finement haché

400 g de tomates coupées en dés, en conserve

60 ml d'eau

5 c. à s. de persil plat frais grossièrement haché

1 Faites cuire les pâtes dans une grande casserole d'eau bouillante, puis égouttez-les.

2 Dans une poêle, préparez les fruits de mer selon les instructions du paquet. Réservez.

3 Placez l'oignon, l'ail et le piment dans la même poêle chaude légèrement huilée et faites-les revenir, en remuant,

environ 5 min, jusqu'à ce que l'oignon soit tendre. Ajoutez les tomates avec leur jus et l'eau, et poursuivez la cuisson, en remuant, 5 min. Remettez les fruits de mer dans la poêle et poursuivez la cuisson, en remuant de temps en temps, pendant 2 min. Incorporez le persil.

4 Servez les pâtes nappées de sauce marinara.

Gnocchis aux quatre fromages

60 ml de vin blanc sec
250 g de mascarpone
120 g de fontina grossièrement râpée
40 g de parmesan grossièrement râpé
60 ml de lait
625 g de gnocchis
75 g de gorgonzola émietté

1 Faites bouillir le vin, sans couvrir, jusqu'à ce qu'il ait réduit de moitié. Baissez le feu, puis ajoutez le mascarpone ; remuez bien jusqu'à obtention d'un mélange homogène. Ajoutez la fontina, le parmesan et le lait ; prolongez la cuisson, sans cesser de remuer, jusqu'à ce que les fromages soient fondus.

2 Pendant ce temps, plongez les gnocchis dans un grand volume d'eau bouillante salée. Dès qu'ils remontent à la surface, retirez-les à l'aide d'une écumoire. Égouttez.

3 Incorporez les gnocchis et le gorgonzola à la sauce ; remuez délicatement et servez.

Fettucine Alfredo

375 g de fettucine
2 c. à c. d'huile d'olive
4 oignons verts émincés
1 gousse d'ail écrasée
2 c. à s. de vin blanc sec

300 ml de crème
1 c. à c. de moutarde de Dijon
60 g de persil plat, finement ciselé
80 g de parmesan, finement râpé

1 Faites cuire les pâtes dans un grand volume d'eau bouillante salée ; égouttez-les.

2 Pendant ce temps, faites chauffer l'huile dans une casserole et faites revenir les oignons et l'ail, en remuant bien, jusqu'à ce qu'ils prennent une jolie couleur dorée. Ajoutez le vin et la crème, puis portez à ébullition. Baissez le feu et laissez mijoter 2 min, sans cesser de remuer, jusqu'à ce que la sauce devienne homogène. Ajoutez la moutarde.

3 Incorporez les pâtes, le persil et le fromage à la sauce ; remuez délicatement et servez.

Fettucine alla carbonara

4 tranches de jambon cru (280 g), coupées grossièrement
375 g de fettucine
3 jaunes d'œufs légèrement battus

250 ml de crème fraîche
30 g de parmesan finement râpé
2 c. à s. de ciboulette fraîche grossièrement coupée

1 Faites revenir le jambon cru dans une petite poêle préchauffée en remuant jusqu'à ce qu'il soit croustillant ; égouttez-le sur du papier absorbant.

2 Au moment de servir, faites cuire les pâtes dans un grand volume d'eau bouillante salée ; égouttez-les.

3 Dans un grand plat préchauffé, mélangez les pâtes, les jaunes d'œufs battus, la crème et le fromage ; garnissez de ciboulette.

Variantes
Pour varier les plaisirs, vous pouvez remplacer le parmesan par du pecorino romano ou du pepato (variété de pecorino au poivre noir) râpé.

Spaghettis aux boulettes de viande

4   15'   20'

500 g de viande de porc hachée
2 c. à s. de persil plat, haché
1 gousse d'ail écrasée
1 œuf
70 g de chapelure
1 c. à s. de concentré de tomates

2 c. à s. d'huile d'olive
600 ml de sauce tomate en bocal
400 g de tomates en conserve
375 g de spaghettis
25 g de pecorino romano
finement râpé

1 Mélangez le porc, le persil, l'ail, l'œuf, la chapelure et le concentré de tomates dans un grand plat ; façonnez des boulettes à l'aide d'une cuillère à soupe. Faites chauffer l'huile dans une sauteuse et faites cuire les boulettes jusqu'à ce qu'elles soient dorées. Retirez les boulettes de la sauteuse et réservez au chaud.

2 Versez la sauce tomate et les tomates concassées avec leur jus dans la sauteuse et portez à ébullition. Ajoutez les boulettes et baissez le feu, puis laissez mijoter 10 min environ sans couvrir.

3 Faites cuire les pâtes dans un grand volume d'eau bouillante salée ; égouttez-les.

4 Dressez-les sur des assiettes chaudes, garnissez de boulettes et de sauce, saupoudrez de fromage et servez aussitôt.

Spaghettis à la bolognaise

4   25'   1"25

2 c. à c. d'huile d'olive
200 g de pancetta détaillée en petits bâtonnets
1 oignon jaune moyen (150 g), en tranches fines
1 petite carotte (70 g) détaillée en dés
2 bâtons de céleri (200 g) en cubes
600 g de bœuf haché
125 ml de vin rouge sec
250 ml de bouillon de bœuf
140 g de concentré de tomates
800 g de tomates concassées en boîte
60 g de persil plat frais ciselé
2 c. à s. d'origan frais ciselé
500 g de spaghettis

1 Versez l'huile dans une poêle pour y faire dorer la pancetta, qui doit être bien croustillante. Ajoutez l'oignon, la carotte et le céleri. Laissez cuire jusqu'à ce que les légumes soient tendres. Ajoutez enfin la viande hachée et laissez-la se colorer à feu vif, en remuant souvent.

2 Versez le vin et portez à ébullition. Laissez frémir 5 min. Ajoutez le bouillon, le concentré de tomates et les tomates avec leur jus. Quand le mélange recommence à bouillir, baissez le feu, couvrez et laissez mijoter 1 h. Retirez le couvercle et prolongez la cuisson de 30 min environ pour faire épaissir la sauce. Incorporez le persil et l'origan hors du feu.

3 Environ 10 min avant que la sauce soit prête, faites cuire les spaghettis dans une grande quantité d'eau bouillante. Égouttez les pâtes.

4 Servez la sauce sur les pâtes avec du parmesan râpé.

Conseil
On peut mélanger de la viande de porc hachée à la viande de bœuf.

Fettucine alle vongole

| 4 | 15' | 15' | kcal 494 |

2 c. à s. d'huile d'olive
3 gousses d'ail écrasées
1 piment rouge frais émincé
1 c. à s. de câpres égouttées et rincées
180 ml de vin blanc sec
180 ml de fumet de poisson
2 c. à s. de jus de citron
1 kg de palourdes
375 g de fettucine
1 c. à s. de persil plat haché
1 c. à s. de ciboulette ciselée

1 Faites chauffer l'huile dans une casserole et faites revenir l'ail et le piment 1 min en remuant. Ajoutez les câpres, le vin, le fumet de poisson et le jus de citron. Portez à ébullition et incorporez les palourdes. Couvrez et laissez frémir environ 5 min en agitant vigoureusement la casserole à plusieurs reprises. Coupez le feu et jetez les palourdes qui sont restées fermées.

2 Faites cuire les pâtes dans un grand volume d'eau bouillante salée, égouttez-les et mettez-les dans un plat de service. Ajoutez les palourdes avec leur jus de cuisson sur les pâtes et mélangez délicatement. Saupoudrez de persil et de ciboulette. Servez aussitôt.

Pasta primavera au saumon

| 4 | 15' | 25' | kcal 482 |

300 g de fettucine
1,25 litre d'eau
440 g de filet de saumon
2 brins d'aneth frais
6 grains de poivre noir
2 c. à c. de zeste de citron finement râpé
2 c. à c. d'huile d'olive
2 gousses d'ail écrasées
1 oignon rouge moyen (170 g) émincé
170 g d'asperges coupées en deux, de biais
60 g de petits pois surgelés
150 g de pois mange-tout parés et coupés en deux
2 c. à s. de jus de citron
2 c. à c. d'aneth frais finement haché
2 c. à s. de persil plat frais grossièrement haché

1 Faites cuire les pâtes dans une grande casserole d'eau bouillante, puis égouttez-les.

2 Pendant ce temps, mélangez l'eau, le saumon, les brins d'aneth, les grains de poivre et la moitié du zeste de citron dans une grande casserole, et portez à ébullition. Baissez le feu et laissez frémir 8 min, sans couvrir, en retournant le saumon au milieu de la cuisson. Retirez-le et jetez le liquide. Une fois que les filets sont assez tièdes pour être manipulés, ôtez leur peau et émiettez-les dans un saladier.

3 Faites chauffer l'huile d'olive dans la même casserole après l'avoir nettoyée et faites revenir l'ail, l'oignon et les asperges, en remuant, jusqu'à ce que ces dernières soient tendres. Ajoutez les petits pois, les pois mange-tout, le jus de citron, les pâtes, le reste du zeste et le saumon émietté. Réchauffez en remuant. Puis, hors du feu, incorporez les herbes.

VARIÉTÉS DE RIZ

Le riz fait partie des aliments très riches en bons glucides. Il est recommandé d'en manger souvent, car chaque grain est un concentré de nutriments et d'énergie.

Arborio

C'est le riz à risotto italien le plus réputé (les autres sont le carnaroli et le vialone), qui donne au risotto sa consistance crémeuse et tendre.

Jasmin

Riz thaï parfumé à long grain, idéal en accompagnement de plats sud-asiatiques. Il doit être cuit selon la méthode d'absorption pour préserver son parfum et son goût délicats.

Basmati

Riz parfumé à long grain importé du Pakistan. Il doit être cuit selon la méthode d'absorption pour préserver son parfum et sa saveur chaude.

Glutineux

Également connu sous le nom de riz gluant, c'est un riz à petit grain épais et à la saveur caractéristique, qui devient collant en cuisant ; il est facile d'en faire des boulettes que l'on peut plonger dans des plats savoureux pour en absorber la sauce.

Nishiki

Riz à grain moyen qui, comme le koshihikari (voir ci-contre), devient tendre, moelleux et légèrement collant en cuisant, ce qui en fait un riz à sushi idéal. C'est une variété japonaise également cultivée en Californie, que l'on trouve dans les épiceries asiatiques.

Mélange de riz sauvage

Mélange de riz blanc à long grain et de riz sauvage brun foncé. Le second a une texture croustillante et élastique caractéristique qui forme un contraste agréable avec le riz blanc, plus moelleux.

Riz sauvage

Il ne fait pas partie de la famille du riz : c'est la graine d'une herbe aquatique à fleurs originaire des climats froids d'Amérique du Nord. Ses longs grains brun foncé, presque noirs, ont un goût de noisette.

Riz noir

Riz non décortiqué à la saveur de noisette et à la texture croustillante, dont l'enveloppe sombre colore les grains lors de la cuisson. Il en existe des centaines de variétés en Asie.

Koshihikari

Riz à petit grain rond qui devient très fondant en cuisant, et est juste assez collant pour pouvoir être mangé avec des baguettes. Idéal pour les sushis et les desserts au riz. Il est vendu sous le nom de « riz à sushi ».

Long grain

C'est le riz qui s'accommode le mieux avec la plupart des plats salés. Une fois cuits, les grains sont légers et ne collent pas. Vous pouvez le servir en accompagnement simple, en faire des salades de riz ou des farces, ou l'utiliser dans des plats indiens, moyen-orientaux, italiens et espagnols.

Calrose

Variété à grain moyen développée par un producteur de riz australien, Sun Rice, pouvant remplacer le riz à grain court ou à grain long. Le calrose blanc est assez moelleux et légèrement collant. Le calrose brun est ferme, légèrement élastique et ne colle pas.

Complet

Riz débarrassé de son enveloppe extérieure dure, mais qui conserve la couche nourrissante de son à la saveur de noisette entourant le cœur blanc du grain. Il est plus long à cuire que le riz blanc, a une texture plus ferme et ses grains ne collent pas.

Riz aux deux citrons

400 g de riz basmati
80 g d'amandes hachées grossièrement
50 g de graines de courge grillées
35 g de graines de tournesol
20 g de feuilles de coriandre fraîche, ciselées
20 g de persil plat frais, ciselé

Sauce aux deux citrons
60 ml d'huile d'olive
60 ml de jus de citron
1 c. à c. de zeste de citron vert finement râpé
2 c. à s. de jus de citron vert
¼ de c. à c. de poivre noir concassé

1 Faites cuire le riz dans une grande casserole d'eau bouillante, sans couvrir. Égouttez-le, rincez-le sous l'eau froide puis égouttez-le de nouveau. Versez-le dans un grand saladier.

2 Préparez la sauce aux deux citrons : versez les ingrédients dans un shaker pour sauce à salade. Fermez puis secouez énergiquement.

3 Versez la sauce sur le riz. Ajoutez les ingrédients restants et mélangez délicatement.

Riz aux olives et aux poivrons

400 g de riz complet
2 gros poivrons rouges (700 g)
160 g d'olives vertes farcies à la feta, émincées
1 c. à s. d'origan frais, ciselé
1 long piment rouge frais, haché finement

Vinaigrette
2 c. à s. de jus de citron
2 c. à s. de vinaigre de vin rouge
2 c. à s. d'huile d'olive
½ c. à c. de sucre blanc
1 gousse d'ail écrasée

1 Faites cuire le riz à l'eau bouillante, sans couvrir. Égouttez-le. Versez-le dans un saladier.

2 Coupez les poivrons en quatre. Faites-les griller, côté peau vers le haut, sous le gril du four. Mettez-les dans un sachet en plastique. Au bout de 5 min, pelez-les puis coupez-les en fines languettes.

3 Préparez la vinaigrette : versez les ingrédients dans un shaker pour sauce à salade. Secouez

4 Versez les poivrons, la vinaigrette et les ingrédients restants sur le riz. Mélangez.

Riz à l'avocat et au wasabi

8   10'   10'   kcal 388

400 g de riz parfumé thaï
2 avocats moyens (500 g),
coupés en morceaux
2 c. à s. de jus de citron vert
50 g de pousses de pois
mange-tout, hachées
1 feuille de nori émiettée

Sauce au wasabi
225 g de mayonnaise
2 c. à s. de jus de citron vert
2 c. à s. de vinaigre de riz
3 c. à c. de wasabi

1 Faites cuire le riz dans
une grande casserole d'eau
bouillante, sans couvrir. Quand
le riz est fondant, égouttez-
le, rincez-le sous l'eau froide
puis égouttez-le de nouveau.

2 Préparez la sauce
au wasabi : mélangez
les ingrédients dans un bol.

3 Dans un grand saladier,
mélangez les avocats
et le jus de citron vert. Ajoutez
le riz, la sauce au wasabi,
les pousses de pois mange-
tout et la feuille de nori.
Mélangez délicatement.

Riz aux épinards et aux figues

8   5'   10'   kcal 325

400 g de mélange de riz
sauvage et de riz long blanc
90 g de noix de pécan
grillées, hachées
100 g de figues sèches, émincées
100 g de pousses d'épinard, hachées
2 tiges de ciboule émincées

**Sauce à l'orange
et au vinaigre balsamique**
2 c. à c. de zeste d'orange
finement râpé
125 ml de jus d'orange
2 c. à s. d'huile d'olive
1 c. à s. de vinaigre
balsamique blanc

1 Faites cuire le riz dans
une grande casserole
d'eau bouillante, sans
couvrir. Égouttez-le puis
rincez-le sous l'eau froide
et égouttez-le de nouveau.
Versez-le dans un saladier.

2 Pendant ce temps,
préparez la sauce
à l'orange et au vinaigre
balsamique.

3 Versez la sauce
et les ingrédients
restants sur le riz.
Mélangez délicatement.

Riz pilaf aux asperges et champignons

4 | 15' | 45' | kcal 498

20 g de beurre
1 c. à s. d'huile végétale
1 gros oignon rouge émincé
3 gousses d'ail écrasées
200 g de champignons
de Paris coupés en quatre
300 g de riz basmati
100 g de lentilles blondes ou corail

180 ml de vin blanc sec
375 ml de bouillon de légumes
2 c. à c. de zeste de citron râpé
2 c. à s. de jus de citron
300 g d'asperges vertes
1 petite poignée de thym frais
1 c. à s. d'amandes effilées grillées

1 Faites chauffer le beurre et l'huile dans un faitout. Faites-y revenir l'oignon et l'ail, en remuant. Ajoutez les champignons et laissez-les cuire rapidement, puis incorporez le riz et les lentilles. Mélangez 1 min sur le feu puis mouillez avec le vin blanc.

2 Quand presque tout le vin est absorbé, ajoutez le bouillon, le zeste de citron, le jus de citron et 450 ml d'eau. Portez à ébullition puis laissez frémir 20 min, sans couvrir, en remuant de temps en temps. Le riz doit être tendre et le liquide absorbé.

3 Coupez les asperges en deux dans la hauteur, recoupez chaque moitié en 2 tronçons égaux. Mettez-les dans le faitout avec la moitié du thym et versez 110 ml d'eau. Couvrez et laissez chauffer à feu doux 5 min. Décorez d'amandes et du thym restant.

Pilaf aux raisins secs et poulet au paprika

8 | 15' | 2ʰ | 30' | 10' | kcal 500

1,2 kg de blancs de poulet
2 c. à s. de jus de citron
3 gousses d'ail écrasées
1 c. à c. de paprika doux
1 c. à c. de cannelle moulue
½ c. à c. de paprika fort
2 c. à c. d'huile d'olive
1 oignon jaune moyen (150 g) finement haché
700 g de riz basmati
1 litre de bouillon de poulet
750 ml d'eau
280 g de yaourt à la grecque
80 g de raisins secs grossièrement hachés
Feuilles de coriandre fraîche grossièrement hachées

1 Mélangez le poulet, le jus de citron, l'ail et les épices dans un saladier. Couvrez et laissez mariner 2 h au réfrigérateur.

2 Faites chauffer l'huile d'olive dans une grande casserole et faites revenir l'oignon, en remuant, jusqu'à ce qu'il soit tendre. Ajoutez le riz et remuez pour l'enduire d'oignon. Versez le bouillon et l'eau, et portez à ébullition. Baissez le feu, couvrez et laissez mijoter, en remuant de temps en temps, environ 25 min, jusqu'à ce que le riz soit tendre. Retirez du feu et laissez reposer 5 min, à couvert.

3 Pendant ce temps, faites cuire les blancs de poulet sur une plancha chaude huilée (ou sous le gril du four ou au barbecue), en les badigeonnant de 70 g de yaourt jusqu'à ce qu'ils soient bien dorés de tous côtés. Couvrez-les et attendez 5 min avant de les couper en tranches épaisses.

4 Versez les raisins secs et la coriandre dans le riz, en remuant. Servez le pilaf avec le poulet et le reste du yaourt. Accompagnez de petits pains croustillants.

Conseil

Vous pouvez mélanger un concombre épépiné finement haché avec le reste du yaourt.

Paella végétarienne

<X> 4   <25'>   <55'>   kcal 440

750 ml de bouillon de légumes

1 pincée de safran

1 c. à s. d'huile d'olive

2 petites aubergines coupées en quartiers fins

2 gousses d'ail écrasées

1 oignon rouge moyen, émincé

300 g de tomates épépinées, coupées en petits dés

1 poivron rouge émincé

2 c. à c. de paprika fumé

350 g de riz arborio

120 g de petits pois surgelés

100 g de haricots verts coupés en trois

60 g d'olives noires dénoyautées

1 petite poignée de persil plat ciselé

1 Versez le bouillon dans une casserole, ajoutez 500 ml d'eau et portez à ébullition. Retirez la casserole du feu et ajoutez le safran. Laissez infuser.

2 Faites chauffer l'huile dans une grande sauteuse (ou une poêle à paella) et laissez dorer les quartiers d'aubergine pendant 5 min. Réservez-les au chaud.

3 Faites revenir l'ail, l'oignon, les tomates, le poivron et le paprika. Quand l'oignon est tendre, ajoutez le riz, en remuant. Versez le bouillon, portez à ébullition puis laisser frémir 20 min, sans couvrir. Le riz doit être encore craquant

4 Répartissez sur la paella les petits pois, les haricots et les aubergines, couvrez et laissez cuire 10 min à feu doux pour que tout le liquide soit évaporé. Ajoutez hors du feu le persil et les olives. Laissez reposer 5 min, à couvert, avant de servir.

Riz biryani aux légumes

4 | 15' | 35' | kcal 431

1 c. à s. d'huile végétale
1 oignon en fines lamelles
1 gousse d'ail écrasée
2 c. à c. de garam masala
400 g de tomates concassées
1 pomme de terre en dés
2 carottes grossièrement coupées
2 courgettes grossièrement coupées
1 poivron rouge émincé

Riz biryani

1 c. à s. d'huile végétale
1 oignon émincé
300 g de riz basmati
3 capsules de cardamome écrasées
½ c. à c. de piment moulu
¼ de c. à c. de curcuma moulu
40 g de raisins secs

1 Faites chauffer l'huile dans une cocotte pour y faire revenir l'oignon et l'ail. Ajoutez le garam masala, remuez 1 min à feu moyen puis incorporez les tomates, la pomme de terre, les carottes et 125 ml d'eau. Portez à ébullition, couvrez et laissez frémir 10 min. Ajoutez les courgettes et le poivron, couvrez à nouveau et laissez frémir encore 10 min pour que les légumes soient tendres.

2 Pour préparer le riz, faites fondre l'oignon dans l'huile à feu moyen avant d'ajouter le riz et les épices. Quand le mélange embaume, versez 375 ml d'eau et incorporez les raisins secs. Couvrez et laissez frémir 15 min, à petit feu, jusqu'à absorption du liquide.

3 Transférez la moitié du riz dans un plat de service, couvrez de légumes chauds puis ajoutez le reste du riz.

Riz à la mexicaine

4 | 20' | 45' | kcal 608

4 épis de maïs
2 c. à c. d'huile d'arachide
1 petit oignon blanc émincé
2 gousses d'ail écrasées
1 petit poivron rouge émincé
1 piment de Cayenne frais émincé
300 g de riz moyen
250 ml de bouillon de légumes

Salsa de tomates

450 g de tomates en dés
1 petit oignon blanc émincé
60 g de piments jalapeños marinés
1 poignée de coriandre
fraîche ciselée
1 gousse d'ail écrasée
2 c. à s. de jus de citron vert

1 Écartez les feuilles des épis de maïs sans les détacher, enlevez les fibres puis remettez les feuilles en place. Trempez les épis dans l'eau froide jusqu'au moment de les cuire.

2 Mettez l'huile à chauffer dans un faitout et faites revenir l'oignon, l'ail, le poivron et le piment. Ajoutez le riz, remuez 1 min puis versez le bouillon et 250 ml d'eau.

Après ébullition, couvrez et laissez frémir 20 min.

3 Égouttez le maïs et faites-le dorer 25 min sur une plaque en fonte huilée ou sur un barbecue, en le retournant de temps en temps.

4 Préparez la salsa en mélangeant tous les ingrédients. Servez avec le riz et les épis de maïs.

Risotto aux noix de saint-jacques

4   20'   35'

500 ml de fumet de poisson
250 ml d'eau
1 pincée de filaments de safran
1 c. à s. de ciboulette fraîche ciselée
2 c. à s. de persil plat frais ciselé
2 c. à c. de zeste de citron râpé
1 c. à s. d'huile d'olive
1 petit oignon jaune (80 g), détaillé en dés
1 gousse d'ail écrasée
200 g de riz arborio
60 ml de vin blanc sec
20 g de beurre
12 noix de saint-jacques sans le corail (300 g)

1 Portez à ébullition le fumet de poisson, l'eau et le safran. Réduisez la flamme et laissez frémir.

2 Mélangez la ciboulette, le persil et le zeste de citron dans un bol.

3 Faites fondre l'oignon et l'ail dans une sauteuse avec la moitié de l'huile d'olive. Ajoutez le riz, mélangez pendant 1 min puis versez le vin. Portez à ébullition puis laissez frémir quelques minutes.

4 Quand presque tout le vin est absorbé, versez 1 louchée de bouillon chaud. Continuez la cuisson en remuant

souvent et versez régulièrement du bouillon dès que le liquide est absorbé. Le riz sera cuit au bout de 30 min environ. Incorporez alors le beurre.

5 Saisissez les noix de saint-jacques 1 min sur chaque face dans le reste d'huile.

6 Répartissez le risotto dans des assiettes creuses avant de le garnir de noix de saint-jacques. Décorez avec le mélange à la ciboulette et servez aussitôt.

Risotto aux artichauts, petits pois et champignons

750 ml de bouillon de légumes

2 c. à c. d'huile d'olive

1 oignon moyen émincé

2 gousses d'ail écrasées

400 g de riz arborio

200 g de champignons de Paris
en tranches épaisses

250 ml de vin blanc sec

1 petite poignée de persil plat ciselé

350 g de cœurs d'artichaut marinés

120 g de petits pois décongelés

50 g de parmesan râpé

1 Versez le bouillon dans une casserole, ajoutez 500 ml d'eau et portez à ébullition. Laissez frémir, à couvert.

2 Faites chauffer l'huile dans un faitout pour y faire revenir l'oignon et l'ail. Ajoutez le riz et les champignons, remuez vivement puis versez le vin. Continuez de mélanger jusqu'à évaporation complète. Mouillez alors le riz avec 1 louchée de bouillon frémissant et laissez évaporer le liquide avant d'en rajouter une nouvelle louchée.

Continuez de mouiller le riz jusqu'à ce qu'il soit tendre et crémeux (comptez environ 35 min pour arriver à ce résultat).

3 Incorporez le persil, les cœurs d'artichaut coupés en quatre, les petits pois et le parmesan. Gardez le faitout sur le feu jusqu'à ce que les légumes soient chauds mais ne couvrez pas le riz. Servez sans attendre.

Riz gluant

400 g de riz gluant

1 La veille, rincez abondamment le riz jusqu'à ce que l'eau soit très claire puis mettez-le dans un récipient et couvrez d'eau froide. Laissez tremper toute la nuit.

2 Égouttez le riz après l'avoir rincé une dernière fois. Garnissez de mousseline un panier vapeur (de préférence en bambou) et versez le riz dedans pour former un monticule. Couvrez. Faites-le cuire au moins 25 min au-dessus d'une casserole d'eau bouillante, sans retirer le couvercle. Le riz est cuit quand il est tendre au centre du monticule.

Riz jasmin

400 g de riz jasmin
1 litre d'eau

1 Mélangez le riz jasmin et l'eau dans une casserole à fond épais. Portez à ébullition en remuant de temps en temps (délicatement pour ne pas briser les grains).

2 Baissez le feu, couvrez et laissez cuire 12 min à l'étouffée, sans remuer. Toute l'eau doit être absorbée. Retirez du feu et laissez reposer 10 min à couvert avant de servir.

Riz noir

4 · 12" · 10' · 25' · 10' · kcal 201

400 g de riz noir

1 La veille, rincez abondamment le riz noir jusqu'à ce que l'eau soit très claire puis mettez-le dans un récipient et couvrez d'eau froide. Laissez tremper toute la nuit.

2 Rincez une dernière fois le riz avant de le mettre dans une casserole d'eau. Faites-le bouillir 25 min jusqu'à ce qu'il soit cuit. Égouttez-le et laissez-le reposer 10 min à couvert avant de le servir ou de l'accommoder pour un dessert.

Riz jaune au lait de coco

4 · 30' · 5' · 15' · 10' · kcal 518

350 g de riz jasmin
310 ml d'eau
400 ml de crème de coco
½ c. à c. de sel
1 c. à c. de sucre roux
½ c. à c. de curcuma moulu
1 pincée de filaments de safran

1 Faites tremper le riz 30 min dans un grand volume d'eau froide. Rincez-le ensuite abondamment jusqu'à ce que l'eau soit très claire. Égouttez-le.

2 Mettez le riz et le reste des ingrédients dans une casserole, couvrez et portez à ébullition en remuant régulièrement. Dès les premiers bouillons, baissez le feu et laissez frémir 15 min, sans remuer. Quand le riz est juste cuit, retirez du feu et laissez reposer 10 min sans ôter le couvercle.

Riz au coco, au poivron et à la coriandre

✕ 4	15'	30'	kcal 546

40 g de noix de coco râpée
2 c. à s. d'huile végétale
2 c. à c. d'huile au piment
1 oignon jaune moyen (150 g),
grossièrement haché
1 poivron rouge moyen (200 g),
grossièrement haché
3 gousses d'ail écrasées
3 cm de gingembre frais (15 g), râpé
300 g de riz calrose
375 ml de bouillon de poulet
250 ml d'eau
140 ml de lait de coco
3 tiges de ciboule grossièrement hachées
Quelques feuilles de coriandre ciselées
60 ml de jus de citron
Quelques feuilles de coriandre entières

1 Faites chauffer le wok, puis faites-y dorer légèrement la noix de coco, tout en remuant. Retirez-la du wok. Réservez.

2 Faites chauffer les deux huiles dans le wok, puis faites-y revenir l'oignon avec le poivron, l'ail et le gingembre.

3 Ajoutez le riz et faites-le sauter 2 min. Versez le bouillon de poulet, l'eau et le lait de coco. Laissez frémir 20 min, à couvert, jusqu'à ce que le liquide soit absorbé et le riz tendre.

4 Retirez le wok du feu. Ajoutez la ciboule, la coriandre ciselée, le jus de citron et la moitié de la noix de coco grillée. Décorez avec le reste de noix de coco et les feuilles de coriandre.

Nasi goreng

4 — 20' — 15' — kcal 441

1 petit oignon haché
2 gousses d'ail coupées en quatre
5 cm de gingembre frais haché
2 piments de Cayenne frais grossièrement coupés
3 c. à c. d'huile d'arachide
4 œufs légèrement battus
150 g de pleurotes en gros morceaux
1 poivron vert coupé en morceaux
1 poivron rouge coupé en morceaux
200 g de mini-épis de maïs frais,
en tronçons épais
800 g de riz jasmin cuit
80 g de germes de soja
3 oignons de printemps émincés
2 c. à s. de sauce soja
1 c. à s. de kecap manis

1 Mixez l'oignon, l'ail, le gingembre et les piments pour obtenir un mélange homogène.

2 Faites chauffer 1 c. à s. d'huile dans un wok et faites cuire la moitié des œufs en omelette fine. Coupez ensuite l'omelette en larges bandes. Faites une seconde omelette avec le reste des œufs et coupez-la également en bandes.

3 Dans le même wok, faites sauter le mélange à l'oignon dans l'huile restante puis ajoutez les champignons, les poivrons et le maïs. Laissez cuire à feu vif, en remuant, jusqu'à ce qu'ils soient juste tendres.

4 Ajoutez le riz, les germes de soja, les oignons de printemps et les sauces. Réchauffez le tout à feu vif. Les germes de soja et les oignons doivent rester croquants. Servez le nasi goreng garni de lanières d'omelette.

Conseil
Il est préférable de faire cuire le riz la veille pour qu'il soit ferme et légèrement croquant. Après la cuisson, étalez-le sur un grand plateau, couvrez-le et gardez-le au réfrigérateur jusqu'au moment de le cuisiner.

Riz au gingembre et légumes d'Asie

4 — 20' — 15' — 10' — kcal 441

400 g de riz basmati
4 feuilles de citron kaffir
fraîches coupées en lanières
20 g de gingembre frais haché
2 piments de Cayenne rouges
frais en petits morceaux
1 c. à s. d'huile de sésame
1 gros oignon émincé
200 g de haricots verts

300 g de jeunes pak choï
coupés en quatre
100 g de pois gourmands
150 g de pleurotes coupés en deux
100 g de champignons enoki
80 ml de jus de citron vert
2 c. à s. de sauce soja
1 petite poignée de coriandre
fraîche ciselée

1 Mettez dans 1 litre d'eau le riz, les feuilles de kaffir, le gingembre et les piments. Couvrez et portez à ébullition puis laissez frémir 12 min, sans soulever le couvercle. Quand toute l'eau est absorbée, retirez le faitout du feu et laissez reposer le riz 10 min, toujours à couvert.

2 Faites chauffer la moitié de l'huile dans un wok pour y faire revenir l'oignon. Ajoutez ensuite les haricots, puis le pak choï, les pois gourmands et les champignons. Faites sauter tous ces légumes rapidement pour qu'ils restent croquants et verts. Versez le jus de citron, la sauce soja et le reste de l'huile ; incorporez la coriandre, mélangez puis retirez du feu. Servez avec le riz au gingembre.

Riz frit au curry, au porc et aux crevettes

4 — 15' — 25' — kcal 564

800 g de filet de porc émincé
1 c. à s. de sucre en poudre
2 c. à s. de sauce soja claire
125 g de petites crevettes crues
2 c. à s. d'huile d'arachide
2 œufs légèrement battus
1 c. à c. de curry en poudre
2 gousses d'ail écrasées
500 g de riz à long grain cuit et refroidi
4 tiges de ciboule émincées
120 g de petits pois surgelés
120 g de grains de maïs

1 Dans un saladier, mélangez le porc avec le sucre et la moitié de la sauce soja. Décortiquez les crevettes en laissant les queues.

2 Faites chauffer 1 c. à c. d'huile d'arachide dans un wok. Versez les œufs et faites cuire à feu moyen, en penchant le wok, jusqu'à ce que l'omelette soit presque prise. Retirez-la du wok ; enroulez-la et émincez-la. Réservez.

3 Faites chauffer 2 c. à c. d'huile dans le wok, puis faites cuire le porc en plusieurs fois, en remuant. Réservez.

4 Faites chauffer 1 c. à c. d'huile et faites sauter les crevettes jusqu'à ce qu'elles commencent à changer de couleur. Retirez-les du wok. Réservez.

5 Faites chauffer le reste de l'huile et faites-y revenir le curry et l'ail. Quand ils libèrent leurs parfums, incorporez le riz, la ciboule, les petits pois, les grains de maïs et le reste de la sauce soja. Poursuivez la cuisson en remuant jusqu'à ce que les légumes soient juste tendres.

6 Remettez le porc, les crevettes et la moitié de l'omelette dans le wok. Réchauffez en mélangeant. Répartissez dessus le reste de l'omelette.

Pad thaï

40 g de pulpe de tamarin
125 ml d'eau bouillante
2 c. à s. de sucre roux
80 ml de sauce au piment douce
80 ml de nuoc-mâm
375 g de nouilles de riz fraîches
12 crevettes moyennes crues
2 gousses d'ail écrasées
2 c. à s. de radis blanc salé émincé
2 c. à s. de crevettes séchées
1 c. à s. de gingembre frais râpé
2 piments rouges frais épépinés et émincés
1 c. à c. d'huile végétale
250 g de porc émincé
3 œufs légèrement battus
160 g de pousses de soja
4 tiges d'oignon vert émincées
1 poignée de coriandre fraîche
35 g de cacahuètes rôties
1 citron vert coupé en quatre

1 Laissez tremper le tamarin 30 min dans l'eau bouillante. Passez-le ensuite dans un tamis fin en pressant le mélange avec le dos d'une cuillère pour récupérer le maximum de pulpe. Jetez les éléments solides restés dans le tamis. Réservez l'eau de tamarin.

2 Mélangez le sucre, la sauce au piment et le nuoc-mâm dans un petit bol. Ajoutez l'eau de tamarin.

3 Mettez les nouilles dans un récipient, couvrez-les d'eau bouillante et laissez reposer jusqu'à ce qu'elles soient souples.

4 Décortiquez les crevettes en gardant les queues.

5 Mixez ou pilez dans un mortier l'ail, le radis blanc salé, les crevettes séchées, le gingembre et les piments pour obtenir une pâte épaisse.

6 Faites chauffer l'huile dans un wok et faites chauffer ce mélange jusqu'à ce qu'il embaume. Ajoutez le porc et faites-le brunir de toutes parts. Faites cuire ensuite les crevettes jusqu'à ce qu'elles changent de couleur puis versez les œufs battus sans cesser de remuer. Quand ces derniers ont pris, incorporez les nouilles, la sauce préparée avec l'eau de tamarin, les pousses de soja et la moitié des tiges d'oignon vert. Mélangez bien pour que la préparation soit uniformément chaude puis retirez le wok du feu avant d'ajouter le reste des tiges d'oignon vert, la coriandre et les cacahuètes grossièrement concassées. Servez avec les quartiers de citron vert.

Nouilles aux légumes et à la crème fraîche

6 · **15'** · **10'** · **kcal 334**

375 g de nouilles de riz sèches
1 c. à s. d'huile d'olive
1 petit oignon jaune (80 g) coupé en quartiers
2 petits bulbes de fenouil (260 g)
parés et émincés
1 gousse d'ail écrasée
200 g de champignons de Paris émincés
2 petites courgettes (200 g) émincées
300 ml de crème fraîche
300 g de pois gourmands
parés et émincés
Quelques feuilles de basilic ciselées
2 c. à s. d'aneth finement haché
Quelques feuilles de basilic entières

1 Mettez les nouilles dans un grand saladier résistant à la chaleur, couvrez-les d'eau bouillante. Laissez-les ramollir, puis égouttez-les.

2 Pendant ce temps, faites chauffer l'huile d'olive dans un wok et faites-y sauter l'oignon, le fenouil et l'ail. Retirez-les du wok dès qu'ils sont tendres.

3 Faites dorer légèrement les champignons et les courgettes. Remettez la préparation au fenouil dans le wok. Ajoutez la crème fraîche et portez à ébullition. Laissez réduire la sauce légèrement, sans cesser de remuer. Ajoutez les nouilles, les pois gourmands, et laissez chauffer en remuant. Retirez du feu puis ajoutez les herbes.

Nouilles sautées au poulet et à la sauce d'huître

375 g de nouilles de riz fraîches

1 c. à c. d'huile de sésame

1 c. à c. d'huile d'arachide

600 g de poulet (dans la cuisse)
coupé en fines lamelles

300 g d'asperges vertes en tronçons

375 g de mini-épis de maïs coupés en deux

2 gousses d'ail écrasées

250 ml de sauce d'huître

2 poignées de ciboulette ciselée

1 Plongez les nouilles dans un grand volume d'eau bouillante et laissez-les sur le feu jusqu'à ce qu'elles soient tendres. Égouttez-les, couvrez-les et gardez-les au chaud.

2 Mélangez dans un récipient l'huile de sésame et l'huile d'arachide. Versez-en la moitié dans un wok pour y faire revenir la viande en plusieurs tournées. Sortez-la au fur et à mesure du wok et réservez-la dans un plat.

3 Versez le reste d'huile dans le wok et saisissez à feu vif les asperges, les épis de maïs et l'ail. Quand les légumes sont tendres, ajoutez la viande, remuez, puis déposez les nouilles dessus et versez la sauce d'huître. Mélangez délicatement et laissez la préparation sur le feu pour qu'elle soit bien chaude. Décorez de ciboulette avant de servir.

Nouilles fraîches sautées au poulet et au bok choy

4 | 15' | 15' | kcal 520

1 kg de nouilles de riz fraîches
2 c. à c. d'huile de sésame
2 gousses d'ail écrasées
2 piments rouges frais émincés
600 g de blanc de poulet en dés
250 g de minibok choy coupé
en quatre dans la hauteur

4 oignons verts émincés
2 c. à s. de kecap manis
1 c. à s. de sauce d'huître
1 c. à s. de sucre roux
1 poignée de coriandre ciselée
1 c. à s. d'oignon frit

1 Mettez les nouilles dans un récipient résistant à la chaleur, couvrez-les d'eau bouillante et remuez-les délicatement à la fourchette pour les séparer. Égouttez-les.

2 Faites chauffer l'huile dans un wok et faites revenir l'ail et les piments puis ajoutez le poulet. Quand la viande est dorée de toutes parts, mettez le bok choy et les oignons verts dans le wok. Prolongez la cuisson jusqu'à ce que le poulet soit cuit et le bok choy croquant.

3 Incorporez les nouilles puis les sauces et le sucre. Réchauffez à feu vif. Retirez du feu puis ajoutez la coriandre. Répartissez les nouilles dans des bols et saupoudrez d'oignon frit au moment de servir.

Nouilles au curry

4 | 10' | 10' | kcal 363

1 petit oignon jaune (80 g) émincé
150 g de lardons
2 c. à c. de curry en poudre
500 g de poulet laqué détaillé en lamelles
6 tiges de ciboule finement ciselées
2 c. à s. de sauce soja
80 ml de xérès doux
3 cm de gingembre frais (15 g) râpé
400 g de nouilles de riz fines, fraîches

1 Faites chauffer un wok et faites-y rissoler l'oignon et les lardons. Ajoutez le curry et remuez jusqu'à ce qu'il libère son arôme.

2 Ajoutez le poulet, la ciboule, la sauce de soja, le xérès et le gingembre. Remuez. Incorporez les nouilles et laissez chauffer en mélangeant délicatement.

Nouilles de riz au bœuf et aux pois gourmands

250 g de nouilles de riz sèches
1 c. à c. d'huile d'arachide
400 g de bœuf haché
1 oignon jaune moyen, en tranches fines
2 petits piments rouges frais, en tranches fines

350 g de chou chinois en grosses lanières
150 g de pois gourmands nettoyés
2 c. à c. de sauce aux haricots noirs
2 c. à c. de kecap manis
80 ml de bouillon de bœuf
4 oignons verts en tranches fines

1 Laissez gonfler les nouilles 5 min dans un saladier d'eau bouillante, puis égouttez-les.

2 Faites chauffer l'huile dans un wok pour y faire revenir la viande pendant 5 min avec l'oignon et les piments.

3 Ajoutez le chou chinois et les pois gourmands. Quand ils sont tendres, incorporez les nouilles et les oignons verts, puis les sauces mélangées avec le bouillon. Laissez sur le feu jusqu'à ce que le mélange soit très chaud.

Porc laqué aux nouilles hokkien

1 c. à s. d'huile d'arachide
4 tiges de ciboule coupées en gros tronçons
2 gousses d'ail émincées
1 poivron rouge moyen (200 g), coupé en fines lanières
190 g de sauce char siu
2 c. à s. de sambal oelek

60 ml d'eau
2 c. à s. de jus de citron vert
4 cm de gingembre (20 g) râpé
120 g de petits pois surgelés
400 g de porc laqué chinois émincé
450 g de nouilles hokkien fines, fraîches

1 Faites chauffer l'huile d'arachide dans un wok, puis faites-y revenir la ciboule, l'ail et le poivron pendant 1 min.

2 Ajoutez le reste des ingrédients. Faites cuire en remuant jusqu'à ce que les petits pois soient juste tendres.

Salade de nouilles chinoises

2   15'   5'

200 g de nouilles hokkien
2 oignons verts en tranches fines
100 g de pois gourmands en fines lanières
160 g de blanc de poulet cuit, émincé
100 g de porc laqué à la chinoise, émincé

Assaisonnement
1 c. à s. de sauce soja claire
2 c. à c. de miel
1 gousse d'ail écrasée
1 cm de gingembre frais (5 g), râpé
2 c. à c. de jus de citron
1 c. à s. d'huile d'olive

1 Pour l'assaisonnement, mélangez tous les ingrédients dans un shaker pour sauce à salade.

2 Mettez les nouilles à tremper dans un grand saladier d'eau bouillante avant de les séparer à la fourchette. Égouttez-les.

3 Mélangez délicatement dans un saladier les oignons, les pois gourmands, le poulet, le porc et les nouilles. Juste avant de servir, versez l'assaisonnement et remuez.

Raviolis vapeur

28 | 40' | 30' | kcal 38

2 c. à c. d'huile d'arachide

2 gousses d'ail écrasées

5 cm de gingembre frais râpé

1 petit piment rouge haché

150 g de pleurotes hachés

2 petites carottes râpées

3 oignons verts émincés

40 g de germes de soja

100 g de tofu écrasé

220 g de châtaignes d'eau hachées

1 poignée de coriandre fraîche ciselée

28 feuilles de pâte à raviolis chinois

Sauce au miso

1 c. à s. de miso blanc

1 c. à s. de sauce soja

1 c. à s. de jus de citron vert

1 oignon vert émincé

2 c. à s. d'eau

1 Faites revenir dans l'huile l'ail, le gingembre et le piment. Quand le mélange embaume, ajoutez les carottes, les champignons, les oignons, le soja, le tofu et les châtaignes d'eau. Laissez cuire 5 min, en remuant. Retirez du feu et incorporez la coriandre puis laissez refroidir 10 min.

2 Déposez 1 c. à s. rase de farce au centre de chaque feuille de pâte. Badigeonnez les bords avec un peu d'eau et fermez les raviolis en pinçant bien le tour.

3 Disposez les raviolis en une couche dans un panier vapeur, sans les faire se toucher. Couvrez et faites cuire 10 min au-dessus d'une casserole d'eau frémissante.

4 Préparez la sauce en mélangeant tous les ingrédients dans un bol. Servez les raviolis avec la sauce.

Raviolis de crevettes et purée de petits pois à la menthe

4 | 40' | 15' | kcal 386

300 ml de bouillon de poulet
300 g de petits pois surgelés
1 poignée de feuilles de menthe fraîche
40 g de beurre
1 gousse d'ail écrasé
1 kg de crevettes roses crues
1 blanc d'œuf
1 c. à s. de sauce au piment douce
2 c. à s. de jus de citron
1 piment vert finement haché
40 feuilles de pâte à raviolis chinois
30 g de petits pois surgelés, supplémentaires

1 Portez le bouillon à ébullition dans une casserole. Ajoutez les petits pois, la menthe et le beurre. Ramenez à ébullition puis laissez frémir 5 min. Retirez la casserole du feu et attendez 10 min avant d'ajouter l'ail et de mixer le mélange pour obtenir une purée homogène. Si vous craignez qu'elle soit trop liquide, retirez à la louche une grande partie du bouillon ; vous pourrez en mouiller la purée par petites quantités pour obtenir la consistance désirée. Réservez la purée au chaud.

2 Décortiquez les crevettes et hachez-en grossièrement la moitié. Mixez l'autre moitié avec le blanc d'œuf, la sauce au piment et la moitié du jus de citron. Mélangez cet appareil dans un grand saladier avec les crevettes hachées et le piment.

3 Déposez 1 c. à s. bien pleine de préparation aux crevettes au centre d'une feuille de pâte à raviolis, badigeonnez les côtés d'eau, couvrez avec une autre feuille et fermez les raviolis en pinçant les bords. Confectionnez ainsi 20 raviolis puis faites-les cuire en les plongeant dans un grand volume d'eau bouillante salée. Sortez-les de l'eau avec une écumoire dès qu'ils remontent à la surface.

4 Remettez la purée de petits pois dans la casserole puis ajoutez les petits pois supplémentaires et l'autre moitié du jus de citron. Réchauffez le tout à feu moyen, en remuant sans cesse.

5 Répartissez les raviolis égouttés sur les assiettes et servez-les nappés de purée aux petits pois.

LÉGUMES SECS & CÉRÉALES

Ils sont bon marché et bons pour la santé, mais, surtout, ils offrent une multitude de saveurs délicieuses.

Haricots azuki

Petits haricots rouge brunâtre avec une rayure crème, également connus sous le nom de haricots rouges du Japon. Ils sont recouverts d'une fine peau et ont une saveur assez sucrée ; ils sont utilisés au Japon sous la forme d'une pâte pour desserts et gâteaux, et sont également bons dans les ragoûts ; on peut les faire germer.

Haricots noirs

Leur saveur intense en fait un ingrédient vedette de la cuisine des Caraïbes et de l'Amérique latine ; on les trouve notamment dans la célèbre soupe aux haricots noirs. Ils diffèrent des haricots noirs chinois, qui sont des haricots de soja salés et fermentés.

Cornilles

On les appelle également doliques à œil noir ou niébé. Elles ont une saveur douce et cuisent plus rapidement que la plupart des autres haricots en raison de leur peau fine. Elles sont très utilisées dans le sud des États-Unis avec de la viande de porc et du pain de maïs.

Haricots blancs

La famille des haricots blancs est constituée de nombreuses variétés – lingots, cocos, soissons, cannellini, etc. – dont certaines entrent dans la composition de spécialités telles que le cassoulet. Ils ont une saveur douce et sont interchangeables en cuisine.

Boulgour

Surtout connu dans le taboulé, le boulgour est produit à partir de blé séché, décortiqué, cuit à la vapeur ou blanchi et concassé en différents degrés de finesse. Avant emploi, on le plonge brièvement dans de l'eau pour l'attendrir et faire gonfler les grains, puis on l'essore.

Lentilles du Puy

Originaires de la région du Puy, dans le sud de la France, ces petites lentilles vert foncé ont un goût fin délicatement sucré. Elles ont une peau fine et cuisent rapidement.

Fèves

Gros haricots à la texture farineuse, disponibles fraîches ou sèches. Les fèves sont cuisinées avec des pois chiches en boulettes que l'on appelle falafels. Les ful medames (haricots bruns égyptiens) en sont une variété plus petite, à la saveur de noisette.

Pois cassés

Les pois cassés, qui peuvent être verts ou jaunes, ont un goût sucré de petits pois. Ils sont souvent consommés dans la soupe de pois cassés au jambon.

Pois chiches

On les connaît aussi sous le nom de garbanzos, houmous ou channa ; ils sont appréciés pour leur saveur riche de noisette et leur texture croquante. C'est un ingrédient essentiel de la soupe italienne pasta e ceci et de l'hummus bi tahini moyen-oriental.

Polenta

Aussi appelée farine de maïs, la polenta est obtenue à partir de maïs séché, moulu plus ou moins grossièrement. Elle est bouillie dans de l'eau pour faire une bouillie (polenta crémeuse), qui peut ensuite être refroidie, découpée, huilée et grillée pour obtenir de la polenta grillée.

Couscous

Cette céréale de base d'Afrique du Nord est obtenue à partir de semoule fine. Elle est cuite à la vapeur au-dessus d'une casserole dans laquelle cuisent la viande et les légumes ; pour obtenir du couscous sucré, on la mélange avec du sucre, des noix et des fruits.

Cannellini

Petits haricots italiens de la famille des haricots blancs. Utilisés dans le minestrone ou dans d'autres soupes, et dans des plats toscans tels que les haricots cuits au four à la pancetta et à l'ail, ou les haricots froids au thon.

Salade de haricots
et sauce crémeuse au basilic

400 g de haricots de Lima
en boîte, rincés et égouttés
400 g de haricots borlotti
en boîte, rincés et égouttés
250 g de tomates cerises,
coupées en quatre
12 bocconcinis coupées
en deux (180 g)
60 g de petites feuilles de roquette
80 g de pignons de pin grillés

Sauce crémeuse au basilic
2 c. à s. d'huile d'olive
2 c. à s. de vinaigre de vin blanc
2 c. à c. de vinaigre
balsamique blanc
2 c. à s. de feuilles de basilic
frais, grossièrement hachées
60 ml de crème fraîche

1 Préparez la sauce
crémeuse au basilic.
Mélangez l'huile d'olive,
les deux vinaigres
et le basilic dans un bol.
Ajoutez la crème fraîche
et fouettez jusqu'à obtention
d'un mélange homogène.

2 Dans un grand saladier,
mélangez les ingrédients
de la salade avec la sauce
crémeuse au basilic.

Pain de maïs

3 épis de maïs (750 g)
180 ml de lait fermenté
2 œufs légèrement battus
50 g de beurre fondu
150 g de farine avec
levure incorporée

170 g de farine de maïs
½ c. à c. de sel
60 g de gruyère grossièrement râpé
15 g de persil plat finement haché

1 Préchauffez le four
à 200 °C. Huilez un
moule à manqué de 22 cm
de diamètre. Détachez
les grains des épis de maïs.
Mixez les deux tiers avec
2 c. à s. de lait fermenté.
Ajoutez le reste des grains,
le reste du lait fermenté,
les œufs et le beurre.

2 Tamisez les farines
dans un saladier.
Ajoutez le sel, le gruyère
et le persil. Incorporez
le mélange précédent.
Remuez. Versez dans
le moule et faites cuire
50 min au four. Laissez
tiédir 10 min avant de
démouler sur une grille.

Risotto d'orge perlé au poulet, poireau et petits pois

2   15'   40'   kcal 401

560 ml de bouillon de poulet
1 c. à c. d'huile d'olive
1 gros poireau (500 g) émincé
2 gousses d'ail écrasées
2 brins de thym frais
100 g d'orge perlé
200 g de blanc de poulet coupé en morceaux
60 g de petits pois surgelés
170 g d'asperges vertes coupées en gros tronçons

1 Portez le bouillon à ébullition dans une cocotte. Réduisez le feu, couvrez et laissez frémir.

2 Faites chauffer l'huile d'olive dans une casserole. Faites-y revenir le poireau, l'ail et le thym, en remuant, jusqu'à ce que le poireau soit fondant. Ajoutez l'orge et remuez bien. Versez dans la casserole 250 ml de bouillon frémissant. Faites cuire à feu doux, en remuant, jusqu'à ce que tout le liquide ait été absorbé. Ajoutez le bouillon progressivement (1 louchée à la fois), en remuant sans cesse et en attendant que l'orge ait absorbé tout le liquide avant un nouvel ajout de bouillon. Comptez 35 min de cuisson au total jusqu'à ce que l'orge soit fondant.

3 Ajoutez le poulet, les petits pois et les asperges. Faites cuire encore 5 min, à couvert, en remuant de temps en temps jusqu'à ce que le poulet soit cuit et que les asperges soient tendres. Retirez les brins de thym et assaisonnez.

Couscous au curry et aux pois chiches

(X) 4   (▲) 10'   (◉) 5'   (⧖) 5'   (kcal) 407

125 ml d'eau
125 ml de bouillon de poulet
1 c. à c. de curry en poudre
200 g de couscous
400 g de pois chiches en boîte,
rincés et égouttés

200 g de feta émiettée
20 g de feuilles de coriandre
fraîche grossièrement hachées
2 tiges de ciboule émincées
1 c. à c. de zeste de citron râpé
60 ml de jus de citron

1 Versez l'eau, le bouillon
de poule et le curry
dans une petite casserole.
Portez à ébullition.

2 Versez le mélange
eau-bouillon-curry
sur le couscous. Couvrez et
laissez reposer 5 min jusqu'à
absorption du liquide.
Aérez la semoule avec
une fourchette.

3 Ajoutez les ingrédients
restants et mélangez.

Couscous aux oranges et aux dattes

(X) 4   (▲) 10'   (◉) 5'   (⧖) 5'   (kcal) 318

200 g de couscous
250 ml d'eau bouillante
2 oranges moyennes (480 g)
40 g de pousses d'épinard
½ petit oignon rouge (50 g) émincé
70 g de dattes fraîches dénoyautées et émincées
1 c. à s. d'huile d'olive

1 Versez le couscous
et l'eau bouillante
dans un récipient résistant
à la chaleur. Couvrez et laissez
reposer environ 5 min jusqu'à
absorption du liquide.
Aérez les grains avec
une fourchette.

2 Pendant ce temps,
râpez grossièrement
le zeste des oranges.
Détachez les quartiers des
oranges au-dessus d'un bol.
Réservez 60 ml de jus.

3 Mélangez le couscous
avec les quartiers
d'orange, les 60 ml de jus
et les ingrédients restants.

Couscous au citron confit, à la menthe et aux raisins

200 g de couscous

250 ml d'eau bouillante

1 c. à c. de cumin moulu

75 g de raisins secs

2 c. à s. de zeste de citron confit finement haché

40 g de menthe fraîche, grossièrement hachée

60 ml de jus de citron

1 Versez le couscous et l'eau bouillante dans un récipient résistant à la chaleur. Couvrez et laissez reposer 5 min jusqu'à absorption du liquide. Aérez les grains avec une fourchette.

2 Ajoutez les autres ingrédients et mélangez.

Couscous au fenouil et aux tomates

250 g de tomates cerises coupées en deux

Huile de cuisson

200 g de couscous

250 ml d'eau bouillante

2 petits bulbes de fenouil (260 g) parés et émincés

60 ml d'huile d'olive

1 c. à s. de vinaigre de vin blanc

1 gousse d'ail écrasée

2 c. à s. d'origan frais ciselé

1 Préchauffez le four à 200 °C. Disposez les tomates sur une plaque de cuisson. Vaporisez d'huile. Faites rôtir 10 min jusqu'à ce que la peau éclate.

2 Pendant ce temps, mélangez le couscous et l'eau bouillante dans un récipient résistant à la chaleur. Couvrez et laissez reposer 5 min jusqu'à absorption du liquide. Aérez les grains avec une fourchette.

3 Ajoutez les tomates puis les autres ingrédients. Mélangez.

Lentilles à la courgette et au chorizo

2 chorizos coupés
en tranches fines (340 g)
1 grosse courgette (150 g)
taillée en rubans minces
800 g de lentilles brunes
en boîte, rincées et égouttées
250 g de petites tomates
cerises coupées en deux
40 g de feuilles de persil plat frais

Assaisonnement cajun
60 ml d'huile d'olive
1 c. à s. de vinaigre de vin rouge
2 c. à s. de mélange d'épices cajun

1 Faites cuire les rondelles de chorizo et les rubans de courgette dans une poêle-gril huilée bien chaude jusqu'à ce que la viande soit cuite et que la courgette soit fondante.

2 Pendant ce temps, préparez l'assaisonnement cajun : versez les ingrédients dans un shaker pour sauce à salade. Fermez puis secouez énergiquement.

3 Dans un grand saladier, mélangez les rondelles de chorizo, les rubans de courgette, l'assaisonnement cajun et les ingrédients restants.

Salade de pois chiches, butternut et feta

800 g de courge butternut
coupée en dés de 1 cm
1 c. à s. d'huile d'olive
2 gousses d'ail émincées
800 g de pois chiches
en boîte, rincés et égouttés
200 g de feta émiettée
40 g de feuilles de coriandre fraîche

65 g de graines de courge grillées

Vinaigrette aux piments rôtis
4 longs piments rouges frais
coupés en deux dans la longueur
2 c. à s. de vinaigre de riz
2 c. à s. de jus de citron vert
1 c. à s. d'huile d'olive

1 Préchauffez le four à 200 °C. Mélangez les dés de courge butternut, l'huile d'olive et l'ail dans un grand plat à gratin. Faites rôtir 30 min sans couvrir, en remuant de temps en temps.

2 Préparez la vinaigrette aux piments rôtis : faites cuire les piments au four, côté peau vers le haut, jusqu'à

ce que la peau noircisse. Couvrez et laissez reposer 5 min. Pelez les piments puis hachez-les finement. Mélangez les piments et le reste des ingrédients dans un shaker pour sauce à salade.

3 Dans un grand saladier, mélangez la courge butternut, la vinaigrette et les ingrédients restants.

Tartare de saumon et lentilles en salade

 8   15'   25' **kcal** 193

150 g de lentilles vertes du Puy
2 bâtons de céleri (300 g)
1 petit oignon rouge (100 g)
400 g de filet de saumon sans peau
et sans arêtes
60 ml d'huile d'olive
2 c. à s. de jus de citron

1 Faites cuire les lentilles dans une grande casserole d'eau bouillante, 25 min environ, jusqu'à ce qu'elles soient tendres. Égouttez-les et rincez-les à l'eau froide.

2 Pendant ce temps, parez le céleri et réservez quelques feuilles pour la décoration. Pelez l'oignon. Hachez finement le céleri et l'oignon. Coupez le saumon en petits dés.

3 Mélangez les lentilles, le céleri, l'oignon, le saumon, l'huile et le jus de citron dans un saladier. Assaisonnez. Placez au réfrigérateur jusqu'au moment de servir.

4 Décorez la salade de feuilles de céleri au moment de servir.

Conseil
Choisissez le poisson le plus frais possible. N'hésitez pas à préciser à votre poissonnier que vous souhaitez du saumon à consommer cru car les mesures d'hygiène doivent avoir été rigoureusement respectées.

Croquettes de pois chiches et sauce au tahini

 22 15' 10' 15' kcal 55

400 g de pois chiches en conserve, rincés et égouttés

½ petit oignon jaune (40 g) grossièrement haché

1 œuf

50 g de gruyère grossièrement râpé

4 c. à s. d'origan frais grossièrement haché

1 gousse d'ail écrasée

1 c. à s. d'huile d'olive

35 g de chapelure

2 c. à s. d'huile d'olive supplémentaire

Sauce au tahini

2 c. à s. de persil plat frais finement haché

2 c. à s. de tahini

2 c. à s. d'eau chaude

1 c. à s. d'huile d'olive

1 c. à s. de jus de citron

1 gousse d'ail écrasée

1 Mixez les pois chiches, l'oignon, l'œuf, le fromage, l'origan, l'ail et l'huile d'olive de façon à obtenir une pâte épaisse. Transférez dans un petit saladier et incorporez la chapelure. Assaisonnez et laissez reposer 10 min.

2 Préparez la sauce au tahini : mélangez les ingrédients dans un bol et assaisonnez.

3 Humidifiez vos mains et façonnez les croquettes avec 1 c. à s. rase de pâte pour chacune.

4 Faites chauffer les 2 c. à s. d'huile d'olive supplémentaires dans une grande poêle. Faites-y cuire les croquettes 2 min environ sur chaque face jusqu'à ce qu'elles soient dorées. Laissez-les égoutter sur du papier absorbant.

5 Servez les croquettes avec la sauce.

Pois chiches à la tomate

6 | 15' | 45' | kcal 286

2 c. à s. d'huile d'olive
2 oignons jaunes moyens (300 g)
émincés
1 c. à s. de sucre roux
2 c. à c. de graines de cumin
1 c. à c. de coriandre moulue
800 g de tomates entières en boîte

250 ml de bouillon de légumes
800 g de pois chiches
en conserve, rincés et égouttés
150 g de raisins secs
70 g de zeste de citron confit haché
60 g de jeunes pousses d'épinard

1 Faites chauffer l'huile d'olive dans un tajine résistant au feu ou dans une marmite. Faites fondre les oignons et le sucre à feu doux, en remuant de temps en temps, pendant 15 min environ, jusqu'à ce que les oignons soient légèrement caramélisés. Ajoutez les épices et faites chauffer en remuant pendant 1 minute jusqu'à ce que les arômes se dégagent.

2 Ajoutez les tomates et leur jus, le bouillon, les pois chiches, les raisins secs et le citron confit, puis portez à ébullition. Réduisez le feu et laissez mijoter à couvert pendant 30 min environ jusqu'à ce que la sauce ait légèrement épaissi. Incorporez les épinards. Assaisonnez.

Haricots borlotti braisés à la tomate et à l'ail

4 | 10' | 1ʰ15 | 180°C | kcal 180

500 g de haricots borlotti frais, écossés
80 ml d'huile d'olive
250 ml d'eau
1 tête d'ail coupée en deux horizontalement
3 grosses tomates bien mûres (450 g), coupées en morceaux
4 c. à s. de feuilles d'origan frais
4 c. à s. de basilic frais grossièrement haché

1 Préchauffez le four à 180 °C.

2 Mettez les haricots dans un plat à gratin de taille moyenne, arrosez d'huile d'olive et versez

l'eau sur le dessus. Ajoutez l'ail, les tomates et l'origan, puis enfournez 1 h 15, à couvert, jusqu'à ce que les haricots soient cuits. Incorporez le basilic.

LÉGUMES

Sélection de recettes prêtes en moins de 30 minutes

Choux de Bruxelles à la crème et aux amandes   342

Minipoireaux braisés   343

Minicarottes glacées au sirop d'érable et à l'orange   344

Légumes asiatiques à la sauce et aux haricots noirs   354

Tofu au piment et champignons sautés   355

Salade de haricots et beurre aux noisettes   356

Salade de chou à l'orange et aux radis   358

Légumes crus et sauce à la grecque   360

Petits pois à la menthe   361

BONUS

Tagine de pois chiches et légumes

6 · 25' · 40' · kcal 393

1 c. à s. de graines de coriandre
1 c. à s. de graines de cumin
1 c. à s. de graines de carvi
1 c. à s. d'huile végétale
2 gros oignons émincés
3 gousses d'ail écrasées
2 c. à c. de paprika doux moulu
2 c. à c. de gingembre moulu
1 c. à s. de concentré de tomates

800 g de tomates
concassées en boîte
600 g de potiron en gros cubes
8 pâtissons jaunes coupés en quatre
200 g de haricots verts
très fins, coupés en deux
400 g de pois chiches en
boîte, rincés et égouttés

1 Pilez les graines de coriandre, cumin et carvi dans un mortier. Versez l'huile dans une cocotte. Quand elle est chaude, faites revenir les oignons et l'ail puis ajoutez les épices, le paprika et le gingembre. Laissez chauffer ce mélange jusqu'à ce qu'il embaume.

2 Ajoutez le concentré de tomates, 500 ml d'eau, les tomates avec leur jus et le potiron. Portez à ébullition puis laissez frémir 20 min, sans couvrir. Ajoutez les pâtissons, les haricots et les pois chiches. Couvrez et laissez cuire encore 10 min pour que les pâtissons soient tendres. Servez aussitôt avec de la semoule.

Fèves et artichauts

4 · 15' · 5' · kcal 129

300 g de fèves fraîches
ou surgelées
400 g d'artichauts en conserve,
égouttés et coupés en deux

Vinaigrette à la tomate
1 tomate moyenne (150 g),
épépinée et coupée
en petits dés
2 c. à s. de feuilles de basilic ciselées
2 c. à s. d'huile d'olive
1 c. à s. de vinaigre de vin blanc

1 Préparez la vinaigrette à la tomate : mélangez les ingrédients dans un bol et assaisonnez.

2 Portez une casserole d'eau salée à ébullition et mettez-y les fèves. Faites blanchir 2 min, sans couvrir, jusqu'à ce que la peau se ride, puis égouttez. Transférez les fèves dans un saladier d'eau glacée, laissez reposer 2 min et égouttez de nouveau.

3 Dérobez les fèves. Mettez-les dans un saladier avec les artichauts et la vinaigrette à la tomate. Mélangez délicatement. Assaisonnez.

Conseil
Si vous réalisez cette recette avec des fèves fraîches, comptez environ 1,25 kg de fèves non écossées.

Aubergines et salsa fresca

			kcal
1	15'	15'	69

3 petites aubergines, coupées en deux dans la longueur
½ poivron vert en petits dés
½ poivron jaune en petits dés
1 petite tomate épépinée et concassée
2 c. à s. de basilic frais ciselé
2 c. à s. de jus de citron frais

1 Faites cuire les aubergines sur un gril en fonte chaud légèrement huilé.

2 Mélangez le reste des ingrédients dans un bol.

3 Nappez les aubergines de salsa fresca et servez aussitôt.

Ratatouille rôtie

				kcal
4	30'	1ʰ	200°C	410

1 c. à s. d'huile d'olive
1 aubergine en gros cubes
6 petites tomates pelées et coupées en quatre
4 gousses d'ail émincées
2 c. à s. de concentré de tomates

1 gros oignon rouge en quartiers
1 poivron rouge grossièrement coupé
1 poivron vert coupé en gros morceaux
2 courgettes en tronçons

1 Préchauffez le four à 200 °C. Mélangez dans un plat l'huile, l'aubergine, les tomates, l'ail, le concentré de tomates, l'oignon, les poivrons et les courgettes. Faites rôtir d'abord 40 min à couvert puis 20 min sans couvrir, en mélangeant régulièrement les légumes pour une cuisson homogène.

2 Servez cette ratatouille avec du riz basmati ou du couscous. Accompagnement :

hachez 1 oignon et 2 bâtons de céleri. Nappez le fond d'une poêle de vinaigre balsamique pour y faire cuire les légumes. Ajoutez 1 grosse poignée d'amandes effilées, 1 petite poignée d'abricots secs hachés et 1 poignée de raisins secs. Laissez encore 1 min sur le feu. Faites gonfler 300 g de couscous dans 375 ml de bouillon brûlant. Aérez les grains à la fourchette avant d'incorporer le mélange aux fruits secs.

Choux de Bruxelles à la crème et aux amandes

4 · 5' · 10' · kcal 493

50 g de beurre
25 g d'amandes effilées
1 kg de choux de Bruxelles lavés
et coupés en deux
2 gousses d'ail écrasées
300 ml de crème liquide

1 Faites fondre 10 g de beurre dans une grande poêle. Faites dorer légèrement les amandes, en remuant. Retirez-les de la poêle.

2 Faites fondre le reste du beurre dans la même poêle et faites dorer les choux de Bruxelles et l'ail, en remuant. Ajoutez la crème liquide et portez à ébullition. Baissez le feu. Laissez mijoter à découvert jusqu'à ce que les choux soient tendres et que la sauce épaississe légèrement. Parsemez d'amandes et servez.

Artichauts braisés

4 · 30' · 25' · kcal 220

1 citron moyen coupé en morceaux
1,2 kg d'artichauts poivrade
30 g de beurre
2 gousses d'ail écrasées
1 oignon moyen haché

500 g de blancs de poireaux émincés
35 g de farine
125 ml de bouillon de légumes
375 ml de lait
90 g de petits pois

1 Mettez les morceaux de citron dans un saladier d'eau froide. Préparez les artichauts en éliminant les feuilles extérieures les plus dures, coupez le sommet des autres feuilles et cassez les tiges à la base. Coupez les artichauts en deux dans la hauteur, retirez le foin et faites-les tremper dans l'eau citronnée.

2 Faites fondre le beurre pour y faire revenir l'ail, l'oignon et les poireaux pendant 5 min.

3 Ajoutez la farine et laissez cuire 1 min, sans cesser de remuer. Versez progressivement le bouillon, 125 ml d'eau chaude et le lait. Ajoutez les artichauts rincés et égouttés. Après l'ébullition, couvrez et laissez frémir 15 min. Quand les artichauts sont juste tendres, ajoutez les petits pois. Laissez frémir encore quelques minutes jusqu'à ce que le mélange soit cuit.

Minipoireaux braisés

4 · 10' · 20' · kcal 154

16 minipoireaux (1,3 kg)
30 g de beurre
160 ml de bouillon de poulet
2 c. à s. de vin blanc sec
1 c. à c. de zeste de citron finement râpé

2 c. à s. de jus de citron
20 g de copeaux de parmesan
15 g de persil plat grossièrement haché

1 Retirez les racines des poireaux. Coupez les poireaux en morceaux de 15 cm. Coupez-les en deux. Rincez-les à l'eau froide puis égouttez-les.

2 Faites fondre le beurre dans une grande poêle. Faites revenir les poireaux 1 min. Ajoutez le bouillon, le vin, le zeste et le jus de citron. Portez à ébullition. Baissez le feu et faites cuire à couvert 15 min.

Retirez le couvercle et faites réduire le liquide de moitié pendant 5 min.

3 Présentez les poireaux dans leur jus de cuisson et ajoutez les copeaux de parmesan et le persil. Servez chaud.

Minicarottes glacées au sirop d'érable et à l'orange

			kcal
4	5'	20'	274

30 g de beurre
800 g de minicarottes pelées
2 c. à c. de zeste d'orange râpé
60 ml de jus d'orange
2 c. à s. de vin blanc sec
2 c. à s. de sirop d'érable
70 g de noisettes grillées
grossièrement hachées

1 Faites fondre le beurre dans une grande poêle. Faites chauffer les carottes, en les retournant de temps en temps, jusqu'à ce qu'elles soient presque cuites.

2 Ajoutez le zeste et le jus d'orange, le vin et le sirop d'érable. Portez à ébullition. Baissez le feu et faites réduire à découvert jusqu'à ce que les carottes soient tendres et caramélisées. Parsemez de noisettes et servez.

Carottes au chèvre et à la menthe

			kcal
6	25'	10'	184

3 bottes de petites carottes (1,2 kg) parées
2 c. à s. d'huile d'olive
2 c. à s. de graines de cumin
2 bottes de menthe effeuillée
220 g de fromage de chèvre frais émietté

1 Mélangez les carottes et l'huile d'olive dans un grand saladier. Assaisonnez.

2 Faites griller les carottes sur un gril chaud huilé (ou sous le gril du four, ou au barbecue) pendant 5 min environ jusqu'à ce qu'elles soient tendres.

3 Dans une petite poêle, faites revenir le cumin à sec jusqu'à ce qu'il embaume.

4 Mélangez les carottes, le cumin, la menthe et la moitié du fromage de chèvre dans un grand saladier. Parsemez le reste du fromage sur le tout.

Oignons rôtis au vinaigre balsamique

| 4 | 5' | 40' | 220°C | kcal 168 |

2 oignons rouges (340 g) coupés en quatre
2 oignons jaunes (300 g) coupés en quatre
2 têtes d'ail coupées en deux horizontalement
2 c. à s. d'huile d'olive
1 c. à s. de vinaigre balsamique
1 c. à s. de sucre roux

1 Préchauffez le four à 220 °C. Mélangez les ingrédients dans un plat à four moyen.

2 Faites rôtir les légumes 40 min en les arrosant régulièrement de jus de cuisson jusqu'à ce que les oignons et l'ail soient bien dorés.

Artichauts au citron et aux herbes

| 4 | 10' | 30' | 40' | kcal 173 |

80 g de beurre ramolli
2 c. à c. de zeste de citron râpé
1 c. à s. de persil plat finement haché
2 c. à c. de basilic finement haché
4 artichauts moyens (800 g)

1 Mélangez le beurre, le zeste de citron et les herbes dans un bol. Disposez le mélange sur du film alimentaire et formez un rouleau en serrant bien le film. Placez au congélateur pour faire durcir le beurre.

2 Pendant ce temps, retirez les feuilles dures à la base des artichauts. Coupez les tiges pour poser les artichauts à plat.

3 Faites cuire les artichauts dans une grande casserole d'eau bouillante, 40 min environ. Égouttez-les.

4 Servez-les chauds. Posez une tranche de beurre aromatisé sur le dessus et accompagnez de quartiers de citron.

Aubergines alla parmigiana

| 6 | 30' | 30' | 200°C | kcal 542 |

2 grosses aubergines (1 kg)
Huile de friture
75 g de farine
4 œufs légèrement battus
200 g de chapelure

750 ml de sauce tomate toute prête
100 g de mozzarella
grossièrement râpée
20 g de parmesan finement râpé
40 g de feuilles d'origan frais

1 Pelez des bandes de peau des aubergines à l'aide d'un épluche-légumes en laissant une bande sur deux, puis coupez-les en fines rondelles.

2 Faites chauffer l'huile dans une grande poêle. Farinez les rondelles d'aubergine et retirez l'excédent de farine. Trempez-les dans les œufs battus puis dans la chapelure. Faites frire les aubergines en procédant en plusieurs fois. Égouttez-les sur du papier absorbant.

3 Préchauffez le four à 200 °C. Étalez un tiers de la sauce tomate au fond d'un plat à four de 2,5 litres. Recouvrez-la d'un tiers des rondelles d'aubergine, d'un tiers de mozzarella et de parmesan, puis d'un tiers d'origan. Recommencez deux fois avec le reste des ingrédients.

4 Faites cuire à couvert 20 min, puis faites gratiner 10 min à découvert.

Beignets d'aubergine et purée de légumes rôtis

| 4 | 15' | 40' | 180°C | kcal 324 |

360 g de tomates olivettes
en morceaux
1 oignon rouge coupé en quatre
1 petit poivron rouge
coupé en quatre
1 petit poivron vert coupé en quatre
¼ **de c. à c.** de poivre
de Cayenne

1 ½ c. à c. de curry en poudre
75 g de farine
2 blancs d'œufs
2 c. à s. de sauce soja
170 g de polenta
2 c. à s. de parmesan râpé
1 aubergine coupée en 12 tranches
Huile d'olive pour la friture

1 Préchauffez le four à 180 °C. Mélangez dans un plat les tomates, l'oignon, les poivrons, le poivre de Cayenne et ½ c. à c. de curry. Faites rôtir les légumes 30 min. Laissez-les tiédir 5 min puis mixez-les.

2 Versez la farine dans un saladier. Battez les blancs d'œufs et la sauce soja dans un autre. Mélangez la polenta, le fromage et le reste du curry dans un troisième récipient. Passez les tranches d'aubergine une à une dans ces trois mélanges avant de les faire frire dans un bain d'huile d'olive chaud. Servez-les avec la purée de légumes.

Beignets de fleurs de courgette farcies au fromage de chèvre

8 · **35'** · **15'** · **160°C** · **kcal 255**

2 c. à s. de feuilles de basilic frais
2 filets d'anchois égouttés
75 g de fromage de chèvre
120 g de ricotta
1 c. à s. de pignons de pin grillés
24 fleurs de courgette avec
les minicourgettes attachées (240 g)
Huile de friture

Pâte

660 ml d'eau gazeuse glacée
300 g de farine
3 glaçons
2 c. à c. de fleur de sel

Salade de cresson
100 g de cresson
1 c. à s. d'huile d'olive
2 c. à c. de vinaigre de vin
90 g d'olives noires de Nice

1 Hachez finement le basilic
et les anchois. Mélangez
le fromage de chèvre, la ricotta,
les pignons de pin, le basilic et
les anchois dans un bol. Assaisonnez.

2 Retirez les pistils des fleurs
et remplissez-les de farce. Rabattez
les pétales autour de la garniture.

3 Préchauffez le four à 160 °C.

4 Préparez la pâte. Mélangez
les ingrédients dans un saladier
en remuant à peine (la pâte doit être
grumeleuse). Utilisez-la aussitôt.

5 Faites chauffer l'huile dans une
grande casserole. En tenant le
sommet des pétales, trempez les fleurs
de courgette dans la pâte. Égouttez-les
pour retirer l'excédent. Plongez-les
délicatement dans l'huile chaude
et faites-les frire 2 min environ jusqu'à
ce qu'elles soient légèrement dorées.
Égouttez-les sur du papier absorbant
et gardez-les au chaud dans le four.

6 Mélangez les ingrédients de la
salade de cresson. Servez les
fleurs de courgette avec la salade.

Burgers à la courgette

2 25' 15' kcal 395

2 courgettes moyennes (240 g)
grossièrement râpées

35 g de chapelure

1 c. à s. de parmesan finement râpé

1 ciboule émincée

1 blanc d'œuf légèrement battu

1 c. à s. de persil plat frais ciselé

Huile en spray

1 gros oignon (200 g) émincé

2 petits pains à burger (180 g)
coupés en deux et grillés

4 feuilles de laitue feuille-de-chêne

1 petite betterave fraîche (100 g)
pelée et grossièrement râpée

2 c. à s. de relish ou de chutney à la tomate

1 Mettez les courgettes râpées dans une passoire. Pressez-les pour en extraire l'eau. Mélangez-les avec la chapelure, le parmesan, la ciboule, le blanc d'œuf et le persil. Assaisonnez. Façonnez 2 galettes avec cette préparation.

2 Vaporisez le fond d'une poêle d'huile en spray. Faites-y revenir l'oignon pendant 10 min, en remuant, jusqu'à ce qu'il soit légèrement doré. Sortez l'oignon de la poêle.

3 Faites cuire les galettes de courgette dans la poêle jusqu'à ce qu'elles soient bien dorées sur les 2 faces.

4 Garnissez les petits pains avec la laitue, les galettes de courgette, l'oignon, la betterave et la relish.

Conseil

Utilisez des gants jetables pour manipuler la betterave sans vous tacher les mains.

Pizzas végétariennes

 4 20' 1ʰ 220°C kcal 349

400 g de betteraves crues pelées
et coupées en tranches épaisses
2 oignons rouges moyens émincés
1 c. à s. d'huile d'olive
2 c. à s. de vinaigre de vin rouge
1 c. à c. de sucre roux
2 gousses d'ail émincées
6 branches de thym frais
140 g de sauce tomate
4 pains pitas
100 g de feta émiettée
1 petite poignée de basilic ciselé

Roquette aux herbes
2 grosses poignées de persil plat
1 grosse poignée de basilic frais
1 grosse poignée de cerfeuil frais
1 grosse poignée de ciboulette
fraîche, ciselée
50 g de roquette
1 c. à c. d'huile d'olive
2 c. à c. de vinaigre de balsamique

1 Préchauffez le four à 200 °C.
Mélangez dans un plat légèrement
huilé les betteraves, les oignons, l'huile,
le vinaigre, le sucre, l'ail et le thym.
Faites rôtir 50 min, en remuant à mi-

cuisson. Sortez le plat du four quand les
betteraves sont tendres. Réglez
le thermostat sur 220 °C.

2 Étalez la sauce tomate sur les pains
pitas et garnissez-les de légumes
rôtis. Parsemez de feta. Faites cuire les
pizzas au four pendant 10 min jusqu'à
ce que les bases soient croustillantes.

3 Préparez la salade en mélangeant
tous les ingrédients.

4 Parsemez les pizzas de basilic
et servez-les avec la salade.

Curry de pois cassés au chou-fleur et à la courge butternut

2	10'	50'	kcal 351

50 g de pois cassés jaunes

250 g de courge butternut
coupée en gros dés

1 oignon moyen (150 g) finement haché

2 gousses d'ail écrasées

2 cm de gingembre frais (10 g), râpé

1 ½ c. à s. de pâte de curry forte

375 ml d'eau

250 g de chou-fleur détaillé
en petits bouquets

2 grosses tomates (440 g)
coupées en gros dés

60 g de petits pois surgelés

200 g de yaourt maigre

½ botte de coriandre fraîche

1 Faites cuire les pois cassés dans une casserole d'eau bouillante pendant 20 min jusqu'à ce qu'ils soient presque tendres. Ajoutez les dés de butternut et portez de nouveau à ébullition. Laissez bouillir 8 min, sans couvrir, jusqu'à ce que la courge soit fondante. Égouttez.

2 Faites chauffer une cocotte antiadhésive à feu moyen puis faites-y fondre l'oignon avec l'ail et le gingembre, en remuant. Ajoutez la pâte de curry et faites cuire 2 min, sans cesser de remuer, jusqu'à ce que le mélange embaume.

3 Versez l'eau dans la cocotte et portez à ébullition. Réduisez le feu et ajoutez le chou-fleur et les tomates. Couvrez et laissez mijoter 10 min, en remuant de temps en temps, jusqu'à ce que le chou-fleur soit tendre et que le curry épaississe.

4 Ajoutez le mélange pois cassés-butternut, ainsi que les petits pois et le yaourt. Faites chauffer à feu doux, en remuant, jusqu'à ce que le curry soit bien chaud. Assaisonnez selon votre goût. Servez le curry parsemé de feuilles de coriandre.

Curry massaman

4	30'	25'	kcal 329

2 c. à s. de curry massaman
2 c. à c. d'huile d'arachide
400 ml de lait de coco
375 ml de bouillon de légumes
250 g de mini-aubergines en tranches épaisses
350 g d'aubergines thaïes coupées en quatre
600 g de pommes de terre en cubes
200 g de tofu ferme en cubes
1 c. à s. de sucre roux
1 c. à s. de jus de citron vert
1 petite poignée de coriandre fraîche

1 Faites chauffer l'huile dans une cocotte et réchauffez la pâte de curry à feu vif, en remuant sans cesse. Versez, le lait de coco et le bouillon, mélangez bien puis ajoutez les aubergines et les pommes de terre. Après ébullition, laissez frémir 20 min, sans couvrir, pour que la sauce épaississe.

2 Ajoutez le tofu, le sucre et le jus de citron. Retirez du feu quand le tofu est chaud.

3 Servez le curry parsemé de coriandre. Accompagnez de riz basmati.

LÉGUMES VERTS ASIATIQUES

Faites cuire ces exquis légumes verts rapidement et simplement comme le font les cuisiniers asiatiques ; vous disposerez ainsi d'un large éventail de saveurs complémentaires.

Tat soi

Chou à la saveur douce et aux feuilles arrondies disposées en forme de rosette. Il est souvent mangé cru dans des salades.

Bok choy

Habituellement vendu en botte de trois ou de quatre plantes, le bok choy a des tiges blanches croustillantes et des feuilles tendres et douces ; il a un goût similaire à celui du chou, avec une touche d'acidité. Souvent utilisé dans les sautés ou cuit seul et assaisonné avec des sauces chinoises.

Choy sum

Légume se caractérisant par ses petites fleurs jaunes qui sont comestibles, tout comme les tiges et les feuilles. Son goût ressemble légèrement à celui de la moutarde. Il peut être cuit à la vapeur ou sauté.

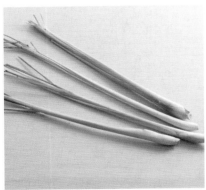

Citronnelle

Plante très fibreuse, dont on ne consomme que l'intérieur de la tige. Coupez les tiges en petits morceaux et épluchez les couches extérieures épaisses jusqu'à ce que vous atteigniez la partie blanche plus tendre, à la base.

Pleurotes

Champignons à la saveur et à la texture délicates ; ne les accommodez pas avec des ingrédients très relevés, qui en masqueraient le goût. Utilisez-les crus ou faites-les cuire rapidement – ils deviennent très glissants lorsqu'ils cuisent trop longtemps.

Papaye verte

C'est tout simplement une papaye non mûre, dont la longueur et la forme peuvent varier. Elle est surtout utilisée dans des plats thaïs, crue ou cuite.

Chou chinois (wombok)

Ce chou croustillant est délicieux cru, sauté, cuit à la vapeur ou braisé dans des plats asiatiques ; vous pouvez aussi essayer de le servir à la place du chou européen dans un repas occidental.

Feuilles de citron kaffir

Les feuilles de citron kaffir apportent une note fraîche et pénétrante d'agrumes aux soupes, currys, plats de poisson et volailles. Elles sont assez dures : hachez-les donc finement, ou, si vous les utilisez entières, retirez-les du plat avant de le servir.

Champignons shiitake

Les shiitake ont un parfum et une saveur terreux assez différents de ceux des autres champignons ; ils sont disponibles frais ou séchés. Plongez les chapeaux séchés dans de l'eau chaude et enlevez les pieds coriaces.

Gai lan (brocolis chinois)

Variété appréciée pour sa texture croustillante et sa saveur semblable à celle du brocoli. On peut consommer ses fleurs blanches, ses tiges et ses feuilles. Souvent accompagné de sauce d'huître, il peut être cuit à la vapeur, bouilli ou sauté.

Kang kong

Également appelé liseron d'eau, c'est un légume vert délicat avec des tiges longues et creuses et des feuilles fines. Servez-vous des feuilles et de la moitié supérieure des tiges et coupez-les en morceaux de 5 cm de long. Vous pouvez les faire sauter, les plonger dans de la pâte à frire puis les faire frire, ou bien les servir cuits à la vapeur avec du kecap manis ou une pâte salée.

Feuilles de bétel

Vendues en bouquets, souvent sous leur nom vietnamien, « lã lôt » ; elles sont utilisées pour envelopper du riz, de la viande hachée, etc. Le bétel que l'on mâche fait partie de la même famille mais c'est une plante différente.

Légumes asiatiques à la sauce aux haricots noirs

4 • 10' • 15'

1 c. à c. d'huile d'arachide
150 g de pois gourmands
400 g de brocolis chinois
200 g de haricots chinois
(ou de haricots verts) en tronçons de 5 cm
2 gousses d'ail en tranches fines
1 petit piment rouge frais émincé
2 courgettes moyennes
en tranches épaisses
2 c. à c. de sauce aux haricots noirs
1 c. à c. de kecap manis
1 c. à c. d'huile de sésame
50 g de noix de cajou non salées,
grillées et broyées

1 Coupez les brocolis en tronçons larges ; séparez les tiges des feuilles. Faites chauffer l'huile d'arachide dans un wok et laissez revenir les pois gourmands, les tiges des brocolis, les haricots, l'ail, le piment et les courgettes. Les légumes doivent rester légèrement croquants.

2 Ajoutez la sauce aux haricots noirs, le kecap manis, l'huile de sésame, les feuilles des brocolis et les noix de cajou. Remuez sur le feu jusqu'à ce que les feuilles des brocolis commencent à se flétrir. Servez avec du riz basmati.

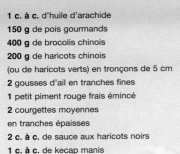

Tofu au piment et champignons sautés

2 | 10' | 20' | kcal 358

65 g de riz thaï

2 ciboules émincées dans la longueur

2 c. à c. de Maïzena®

2 c. à s. d'eau

2 c. à s. de sauce soja japonaise

2 c. à s. de sauce au piment douce

1 c. à s. de vin de cuisson chinois

100 g de tofu mariné au piment, grossièrement haché

340 g d'asperges vertes parées, coupées en gros tronçons

100 g de champignons shiitake frais coupés en deux

200 g de pois gourmands parés

160 g de chou chinois taillé en fines lanières

4 cm de gingembre frais (20 g) taillé en allumettes

100 g de champignons enoki parés

1 Portez une casserole d'eau à ébullition. Versez-y le riz en pluie et faites bouillir 20 minutes environ, sans couvrir, jusqu'à ce que le riz soit fondant. Égouttez-le.

2 Plongez les ciboules émincées dans un bol d'eau glacée et réservez. Dans un petit récipient, mélangez la Maïzena® avec 2 c. à s. d'eau, la sauce soja, la sauce pimentée et le vin de cuisson.

3 Faites chauffer un wok légèrement huilé et faites-y revenir le tofu, les asperges, les champignons shiitake et les pois gourmands pendant 5 min jusqu'à ce que les légumes ramollissent. Ajoutez le chou chinois, le gingembre et les champignons enoki. Faites sauter jusqu'à ce que le chou ramollisse.

4 Versez la Maïzena® délayée dans le wok. Faites chauffer le tout puis assaisonnez. Parsemez de ciboule émincée et servez avec le riz.

Note

Vous trouverez du tofu mariné dans certains grands supermarchés, dans les boutiques bio ou dans les épiceries asiatiques.

Salade aux quatre haricots

45 g de haricots de Lima secs
50 g de haricots borlotti secs
50 g de haricots rouges secs
50 g de haricots blancs secs
125 g de tomates cerises
coupées en deux
½ petit oignon rouge (50 g) émincé
½ petit poivron vert (75 g) émincé
20 g de feuilles de persil plat

Sauce à la moutarde à l'ancienne
80 ml d'huile d'olive
2 c. à s. de vinaigre de vin rouge
2 c. à c. de moutarde à l'ancienne

1 Recouvrez les haricots de Lima d'eau froide. Versez les autres haricots dans un autre récipient et recouvrez-les d'eau froide également. Laissez reposer jusqu'au lendemain. Rincez et égouttez.

2 Dans une casserole d'eau bouillante, faites cuire les haricots de Lima et, dans une autre, tous les autres haricots. Égouttez-les.

3 Préparez la sauce à la moutarde à l'ancienne. Mélangez les ingrédients dans un shaker pour sauce à salade.

4 Dans un saladier, servez les haricots avec la sauce et les ingrédients restants.

Salade de haricots et beurre aux noisettes

250 g de haricots verts parés
250 g de haricots beurre parés
60 g de beurre coupé en petits cubes
45 g de noisettes grillées, finement hachées
20 g de persil plat frais, grossièrement haché
2 c. à c. de zeste de citron finement râpé

1 Faites cuire les haricots à l'eau bouillante, à la vapeur ou au micro-ondes. Quand ils sont fondants, égouttez-les.

2 Dans un saladier, mélangez les haricots encore chauds avec les ingrédients restants.

Skordalia

 750 ml   20'   20'   kcal 39

3 pommes de terre bintje (600 g), non pelées
3 gousses d'ail
½ c. à c. de sel
125 ml d'huile d'olive
60 ml de jus de citron
125 ml de lait
Sel et poivre blanc

1 Faites cuire les pommes de terre à l'eau, à la vapeur ou au micro-ondes. Égouttez-les.

2 Pendant ce temps, utilisez un mortier et un pilon pour écraser l'ail avec le sel pour obtenir une pâte lisse. Vous pouvez aussi hacher l'ail avec le sel sur une planche à découper et utiliser le plat de la lame du couteau pour écraser l'ail afin d'obtenir une pâte.

3 Quand les pommes de terre sont suffisamment tièdes pour être manipulées, coupez-les en deux et prélevez la chair avec une cuillère. Écrasez la chair à travers une passoire posée sur un saladier. Incorporez l'huile d'olive, le jus de citron et la pâte d'ail, puis terminez par le lait. Assaisonnez avec du sel et du poivre blanc. Servez avec du pain pita et des légumes crus, coupés en bâtonnets.

Salade de chou à l'orange et aux radis

4 **20'** **kcal 225**

1 orange moyenne (240 g)
160 g de chou vert, finement râpé
2 radis (70 g) lavés et émincés
20 g de feuilles de menthe
fraîche émincées

Vinaigrette au cumin et à l'orange
1 c. à c. de graines de cumin
¼ **de c. à c.** de paprika fort
2 c. à s. d'huile d'olive
1 c. à s. de vinaigre balsamique blanc

1 Détachez les quartiers de l'orange au-dessus d'un bol. Réservez 1 c. à s. de jus pour la vinaigrette.

2 Préparez la vinaigrette au cumin et à l'orange : dans une petite poêle, faites griller les épices à sec jusqu'à ce qu'elles embaument. Laissez refroidir. Versez les épices dans un shaker pour sauce à salade avec l'huile d'olive, le vinaigre et le jus d'orange. Fermez puis secouez énergiquement.

3 Dans un grand saladier, mélangez les quartiers de l'orange avec la vinaigrette et les ingrédients restants.

Coleslaw d'hiver

4 **5'** **kcal 157**

160 g de chou
1 petit bulbe de fenouil (130 g) paré et émincé
100 g de haricots verts, parés et émincés
600 g de céleri-rave pelé et râpé
1 bâton de céleri (150 g) paré et émincé
40 g de feuilles de persil plat frais

Sauce au vinaigre de cidre
60 ml d'huile d'olive
2 c. à s. de vinaigre de cidre
1 c. à c. de sucre en poudre
1 c. à c. de moutarde de Dijon

1 Préparez la sauce au vinaigre de cidre : versez les ingrédients dans un shaker pour sauce à salade. Fermez puis secouez énergiquement.

2 Dans un grand saladier, mélangez les ingrédients de la salade avec la sauce.

Salade chaude au chou rouge et aux lardons

2 tranches de poitrine de porc (130 g) coupées en morceaux

1 c. à s. d'huile d'olive

480 g de chou rouge grossièrement râpé

2 c. à s. de vinaigre de vin rouge

1 c. à s. de sucre roux

20 g de persil plat frais grossièrement haché

1 Faites griller les morceaux de poitrine de porc dans une grande poêle bien chaude. Égouttez les lardons croustillants sur du papier absorbant.

2 Faites chauffer l'huile d'olive dans la même poêle. Faites-y revenir le chou 5 min, en remuant. Quand le chou est fondant, ajoutez le vinaigre et le sucre, et poursuivez la cuisson 10 min sans cesser de remuer jusqu'à évaporation du liquide.

3 Remettez les lardons dans la poêle et faites chauffer quelques instants. Hors du feu, ajoutez le persil.

Coleslaw asiatique

160 g de chou chinois finement râpé

1 carotte moyenne (120 g) grossièrement râpée

3 tiges de ciboule émincées

40 g de feuilles de coriandre fraîche

100 g de nouilles frites

Vinaigrette aux prunes et au soja

2 c. à s. d'huile d'arachide

1 c. à s. de sauce aux prunes

1 c. à s. de vinaigre de vin blanc

2 c. à c. de sauce soja claire

1 c. à c. de sucre en poudre

1 Préparez la vinaigrette aux prunes et au soja : versez les ingrédients dans un shaker pour sauce à salade. Fermez puis secouez énergiquement.

2 Dans un grand saladier, mélangez les ingrédients de la salade avec la vinaigrette.

Légumes crus et sauce à la grecque

4   15'   5'

250 g de yaourt à la grecque
100 g de feta détaillée en dés
1 c. à s. de menthe fraîche ciselée
1 c. à s. d'origan frais ciselé
200 g d'asperges vertes
100 g de haricots verts
4 gros radis rouges (140 g)

1 Fouettez dans un bol le yaourt, le fromage et les herbes.

2 Faites blanchir les asperges et les haricots verts dans de l'eau bouillante salée. Laissez reprendre l'ébullition puis égouttez immédiatement.

3 Plongez aussitôt les légumes dans un récipient d'eau glacée pour les refroidir. Ils doivent être encore croquants. Égouttez-les soigneusement.

4 Présentez le fromage battu avec les asperges, les haricots et les radis. Vous pouvez aussi l'accompagner de pain ou de biscuits apéritifs.

Petits pois à la menthe

350 g de petits pois frais écossés
40 g de beurre ramolli
1 c. à s. de menthe fraîche finement hachée
1 c. à s. de zeste de citron finement râpé

1 Faites cuire les petits pois à l'eau, à la vapeur ou au micro-ondes. Égouttez-les.

2 Pendant ce temps, mélangez les autres ingrédients dans un bol.

3 Garnissez les petits pois de beurre à la menthe et au citron.

Épinards à la crème

20 g de beurre
600 g d'épinards lavés
125 ml de crème liquide

1 Faites fondre le beurre dans une grande poêle. Faites cuire les épinards, en remuant.

2 Ajoutez la crème liquide. Portez à ébullition, baissez le feu et faites cuire à découvert jusqu'à ce que la sauce ait réduit de moitié.

Gratin de chou-fleur

| 4 | 10' | 55' | 220 °C | kcal 264 |

6 minichoux-fleurs (750 g) lavés
50 g de beurre
35 g de farine
375 ml de lait chaud
60 g de gruyère grossièrement râpé
20 g de parmesan finement râpé
1 c. à s. de chapelure

1 Préchauffez le four à 220 °C. Faites cuire les choux-fleurs à l'eau, à la vapeur ou au micro-ondes puis égouttez-les. Placez-les dans un plat à four de taille moyenne.

2 Pendant ce temps, faites fondre le beurre dans une casserole. Ajoutez la farine et remuez jusqu'à ce que le mélange commence à épaissir et à former des bulles. Ajoutez peu à peu le lait de façon que le mélange soit bien lisse. Faites cuire en remuant pour que la sauce épaississe. Retirez du feu et incorporez le gruyère et le parmesan.

3 Versez la sauce sur les choux-fleurs et parsemez de chapelure. Faites cuire 15 min au four jusqu'à ce que le dessus soit doré.

Gratin de légumes d'hiver

✕ 4	👨‍🍳 25'	🍲 1h50	🌡 200°C	⏳ 10'	kcal 433

600 g de pommes de terre
250 g de carottes
450 g de rutabaga
500 g de patates douces
35 g de chapelure
60 g de parmesan râpé

Sauce Béchamel
40 g de beurre
35 g de farine
500 ml de lait
1 pincée de noix de muscade moulue

1 Préchauffez le four à 200 °C. Huilez un plat carré de 19 cm de côté.

2 Préparez la béchamel. Faites fondre le beurre, ajoutez la farine et remuez 1 min. Retirez du feu et versez le lait, sans cesser de remuer pour éviter les grumeaux. Laissez épaissir la sauce puis ajoutez la muscade.

3 Coupez tous les légumes en tranches fines puis essuyez-les avec du papier absorbant.

4 Mettez dans le plat une couche de pommes de terre, ⅓ de la béchamel, une couche de carottes, ⅓ de béchamel, le rutabaga, le reste de la béchamel et les patates douces. Couvrez d'une feuille d'aluminium et faites cuire 1 h 30 au four. Retirez le papier d'aluminium, saupoudrez de chapelure et de parmesan et faites gratiner 15 min au four. Laissez reposer le gratin 10 min dans le four éteint avant de le découper.

Gratin de pommes de terre et de fenouil

✕ 8	👨‍🍳 20'	🍲 1h15	🌡 180°C	kcal 391

800 g de pommes de terre pelées
2 petits fenouils émincés
1 c. à s. de farine
430 ml de crème fraîche

60 ml de lait
20 g de beurre
90 g de gruyère râpé
50 g de chapelure

1 Préchauffez le four à 180 °C. Graissez un plat à gratin.

2 Coupez les pommes de terre en tranches fines et essuyez-les avec du papier absorbant. Disposez un quart des pommes de terre dans le plat, recouvrez-les avec un tiers du fenouil, puis répétez l'opération. Terminez par une couche de pommes de terre.

3 Délayez la farine dans un peu de crème puis ajoutez le reste de la crème et le lait. Versez cette préparation sur les pommes de terre et parsemez de noisettes de beurre. Couvrez avec une feuille d'aluminium et laissez cuire 1 h au four. Retirez la feuille d'aluminium, ajoutez le gruyère et saupoudrez de chapelure. Faites gratiner 15 min puis retirez du four et servez.

Pommes de terre au pesto

1 kg de petites pommes de terre nouvelles,
non pelées, coupées en quatre
150 g de mayonnaise
2 tiges de ciboule émincées
10 g de basilic frais, ciselé
2 c. à c. de zeste de citron finement râpé

Pesto au basilic
(voir page 449)

1 Faites cuire les pommes
de terre à l'eau bouillante,
puis égouttez-les.

2 Préparez le pesto
au basilic. Dans un grand
saladier, mélangez le pesto
et la mayonnaise. Ajoutez
les ciboules et les pommes
de terre chaudes. Mélangez.

3 Parsemez de basilic
et de zeste de citron.

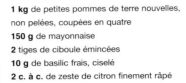

Salade de pommes de terre

1 kg de pommes de terre roses
non pelées, coupées en dés de 2 cm
4 tranches de poitrine de porc
sans la couenne (260 g), émincées
1 oignon rouge (170 g), émincé
1 c. à c. de graines
de moutarde noire
30 g de persil plat frais ciselé

Sauce à la moutarde de Dijon
60 ml de vinaigre de cidre
60 ml d'huile d'olive
1 c. à s. de moutarde de Dijon
½ c. à c. de sucre en poudre

1 Faites cuire les pommes
de terre. Préparez
la sauce : secouez les
ingrédients dans un shaker
pour sauce à salade.

2 Faites griller la poitrine
de porc dans une poêle
chaude. Égouttez-la sur
du papier absorbant. Dans
la même poêle, faites fondre
l'oignon. Ajoutez les graines
de moutarde et remuez 1 min.

3 Dans un grand saladier,
mélangez le tout et versez
la sauce à la moutarde.
Parsemez de persil.

Pommes de terre au citron, à l'ail et au piment

1 kg de petites pommes de terre nouvelles non pelées, coupées en tranches de 1 cm d'épaisseur
20 g de persil plat frais, grossièrement haché
10 g de ciboulette fraîche grossièrement hachée

Beurre au citron et au piment
100 g de beurre ramolli
2 gousses d'ail écrasées
1 c. à s. de zeste de citron finement râpé
1 c. à c. de piment séché émietté

1 Préparez le beurre au citron et au piment : mélangez les ingrédients dans un bol.

2 Faites cuire les pommes de terre à l'eau bouillante, à la vapeur ou au micro-ondes, puis égouttez-les.

3 Dans un grand saladier, mélangez les pommes de terre chaudes avec le beurre au citron et au piment, le persil et la ciboulette.

Pommes de terre au raifort et à l'estragon

1 kg de grosses pommes de terre
300 g de crème fraîche
60 ml de jus de citron
2 c. à s. de raifort préparé
2 c. à s. d'estragon frais, haché
2 bâtons de céleri (300 g) parés et émincés
40 g de petites feuilles de roquette

1 Brossez les pommes de terre, pelez-les et coupez-les en tranches de 5 mm d'épaisseur. Faites-les cuire à l'eau bouillante, à la vapeur ou au micro-ondes, puis égouttez-les.

2 Pendant ce temps, mélangez la crème fraîche, le jus de citron, le raifort et l'estragon dans un grand saladier. Ajoutez le céleri et les pommes de terre chaudes. Mélangez délicatement. Parsemez de roquette et servez.

Purée de pommes de terre

4   10'   20'   kcal 246

1 kg de pommes de terre bintje
coupées en morceaux
40 g de beurre
180 ml de lait chaud

1   Faites cuire les pommes
de terre à l'eau, à la vapeur
ou au micro-ondes. Égouttez-les.

2   Écrasez les pommes de terre
dans un saladier à l'aide d'un
presse-purée. Incorporez le beurre
et le lait.

Purée de céleri-rave

4   35'   35'   kcal 195

500 ml de bouillon de poulet
1 kg de céleri-rave pelé,
lavé et coupé en morceaux
125 ml de crème liquide
1 c. à s. de ciboulette finement hachée

1   Portez le bouillon à ébullition dans
une casserole moyenne. Ajoutez
le céleri-rave et portez à ébullition
de nouveau. Baissez le feu et laissez

mijoter 30 min à couvert jusqu'à ce
que le céleri soit tendre. Égouttez-le.

2   Mixez le céleri en plusieurs fois
avec la crème liquide jusqu'à ce
que le mélange soit onctueux.

3   Servez la purée
avec la ciboulette hachée.

Purée de rutabaga au piment

4   10'   20'   kcal 185

1 kg de rutabagas coupés en morceaux
40 g de beurre
60 ml de crème liquide
1 piment rouge long, finement haché
1 c. à s. de persil plat finement haché
2 c. à c. de zeste de citron finement râpé

1   Faites cuire les rutabagas à l'eau,
à la vapeur ou au micro-ondes.
Égouttez-les.

2   Écrasez grossièrement
les rutabagas avec le beurre
et la crème liquide dans un saladier.
Incorporez les autres ingrédients.

Purée au mascarpone

4   10'   20'   kcal 661

1 kg de pommes de terre pelées
et coupées en morceaux
125 ml de lait chaud
250 g de mascarpone
80 g de parmesan râpé
80 g de mozzarella râpée

1   Faites cuire les pommes de terre à
l'eau ou à la vapeur puis égouttez-les.

2   Écrasez-les en purée en les mouillant
progressivement avec le lait puis
incorporez le mascarpone, le parmesan
et la mozzarella. Servez aussitôt.

Purées aromatisées

 4 10' 20' kcal 452

1 kg de pommes de terre pelées
et coupées en cubes
50 g de beurre ramolli
125 ml de crème liquide chaude

1 Faites cuire les pommes de
terre 15 min à l'eau ou à la
vapeur puis égouttez-les.

2 Écrasez-les dans un tamis ou
au presse-purée en incorporant
progressivement le beurre, la crème liquide
et un des ingrédients proposés ci-contre.
Remuez jusqu'à obtention d'une purée
onctueuse.

- **4** gousses d'ail écrasées
- **340 g** d'asperges en conserve (égouttées
et émincées) + **50 g** de parmesan râpé
- **2 c. à s.** de wasabi
- **1 c. à s.** de tomates séchées, conservées
dans l'huile
- **2 c. à s.** de pesto
- **180 g** de thon en conserve égoutté
et émietté
- **3 c. à c.** de sambal oelek

Pommes de terre et fèves

1 kg de fèves fraîches
4 c. à s. de crème liquide chaude
1 kg de pommes de terre coupées en morceaux
40 g de beurre fondu

1 Faites cuire les fèves à l'eau, à la vapeur ou au micro-ondes ; égouttez-les. Retirez leur pellicule grisâtre, puis mixez-les au robot électrique. Ajoutez 2 c. à s. de crème liquide chaude et mélangez.

2 Faites cuire les pommes de terre à l'eau, à la vapeur ou au micro-ondes ; égouttez-les. Écrasez-les en purée, puis mélangez-les avec la purée de fèves. Incorporez le beurre fondu et 2 c. à s. de crème liquide chaude.

Pommes de terre et poivrons

2 poivrons rouges
1 kg de pommes de terre coupées en morceaux
120 ml de crème liquide
20 g de beurre ramolli

1 Coupez les poivrons en quatre, retirez les pépins et les membranes puis faites griller la chair au four jusqu'à ce que la peau noircisse et gonfle. Couvrez avec

du film alimentaire pendant 5 min puis pelez les poivrons et hachez-les finement.

2 Pendant ce temps, faites cuire les pommes de terre à l'eau ou à la vapeur puis égouttez-les. Écrasez-les en purée en incorporant progressivement la crème liquide et le beurre ramolli. Ajoutez les poivrons et mélangez.

Pommes de terre et céleri-rave

800 g de pommes de terre en morceaux
1 kg de céleri-rave coupé en gros cubes
120 g de crème liquide chaude
60 g de beurre ramolli

1 Faites cuire séparément, à l'eau ou à la vapeur, les pommes de terre et le céleri-rave puis égouttez.

2 Écrasez le tout en incorporant progressivement la crème fraîche chaude et le de beurre ramolli jusqu'à obtention d'une purée onctueuse.

Pommes de terre et épinards

1 kg de pommes de terre en morceaux
220 g d'épinards
40 g de beurre
120 g de crème liquide chaude

1 Faites cuire séparément, à l'eau ou à la vapeur, les pommes de terre et les épinards puis égouttez. Mixez les épinards avec le beurre.

2 Écrasez les pommes de terre en purée avant d'incorporer les épinards et la crème fraîche chaude. Remuez jusqu'à obtention d'une purée onctueuse.

Pommes de terre et fenouil

1 gros bulbe de fenouil émincé
60 g de beurre
1 kg de pommes de terre en morceaux
120 g de crème liquide chaude

1 Faites fondre le beurre dans une sauteuse et faites suer le fenouil 10 min, à feu doux, jusqu'à ce qu'il soit très tendre, puis mixez-le.

2 Faites cuire les pommes de terre en morceaux à l'eau ou à la vapeur puis égouttez-les. Écrasez-les grossièrement puis mélangez-les avec le fenouil et la crème fraîche chaude jusqu'à obtention d'une purée onctueuse.

Pommes de terre et patates douces

500 g de pommes de terre
coupées en gros cubes
500 g de patates douces
coupées en gros cubes
40 g de beurre fondu
30 ml de bouillon de poulet chaud

1 Faites cuire séparément, à l'eau ou à la vapeur, les pommes de terre et les patates douces.

2 Égouttez-les puis écrasez-les en purée en incorporant progressivement le beurre fondu et le bouillon de poulet chaud jusqu'à obtention d'une préparation onctueuse.

Pommes de terre et petits pois

1 kg de pommes de terre en morceaux
200 g de petits pois surgelés
15 cl de lait chaud
50 g de beurre ramolli

1 Faites cuire séparément, à l'eau ou à la vapeur, les pommes de terre et les petits pois surgelés puis égouttez.

2 Écrasez les pommes de terre en purée. Ajoutez le lait chaud et le beurre ramolli. Mélangez jusqu'à obtention d'une purée onctueuse. Avec une fourchette, écrasez les petits pois et incorporez-les à la purée.

Pommes de terre et potiron

500 g de pommes de terre en morceaux
500 g de potiron en gros cubes

1 Faites cuire séparément, à l'eau ou à la vapeur, les pommes de terre en morceaux et le potiron en gros cubes.

2 Égouttez-les avant de les écraser ensemble en purée avec le beurre.

Frites

4	10'	30'	20'	10'	kcal 289

1 kg de pommes de terre pelées
Huile végétale pour la friture
Sel

1 Coupez les pommes de terre en tranches de 1 cm d'épaisseur puis en bâtonnets et faites-les tremper 30 min dans l'eau froide. Égouttez-les puis essuyez-les soigneusement avec du papier absorbant.

2 Faites chauffer l'huile dans une friteuse ou une grande sauteuse. Quand l'huile commence à frémir, faites frire les pommes de terre 4 min (procédez en plusieurs fois, si nécessaire).

Elles doivent être tendres mais encore pâles. Égouttez sur du papier absorbant et laissez reposer 10 min.

3 Remettez l'huile à chauffer en augmentant la température et plongez-y de nouveau les frites pendant 2 à 3 min jusqu'à ce qu'elles soient dorées et croustillantes. Secouez régulièrement le panier pour éviter qu'elles ne collent entre elles. Égouttez sur du papier absorbant et salez au moment de servir.

Pommes allumettes

6	10'	30'	5'	kcal 140

1 kg de pommes de terre pelées
Huile végétale pour la friture
Sel

1 Coupez les pommes de terre en bâtonnets très fins et faites-les tremper 30 min dans l'eau froide puis égouttez-les et essuyez-les avec du papier absorbant.

2 Faites chauffer l'huile dans une friteuse ou une grande sauteuse et faites frire les pommes allumettes en plusieurs fois. Quand elles sont dorées, retirez-les de l'huile et essuyez-les avec du papier absorbant. Salez. Servez chaud en accompagnement d'une viande ou d'un poisson, ou froid à l'apéritif.

Röstis

8	5'	20'	kcal 198

1 kg de pommes de terre farineuses pelées
1 c. à c. de sel
80 g de beurre doux
2 c. à s. d'huile végétale

1 Râpez grossièrement les pommes de terre, salez-les et tamponnez-les avec du papier absorbant. Divisez la préparation en 8 portions.

2 Faites chauffer 10 g de beurre et 1 c. à s. d'huile dans une poêle antiadhésive et faites cuire une portion de pommes de terre en l'aplatissant avec une spatule. Laissez dorer à feu moyen avant de retourner le rösti sur une grande assiette, puis remettez-le dans la poêle et faites-le cuire de l'autre côté. Égouttez sur du papier absorbant. Répétez l'opération avec le reste des ingrédients.

Conseil
Les röstis se mangent chauds, mais vous pouvez les préparer 1 h à l'avance et les conserver à four tiède dans du papier d'aluminium.

Pommes de terre rôties

4	10'	10'	55'	220 °C	kcal 298

1 kg de pommes de terre pelées et coupées en deux
2 c. à s. d'huile d'olive

1 Préchauffez le four à 220 °C. Graissez légèrement une plaque de cuisson.

2 Faites cuire les pommes de terre à l'eau ou à la vapeur pendant 5 min, égouttez-les et essuyez-les avec du papier absorbant, puis laissez refroidir 10 min.

3 Avec les dents d'une fourchette, tracez des sillons à la surface de chaque pomme de terre puis disposez-les en une seule couche sur la plaque de cuisson. Badigeonnez-les d'huile et faites-les rôtir 50 min au four jusqu'à ce qu'elles soient dorées et croustillantes.

Quartiers de pommes de terre rôtis

4 — 5' — 40' — 160°C — kcal 249

1 kg de pommes de terre avec la peau
2 c. à s. d'huile d'olive

1 Préchauffez le four à 160 °C.
Badigeonnez légèrement
2 plaques de cuisson d'huile.

2 Coupez les pommes de terre
en quartiers épais et mettez-les

dans un saladier avec l'huile d'olive ou un autre mélange (voir les 3 suggestions ci-dessous). Mélangez bien puis étalez les quartiers de pomme de terre en une seule couche sur les plaques de cuisson et faites-les rôtir 40 min au four, en les retournant régulièrement, jusqu'à ce qu'ils soient croustillants et cuits à l'intérieur.

Citron et poivre

4 — 5' — 40' — kcal 251

1 c. à s. de zeste de citron
1 c. à s. de jus de citron
½ c. à c. de poivre noir frais moulu

1 Mélangez le zeste de citron,
le jus de citron et le poivre noir.

2 Badigeonnez-en les quartiers
de pommes de terre.

Mélange cajun

4 — 5' — 40' — kcal 255

½ c. à c. d'origan moulu
2 c. à c. de paprika fort
½ c. à c. de poivre noir moulu
1 c. à c. de curcuma moulu
1 c. à c. de coriandre moulue
¼ de c. à c. de piment en poudre
2 c. à s. d'huile d'olive

1 Mélangez l'origan, le paprika,
le poivre noir, le curcuma, la coriandre
moulue, le piment et l'huile d'olive.

2 Badigeonnez-en les quartiers
de pommes de terre.

Tomates séchées

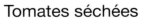

4 — 5' — 40' — kcal 260

1 c. à s. de pesto rosso
2 c. à s. de sauce tomate
1 c. à c. de sambal oelek

1 Mélangez le pesto rosso, la sauce
tomate et le sambal oelek.

2 Badigeonnez-en les quartiers
de pommes de terre.

Pommes de terre sautées

○ 4 ○ 5' ○ 20' ○ kcal 339

1 kg de pommes de terre avec la peau
2 c. à s. d'huile d'olive
50 g de beurre en dés

1 Coupez les pommes de terre en tranches de 1 cm d'épaisseur.

2 Faites chauffer l'huile et le beurre dans une poêle antiadhésive. Quand le beurre a fondu et que le mélange est bien chaud, ajoutez les pommes de terre et faites-les dorer en les retournant à plusieurs reprises. Baissez le feu et prolongez la cuisson pendant 10 min environ, en remuant régulièrement, pour qu'elles soient bien tendres à cœur.

Pommes de terre sautées aux oignons de printemps

4 · 10' · 30' · 10' · kcal 488

1 kg de pommes de terre pelées
30 g de beurre en dés
125 ml d'huile végétale
3 oignons de printemps émincés
Sel et poivre

1 Coupez les pommes de terre en tranches de 2 mm d'épaisseur et faites-les tremper 30 min dans l'eau froide puis égouttez-les et essuyez-les avec du papier absorbant.

2 Faites chauffer le beurre et l'huile dans une grande poêle antiadhésive et faites cuire les pommes de terre et les oignons en remuant régulièrement. Salez et poivrez généreusement. Servez aussitôt.

Pommes de terre à la lyonnaise

4 · 10' · 20' · kcal 390

900 g de pommes de terre pelées et coupées grossièrement
1 c. à s. d'huile d'olive
2 oignons rouges émincés
3 gousses d'ail écrasées
400 g de lardons fumés
20 g de menthe fraîche, grossièrement hachée

1 Faites cuire les pommes de terre à l'eau ou à la vapeur puis égouttez-les.

2 Faites chauffer la moitié de l'huile dans une sauteuse et faites revenir les oignons et l'ail, en remuant sans cesse. Réservez.

3 Faites dorer les lardons dans une poêle jusqu'à ce qu'ils soient croustillants, puis égouttez-les sur du papier absorbant.

4 Faites chauffer le reste de l'huile dans la même poêle et faites revenir les pommes de terre 5 min jusqu'à ce qu'elles soient dorées de toutes parts.

5 Ajoutez les oignons et l'ail puis les lardons dans la poêle, en remuant délicatement. Quand le mélange est chaud, retirez du feu, parsemez de menthe fraîche et servez aussitôt.

Pommes de terre gratinées au romarin et au fromage

1 kg de pommes de terre pelées
300 ml de crème fraîche
2 gousses d'ail écrasées
2 cubes de bouillon
de poulet émiettés

¼ de c. à c. de poivre noir concassé
1 c. à s. de romarin frais ciselé
40 g de parmesan râpé

1 Préchauffez le four à 180 °C. Graissez un plat à gratin.

2 Coupez les pommes de terre en tranches fines et essuyez-les avec du papier absorbant. Mélangez la crème, l'ail, les cubes de bouillon, le poivre et le romarin dans un récipient.

3 Disposez un quart des pommes de terre dans le plat, en les faisant se chevaucher. Nappez-les d'un quart du mélange de crème puis répétez l'opération avec le reste des ingrédients.

4 Pressez les pommes de terre avec une spatule en bois, saupoudrez de parmesan puis couvrez avec une feuille d'aluminium et laissez cuire 1 h au four. Découvrez et poursuivez la cuisson 20 min. Laissez reposer 10 min et servez.

Gratin à la paysanne

1 kg de pommes de terre pelées
et coupées en morceaux
20 g de beurre
200 g de lardons
4 oignons nouveaux émincés
150 g de mayonnaise
120 ml de crème fraîche

125 ml de crème liquide
2 œufs légèrement battus
1 c. à s. de moutarde à l'ancienne
2 c. à s. de persil plat
grossièrement haché
60 g de parmesan râpé

1 Faites cuire les pommes de terre à l'eau, à la vapeur ou au micro-ondes ; égouttez-les.

2 Faites fondre le beurre dans une sauteuse et faites revenir les lardons et les oignons.

3 Préchauffez le four à 180 °C.

4 Écrasez les pommes de terre avec la mayonnaise, la crème fraîche et la crème liquide. Ajoutez les lardons et les oignons, les œufs, la moutarde, le persil et deux tiers du parmesan. Mélangez puis étalez cette purée dans un plat à gratin beurré. Parsemez le parmesan restant et laissez gratiner 30 min au four.

Crêpes de pommes de terre à la ciboulette et à la crème fraîche

| 20 | 20' | 15' | kcal 164 |

900 g de pommes de terre pelées
1 oignon jaune émincé
2 c. à s. de ciboulette fraîche ciselée
2 œufs, blancs et jaunes séparés

2 c. à s. de farine
120 g de crème fraîche
160 ml d'huile végétale
80 g de beurre

1 Râpez les pommes de terre grossièrement et pressez-les dans un tamis fin pour éliminer le plus d'eau possible. Mettez-les dans un récipient avec l'oignon, la ciboulette, les jaunes d'œufs, la farine et la crème fraîche. Mélangez bien.

2 Battez les blancs en neige jusqu'à ce que de petits pics se forment à la surface, puis incorporez-les à la préparation de pommes de terre.

3 Faites chauffer 2 c. à s. d'huile et 20 g de beurre dans une poêle antiadhésive. Prélevez quelques cuillerées à soupe de préparation aux pommes de terre et faites-les frire en étalant bien la pâte jusqu'à ce que les crêpes ainsi obtenues soient dorées des deux côtés. Égouttez-les sur du papier absorbant et réservez-les au chaud pendant que vous faites cuire le reste de la préparation.

Latkes

| 12 | 15' | 15' | kcal 162 |

1 kg de pommes de terre pelées
1 oignon jaune émincé
2 œufs légèrement battus
55 g de polenta
80 ml d'huile végétale
100 g de compote de pommes
2 c. à s. de crème fraîche

1 Râpez grossièrement les pommes de terre puis égouttez-les soigneusement en les pressant dans un tamis fin. Mettez-les dans un récipient avec l'oignon, les œufs et la polenta. Mélangez bien.

2 Farinez vos mains puis formez 12 galettes assez fines.

3 Faites chauffer l'huile dans une sauteuse et faites frire les latkes, en plusieurs fois, jusqu'à ce qu'ils soient dorés des deux côtés. Égouttez-les sur du papier absorbant et servez-les nappés de compote de pommes et de crème fraîche.

Pommes de terre Anna

6 | 20' | 50' | 220°C | kcal 255

1,2 kg de pommes de terre pelées
100 g de beurre fondu

1 Préchauffez le four à 220 °C. Graissez un plat à gâteau rond de 26 cm de diamètre.

2 Coupez les pommes de terre en tranches fines et essuyez-les avec du papier absorbant.

3 Tapissez de tranches de pommes de terre le fond du moule en les faisant se chevaucher et badigeonnez-les de beurre fondu. Répétez l'opération. Couvrez avec une feuille d'aluminium et faites cuire 20 min au four.

4 Retirez la feuille d'aluminium. Avec une spatule, appuyez fermement sur les pommes de terre. Baissez la température du four et poursuivez la cuisson pendant 30 min jusqu'à ce que les pommes de terre soient dorées et croustillantes en surface. Coupez en quartiers et servez.

Pommes duchesses

40 | 20' | 40' | 180°C | kcal 40

1 kg de pommes de terre pelées et coupées en morceaux
100 g de beurre fondu
3 jaunes d'œufs

1 Préchauffez le four à 180 °C. Graissez une feuille de papier sulfurisé et mettez-la en place sur une plaque de cuisson.

2 Faites cuire les pommes de terre à l'eau ou à la vapeur puis égouttez-les et écrasez-les en purée avec le beurre fondu et les jaunes d'œufs.

3 Mettez la purée dans une poche à douille à pâtisserie munie d'un embout cannelé de 1 cm de diamètre et façonnez des bouchées sur les plaques de cuisson. Faites-les cuire 30 min au four jusqu'à ce qu'elles soient dorées et croustillantes.

Conseil
Vous pouvez ajouter du parmesan râpé dans la purée.

Gratin de pommes de terre

 6	 10'	 45'	 10'	 200°C	kcal 468

1 kg de pommes de terre coupées
en tranches de 5 mm d'épaisseur
2 c. à c. d'huile d'olive
1 oignon jaune (150 g) émincé
6 tranches de pancetta (90 g)
grossièrement hachées

250 ml de crème liquide
120 g de crème fraîche
2 c. à s. de ciboulette hachée
120 g de gruyère râpé

1 Préchauffez le four
à 200 °C. Huilez un plat
à four de 2 litres.

2 Faites cuire les pommes
de terre à l'eau,
à la vapeur ou au micro-
ondes. Égouttez-les.

3 Pendant ce temps, faites
chauffer l'huile d'olive
dans une poêle. Faites revenir
l'oignon et la pancetta,
en remuant.

4 Mélangez la crème liquide,
la crème fraîche et
la ciboulette dans un saladier.

5 Étalez un tiers de pommes
de terre dans le plat,
disposez dessus la moitié
des oignons et de la pancetta.
Versez un tiers de la crème
et saupoudrez d'un tiers du
gruyère. Répétez l'opération
en terminant par le gruyère.

6 Faites cuire 30 min au four,
jusqu'à ce que le gratin
soit doré. Laissez reposer
10 min avant de servir.

Pommes de terre rôties à la suédoise

 4	 15'	 1h10	 180°C	kcal 420

6 pommes de terre moyennes
(1,1 kg) coupées en deux dans
le sens de la longueur
40 g de beurre fondu

2 c. à s. d'huile d'olive
25 g de chapelure
60 g de gruyère finement râpé

1 Préchauffez le four
à 180 °C. Posez
une moitié de pomme de terre
sur une planche à découper,
côté coupé sur la planche.
Déposez une baguette de
chaque côté de la pomme
de terre. Coupez la pomme
de terre en fines tranches, en
vous arrêtant au niveau des
baguettes pour ne pas couper
entièrement la pomme de
terre. Recommencez avec
les autres moitiés
de pomme de terre.

2 Disposez les pommes
de terre, côté bombé
vers le haut, dans un plat
à four. Mélangez le beurre
fondu et l'huile d'olive et
badigeonnez-en les pommes
de terre. Faites cuire 1 h,
en les badigeonnant
régulièrement du mélange
de beurre et d'huile.

3 Saupoudrez de chapelure
et de fromage, et faites
dorer 10 min de plus.

Panais rôtis au four

4	10'	1h	220°C	kcal 257

1 kg de panais coupés en deux
dans le sens de la longueur
2 c. à s. d'huile d'olive
55 g de sucre roux
1 c. à c. de noix de muscade râpée
1 c. à s. de persil plat finement haché

1 Préchauffez le four à 220 °C.
Mélangez les panais, l'huile d'olive,
le sucre et la noix de muscade dans
un plat à four. Faites cuire 1 h jusqu'à
ce que les panais soient dorés.

2 Servez les panais parsemés
de persil haché.

SAUCES

Sélection de recettes prêtes en moins de 20 minutes

Vinaigrette   382

Sauce blanche   383

Pesto épinards et noix   384

Mayonnaise   388

Sauce au piment douce   390

Béchamel   395

Hollandaise   396

Rouille   398

Yaourt aux épices   406

Sauce au marsala 411

Sauce aux haricots
noirs 412

Satay 416

Sauce au chocolat 424

Coulis de fraise 426

Sauce caramel
à l'orange 427

Vinaigrette

 250 ml 5' kcal 109

80 ml de vinaigre de vin
2 c. à c. de moutarde de Dijon
1 c. à c. de sucre roux
160 ml d'huile d'olive

1 Mélangez le vinaigre, la moutarde et le sucre dans un bol. Versez peu à peu l'huile pour émulsionner la vinaigrette.

Sauce au miel et à la moutarde

 250 ml 5' kcal 55

150 g de mayonnaise
60 ml de vinaigre de cidre
1 c. à s. de miel
2 c. à c. de moutarde à l'ancienne

1 Mélangez les ingrédients dans un bol à l'aide d'un fouet.

Sauce asiatique

 250 ml 10' kcal 42

60 ml d'huile d'arachide
60 ml de vinaigre de riz
2 c. à s. de sauce soja
1 c. à s. de jus de citron vert
1 gousse d'ail écrasée
10 g de gingembre frais râpé
1 petit piment rouge thaï
finement haché

1 c. à s. de coriandre
finement hachée
1 c. à s. de menthe
finement hachée

1 Mettez les ingrédients dans un récipient à vis, fermez puis secouez bien.

Sauce au citron et à l'huile de macadamia

 250 ml 10' kcal 114

125 ml d'huile de macadamia
45 g de noix de macadamia grillées
et finement hachées
2 c. à c. de zeste de citron finement râpé
2 c. à s. de jus de citron
1 c. à c. de sucre roux

1 Mélangez les ingrédients dans un bol à l'aide d'un fouet.

Sauce blanche

150 g de mayonnaise
60 ml de lait fermenté
1 c. à s. de vinaigre de vin
1 petit oignon jaune (80 g)
finement haché
1 gousse d'ail écrasée
1 c. à s. de ciboulette hachée
1 c. à s. de persil plat haché
¼ de c. à c. de paprika doux

1 Mélangez les ingrédients dans un petit récipient à l'aide d'un fouet.

Sauce italienne

160 ml d'huile d'olive
80 ml de vinaigre de vin
1 gousse d'ail écrasée
1 c. à c. de sucre roux
2 c. à c. d'origan frais finement haché
2 c. à c. de basilic frais finement haché
1 petit piment rouge long, finement haché

1 Mettez les ingrédients dans un récipient à vis, fermez puis secouez bien.

Sauce César

1 œuf
2 gousses d'ail écrasées
½ c. à c. de moutarde forte
2 filets d'anchois égouttés et finement hachés
250 ml d'huile d'olive
2 c. à s. de jus de citron

1 Faites glisser délicatement l'œuf dans une casserole d'eau bouillante. Couvrez et retirez du feu. Sortez l'œuf 1 min plus tard. Quand il est tiède, écalez-le puis mettez-le dans un bol. Ajoutez au fouet l'ail, la moutarde et les anchois.

2 Sans cesser de fouetter, versez l'huile en filet mince et continu pour que la sauce épaississe. Ajoutez enfin le jus de citron.

Conseil
Si la sauce tourne, rattrapez-la avec 1 c. à s. d'eau chaude que vous incorporez au fouet.

Pesto roquette et menthe 250 ml · 10'

2 poignées de menthe fraîche
40 g de pousses de roquette
70 g de pistaches grillées
20 g de parmesan râpé
2 gousses d'ail en quartiers
1 c. à s. de jus de citron
2 c. à s. d'eau
125 ml d'huile d'olive

1 Mixez la menthe, la roquette,
les pistaches, le fromage, l'ail, le jus
de citron et 2 c. à s. d'eau. Sans cesser
de mixer, versez l'huile en filet fin et
continu pour obtenir un mélange lisse.

Conseil

Pour accompagner les pâtes fraîches,
la salade de pommes de terre, les steaks
poêlés, les brochettes d'agneau.

Pesto poivron rouge 250 ml · 15'

1 gros poivron rouge (350 g) rôti et pelé
75 g de tomates séchées à l'huile,
bien égouttées
1 poignée de basilic frais
2 c. à s. de pignons de pin grillés
20 g de parmesan râpé
125 ml d'huile d'olive

1 Mixez le poivron, les tomates,
le basilic, les pignons et le fromage.
Sans cesser de mixer, versez l'huile
en filet fin et continu pour obtenir
une sauce épaisse et homogène.

Conseil

Achetez des poivrons grillés dans le commerce.

Pesto épinards et noix 250 ml · 10'

20 g de parmesan finement râpé
100 g de pousses d'épinard
25 g de noix grillées
1 gousse d'ail
60 ml d'huile d'olive
2 c. à s. de jus de citron
1 c. à s. d'eau

1 Dans un robot, hachez finement
le parmesan, les épinards, les noix
et l'ail. Sans couper le moteur, versez
en filet un mélange d'huile d'olive, de jus
de citron et d'eau. Continuez de mixer
jusqu'à obtention d'une purée lisse.

Coriandre et piment 250 ml · 10'

75 g de noix de cajou non salées, grillées
4 poignées de coriandre fraîche
2 gousses d'ail en quartiers
1 piment rouge long, en tranches fines
125 ml d'huile d'olive

1 Mixez les noix de cajou, la coriandre,
l'ail et le piment avec 2 c. à s. d'huile.
Sans cesser de mixer, versez le reste
de l'huile en filet fin jusqu'à ce que
le pesto soit lisse.

Conseil

Pour accompagner les pâtes fraîches,
les filets de saumon grillés ; permet d'assaisonner
une salade de bœuf à la thaïlandaise.

Pesto basilic

  250ml 10'

8 grosses poignées de basilic frais
2 gousses d'ail en quartiers
50 g de pignons de pin grillés
40 g de parmesan râpé
180 ml d'huile d'olive

1 Mixez en pâte fine le basilic, l'ail, les pignons et le fromage. Sans cesser de mixer, incorporez graduellement l'huile en filet fin et continu jusqu'à ce que la sauce soit lisse.

Conseil
Le pesto se garde 1 semaine au réfrigérateur. Versez-le dans un bocal et couvrez-le d'une fine couche d'huile d'olive. Pour le conserver plus longtemps, congelez-le dans le même récipient. Comme il est riche en huile, il ne se solidifie pas complètement, ce qui permet d'en prélever la quantité nécessaire sans le décongeler.

Vinaigre balsamique et ail

300ml 5'

2 c. à s. de vinaigre balsamique
60 ml de jus de citron
1 gousse d'ail écrasée
180 ml d'huile d'olive

1 Fouettez les ingrédients dans un saladier.

Conseil
Pour accompagner les asperges et les brocolis à la vapeur, les pommes de terre rôties ou à la vapeur.

Sésame et sauce soja

 125ml 5'

1 c. à s. de graines de sésame grillées
1 c. à s. d'huile de sésame
2 échalotes (50 g) hachées
1 c. à s. de kecap manis
60 ml de jus de citron vert

1 Mélangez tous les ingrédients dans un récipient.

Conseil
Pour accompagner les crudités, les légumes à la vapeur.

Citron confit et ciboulette

 250ml 10'

2 gousses d'ail écrasées
60 ml de vinaigre de vin blanc
1 c. à s. de zeste de citron confit détaillé en dés
125 ml d'huile d'olive
1 c. à s. de ciboulette en tronçons

1 Mélangez l'huile, le vinaigre, le zeste de citron et l'ail dans un shaker pour sauce à salade. Couvrez et agitez vivement. Ajoutez la ciboulette quand la sauce est homogène.

Conseil
Rincez le citron confit et prélevez la pulpe pour ne conserver que le zeste.
Pour accompagner le porc ou le poulet à la poêle.

Ponzu

250ml 10'

60 ml de jus de citron
60 ml de tamari
60 ml d'eau
2 oignons verts en tranches fines

1 Mélangez tous les ingrédients dans un saladier.

Conseil

Le tamari est une sauce soja japonaise assez épaisse. Vous pouvez aussi préparer cette sauce avec du jus de citron vert. Cette sauce se garde 1 semaine au réfrigérateur dans un bocal fermé à condition de n'ajouter les oignons qu'au dernier moment.

Roquefort

250ml 10' 3h

150 g de roquefort émietté
75 g de mayonnaise
60 g de crème fraîche
½ petit oignon jaune (40 g) haché
2 c. à s. de lait fermenté
1 c. à c. de jus de citron

1 Mixez tous les ingrédients en pâte lisse. Couvrez et réfrigérez au moins 3 h pour que les arômes se développent.

Conseil

Pour accompagner les crudités, les frites, les manchons de poulet grillés.

Yaourt et citron vert

250ml 5'

85 g de citrons verts confits au vinaigre
210 g de yaourt à la grecque

1 Détaillez les citrons confits en petits dés avant de les mélanger avec le yaourt.

Conseil

Pour accompagner les pains et les galettes indiennes, les chips de maïs, les currys ; peut servir de condiment dans les sandwichs.

Miso et gingembre

125ml 10' 10'

60 ml de vinaigre de riz
2 c. à s. de miso blanc
1 c. à s. de mirin
2 c. à c. de sucre en poudre
2 cm de gingembre frais (10 g) râpé
1 gousse d'ail écrasée
1 c. à c. de sauce soja
1 c. à c. d'huile de sésame
1 c. à s. d'eau

1 Mélangez les ingrédients dans une casserole et laissez chauffer à feu doux pour faire dissoudre le sucre. Passez ensuite la sauce au chinois pour éliminer les résidus solides. Servez-la en saucière.

Conseil

Pour accompagner les bouchées asiatiques à la vapeur, le poulet au barbecue, les légumes asiatiques sautés.

Salsa verde

250 ml · 10'

2 grosses poignées de persil plat ciselé
1 poignée d'aneth frais ciselé
1 poignée de ciboulette fraîche ciselée
1 c. à s. de moutarde à l'ancienne
2 c. à s. de jus de citron
2 c. à s. de petites câpres
rincées et émincées
1 gousse d'ail écrasée
80 ml d'huile d'olive

1 Mélangez tous les ingrédients dans un récipient.

Conseil

Pour accompagner les steaks grillés, les côtelettes d'agneau grillées, les filets de saumon pochés.

Salsa haricots et maïs

500 g · 15'

150 g de haricots noirs cuits
2 poivrons rouges moyens (400 g)
grillés, pelés et détaillés en lanières
240 g de grains de maïs
1 petit oignon rouge (100 g)
en tranches fines
1 piment rouge long en tranches fines
1 petite poignée de coriandre ciselée
2 gousses d'ail écrasées
2 c. à s. d'huile d'olive
1 c. à s. de zeste de citron vert râpé

125 ml de jus de citron vert
1 c. à c. de cumin moulu

1 Mélangez tous les ingrédients dans un grand saladier.

Conseil

Pour accompagner les côtelettes d'agneau grillées, les préparations mexicaines au fromage et au poulet.

Salsa mangue et avocat

300 g · 15'

1 mangue moyenne (430 g)
détaillée en gros cubes
1 gros avocat (320 g) coupé en cubes
1 petit oignon rouge (100 g) haché
1 petit poivron rouge (150 g) haché
1 petit piment rouge en tranches fines
2 c. à s. de jus de citron vert

1 Mélangez les ingrédients dans un saladier.

Conseil

Pour accompagner la salade de haricots noirs au maïs grillé, les tortillas de maïs aux lardons, les filets de saumon grillés.

Poivrons rôtis et olives

250 gl · 20'

240 g d'olives vertes dénoyautées
grossièrement hachées
1 poivron rouge moyen (200 g) grillé,
pelé et coupé en lanières
1 petit oignon rouge (100 g) haché
1 c. à s. de jus de citron vert
1 petite poignée de coriandre ciselée

1 Mixez en pâte lisse la moitié des olives. Versez cette pâte dans un saladier puis ajoutez le poivron, le reste des olives, l'oignon, le jus de citron et la coriandre.

Conseil

Pour accompagner l'agneau grillé ; peut aussi garnir des tortillas ou des triangles de pain de mie pour un apéritif.

Mayonnaise

250 ml   15'

2 jaunes d'œufs
½ c. à c. de sel
1 c. à c. de moutarde forte
250 ml d'huile d'olive vierge
1 c. à s. de vinaigre blanc

1 Mélangez les jaunes d'œufs, le sel et la moutarde dans un récipient. Incorporez l'huile en un filet mince et régulier, en fouettant sans cesse jusqu'à ce que le mélange épaississe. Incorporez enfin le vinaigre.

Conseil

Pour de meilleurs résultats, mélangez les ingrédients avec un fouet en métal dans un saladier en verre. Ajoutez l'huile graduellement et en filet fin pour que l'émulsion prenne. Si la auce tourne, incorporez 1 c. à s. d'eau chaude au fouet.

Rémoulade

250 ml de mayonnaise
1 c. à s. de cornichons hachés
1 c. à s. de petites câpres rincées,
égouttées et émincées
1 c. à s. de moutarde forte
1 filet d'anchois égoutté
et finement haché
2 c. à c. de persil plat ciselé
2 c. à c. d'estragon frais ciselé

1 Mélangez tous les ingrédients dans
un récipient.

Conseil

La rémoulade se garde 3 jours au réfrigérateur
dans un bocal fermé.
Pour accompagner les filets de poisson
panés, les blancs de volaille grillés,
les légumes rôtis ou à la vapeur.

Tartare

250 ml de mayonnaise
2 c. à s. de cornichons hachés menu
1 c. à s. de petites câpres rincées,
égouttées et émincées
1 c. à s. de persil plat ciselé
2 c. à c. d'aneth frais ciselé
2 c. à c. de jus de citron

1 Mélangez tous les ingrédients dans
un récipient.

Conseil

La sauce tartare se garde 3 jours
au réfrigérateur dans un bocal fermé.
Pour accompagner les blancs de volaille
grillés, le poisson frit ou fumé.

Thousand islands

250 ml de mayonnaise
60 ml de sauce tomate
1 petit oignon blanc (40 g) râpé
8 olives vertes farcies de piment
rouge finement hachées
1 petit poivron rouge (150 g)
détaillé en dés

1 Mélangez tous les ingrédients dans
un récipient.

Conseil

Cette sauce se garde 3 jours au réfrigérateur
dans un bocal fermé.
Pour accompagner le poisson grillé, les fruits
de mer cuits (crabes, tourteaux, crevettes…) ;
peut servir pour tartiner un sandwich.

Aïoli

250 ml de mayonnaise
4 gousses d'ail en quartiers
1 c. à c. de sel de mer
2 c. à c. de jus de citron

2 Mélangez cette pâte au reste
des ingrédients.

Conseil

L'aïoli se garde 3 jours au réfrigérateur
dans un bocal avec couvercle.
Pour accompagner les filets de poisson grillés,
les crudités, les pommes de terre frites ou bouillies.

1 Pilez le sel et l'ail en pâte fine
dans un mortier.

Sauce « ranch »

250 ml | 20' | kcal 52

150 g de mayonnaise
60 ml de crème fraîche
1 c. à s. de vinaigre de vin blanc
1 petit oignon (80 g) haché finement
1 gousse d'ail écrasée
1 c. à s. de ciboulette ciselée
1 c. à s. de persil plat frais, ciselé
¼ de c. à c. de paprika doux

1 Fouettez tous les ingrédients dans un bol jusqu'à obtention d'un mélange homogène.

Sauce aux agrumes et aux graines de pavot

250 ml | 10' | kcal 32

2 c. à c. de zeste d'orange râpé finement
60 ml de jus d'orange
2 c. à s. de vinaigre de cidre
1 c. à s. de graines de pavot
80 g de crème fraîche
2 c. à c. de moutarde parfumée au miel
60 ml d'eau

1 Fouettez le zeste et le jus d'orange, le vinaigre, les graines de pavot, la crème fraîche et la moutarde dans un bol. Ajoutez l'eau et lissez le mélange.

Sauce au piment douce

160 ml | 5' | kcal 17

2 c. à s. de nuoc-mâm
2 c. à s. de sauce au piment douce
80 ml de jus de citron vert
1 long piment rouge frais, haché finement
1 c. à s. de sucre roux

1 Versez les ingrédients dans un shaker pour sauce à salade. Fermez puis secouez énergiquement.

Sauce crémeuse à l'origan et aux câpres

250 ml | 10' | kcal 67

2 œufs durs coupés en quatre
1 c. à s. de câpres rincées et égouttées
2 c. à s. de vinaigre de vin blanc
2 c. à s. d'origan frais grossièrement haché
1 gousse d'ail coupée en quatre
80 ml d'huile d'olive

1 Dans un robot, hachez les œufs, les câpres, le vinaigre, l'origan et l'ail jusqu'à obtention d'une pâte lisse. Sans couper le moteur, versez l'huile d'olive en filet. Continuez de mixer jusqu'à épaississement.

Sauce tomate « ketchup »

800 ml   10'   40'

1 c. à s. d'huile d'olive
1 gros oignon (200 g)
détaillé en gros cubes
2 c. à s. de cassonade
1,8 kg de tomates fraîches
pelées et concassées
½ c. à c. de poivre de la Jamaïque moulu
½ c. à c. de sel au céleri
2 c. à s. de concentré de tomates
80 ml de vinaigre de vin blanc

1 Faites revenir l'oignon dans l'huile, en remuant vivement. Ajoutez le sucre, les tomates, le poivre et le sel au céleri. Portez à ébullition puis réduisez le feu et laissez épaissir 30 min sans couvrir, en remuant de temps à autre. Incorporez le concentré de tomates et le vinaigre. Faites cuire encore 5 min, sans couvrir.

2 Mixez la sauce avant de la passer au chinois dans un récipient. Servez-la froide.

HERBES

Les herbes fraîches sont un véritable don du ciel pour la cuisine ; grâce à leur beauté, leur parfum et leur saveur, elles peuvent vraiment faire une différence dans vos plats.

Cerfeuil

Le cerfeuil, avec son goût de fenouil, apporte une note d'élégance dans une salade, un plat de poisson, de volaille ou dans des légumes. Il fait partie du mélange qu'on appelle « fines herbes » (avec le persil, la ciboulette et l'estragon).

Aneth

L'aneth, avec ses plumets légers vert foncé et sa saveur anisée, est idéal pour décorer des assiettes et est très bon avec du poisson frais, fumé ou séché, des fruits de mer, des concombres, des betteraves, des pommes de terre et du riz, ainsi que dans une vinaigrette ou une mayonnaise.

Menthe vietnamienne

Connue aussi sous le nom de renouée odorante. Ce n'est pas de la menthe, mais une herbe aux feuilles lisses avec une saveur semblable à celle de la coriandre, mais poivrée. Elle est utilisée en Asie du Sud-est dans les laksas, les salades, les sautés et les currys. On s'en sert aussi comme décoration, finement coupée.

Coriandre

La coriandre est un élément essentiel de la cuisine de l'Asie du Sud-est, de l'Amérique latine et du Moyen-Orient. Les différentes parties de la plante sont toutes utilisées en cuisine – feuilles, tige et racine – et ont un parfum caractéristique de citron, d'anis et de sauge.

Origan

Son goût très savoureux évoque la cuisine méditerranéenne – moussaka grecque, plats aux courgettes et aux aubergines, pizzas italiennes, sauces pour pâtes... Contrairement à la plupart des herbes aromatiques, le goût de l'origan est meilleur et plus puissant lorsqu'il est séché.

Ciboulette chinoise

Ses feuilles plates vert foncé sont un ingrédient asiatique génial, utilisé dans les soupes, les sautés, les plats aux œufs et les plats de nouilles. La ciboulette chinoise peut également être hachée en petits morceaux et parsemée sur des salades, ou incorporée dans de la mayonnaise ou du fromage frais.

Basilic thaï

Assez différent du basilic commun, le basilic thaï possède des feuilles à la saveur relevée et anisée. C'est un ingrédient essentiel de nombreux currys, soupes et autres plats thaïs ; c'est également une décoration courante.

Estragon

L'estragon français, avec sa subtile saveur anisée, est la variété la plus prisée ; l'estragon mexicain et l'estragon russe ont un goût plus grossier. Cette herbe se combine bien avec du poulet, des œufs et du veau, et est excellente dans la sauce béarnaise.

Basilic

Élément essentiel du pesto, le basilic s'accommode merveilleusement avec la saveur des tomates. C'est une herbe estivale annuelle, mais vous pouvez profiter de son parfum rappelant le clou de girofle et l'anis en hiver, en le mixant avec un peu d'huile d'olive et en le congelant.

Sauge

Avec son goût et son odeur puissants et balsamiques, la sauge parfume à merveille des farces de canard et de bœuf et s'accommode bien avec le veau et le prosciutto, dans la saltimbocca. Frites, les feuilles de sauge font une succulente garniture pour du veau, du foie, de la cervelle et des raviolis à la citrouille.

Marjolaine

Espèce très proche de l'origan et avec un goût similaire, mais plus délicat et plus sucré. La marjolaine est délicieuse mélangée à d'autres herbes dans des omelettes, des farces, des scones aux herbes et des sandwichs aux herbes et au fromage frais. Comme pour l'origan, de nombreux chefs la préfèrent séchée plutôt que fraîche.

Persil

Herbe qui se marie avec d'innombrables préparations, très couramment utilisée pour décorer et parfumer des plats, comme des salades de pommes de terre, des œufs brouillés, des sauces, etc. Le persil plat a un goût plus fort que le persil frisé.

Sauce au persil

250 ml 5'

250 ml de béchamel tiède
30 g de persil plat ciselé

1 Mélangez tous les ingrédients dans un récipient.

Conseil

Incorporez le persil à la sauce juste avant
de la servir.
Pour accompagner le bœuf bouilli,
les filets de poisson blanc pochés.

Sauce soubise

250 ml 5' 20'

40 g de beurre
1 gros oignon blanc (200 g)
en tranches fines
250 ml de sauce Béchamel
180 ml de crème fraîche
1 pincée de noix de muscade râpée

1 Faites cuire l'oignon et le beurre
dans une casserole, en remuant
jusqu'à ce qu'il soit tendre.

2 Versez la béchamel et la crème.
Laissez épaissir sans couvrir, en
remuant constamment pendant 5 min.
Incorporez enfin la noix de muscade.

Conseil

Si la sauce est trop épaisse, ajoutez au fouet 60 ml
de lait tiède.
Pour accompagner les œufs pochés, les filets
de poisson blanc.

Sauce mornay

500 ml 5' 5'

250 ml de béchamel
60 ml de crème fraîche
1 jaune d'œuf
120 g d'emmental râpé

1 Réchauffez la béchamel dans
une casserole. Quand elle commence
à bouillir, incorporez la crème et le jaune
d'œuf, en fouettant pendant 1 min.

2 Retirez la sauce du feu pour
ajouter le fromage. Mélangez
bien pour qu'il fonde complètement.

Conseil

Remplacez l'emmental par du gruyère
ou du cheddar.
Pour accompagner les lasagnes, les gratins
de chou-fleur ou de brocolis, les huîtres chaudes.

Sauce aux fruits de mer

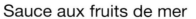
500 ml 10' 15'

250 ml de vin blanc sec
250 ml de béchamel
180 ml de crème fraîche
250 g de cocktail de fruits de mer égoutté
2 c. à s. d'aneth frais ciselé
1 c. à s. de jus de citron

1 Portez le vin à ébullition dans
une poêle. Laissez frémir sans couvrir
pour faire réduire le liquide de moitié.

2 Incorporez la béchamel, la crème
et les fruits de mer. Portez à ébullition
puis laissez frémir 5 min à feu doux pour
que les fruits de mer soient parfaitement
cuits. Ajoutez enfin l'aneth et le jus
de citron.

Conseil

Pour accompagner les filets de poisson blanc
grillés, les pâtes, le filet de bœuf grillé.

Béchamel

500ml | 10' | 15'

30 g de beurre
2 c. à s. de farine
310 ml de lait chaud
1 pincée de noix de muscade râpée

1 Faites fondre le beurre dans une casserole puis ajoutez la farine ; laissez cuire en remuant jusqu'à ce que le mélange forme des bulles. Incorporez graduellement le lait, en remuant jusqu'à ébullition. Quand la sauce a épaissi, ajoutez la noix de muscade.

Conseil
Si la béchamel est trop épaisse, ajoutez au fouet 60 ml de lait tiède jusqu'à ce qu'elle atteigne la consistance voulue. Cette sauce peut se préparer à l'avance. Vous la réchaufferez à feu très doux en remuant sans cesse.

Beurre blanc

250 ml | 10' | 10'

60 ml de vin blanc sec
1 c. à s. de jus de citron
60 ml de crème fraîche
125 g de beurre froid, en cubes

1 Portez à ébullition le vin et le jus de citron. Laissez bouillir sans remuer jusqu'à réduction des deux tiers. Ajoutez alors la crème et portez de nouveau à ébullition, puis baissez le feu. Ajoutez le beurre froid, morceau par morceau, en fouettant entre chaque ajout pour que la sauce soit lisse et qu'elle épaississe légèrement.

Conseil

La sauce ne doit pas bouillir quand vous ajoutez le beurre. Incorporez ce dernier en plusieurs fois pour éviter que le mélange tourne. Pour accompagner les légumes à l'étuvée, les blancs de volaille grillés, les filets de poisson à la vapeur ou pochés.

Hollandaise

250 ml | 5' | 15' | 10'

2 c. à s. d'eau
2 c. à s. de vinaigre blanc
1 grosse pincée de poivre
noir concassé

2 jaunes d'œufs
200 g de beurre doux fondu

1 Dans une petite casserole, portez à ébullition l'eau, le vinaigre et le poivre. Laissez réduire jusqu'à ce qu'il ne reste que 1 c. à s. de liquide. Passez le mélange au chinois et laissez reposer 10 min.

2 Fouettez les jaunes d'œufs avec le vinaigre. Quand le mélange est homogène, placez le récipient sur une casserole d'eau frémissante et laissez cuire au bain-marie, en fouettant constamment pour faire épaissir la sauce.

3 Retirez le récipient du feu pour incorporer le beurre fondu en filet continu, sans cesser de remuer jusqu'à épaississement.

Conseil

Si la sauce est trop épaisse ou qu'elle commence à tourner, incorporez au fouet 2 c. à s. d'eau chaude.
Pour aller plus vite travaillez les jaunes d'œufs et le vinaigre chaud au robot électrique pour les mélanger. Laissez le moteur tourner et versez le beurre fondu en un filet fin et continu pour émulsionner la sauce.

Poireau et safran

375 ml · 8' · 10'

1 c. à s. d'huile d'olive
1 petit poireau (200 g) émincé
2 gousses d'ail écrasées
1 c. à c. de farine ordinaire
60 ml de vin blanc sec
300 ml de crème fraîche
1 pincée de safran
1 c. à s. de persil plat ciselé

1 Dans une poêle, faites revenir 5 min à l'huile le poireau et l'ail, en remuant jusqu'à ce que le poireau soit tendre. Versez la farine et laissez cuire 1 min, en remuant toujours. Quand des bulles commencent à se former, versez progressivement le vin sans cesser de mélanger pour éviter les grumeaux. Portez à ébullition et laissez épaissir la sauce pour qu'elle réduise de moitié.

2 Ajoutez la crème et le safran. Dès que le mélange recommence à bouillir, baissez le feu et laissez frémir 5 min. Incorporez le persil hors du feu.

Conseil
Pour accompagner les pavés de truite océane au four, les blancs de poulet grillés, les côtes de porc poêlées.

Vin blanc

250 ml · 5' · 20'

20 g de beurre
2 échalotes émincées
1 c. à c. de moutarde forte
180 ml de vin blanc sec
180 ml de fumet de poisson
300 ml de crème fraîche

1 Dans une poêle, laissez chauffer les échalotes et la moutarde 3 min dans le beurre fondu. Quand les échalotes sont tendres, ajoutez le vin et laissez cuire sans couvrir jusqu'à ce qu'il réduise des deux tiers. Versez le fumet et portez à ébullition. Laissez bouillir 7 min sans couvrir pour que la moitié du liquide s'évapore.

2 Incorporez la crème et portez à ébullition. Laissez ensuite frémir 15 min à feu doux pour faire épaissir la sauce.

Conseil
Pour accompagner les soles meunières, les gambas grillées, le homard grillé.

Rouille

1 poivron rouge (200 g)
70 g de chapelure sèche
60 ml d'eau
1 petit piment rouge émincé

1 gousse d'ail en quartiers
1 c. à s. de jus de citron
½ c. à c. de piment de Cayenne
60 ml d'huile d'olive

1 Coupez le poivron en quatre, ôtez les graines et les membranes blanches. Faites-le rôtir sous un gril préchauffé ou dans un four très chaud pour que la peau noircisse et gonfle. Mettez le poivron 5 min dans un sac en plastique ou en papier avant de le peler et de le détailler en lanières.

2 Laisser gonfler la chapelure 2 min dans l'eau.

3 Mixez le poivron et la chapelure avec le piment, l'ail, le jus de citron et le piment de Cayenne.

4 Laissez le moteur tourner pour incorporer progressivement l'huile, en filet fin et continu, jusqu'à ce que la rouille épaississe.

Conseil

La rouille peut se préparer la veille. Couvrez-la et gardez-la au frais. Si l'émulsion a du mal à prendre, ajoutez au fouet 1 c. à s. d'eau bouillante.
Pour accompagner la bourride, la soupe de poissons, la bouillabaisse, les filets de poisson blanc grillés, les blancs de poulet poêlés.

Aneth et citron

80 ml d'huile d'olive
1 c. à c. de sucre en poudre
2 c. à c. de zeste de citron râpé
60 ml de jus de citron
2 c. à s. d'aneth frais ciselé

1 Faites tiédir l'huile dans une casserole.

2 Retirez la casserole du feu pour ajouter le reste des ingrédients en remuant vivement.

Conseil

Vous pouvez ajouter à l'huile 1 c. à s. de petites câpres rincées et égouttées.
Pour accompagner les poissons au four, les calamars grillés, les blancs de poulet ou les magrets de canard à la poêle.

Olives, anchois et tomates

2 c. à c. d'huile d'olive
1 petit oignon jaune (150 g)
en tranches fines
2 gousses d'ail écrasées
6 filets d'anchois égouttés
60 ml de vin rouge
425 g de tomates
concassées en boîte

1 c. à s. de sucre
125 ml d'eau
2 c. à s. d'olives noires émincées
1 c. à s. de petites câpres
rincées et égouttées
30 g de persil plat ciselé

1 Versez l'huile dans
une casserole et faites
revenir pendant 5 min l'oignon,
l'ail et la moitié des anchois
finement hachés, en remuant
souvent. Quand l'oignon
est tendre, versez le vin
et laissez cuire 2 min, sans
couvrir, jusqu'à ce que
le mélange réduise de moitié.

2 Ajoutez les tomates sans
les égoutter, le sucre
et l'eau. Portez à ébullition

puis laissez frémir 10 min
environ pour que la sauce
épaississe légèrement.

3 Incorporez enfin
les olives, les câpres,
les anchois restants coupés
en gros morceaux et le persil.

Conseil
Pour accompagner les darnes
de poisson grillées, les entrecôtes
à la poêle, les grillades de porc.

Chermoulla

20 g de beurre
2 échalotes en tranches fines
1 c. à c. de moutarde forte
180 ml de vin blanc sec
180 ml de fumet de poisson
300 ml de crème fraîche

1 Mélangez soigneusement
tous les ingrédients
dans un bol.

Conseil
Pour accompagner les pavés
de poisson grillés ou frits,
les cailles rôties, les poulpes grillés.

Velouté aux champignons

(625 ml) (15') (10')

20 g de beurre
1 petit oignon en tranches fines
150 g de petits champignons de Paris émincés
60 ml de vin blanc sec
375 ml de velouté de volaille
60 ml de crème fraîche

1 Faites fondre le beurre dans une casserole pour faire revenir l'oignon jusqu'à ce qu'il soit tendre. Ajoutez les champignons et laissez cuire encore 5 min en remuant.

2 Versez le vin et continuez de mélanger jusqu'à évaporation presque complète du liquide. Ajoutez alors le velouté et portez à ébullition.

3 Incorporez la crème puis réduisez le feu. Laissez la sauce sur le feu jusqu'à ce qu'elle soit très chaude, mais sans la laisser bouillir.

Conseil
Pour accompagner les pâtes ;
peut servir de liant dans une tourte
au poulet et aux lardons, de nappage
sur des ris de veau.

Velouté aux épinards

(15') (15')

20 g de beurre
1 gousse d'ail écrasée
375 ml de velouté de volaille
80 ml de crème fraîche
1 pincée de noix de muscade, fraîchement râpée
½ c. à c. de poivre noir moulu
200 g de pousses d'épinard ciselées

1 Laissez revenir l'ail 1 min dans le beurre, dans une casserole moyenne, en remuant souvent.

2 Versez le velouté et remuez encore 5 min sur feu doux.

3 Incorporez la crème, la muscade et le poivre. Portez à ébullition avant de réduire le feu. Ajoutez les épinards et laissez cuire encore 5 min en remuant.

Conseil
Pour accompagner les artichauts
rôtis et les courgettes grillées ;
peut servir de sauce pour les pâtes.

Velouté au citron et au safran

375 ml de velouté de volaille
2 jaunes d'œufs
1 c. à s. de jus de citron
1 pincée de filaments de safran
60 ml de crème fraîche

1 Portez le velouté à ébullition puis retirez-le du feu.

2 Battez les jaunes d'œufs avec le jus de citron, le safran et la crème dans un récipient. Incorporez délicatement cette préparation au velouté, en travaillant au fouet.

3 Remuez sur feu doux jusqu'à ce que la sauce soit chaude.

Conseil

Pour accompagner les fruits de mer ainsi que les haricots verts, brocolis ou asperges vertes à la vapeur.

Velouté aux pommes caramélisées et à la moutarde

2 grosses pommes (400 g) avec la peau
20 g de beurre
1 c. à s. de cassonade
375 ml de velouté de volaille
1 c. à s. de moutarde forte

1 Retirez le cœur des pommes avant de les couper en 16 quartiers.

2 Faites cuire les pommes avec du beurre dans une poêle, jusqu'à ce qu'elles soient légèrement dorées sur toutes les faces.

3 Versez le sucre et le velouté dans la poêle. Incorporez la moutarde et remuez sur feu doux jusqu'à ce que la sauce soit bien chaude.

Conseil

Pour accompagner les fruits de mer ainsi que les haricots verts, brocolis ou asperges vertes à la vapeur.

ÉPICES

Les incroyables saveurs et parfums des épices permettent de donner vie à des milliers de plats. Conservez-les à l'abri de la lumière, dans un endroit sec et hermétique.

Ras el-hanout

Mélange d'épices dont le nom signifie « tête de l'épicerie » et qui peut varier d'un marchand à l'autre. Sa saveur, toujours subtile et légèrement piquante, se marie très bien avec de l'agneau ou du poulet.

Anis étoilé

Également appelé badiane. Fruit séché en forme d'étoile d'un petit arbre asiatique, avec une saveur forte de réglisse, de clou de girofle et de cannelle. Utilisée entière ou moulue, c'est l'épice principale du mélange chinois cinq-épices. Utilisez-la avec parcimonie avec du porc, du canard, ou dans une compote de fruits.

Safran

C'est une épice chère, car elle provient des stigmates d'une variété de crocus récoltée à la main. Ne l'achetez pas n'importe où, uniquement dans un endroit fiable. Le safran donne une tonalité dorée aux aliments et a une saveur aigre-douce d'amande.

Baharat

Mélange d'épices très populaire au Moyen-Orient. Il comprend habituellement du paprika moulu, du poivre noir, du cumin, de la coriandre, de la casse, des clous de girofle, de la cardamome et de la muscade. Frottez-en du poisson, du bœuf ou de l'agneau avant la cuisson.

Asafoetida

Résine séchée et moulue d'un fenouil géant, connue pour son odeur pénétrante d'œuf pourri, qui s'atténue en cuisant. Sa saveur relevée rappelle celle de l'ail fermenté. Utilisez cette épice avec parcimonie avec des lentilles ou dans des currys de poissons et de légumes.

Nigelle

Également appelée cumin noir. Graines d'une plante de la famille des boutons-d'or, à la saveur forte (qui s'atténue à la cuisson) et poivrée. Utilisée dans ou sur les pains indiens et turcs, ainsi que dans le mélange d'épices indien panch-phora.

Sumac

Poudre rouge sombre moulue provenant des baies d'un arbuste méditerranéen. Il apporte une saveur acide et citronnée aux dips et aux assaisonnements et se marie bien avec la viande, le poulet, le poisson, la tomate et l'avocat.

Zaatar

Mélange de graines de sésame grillées, d'origan, de marjolaine, de thym et de sumac séchés, populaire dans la cuisine libanaise et syrienne. On le saupoudre traditionnellement sur des toasts tartinés de ricotta ; on peut aussi le mélanger avec des pommes de terre rôties, c'est délicieux.

Harissa

Pâte tunisienne très épicée obtenue en broyant du piment avec des épices, de l'ail et de la menthe. Elle est utilisée pour parfumer des viandes, dans les kebabs par exemple, et se place traditionnellement sur la table comme condiment.

Fenugrec

Graine d'une herbe de la famille des pois. Il entre dans la composition du curry, et s'accorde bien avec les fruits de mer et les poissons, ainsi que dans les chutneys. L'arôme du fenugrec se caractérise par sa capacité à masquer les mauvaises odeurs.

Poivre du Sichuan

Le poivre du Sichuan ne fait pas partie de la famille des autres poivres ; il est composé des baies séchées d'un petit arbre originaire de la province du Sichuan, dans le sud-ouest de la Chine, où la nourriture très épicée est beaucoup appréciée. Le poivre du Sichuan a une odeur et un goût légèrement poivrés et citronnés.

Garam masala

Le nom signifie tout simplement « mélange d'épices ». D'origine indienne, il est constitué, en proportions variables, de cardamome, de clous de girofle, de cannelle, de coriandre, de fenouil et de cumin, grillés et moulus. On y adjoint parfois du poivre ou du piment pour en renforcer le piquant.

Lait de coco

1 c. à c. d'huile d'arachide

1 gousse d'ail écrasée

2 cm de gingembre frais râpé

1 c. à c. d'un mélange
de racines et de tiges
de coriandre fraîche broyées

1 c. à s. de citronnelle
fraîche en tranches fines

4 feuilles de citron kaffir fraîches,
détaillées en très fines lanières

140 ml de lait de coco

125 ml de bouillon de poulet

2 c. à c. de nuoc-mâm

1 c. à s. de jus de citron vert

1 c. à c. de sucre en poudre

2 c. à s. de coriandre fraîche ciselée

1 Dans une poêle, faites revenir dans l'huile chaude l'ail, le gingembre, les tiges et les racines de coriandre, la citronnelle et la moitié des feuilles de kaffir jusqu'à ce que les arômes se développent.

2 Versez le lait de coco, le bouillon, le nuoc-mâm, le jus de citron et le sucre avant de porter à ébullition. Réduisez le feu et laissez frémir 3 min, à peu près, sans couvrir. Quand la sauce a légèrement épaissi, passez-la dans un tamis fin puis incorporez le reste des feuilles de kaffir et la coriandre ciselée.

Conseil

Les feuilles de kaffir se vendent fraîches, séchées ou surgelées dans les épiceries asiatiques. Elles ressemblent à deux feuilles jointes par la pointe en forme de sablier. Pour accompagner les blancs de poulet poêlés, le riz à l'étuvée, les gambas grillées.

Piri-piri

2 gousses d'ail émincées

6 longs piments rouges émincés

2 c. à s. de moutarde forte

160 ml de jus de citron

125 ml d'huile d'olive

1 Mélangez soigneusement tous les ingrédients dans un petit bol.

Conseil

Pendant leur cuisson, badigeonnez les viandes ou les poissons avec la moitié de la sauce. Laissez épaissir le reste de la sauce pour servir en accompagnement.

Sauce à la diable

125 ml de vin blanc sec
2 c. à s. de vinaigre de vin rouge
1 c. à c. de grains de poivre blanc broyés
3 oignons verts en tranches fines
1 brin de thym frais

1 feuille de laurier sèche
2 brins d'estragon frais
250 ml de bouillon de poulet
250 ml d'eau
50 g de beurre froid détaillé en dés

1 Après avoir fait dorer dans un peu d'huile la viande de votre choix (blancs de poulet, filet d'agneau), déglacez la poêle avec le vin, en remuant vivement, jusqu'à ce que la sauce ait réduit de moitié. Ajoutez le vinaigre, le poivre, les oignons et les aromates. Portez à ébullition avant de réduire le feu. Laissez frémir 3 min, sans couvrir, jusqu'à ce que le liquide soit presque entièrement évaporé.

2 Versez le bouillon et l'eau et laissez reprendre l'ébullition avant de baisser de nouveau le feu. Laissez frémir 10 min, sans couvrir, jusqu'à ce que la sauce ait bien réduit (il doit rester à peu près 125 ml de liquide). Incorporez au fouet le beurre, cube par cube. Passez la sauce au tamis fin dans un bol.

Conseil

Pour accompagner les blancs de volaille (dinde ou poulet) ou le filet d'agneau à la poêle.

Sauce nam jim

3 piments rouges allongés, détaillés en dés
3 petits piments rouges détaillés en dés
1 échalote (25 g) détaillée en cubes
2 gousses d'ail écrasées
2 cm de gingembre frais (10 g) en gros morceaux
80 ml de jus de citron vert
2 c. à s. de nuoc-mâm
1 c. à s. de sucre roux
35 g d'arachides non salées, grillées et broyées

1 Dans un mortier, travaillez en mélange homogène les piments, l'échalote, l'ail, le gingembre, le jus de citron vert, le nuoc-mâm et le sucre. Incorporez enfin les arachides.

Conseil

Pour réduire le piquant de cette recette, utilisez moins de piment ou choisissez des piments verts, plus légers.

Soja et tamarin

1 **c. à c.** d'huile d'arachide
1 gousse d'ail écrasée
2 **c. à s.** de sauce soja
1 **c. à c.** de cassonade
2 **c. à s.** de concentré de tamarin
2 **cm** de gingembre frais râpé
80 ml d'eau
1 oignon vert émincé

1 Dans une petite casserole, faites chauffer l'ail dans l'huile jusqu'à ce qu'il embaume. Ajoutez la sauce soja, le sucre, le tamarin, le gingembre et l'eau. Portez à ébullition puis baissez le feu et laissez frémir 2 min, sans couvrir, pour que la sauce épaississe. Incorporez l'oignon vert hors du feu.

Conseil

Pour accompagner les blancs de volaille poêlés, les manchons de poulet grillés, les cuisses de canard rôties.

Yaourt aux épices

1 **c. à c.** de paprika doux
1 **c. à c.** de cannelle moulue
1 **c. à c.** de coriandre moulue
1 **c. à c.** de cumin moulu
2 **c. à c.** de graines de fenouil
4 **cm** de gingembre frais râpé
1 **c. à s.** de sauce au piment douce
350 g de yaourt
1 **c. à s.** de jus de citron

1 Dans une petite poêle, faites sauter à sec sur feu doux le paprika, la cannelle, la coriandre, le cumin et le fenouil jusqu'à ce que les arômes se dégagent. Remuez régulièrement pendant cette opération.

2 Mélangez dans un récipient les épices rôties avec le gingembre, la sauce au piment, le yaourt et le jus de citron.

Conseil

La sauce peut se préparer 2 jours à l'avance et se garder au frais dans un bocal fermé.
Pour accompagner les quartiers de pommes de terre rôties, les grillades de porc, le saumon fumé, les morceaux de poulet grillés.

Pancetta, petits pois et estragon

 375 ml 15' 15'

1 c. à s. d'huile d'olive
2 échalotes émincées
1 gousse d'ail écrasée
100 g de pancetta détaillée en lardons
125 ml de vin blanc sec
300 ml de crème fraîche
60 g de petits pois surgelés
1 c. à s. d'estragon frais grossièrement ciselé

1 Dans une grande poêle, faites revenir à l'huile les échalotes, l'ail et la pancetta en remuant régulièrement. Quand la pancetta est cuite, versez le vin et portez à ébullition. Baissez le feu puis laissez frémir 2 min, sans couvrir, pour que le mélange réduise de moitié.

2 Ajoutez la crème et les petits pois. Laissez reprendre l'ébullition avant de réduire le feu. Laissez mijoter 4 min, en remuant de temps à autre. Ajoutez l'estragon et faites mijoter encore 2 min.

Conseil
Cette sauce se prépare juste avant de servir. À défaut de pancetta, utilisez du lard fumé.
Pour accompagner le poulet rôti, les œufs pochés, l'omelette, la purée de pommes de terre, le jambon au four.

Miel épicé et coriandre

125 ml 15' 5'

20 g de beurre
2 cm de gingembre frais râpé
2 c. à c. de zeste d'orange râpé
1 pincée de clous de girofle moulus
2 gousses de cardamome froissées
¼ de c. à c. de graines de carvi

80 ml de jus d'orange
90 g de miel
60 ml de bouillon de poulet
2 c. à c. de coriandre fraîche grossièrement ciselée

1 Faites fondre le beurre dans une poêle pour y faire revenir le gingembre, le zeste d'orange, les clous de girofle, la cardamome et les graines de carvi jusqu'à ce que les arômes se dégagent.

2 Incorporez le jus d'orange, le miel et le bouillon, puis portez à ébullition et réduisez le feu. Laissez frémir 2 min environ, sans couvrir, jusqu'à ce que la sauce épaississe légèrement.

Jetez la cardamome puis incorporez la coriandre hors du feu.

Conseil
Pour accompagner les grillades de porc, les travers de porc au barbecue, les blancs de poulet ou les magrets de canard poêlés.

Béarnaise

250ml · 20 · 5'

- **2 c. à s**. de vinaigre blanc
- **2 c. à s**. d'eau
- **1** échalote (25 g) hachée
- **3 c. à c**. d'estragon frais ciselé
- **½ c. à c**. de grains de poivre noir
- **3** jaunes d'œufs
- **200 g** de beurre doux fondu

1 Dans une petite casserole, portez à ébullition le vinaigre, l'eau, l'échalote, un tiers de l'estragon et les grains de poivre. Baissez le feu et laissez frémir 2 min environ jusqu'à ce que le liquide ait réduit de moitié. Passez le mélange au chinois dans un saladier. Laissez tiédir 10 min.

2 Battez le mélange tiède avec les jaunes d'œufs puis mettez le saladier sur une casserole d'eau frémissante. Faites cuire au bain-marie en fouettant sans cesse pour que la sauce épaississe. Hors du feu, incorporez le beurre fondu, en fouettant sans cesse. Quand la sauce est prise, ajoutez le reste d'estragon.

Conseil

Si la sauce tourne, ajoutez au fouet 1 c. à s. d'eau bouillante jusqu'à ce qu'elle soit de nouveau lisse. Si elle est trop épaisse, incorporez-y jusqu'à 2 c. à s. d'eau chaude pour obtenir la consistance voulue.

Raifort

375ml | 10' | 10'

2 c. à c. d'huile d'olive
6 oignons verts en tranches fines
60 ml de vin blanc sec
70 g de raifort préparé
300 g de crème fraîche
2 c. à s. de jus de citron
1 c. à c. de moutarde forte
2 c. à c. d'aneth frais ciselé

1 Faites revenir les oignons avec le beurre dans l'huile chaude. Quand ils sont bien tendres, versez le vin et portez à ébullition. Laissez ensuite frémir à feu doux jusqu'à ce que le liquide soit presque entièrement évaporé.

2 Ajoutez le raifort, la crème fraîche, le jus de citron et la moutarde. Faites réchauffer à feu doux en mélangeant bien. Incorporez l'aneth et 2 c. à s. d'eau chaude hors du feu.

Conseil
Ajoutez davantage d'eau chaude si la sauce est trop épaisse.

Trois gingembres

10 g de beurre

1 petit oignon jaune (80 g), détaillé en cubes

2 cm de gingembre frais (10 g) râpé

1 c. à s. de gingembre confit haché

125 ml de vin de gingembre vert

1 c. à s. de farine ordinaire

250 ml de bouillon de bœuf

½ c. à s. d'huile d'olive

1 Mélangez la moitié de l'huile et du beurre dans une poêle, laissez fondre à feu moyen et faites revenir l'oignon avec le gingembre frais et le gingembre confit.

2 Déglacez la poêle au vin. Ajoutez la farine et laissez cuire 2 min en remuant pour faire épaissir la sauce.

3 Versez délicatement le bouillon et portez à ébullition puis laissez épaissir 5 min sans couvrir. Servez aussitôt avec la viande.

Conseil

La sauce sera moins piquante si vous doublez la quantité de gingembre confit et que vous supprimez le gingembre frais. Vous pouvez passer la préparation dans un tamis pour obtenir une sauce crémeuse.

Diane

1 c. à s. d'huile d'olive

80 ml de cognac

1 gousse d'ail écrasée

60 ml de sauce Worcestershire

2 c. à c. de moutarde forte

300 ml de crème fraîche

1 Après avoir saisi la viande de votre choix dans l'huile d'olive, déglacez la poêle au cognac jusqu'à ce que la sauce bouillonne.

2 Ajoutez le reste des ingrédients et portez à ébullition. Laissez ensuite frémir 5 min sans couvrir pour que la sauce épaississe.

Conseil

L'alcool peut s'enflammer au moment où vous le versez dans la poêle. Agitez l'ustensile pour éteindre la flamme et couvrez aussitôt (gardez un couvercle à portée de main pour plus de précaution).

Sauce aux cèpes, marsala et romarin

10 g de cèpes séchés

20 g de beurre

1 échalote (25 g) hachée

1 c. à s. de romarin frais

60 ml de marsala

125 ml de crème fraîche

1 Laissez gonfler les cèpes 20 min dans un bol d'eau bouillante. Égouttez-les, jetez les pieds et détaillez les chapeaux en tranches fines.

2 Faites fondre l'échalote dans le beurre jusqu'à ce qu'elle soit tendre. Ajoutez les champignons, le romarin et le marsala. Portez à ébullition puis laissez frémir 3 min sans couvrir.

3 Incorporez la crème et portez de nouveau à ébullition. Baissez le feu pour faire épaissir la sauce quelques minutes à feu moyen, en remuant souvent.

Conseil

Vous pouvez remplacer les cèpes séchés par des champignons de Paris finement hachés. Pour accompagner les steaks poêlés, les côtes de veau, l'agneau rôti, les pilons de poulet grillés.

Sauce au marsala

20 g de beurre

2 échalotes (50 g) hachées

2 c. à c. de farine ordinaire

60 ml de marsala

60 ml de bouillon de bœuf

1 Faites revenir les échalotes avec le beurre dans une poêle jusqu'à ce qu'elles soient tendres. Ajoutez la farine et laissez cuire 2 min, en remuant vivement.

2 Mouillez avec le marsala et portez à ébullition puis laissez frémir 2 min, sans couvrir. Versez le bouillon. Quand le mélange recommence à bouillir, baissez le feu pour faire épaissir la sauce 4 min environ. Elle doit réduire de moitié.

Conseil

Le marsala est un vin italien doux que l'on sert à l'apéritif ou avec les desserts. Pour accompagner les blancs de volaille grillés, les médaillons de porc au barbecue, les côtelettes d'agneau, les côtes de veau.

Sauce barbecue

250 ml de sauce tomate

125 ml de vinaigre de cidre

60 ml de sauce Worcestershire

150 g de cassonade

2 c. à s. de moutarde douce

1 petit piment rouge frais, émincé

1 gousse d'ail écrasée

1 c. à s. de jus de citron

1 Portez à ébullition tous les ingrédients dans une casserole puis laissez mijoter 20 min sans couvrir, en remuant de temps en temps.

Conseil

Préparez cette sauce la veille (les arômes auront le temps de se développer) et conservez-la au réfrigérateur dans un bocal fermé.

Sauce aux haricots noirs

1 c. à s. d'huile d'arachide

1 c. à c. d'huile de sésame

1 oignon vert émincé

2 cm de gingembre frais (10 g) râpé

1 gousse d'ail écrasée

2 c. à s. de haricots noirs en saumure rincés, égouttés et écrasés

60 ml de sauce soja

2 c. à c. de cassonade

1 c. à s. de fécule de maïs

180 ml d'eau

1 Versez l'huile d'arachide et l'huile de sésame dans un wok chaud et faites sauter l'oignon, le gingembre, l'ail et les haricots noirs jusqu'à ce que les arômes se dégagent.

2 Versez la sauce soja et la cassonade. Remuez 1 min puis ajoutez la fécule de maïs délayée dans l'eau. Laissez épaissir quelques minutes à feu moyen, en remuant régulièrement.

Conseil

On trouve des haricots noirs en saumure dans la plupart des épiceries asiatiques. Il s'agit en fait de fèves de soja fermentées, à l'odeur puissante.

Oignons rouges caramélisés

375 ml · 15' · 40'

50 g de beurre
4 oignons rouges moyens (680 g), émincés
1 c. à s. de cassonade
80 ml de vin rouge
60 ml de bouillon de bœuf
1 c. à s. de vinaigre balsamique

1 Faites fondre le beurre dans une grande poêle et laissez compoter les oignons 30 min, à feu doux, en remuant de temps à autre.

2 Ajoutez le sucre et laissez cuire encore 5 min pour que les oignons caramélisent. Mouillez avec le vin, le bouillon et le vinaigre puis portez à ébullition pour faire évaporer le liquide.

Conseil
Si les oignons colorent trop rapidement à la première étape de la cuisson, réduisez le feu. La caramélisation doit se faire lentement pour que le mélange prenne un goût sucré.

Bordelaise

125 ml · 10' · 1"25

3 oignons verts hachés
½ c. à c. de grains de poivre vert, secs, broyés
500 ml de vin rouge
375 ml de bouillon de bœuf

1 brin de thym frais
2 feuilles de laurier
2 branches de persil plat frais
60 g de beurre doux, froid, en cubes

1 Portez à ébullition le vin avec les oignons et le poivre puis laissez frémir 15 min sans couvrir pour que le liquide réduise d'un tiers environ.

2 Ajoutez le bouillon, le thym, le laurier et le persil. Quand le mélange recommence à bouillir, baissez le feu et laissez cuire 1 h à feu doux pour faire réduire la sauce (il ne doit pas rester plus de 125 ml de liquide). Passez-la alors dans un tamis fin.

3 Réchauffez-la dans une casserole propre avant d'incorporer le beurre, cube par cube, en lissant la sauce au fouet.

Conseil
Si la sauce est trop liquide, remettez-la quelques minutes sur le feu pour la faire réduire encore avant d'ajouter le beurre. Cette sauce se prépare traditionnellement avec de la moelle de bœuf.

Épinards et crème fraîche

30 g de beurre

2 gousses d'ail écrasées

6 échalotes (150 g) hachées

2 c. à c. de moutarde forte

100 g de pousses d'épinard

240 g de crème fraîche

1 Laissez fondre le beurre
dans une grande poêle
pour y faire revenir l'ail
et les échalotes jusqu'à
ce qu'ils soient tendres.

2 Ajoutez la moutarde et
les épinards. Remuez
sur le feu jusqu'à ce que
les épinards soient flétris.
Incorporez alors la crème
fraîche et laissez chauffer
sans faire bouillir.

Conseil

La crème ne doit pas bouillir,
sinon la sauce risque de tourner.

Menthe

1 gros bouquet de menthe fraîche

60 ml d'eau

180 ml de vinaigre de vin blanc

2 c. à s. de sucre en poudre

1 Ciselez grossièrement
la moitié de la menthe
et placez-la dans un petit
saladier.

2 Mélangez dans
une casserole l'eau,
le vinaigre et le sucre.
Faites chauffer, sans laisser
bouillir. Quand tout le sucre
est dissous, versez le mélange
sur la menthe, couvrez
et laissez infuser 3 h.

3 Passez le liquide
dans un tamis. Hachez
grossièrement le reste de
la menthe avant de l'incorporer
à la sauce. Mixez pour que
la préparation soit homogène.

Conseil

Pour accompagner le gigot
d'agneau, les fallafels, la salade
de haricots ou de riz.

Tomates mi-confites

2 c. à c. d'huile d'olive

1 oignon jaune moyen (150 g) haché

2 gousses d'ail écrasées

1 c. à s. de concentré de tomates

150 g de tomates séchées, détaillées en cubes

375 ml d'eau

1 grosse poignée de persil plat ciselé

1 Dans une grande poêle, faites revenir l'oignon et l'ail 5 min dans l'huile, en remuant souvent. Ajoutez le concentré de tomates et les tomates séchées. Laissez cuire 2 min.

2 Mouillez avec l'eau, portez à ébullition puis laissez épaissir 5 min à feu moyen. Mixez la sauce avant d'incorporer le persil.

Conseil

Pour accompagner le filet d'agneau poêlé, les steaks grillés, les côtes de porc grillées, les blancs de volaille poêlés.

Skordalia

1 pomme de terre moyenne (200 g) coupée en quatre

3 gousses d'ail en quartiers

2 c. à s. d'eau froide

1 c. à s. de jus de citron

1 c. à s. de vinaigre de vin blanc

80 ml d'huile d'olive

1 Faites cuire la pomme de terre à l'eau, à la vapeur ou au micro-ondes. Égouttez-la et laissez-la tiédir 10 min.

2 Mixez-la avec l'ail, l'eau, le jus de citron et le vinaigre. Sans cesser de mixer, versez l'huile en filet fin et continu pour obtenir une sauce épaisse.

Conseil

Si la sauce est trop épaisse, allongez-la avec un peu d'eau chaude que vous incorporez en plusieurs fois au mixeur.

Satay

95 g de beurre de cacahuète, avec des morceaux

1 piment rouge long, émincé

140 ml de lait de coco

2 c. à c. de nuoc-mâm

2 c. à s. de kecap manis

1 c. à s. de jus de citron vert

1 Mélangez tous les ingrédients dans une casserole et faites-les cuire quelques minutes à feu doux jusqu'à ce que la sauce soit bien chaude.

Conseil

Le kecap manis est une sauce soja indonésienne, épaisse et sucrée. En vente dans les épiceries asiatiques.

Cacahuètes et sauce hoisin

1 c. à s. de sucre en poudre

2 c. à s. de vinaigre de riz

125 ml d'eau

125 ml de sauce hoisin

2 c. à s. de cacahuètes non salées, broyées et grillées

1 Faites dissoudre à feu doux le sucre dans le vinaigre et l'eau, en remuant souvent.

2 Ajoutez la sauce hoisin, portez à ébullition puis laissez frémir 5 min sans couvrir. Quand la sauce a épaissi, incorporez les cacahuètes hors du feu.

Conseil

La sauce hoisin est une sauce chinoise épaisse et sucrée, à base de germes de soja fermentés et salés, d'oignon et d'ail. Elle s'utilise dans les marinades ou avec les viandes braisées ou sautées.

Sauce thaïe au concombre

1 miniconcombre (130 g) épépiné et émincé
55 g de sucre en poudre
60 ml de vinaigre de vin blanc
4 cm de gingembre frais (20 g) râpé

1 c. à c. de sel
125 ml d'eau bouillante
1 petit piment rouge émincé
3 oignons verts émincés
1 c. à s. de coriandre ciselée

1 Déposez le concombre dans un récipient résistant à la chaleur.

2 Mélangez dans une casserole le sucre, le vinaigre, le gingembre, le sel et l'eau bouillante. Laissez chauffer à feu doux pour faire dissoudre le sucre puis laissez infuser 5 min. Versez la sauce sur le concombre.

3 Ajoutez le piment, les oignons et la coriandre. Réfrigérez au moins 1 h.

Conseil
Pour accompagner les bouchées de poisson vapeur, les sashimis, les beignets de légumes à la japonaise (tempura), les légumes verts, les blancs de poulet grillés, les poissons au four ; peut servir de marinade pour des morceaux de poulet ; en y ajoutant un peu d'huile, vous obtenez un assaisonnement pour une salade asiatique.

Prunes et vinaigre rouge

2 c. à s. d'huile d'arachide
1 gousse d'ail émincé
1 long piment rouge émincé
240 g de confiture de prunes
60 ml de vinaigre de vin rouge
2 c. à s. d'eau
1 c. à s. de baies de genièvre broyées

1 Faites revenir l'ail et le piment dans l'huile chaude. Quand ils embaument, ajoutez la confiture, le vinaigre et l'eau. Fouettez vivement sur le feu.

2 Portez à ébullition puis laissez frémir 5 min, sans couvrir. Incorporez le genièvre et laissez frémir de nouveau 5 min. Quand la sauce est assez épaisse, passez-la au chinois.

Conseil
Écrasez les baies de genièvre avec la lame d'un couteau pour que leur arôme se développe mieux.

Napolitaine

1 litre   15'   1ʰ

80 ml d'huile d'olive

1 oignon jaune moyen (150 g)
émincé

3 gousses d'ail écrasées

40 g de basilic frais

1 c. à c. de sel de mer

2 c. à s. de concentré de tomates

1,5 kg de tomates mûres
grossièrement concassées

1 Faites chauffer la moitié de l'huile dans une grande casserole pour faire revenir l'oignon, l'ail et le basilic avec le sel. Quand l'oignon est tendre, versez le concentré de tomates et laissez cuire 1 min, en remuant.

2 Ajoutez les tomates et portez à ébullition avant de réduire le feu. Laissez frémir 45 min sans couvrir, en remuant de temps à autre, jusqu'à ce que la sauce épaississe. Versez le reste de l'huile, mélangez et laissez frémir encore 5 min.

Conseil

La sauce se garde 3 jours au réfrigérateur et 3 mois au congélateur.

Pour aller plus vite, remplacez les tomates fraîches par une quantité équivalente de tomates concassées en boîte.

Marinara

1 c. à s. d'huile d'olive
1 petit oignon jaune (80 g) émincé
2 c. à s. de concentré de tomates
125 ml de vin blanc sec
1 litre de sauce napolitaine (voir ci-contre)
80 g de cocktail de fruits de mer
1 pincée de filaments de safran

1 Dans une grande casserole, faites revenir l'oignon dans l'huile en remuant souvent. Ajoutez le concentré de tomates et laissez cuire 1 min. Versez le vin, portez à ébullition puis laissez frémir 3 min sans couvrir.

2 Ajoutez la sauce napolitaine, les fruits de mer et le safran. Portez à ébullition puis réduisez le feu. Laissez mijoter 5 min, sans couvrir, jusqu'à ce que les fruits de mer soient parfaitement cuits.

Puttanesca

4 filets d'anchois entiers égouttés
60 ml d'huile d'olive
1 piment rouge allongé, émincé
1 litre de sauce napolitaine (voir ci-contre)
120 g d'olives noires dénoyautées
2 c. à s. de petites câpres rincées, égouttées et émincées

1 Hachez finement les filets d'anchois et écrasez-les avec la lame d'un couteau.

2 Dans une casserole, faites revenir 2 min les anchois et le piment dans 1 c. à s. d'huile. Versez la sauce napolitaine et portez à ébullition. Incorporez les olives, les câpres et le reste de l'huile. Baissez le feu et laissez cuire 5 min à feu doux, sans couvrir, pour que la sauce soit bien chaude.

Amatriciana

60 ml d'huile d'olive
200 g de pancetta détaillée en petits bâtonnets
½ c. à c. de piments secs broyés
1 litre de sauce napolitaine (voir ci-contre)
25 g de parmesan râpé
25 g de pecorino râpé

1 Faites colorer la pancetta dans l'huile en remuant. Ajoutez le piment et la sauce napolitaine puis portez à ébullition. Baissez le feu et versez le reste d'huile. Mélangez bien.

2 Ajoutez les fromages juste avant de servir en maintenant la sauce à feu doux pour qu'ils aient le temps de fondre. Mélangez sans cesse durant cette opération.

Arrabiata

60 ml d'huile d'olive
2 petits piments rouges émincés
1 litre de sauce napolitaine (voir ci-contre)
60 g de persil plat ciselé

1 Faites revenir les piments 2 min dans la moitié de l'huile. Ajoutez la sauce napolitaine et portez à ébullition. Incorporez le reste d'huile et le persil.

Pesto de pistaches et citron

375 ml · 20' · 10'

120 g de feuilles de basilic frais
45 g de pistaches
25 g de parmesan grossièrement râpé
2 gousses d'ail en quartiers
1 c. à s. de zeste de citron râpé
2 c. à s. de jus de citron
125 ml d'huile d'olive
125 ml de crème fraîche
1 c. à s. d'eau

1 Mixez en sauce lisse le basilic, les pistaches, le fromage, l'ail, le zeste et le jus de citron. Sans cesser de mixer, versez graduellement l'huile jusqu'à ce que le pesto soit homogène.

2 Dans une poêle à feu moyen, diluez le pesto et la crème dans 1 c. à s. d'eau jusqu'à ce que la sauce soit chaude et très homogène.

Conseil

Le pesto sans la crème se garde 1 semaine au réfrigérateur ; couvrez-le d'un film d'huile. Pour le congeler, versez-le dans un récipient fermé. L'huile l'empêche de se solidifier complètement, ce qui permet d'en prélever de petites quantités sans le faire décongeler.
Pour accompagner les raviolis, les blancs de volaille grillés, les darnes de saumon poêlées.

Quatre fromages

375 ml · 5' · 10'

50 g de beurre
300 ml de crème fraîche
50 g de gorgonzola émietté
80 g de pecorino râpé
50 g de fontina râpé
80 g de parmesan râpé

1 Dans une poêle, faites fondre le beurre puis versez la crème et portez à ébullition. Baissez le feu et laissez frémir 5 min, sans couvrir, jusqu'à ce que le mélange ait réduit de moitié.

2 Retirez la poêle du feu pour incorporer graduellement les fromages. Remuez vivement pour que la sauce soit bien liée.

Conseil

Vous pouvez associer d'autres fromages que ceux indiqués dans la recette : gruyère, mozzarella, fourme, provolone, cheddar vieux, fromage à raclette...

Boscaiola

60 g de beurre

135 g de pancetta en petits lardons

150 g de champignons de Paris émincés

1 gousse d'ail écrasée

1 c. à c. de poivre noir concassé

300 ml de crème fraîche

40 g de parmesan râpé

1 Dans une poêle, faites fondre le beurre pour y faire revenir la pancetta pendant 5 min. Quand elle croustille, ajoutez les champignons et l'ail. Laissez cuire encore 3 min, en remuant.

2 Incorporez le poivre et la crème. Continuez la cuisson à feu doux pendant 5 min pour que la sauce réduise de moitié.

3 Ajoutez le fromage et remuez 2 min à feu doux jusqu'à ce qu'il ait fondu.

Tomates, piments et crème

60 g de beurre

1 petit oignon jaune (80 g) émincé

150 g de tomates séchées à l'huile, détaillées en gros cubes

½ c. à c. de piment séché émietttté

2 gousses d'ail écrasées

1 c. à c. de poivre noir concassé

300 ml de crème fraîche

40 g de parmesan râpé

1 Dans une poêle, faites revenir l'oignon dans le beurre jusqu'à ce qu'il soit tendre. Ajoutez les tomates séchées, le piment et l'ail. Laissez cuire 3 min, en remuant.

2 Incorporez le poivre et la crème. Faites épaissir 5 min, sans couvrir, pour que la sauce réduise de moitié.

3 Ajoutez le fromage et remuez 2 min sur feu doux jusqu'à ce qu'il ait fondu.

Fenouil et pastis

1 petit bulbe de fenouil (200 g)

20 g de beurre

1 c. à s. d'huile d'olive

¼ de c. à c. de graines de fenouil

1 c. à c. de graines de cumin

60 ml de pastis

180 g de crème fraîche

1 c. à c. de jus de citron

1 Avec un couteau bien aiguisé ou une mandoline, détaillez le fenouil en tranches très fines.

2 Faites-le revenir à feu doux dans le beurre et l'huile avec les graines de fenouil et de cumin. Quand il est fondu, versez le pastis et portez à ébullition. Laissez frémir 1 min.

3 Incorporez la crème et le jus de citron, portez de nouveau à ébullition puis laissez épaissir 2 min à feu moyen.

Conseil

Pour accompagner les asperges vertes ou les artichauts à la vapeur, le homard grillé ; permet d'aromatiser une purée de pommes de terre.

Vinaigre de riz et soja

1 c. à s. d'huile d'arachide

2 c. à c. d'huile de sésame

2 gousses d'ail écrasées

5 cm de gingembre frais (25 g) râpé

1 oignon vert émincé

60 ml de vin de riz

2 c. à s. de sauce soja

2 c. à c. de sucre en poudre

1 c. à c. de Maïzena®

125 ml d'eau

1 Faites chauffer l'huile d'arachide et l'huile de sésame dans un wok pour y faire sauter l'ail, le gingembre et l'oignon. Quand le mélange embaume, versez le vin et la sauce soja, ajoutez le sucre en mélangeant bien et portez à ébullition. Laissez ensuite frémir 2 min, sans couvrir.

2 Délayez la Maïzena® dans l'eau avant de la verser dans le wok. Remuez vivement et laissez épaissir 2 min à petits bouillons.

Conseil

Pour accompagner les brocolis à la vapeur, les bok choy sautés.

Sabayon au poivron

1 poivron rouge moyen (200 g) détaillé en cubes
250 ml de bouillon de poulet
1 brin de thym frais
4 jaunes d'œufs
60 g de beurre doux, froid, détaillé en cubes

1 Portez à ébullition le bouillon avec le poivron et le thym. Réduisez le feu et laissez mijoter 15 min, sans couvrir. Jetez le thym.

2 Mixez en sauce lisse et versez dans un saladier. Posez le tout sur une casserole d'eau frémissante, ajoutez les jaunes d'œufs et montez le sabayon au fouet pendant 7 min environ. Quand elle est assez épaisse, incorporez un à un les cubes de beurre, en continuant de travailler au fouet.

Conseil
Le sabayon doit être servi immédiatement.

Mayonnaise aux tomates séchées

2 jaunes d'œufs
½ c. à c. de sel
1 c. à c. de moutarde forte
160 ml d'huile d'olive vierge extra
2 c. à s. d'huile aux tomates séchées
1 c. à s. de tomates séchées à l'huile, égouttées et hachées
2 c. à s. d'eau chaude
1 c. à s. de vinaigre blanc

1 Battez dans un saladier les jaunes d'œufs avec le sel et la moutarde. Versez l'huile en filet fin et continu, sans cesser de fouetter pour que la mayonnaise prenne.

2 Ajoutez les tomates séchées et l'eau chaude, en donnant encore quelques coups de fouet, puis incorporez le vinaigre.

Conseil
Incorporez l'huile graduellement pour éviter que la sauce tourne. Sinon, incorporez au fouet 2 c. à s. d'eau chaude.

Sauce au chocolat

(250ml) (5') (10')

200 g de chocolat noir de dégustation
20 g de beurre
¼ de c. à c. d'extrait de vanille
125 ml de crème fraîche

1 Mélangez le chocolat coupé en morceaux et le beurre dans un récipient résistant à la chaleur pour les faire fondre au bain-marie, au-dessus d'une casserole d'eau frémissante. Remuez constamment pour que le mélange soit lisse.

2 Incorporez la vanille et la crème en remuant pour bien mélanger. Servez la sauce tiède.

Conseil
La sauce se garde 3 jours au réfrigérateur. Vous pouvez la réchauffer au micro-ondes ou à feu doux dans une casserole (remuez constamment pour éviter qu'elle attache).

Sirop de vin, badiane et cannelle

150 g de sucre en poudre
1 c. à s. de jus de citron
2 c. à s. d'eau
125 ml de vin rouge

1 étoile de badiane
¼ de c. à c. de cannelle moulue

1 Mélangez dans une casserole le sucre, le jus de citron et l'eau. Laissez fondre le sucre à feu doux en remuant souvent puis portez le sirop à ébullition. Il doit bouillonner 10 min environ, sans être remué, pour épaissir et prendre la couleur du caramel.

2 Retirez alors la casserole du feu et incorporez le reste des ingrédients (le caramel va crépiter et durcir). Réchauffez la sauce à feu doux en remuant constamment pour ramollir le caramel. Laissez tiédir 10 min avant de passer la sauce au tamis fin.

Conseils

On peut remplacer le vin rouge par du vin blanc, du Grand Marnier ou du cognac. Laissez le sucre se dissoudre complètement avant de porter le sirop à ébullition, sinon la sauce peut cristalliser.

Crème anglaise

1 gousse de vanille
375 ml de lait
75 g de sucre en poudre
4 jaunes d'œufs

1 Fendez la gousse de vanille en deux, grattez les graines au-dessus d'une petite casserole avant d'y ajouter la gousse, le lait et 1 c. à s. de sucre. Portez à ébullition. Passez le mélange au chinois dans un saladier et laissez refroidir.

2 Fouettez au bain-marie les jaunes d'œufs et le reste du sucre. L'eau doit juste frémir et ne doit pas toucher la base du récipient. Attendez que la sauce devienne crémeuse et épaisse pour y verser lentement le lait à la vanille.

3 Remettez la crème dans la casserole pour la faire épaissir à feu doux. Elle est prête quand elle commence à napper la cuillère. Laissez-la tiédir à température ambiante avant de la mettre 1 h au moins au réfrigérateur.

Conseil

La crème anglaise se garde 3 jours au réfrigérateur dans un bocal fermé.

Barre chocolatée et marshmallows

500ml · 5' · 15'

4 barres chocolatées (60 g) de type
Mars®, coupées en petits dés
300 ml de crème fraîche
100 g de marshmallows

1 Faites fondre les barres
chocolatées dans la crème
à feu doux. Ajoutez les marshmallows
jusqu'à ce que la sauce soit lisse.

Conseil

On peut ajouter un peu de liqueur pour parfumer.

Coulis de fraise

250ml · 10'

300 g de fraises
1 c. à s. de sucre glace

1 Écrasez les fraises dans un tamis
pour éliminer les graines. Mélangez
la pulpe avec le sucre glace.

Conseils

Tous les fruits rouges conviennent pour
ce coulis, de même que les variétés exotiques
comme la mangue, les fruits de la Passion,
le kiwi, la goyave ou l'ananas. Ajustez en
conséquence la quantité de sucre. Vous pouvez
mixer les fruits avant de les passer au tamis.

Crème de noisettes

250ml · 10'

60 ml de crème fraîche
1 c. à c. de liqueur de noisette
1 c. à s. de sucre en poudre
45 g de noisettes grillées grossièrement broyées

1 Fouettez en chantilly la crème,
la liqueur et le sucre au batteur
électrique. Incorporez enfin les noisettes.

Conseil

Essayez la recette avec une quantité
équivalente d'amande et de liqueur
à l'amande amère (amaretto).

Liqueur de café

500ml · 10' · 10' · 30'

60 ml de crème fraîche
160 ml de café très serré
250 g de chocolat blanc en gros morceaux
1 c. à s. de liqueur de café

1 Faites chauffer la crème et le café
à feu moyen sans laisser bouillir.
Ajoutez le chocolat hors du feu, en
remuant vivement pour que le mélange
soit lisse. Incorporez la liqueur.

2 Versez la sauce dans un récipient
et réfrigérez 30 min à couvert,
en remuant de temps en temps.

Beurre au cognac

250 g de beurre doux
75 g de cassonade
1 c. à c. d'extrait de vanille
60 ml de cognac

1 Fouettez les ingrédients en un mélange crémeux. Réfrigérez 1 h à couvert.

Conseil
Ajoutez un peu de zeste d'orange râpé ou de gingembre confit.

Caramel crémeux

220 g de sucre en poudre
125 ml d'eau
300 ml de crème fouettée

1 Faites fondre le sucre à feu moyen dans l'eau, en remuant constamment. Laissez ensuite le sirop bouillir 15 min, sans couvrir ni mélanger, pour qu'il prenne la couleur du caramel.

2 Retirez la casserole du feu. Attendez que les bulles disparaissent pour incorporer progressivement la crème. Réchauffez à feu doux en fouettant délicatement pour lisser la sauce. Servez tiède.

Sauce caramel à l'orange

125 ml de crème fouettée
110 g de cassonade
60 g de beurre froid en cubes
1 c. à c. de zeste d'orange râpé

1 Faites fondre les ingrédients à feu doux sans les laisser bouillir. Quand le sucre est dissous, portez à ébullition puis laissez frémir 3 min sans couvrir.

Conseil
Cette sauce se garde 2 jours au réfrigérateur dans un récipient fermé.

Chocolat blanc, malibu et orange

160 ml de crème fraîche
10 cm de zeste d'orange
2 gousses de cardamome froissées
180 g de chocolat blanc
de dégustation en gros morceaux
2 c. à c. de malibu

1 Portez à ébullition la crème, le zeste d'orange et la cardamome.

2 Retirez la casserole du feu pour ajouter le chocolat et la liqueur. Mélangez bien pour que la sauce soit lisse. Passez-la dans un chinois pour éliminer les résidus solides.

DESSERTS

Sélection des recettes prêtes en moins de 30 minutes

Gâteaux au chocolat,
sirop au café 441

Sundaes au chocolat 455

Bouchées
chocolat-noisettes 458

Cookies romarin,
raisins, noix 462

Biscuits aux pépites
de chocolat 464

Palets aux pépites
de chocolat 465

Langues-de-chat
à la vanille 467

Muffins aux fruits rouges 474

Financiers noix
de coco-ananas 477

DESSERTS

Tartelettes aux prunes   494

Crêpes aux fraises rôties   503

Minicharlottes
aux fruits rouges   510

Riz au lait de coco
et à la mangue   519

Madeleines   529

Petits caramels
à l'orange   536

BONUS

Profiteroles au chocolat

6   45'   35'   200°C

Pâte à choux
75 g de beurre
180 ml d'eau
110 g de farine
3 œufs

Crème pâtissière
560 ml de lait
1 gousse de vanille fendue en deux
6 jaunes d'œufs
150 g de sucre en poudre
75 g de farine

Sauce au chocolat
100 g de chocolat noir coupé
en morceaux
30 g de beurre
80 ml de crème liquide
1 c. à s. de liqueur d'orange

1 Préparez la pâte à choux (voir page 606), puis façonnez des petits choux (la pâte ne doit pas reposer). Disposez-les sur les plaques de cuisson recouvertes de papier sulfurisé à 4 cm d'intervalle et faites cuire 7 min au four. Quand les choux ont gonflé, réduisez le thermostat à 180 °C et prolongez la cuisson de 10 min. Faites une petite entaille à la base de chaque chou et faites cuire encore 5 min puis retirez du four et laissez refroidir.

2 Préparez la crème pâtissière : mettez le lait et la vanille dans une casserole, portez à ébullition puis retirez aussitôt du feu. Laissez infuser 10 min avant de jeter la gousse de vanille. Battez les jaunes d'œufs et le sucre pour obtenir un mélange mousseux. Ajoutez la farine sans cesser de battre puis incorporez progressivement le lait tiédi, toujours en battant. Remettez le mélange sur le feu et portez à ébullition, en remuant la crème avec une cuillère en bois. Réduisez le feu et laissez frémir 10 min, sans cesser de remuer, puis retirez du feu et laissez refroidir à température ambiante après avoir posé une feuille de papier sulfurisé directement sur la crème pour empêcher la formation d'une peau. En refroidissant, la crème va épaissir.

3 Pour la sauce au chocolat : placez tous les ingrédients dans une casserole et laissez fondre à feu doux, en remuant.

4 Remplissez une poche à douille (embout de 1 cm) de crème pâtissière puis fourrez les profiteroles en introduisant la crème par la petite entaille existante. Disposez 6 profiteroles dans chaque assiette et nappez-les de sauce au chocolat. Servez aussitôt.

Soufflés au chocolat, coulis framboise

4   15'   20'   200°C

50 g de beurre
1 c. à s. de farine
200 g de chocolat noir fondu
2 jaunes d'œufs
4 blancs d'œufs

55 g de sucre en poudre

Coulis framboise
200 g de framboises
2 c. à s. de sucre glace

1 Préchauffez le four à 200 °C. Graissez 4 moules à soufflé. Saupoudrez l'intérieur de sucre. Posez-les sur une plaque de cuisson.

2 Faites fondre le beurre dans une casserole puis ajoutez la farine, en remuant 2 min, jusqu'à ce que l'appareil épaississe et bouillonne. Retirez la casserole du feu puis incorporez le chocolat et les jaunes d'œufs. Transférez le mélange dans un saladier.

3 Montez les blancs d'œufs en neige. Incorporez le sucre en plusieurs fois, sans cesser de fouetter. Incorporez les blancs au mélange au chocolat, en 2 fois.

4 Répartissez l'appareil dans les moules et laissez cuire environ 15 min au four jusqu'à ce que les soufflés montent.

5 Mixez les framboises et le sucre glace. Servez les soufflés accompagnés de ce coulis.

Tiramisù

4 · 20' · 30' · kcal 671

1 c. à c. de sucre en poudre
2 c. à c. de café instantané
1 c. à c. de cacao en poudre, tamisé
160 ml d'eau bouillante
250 g de mascarpone ramolli

300 ml de crème fraîche
120 g de sucre glace
6 biscuits à la cuiller (90 g)
2 c. à c. de cacao en poudre
supplémentaire

1 Mélangez le sucre, le café, le cacao et l'eau dans un bol. Laissez refroidir.

2 Dans un autre bol, fouettez le mascarpone au batteur électrique jusqu'à obtention d'une pâte lisse. Incorporez la crème et le sucre glace.

3 Cassez les biscuits en deux. Plongez-les dans le mélange au café. Répartissez la moitié des biscuits dans 4 verres (contenance 300 ml). Répartissez la moitié de la crème au mascarpone frais sur les biscuits. Continuez avec une couche de biscuits imbibés et terminez avec le reste de la crème. Placez 30 min au réfrigérateur. Avant de servir, saupoudrez de cacao en poudre.

Parfaits chocolat noir et noisettes

6 · 20' · 10' · 20' · 12ʰ · kcal 773

125 ml de crème fraîche
165 g de Nutella®
60 ml de liqueur de café
2 œufs
3 jaunes d'œufs
75 g de sucre en poudre

250 g de crème fraîche
supplémentaire
140 g de chocolat noir râpé
40 g de noisettes grillées, hachées
100 g de chocolat noir râpé
supplémentaire

1 Garnissez de caissettes en papier un moule à muffin de 6 alvéoles. Dans une petite casserole, mélangez 125 ml de crème fraîche avec le Nutella® et la liqueur. Faites chauffer à feu doux.

2 Dans un petit saladier, battez les œufs, les jaunes d'œufs et le sucre. Incorporez la préparation au Nutella® encore chaude. Versez la crème obtenue dans un récipient et placez 20 min au réfrigérateur.

3 Dans un saladier, fouettez 250 ml de crème fraîche au batteur électrique. Incorporez-la au parfait, en même temps que le chocolat râpé et les noisettes. Répartissez ce mélange dans les alvéoles du moule. Couvrez d'un film alimentaire et placez au congélateur jusqu'au lendemain.

4 Démoulez les parfaits, saupoudrez de chocolat râpé et servez.

Puddings au chocolat blanc et aux framboises

6	20'	40'	15'	160°C	kcal 421

3 petits croissants (150 g)
100 g de chocolat blanc
grossièrement haché
150 g de framboises fraîches
310 ml de lait
180 ml de crème fraîche
2 c. à s. de sucre en poudre
½ c. à c. d'extrait de vanille
3 œufs
Sucre glace

1 Préchauffez le four à 160 °C. Huilez un moule à muffin de 6 alvéoles (contenance 180 ml). Garnissez chaque alvéole avec 2 bandes de papier sulfurisé de 5 x 20 cm que vous croiserez.

2 Coupez les croissants en deux et émiettez chaque moitié. Garnissez les alvéoles avec les petits bouts de croissants. Parsemez de chocolat et de framboises.

3 Dans une petite casserole, mélangez le lait, la crème fraîche, le sucre et l'extrait de vanille. Portez à ébullition. Dans un saladier, fouettez les œufs. Incorporez progressivement le mélange au lait encore chaud. Versez cette préparation dans les alvéoles du moule.

4 Placez le moule dans un grand plat à gratin. Versez de l'eau bouillante dans le plat jusqu'à mi-hauteur. Faites cuire 35 min au four. Sortez le moule du plat et laissez reposer 15 min. Démoulez les puddings en tirant sur les bandelettes de papier sulfurisé. Avant de servir, saupoudrez de sucre glace tamisé.

Conseil
Servez ces petits puddings avec des framboises fraîches.

Variante
Puddings au chocolat noir et aux figues : remplacez le chocolat blanc par 100 g de chocolat noir haché et les framboises par 2 grosses figues fraîches coupées en gros morceaux.

Délice de Satan

180 g de beurre en morceaux
285 g de sucre en poudre
3 œufs
225 g de farine avec levure incorporée
75 g de farine de blé
3 c. à c. de café soluble
70 g de cacao en poudre
½ c. à c. de bicarbonate de soude
½ c. à c. de colorant alimentaire rouge
125 ml d'eau
125 ml de lait
300 ml de crème épaisse fouettée

Glaçage au chocolat
60 g de chocolat noir en petits morceaux
60 g de beurre en morceaux

1 Préchauffez le four à 180 °C. Beurrez 2 grands moules ronds. Chemisez le fond de papier sulfurisé beurré.

2 Fouettez le beurre et le sucre dans un récipient puis incorporez un à un les œufs, sans cesser de battre. Ajoutez les deux farines tamisées puis le café, le cacao, le bicarbonate, le colorant, l'eau et le lait. Répartissez la pâte entre les deux moules.

3 Faites cuire 45 min au four. Démoulez les gâteaux sur une grille et laissez-les refroidir.

4 Préparez le glaçage au chocolat. Mélangez le beurre et le chocolat dans un récipient et faites fondre le mélange au bain-marie. Retirez le récipient de la casserole et laissez refroidir le chocolat fondu à température ambiante avant de l'étaler (remuez de temps en temps pour qu'il ne se fige pas).

5 Assemblez les deux gâteaux après avoir étalé la crème fouettée sur celui qui forme la base. Nappez le dessus de glaçage.

Conseil
Vous pouvez faire cuire les gâteaux 48 h à l'avance ; vous les garnirez avant de servir.

Gâteau à la banane et au chocolat

8 · **25'** · **1h15** · **15'** · **170°C**

160 ml de lait
2 c. à c. de jus de citron
150 g de beurre ramolli
220 g de sucre en poudre
2 œufs
300 g de farine avec levure incorporée
½ c. à c. de bicarbonate de soude

2 grosses bananes écrasées
100 g de chocolat noir râpé

Glaçage au chocolat
200 g de chocolat noir
160 g de sucre glace
120 g de crème fraîche

1 Préchauffez le four à 170 °C. Beurrez un moule de 22 cm de diamètre ; tapissez le fond de papier sulfurisé. Mélangez le lait et le jus de citron dans un petit pichet. Laissez reposer 10 min.

2 Battez le beurre et le sucre dans un saladier. Incorporez les œufs un à un. Tamisez la farine et le bicarbonate sur la préparation ;

ajoutez les bananes, le mélange de lait et de jus de citron, ainsi que le chocolat râpé. Étalez la pâte dans le moule et faites cuire 1 h 10 au four. Laissez reposer le gâteau 5 min et démoulez-le sur une grille.

3 Préparez le glaçage : faites fondre le chocolat au bain-marie, et incorporez le sucre glace et la crème fraîche. Étalez sur le gâteau tiède.

Moelleux fourré au chocolat

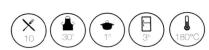

10 · **30'** · **1h** · **3h** · **180°C**

180 g de beurre en petits morceaux
1 c. à c. d'extrait de vanille
330 g de sucre en poudre
4 œufs, jaunes et blancs séparés
110 g de farine avec levure incorporée
35 g de cacao en poudre

180 ml de lait fermenté

Garniture au chocolat
400 g de chocolat noir fondu
250 g de beurre fondu
80 g de sucre glace

1 Préchauffez le four à 180 °C. Beurrez un moule rond et chemisez-le de papier sulfurisé.

2 Battez le beurre, l'extrait de vanille et le sucre. Incorporez les jaunes d'œufs un à un. Ajoutez la farine et le cacao puis le lait fermenté.

3 Montez les blancs en neige puis incorporez-les en 2 fois à la pâte. Versez la pâte dans le moule et faites

cuire 1 h au four. Laissez refroidir dans le moule.

4 Mélangez les ingrédients de la garniture. Laissez refroidir à température ambiante.

5 Coupez le gâteau en 3 disques. Montez le gâteau en alternant les couches de gâteau et de garniture. Nappez le dessus et les côtés avec le reste de la garniture et réfrigérez 3 h.

Gâteau au chocolat et aux noix de pécan

8 — **20'** — **1ʰ** — **25'** — **30'** — **180°C**

200 g de chocolat noir
de dégustation en morceaux
150 g de beurre détaillé en cubes
5 œufs, blancs et jaunes séparés
165 g de sucre en poudre
150 g de noix de pécan
en poudre

Ganache
125 ml de crème fraîche
200 g de chocolat noir de dégustation
en morceaux

1 Préchauffez le four à 180 °C. Beurrez et chemisez de papier sulfurisé un moule rond de 22 cm de diamètre.

2 Dans une petite casserole, faites fondre à feu moyen le chocolat et le beurre en lissant le mélange à la spatule. Laissez refroidir 10 min.

3 Fouettez les jaunes d'œufs et le sucre en crème épaisse dans un saladier. Ajoutez le chocolat fondu et les noix de pécan.

4 Montez les blancs d'œufs en neige dans un petit saladier avant de les incorporer en 2 fois au mélange au chocolat. Versez la pâte dans le moule et passez au four 55 min environ.

5 Laissez reposer le gâteau 15 min avant de le démouler. Retournez-le sur sa base, sur une grille tapissée de papier sulfurisé.

6 Préparez la ganache en portant à ébullition la crème dans une petite casserole. Ajoutez le chocolat hors du feu et lissez le mélange au fouet ou à la spatule.

7 Répartissez la ganache sur le gâteau. Réfrigérez 30 min avant de servir.

Brownie glacé à la framboise

 12   30'   3ʰ   30'   160°C   kcal 416

1 litre de crème glacée à la vanille ramolli

150 g de framboises surgelées

125 g de beurre grossièrement haché

200 g de chocolat noir grossièrement haché

110 g de sucre en poudre

2 œufs

185 g de farine ordinaire

150 g de chocolat au lait grossièrement haché

1 c. à s. de sucre glace

1 Chemisez un moule profond de 23 cm de diamètre de film alimentaire de manière à l'envelopper. Dans un saladier moyen, mélangez la crème glacée et les framboises. Versez la crème dans le moule et lissez la surface. Repliez le film dessus. Placez le moule 3 h au congélateur.

2 Préchauffez le four à 160 °C. Démoulez la glace, toujours enveloppée de film alimentaire. Déposez-la sur un plat et remettez-la au congélateur.

3 Beurrez le même moule et chemisez-le de papier sulfurisé.

4 Dans une casserole moyenne, faites fondre le beurre, le chocolat noir et le sucre à feu doux jusqu'à l'obtention d'un mélange homogène. Laissez refroidir 10 min.

5 Incorporez les œufs, la farine tamisée et le chocolat au lait. Versez la préparation dans le moule.

6 Faites cuire 30 min environ puis laissez le brownie refroidir dans le moule.

7 Coupez le brownie en deux dans l'épaisseur. Réalisez un sandwich en intercalant la crème glacée entre les deux tranches de brownie. Servez immédiatement, saupoudré de sucre glace tamisé. Servez avec des framboises fraîches, si vous le souhaitez.

Pavés au chocolat et aux noisettes

| 24 | 30' | 40' | 10' | 20' | 180°C |

250 g de biscuits au chocolat

60 g de beurre fondu

4 œufs, blancs et jaunes séparés

165 g de sucre en poudre

50 g de poudre de noisettes

2 c. à s. de farine ordinaire

1 c. à s. de cacao en poudre

Garniture

125 g de beurre ramolli

110 g de sucre en poudre

1 c. à s. de jus d'orange

200 g de chocolat noir fondu

1 Préchauffez le four à 180 °C. Beurrez un moule rectangulaire peu profond. Couvrez le fond et les grands côtés de papier sulfurisé en laissant ce dernier dépasser un peu.

2 Réduisez les biscuits en poudre. Du bout des doigts, mélangez-en 120 g avec le beurre puis répartissez cette chapelure dans le moule et réfrigérez 10 min.

3 Montez les blancs d'œufs en neige. Incorporez progressivement le sucre, en fouettant bien après chaque addition pour le faire dissoudre complètement. Ajoutez la poudre de noisettes, le reste des biscuits en poudre et la farine.

4 Étalez cette meringue sur la pâte et faites cuire 20 min au four. Laissez le gâteau refroidir 20 min. Baissez le thermostat à 170 °C.

5 Pour la garniture, fouettez en crème légère le beurre, le sucre, les jaunes d'œufs et le jus d'orange. Incorporez le chocolat fondu, tiède.

6 Étalez la garniture sur la meringue et faites cuire encore 20 min au four. Saupoudrez de cacao et découpez en tranches rectangulaires.

Tarte chocolat-framboise

| 6 | 20' | 40' | 4ʰ | 200°C | kcal 778 |

250 g de framboises fraîches
légèrement écrasées
300 ml de crème liquide
200 g de chocolat noir grossièrement haché
2 œufs légèrement battus

Pâte au chocolat et aux amandes
225 g de farine ordinaire
30 g de poudre d'amandes
2 c. à s. de sucre en poudre
2 c. à s. de cacao en poudre
125 g de beurre froid coupé en cubes
1 œuf

1 Préparez la pâte au chocolat
et aux amandes. Travaillez la farine,
la poudre d'amandes, le sucre, le cacao
et le beurre dans un robot jusqu'à
l'obtention d'un sable grossier. Ajoutez
l'œuf et continuez de mixer jusqu'à
ce que les ingrédients s'amalgament.
Pétrissez la pâte sur un plan de travail
fariné jusqu'à ce qu'elle soit lisse.
Emballez-la dans du film alimentaire
et placez 30 min au réfrigérateur.

2 Préchauffez le four à 200 °C.
Beurrez un moule à fond
amovible de 11 x 35 cm.

3 Abaissez la pâte au rouleau,
entre 2 feuilles de papier sulfurisé.
Garnissez-en le moule. Égalisez le
pourtour. Placez 30 min au réfrigérateur.

4 Faites cuire la pâte au four 15 min
environ. Réduisez la température
du four à 180 °C.

5 Étalez les framboises sur
la pâte précuite. Faites chauffer
la crème liquide puis, hors du feu,
ajoutez le chocolat. Incorporez
les œufs, puis versez délicatement
ce mélange sur les framboises.

6 Faites cuire la tarte environ
25 min jusqu'à ce que la garniture
ait pris. Laissez refroidir, puis
placez au moins 3 h ou toute
une nuit au réfrigérateur.

Gâteaux au chocolat, sirop au café

| 10 | 20' | 15' | 170°C | kcal 778 |

120 g de cacao tamisé
180 g de sucre roux
125 ml d'eau bouillante
75 g de chocolat noir finement haché
2 jaunes d'œufs
60 g de poudre de noisettes
85 g de farine ordinaire
4 blancs d'œufs

Sirop au café
120 g de sucre roux
125 ml d'eau
2 c. à c. de café soluble
1 c. à c. de cacao tamisé

1 Préchauffez le four à 170 °C. Graissez 10 alvéoles d'un moule à muffin de 12 alvéoles.

2 Dans un saladier, mélangez le cacao et le sucre. Incorporez l'eau bouillante puis le chocolat. Ajoutez les jaunes d'œufs, la poudre de noisettes et la farine. Montez les blancs d'œufs en neige. Incorporez-les à la préparation au chocolat, en 2 fois, puis répartissez la pâte dans les alvéoles. Faites cuire 15 min au four.

3 Pour le sirop au café, faites chauffer le sucre et l'eau, à feu doux. Quand le sucre est dissous, portez à ébullition. Réduisez le feu et laissez frémir 10 min. Incorporez le café soluble et le cacao. Filtrez le sirop dans un petit pot. Servez les gâteaux chauds avec un filet de sirop.

Gâteau tout chocolat

| 8 | 20' | 50' | 10' | 20' | 180°C |

500 ml d'eau
660 g de sucre en poudre
250 g de beurre détaillé en cubes
35 g de cacao en poudre
1 c. à c. de bicarbonate de soude
ou de levure chimique
450 g de farine avec levure incorporée
4 œufs

Glaçage au chocolat
90 g de beurre
110 g de sucre en poudre
80 ml d'eau
240 g de sucre glace
35 g de cacao en poudre

1 Préchauffez le four à 180 °C. Beurrez un grand plat rectangulaire et tapissez le fond de papier sulfurisé.

2 Mettez dans une casserole l'eau, le sucre, le beurre, le cacao en poudre et le bicarbonate tamisés. Laissez fondre à feu moyen. Dès que le mélange bout, baissez le feu et laissez frémir 5 min, sans couvrir. Versez le mélange dans un grand saladier.

3 Quand il est tiède, ajoutez la farine et les œufs, puis mélangez au fouet. Versez dans le plat et faites cuire 50 min au four. Laissez le gâteau reposer 10 min avant de le démouler sur une grille.

4 Préparez le glaçage au chocolat : faites fondre à feu doux le beurre et le sucre en poudre dans l'eau. Tamisez le sucre glace et le cacao dans un saladier avant de verser dessus la préparation précédente. Mélangez bien, couvrez et réfrigérez 20 min. Quand le glaçage est assez ferme, battez-le avec une cuillère en bois pour l'assouplir un peu puis nappez-en généreusement le gâteau refroidi.

TRUCS & ASTUCES POUR TRAVAILLER LE CHOCOLAT

C'est une chose de faire un gâteau, c'en est une autre de faire un beau gâteau.
Vous trouverez ci-dessous quelques techniques de décoration pour y parvenir.

Étaler du chocolat

Étalez du chocolat fondu de façon uniforme sur une surface froide – plaque de four plate, planche à découper, etc. – ou bien, encore mieux, sur une plaque de marbre. Laissez reposer à température ambiante jusqu'à ce qu'il soit presque pris.

Faire des copeaux de chocolat bouclés

Il existe de nombreuses façons de faire des copeaux ; sur la photo, nous utilisons une cuillère parisienne. Passez la cuillère doucement et régulièrement sur la surface du chocolat. N'oubliez pas que vous pouvez toujours faire refondre les copeaux que vous ratez.

Utiliser des copeaux bouclés

Donner une allure spectaculaire à un gâteau est plus facile qu'on ne le croit. Découpez en forme d'étoile un gâteau cuit dans un grand moule, tartinez-le de ganache puis disposez des copeaux de chocolat blanc et noir sur sa surface.

Faire des collerettes

Découpez plusieurs bandes de papier sulfurisé, assez longues et larges pour entourer les côtés du gâteau. Découpez un bord festonné sur chaque bande, en vous assurant que les extrémités se joindront joliment. Étalez uniformément du chocolat sur toute la surface des bandes.

Mettre les collerettes en place

Posez le gâteau (glacé, nappé, etc.) que vous voulez décorer devant vous pour y disposer les bandes de chocolat. Lorsqu'elles commencent à durcir, soulevez-les avec précaution et entourez-en les côtés du gâteau, puis décollez le papier.

Finition

Sur la photo, il s'agit de deux gâteaux superposés, entourés chacun d'une bande puis décorés d'un mélange de baies fraîches. Remarquez le raccord des bandes sur le gâteau du dessous : les deux extrémités sont harmonieusement assemblées.

Faire des vagues ①

Découpez un cercle de papier sulfurisé, de la même taille que le dessus du gâteau que vous souhaitez décorer, puis divisez-le en quatre morceaux. À l'aide d'une petite spatule, étalez du chocolat fondu sur chaque morceau.

Faire des vagues ②

Posez des objets de forme cylindrique côte à côte sur le plan de travail ; sur la photo, nous nous servons de deux bougies pour faire sécher deux vagues en chocolat. Soulevez délicatement les couches de chocolat pendant qu'elles sont encore molles, puis disposez-les à cheval sur les cylindres ; laissez refroidir à température ambiante.

Utiliser des vagues

Décollez le papier des vagues en chocolat, puis disposez-les sur un gâteau glacé. Les vagues sont faciles à manipuler ; déplacez-les jusqu'à ce qu'elles « s'emboîtent ». Saupoudrez-les de cacao tamisé.

Strier du chocolat

Le chocolat blanc fondu se colore facilement ; nous avons utilisé ici du colorant alimentaire rose. Étalez le chocolat coloré de façon uniforme, puis utilisez un peigne à décor pour tracer des sillons dans le chocolat. Lorsqu'il est presque pris, étalez une seconde couche de chocolat blanc.

Rouleaux de chocolat rayés

Lorsque le chocolat est presque pris, passez dessus la lame d'un grand couteau tranchant, en le tenant à un angle d'environ 45 ° pour obtenir de fins rouleaux rayés. Faites refondre les rouleaux que vous ratez. L'astuce est de travailler un chocolat qui a juste la bonne consistance ; s'il est trop dur, les rouleaux vont se casser ; s'il est trop mou, le chocolat ne formera pas de rouleaux.

Copeaux simples

Pour réaliser des copeaux en chocolat, utilisez un couteau-économe. Vous pourrez seulement faire de petits copeaux, mais c'est une méthode facile et rapide qui vous permettra aussi de faire des copeaux directement sur la surface du gâteau. Utilisez une grande tablette ou un gros morceau de chocolat, et passez l'économe le long de l'arête de la tablette.

Pavlovas à la mousse chocolat-menthe

2 blancs d'œufs

80 g de sucre en poudre

2 c. à c. de cacao tamisé

2 c. à c. de crème pâtissière en poudre

1 c. à s. de cacao tamisé supplémentaire

2 c. à c. de sucre en poudre supplémentaire

125 ml de lait

¼ de c. à c. d'extrait de menthe

60 g de framboises fraîches

1 c. à s. de petites feuilles de menthe

1 Préchauffez le four à 180 °C. Chemisez une plaque de cuisson de papier sulfurisé.

2 Montez les blancs d'œufs en neige souple dans un petit bol. Incorporez le sucre en poudre, 1 c. à s. à la fois. Incorporez le cacao tamisé. Déposez la meringue sur la plaque de cuisson en 2 monticules égaux. Faites cuire 25 min au four.

3 Faites chauffer la crème pâtissière en poudre, le cacao, le sucre et le lait dans une petite casserole, en remuant, jusqu'à ce que la sauce bouillonne et épaississe. Hors du feu, incorporez l'extrait de menthe. Servez les pavlovas nappés de sauce et parsemés de framboises fraîches. Décorez de feuilles de menthe.

Tartelettes au chocolat

24 25' 20' 2ʰ 200°C **kcal** 157

150 g de chocolat noir
60 ml de crème fraîche
1 c. à s. de liqueur d'orange
1 œuf
2 jaunes d'œufs
2 c. à s. de sucre en poudre
Cacao en poudre

Pâte

250 g de farine ordinaire
75 g de sucre en poudre
150 g de beurre froid coupé en morceaux
1 jaune d'œuf

1 Préparez la pâte : dans un robot, malaxez la farine, le sucre et le beurre jusqu'à obtention d'un mélange grumeleux. Incorporez le jaune d'œuf. Pétrissez la pâte sur un plan de travail fariné jusqu'à ce qu'elle soit lisse. Couvrez et placez 30 min au réfrigérateur. Huilez 2 moules à petits-fours de 12 alvéoles chacun (contenance 40 ml).

2 Abaissez la pâte au rouleau, sur 3 mm d'épaisseur, entre 2 feuilles de papier sulfurisé. Découpez 24 disques de 6,5 cm de diamètre. Garnissez-en les alvéoles des moules. Piquez le fond avec une fourchette. Placez 30 min au frais.

3 Préchauffez le four à 200 °C. Enfournez les moules 10 min. Laissez refroidir.

4 Réduisez la température à 180 °C. Dans une petite casserole, mélangez le chocolat, la crème fraîche et la liqueur. Faites chauffer à feu doux, en remuant, jusqu'à obtention d'un mélange lisse. Laissez refroidir 5 min.

5 Pendant ce temps, battez l'œuf, les jaunes d'œufs et le sucre jusqu'à obtention d'un mélange léger. Mélangez les deux préparations.

6 Répartissez le mélange dans les alvéoles et faites cuire 8 min au four. Laissez refroidir 10 min. Placez 1 h au réfrigérateur. Avant de servir, saupoudrez de cacao en poudre.

Cheesecake au chocolat blanc et aux fraises

185 g de petits-beurre
80 g de beurre ramolli
½ feuille de gélatine
2 c. à s. d'eau chaude
500 g de cream cheese ramolli
400 g de lait concentré sucré
300 ml de crème fraîche
150 g de chocolat blanc fondu
500 g de fraises coupées en deux ou en quatre
80 g de confiture de fraises
1 c. à s. de jus de citron

1 Graissez un moule à charnière rond. Mixez les petits-beurre pour obtenir une chapelure fine puis ajoutez le beurre. Travaillez le mélange à la main pour obtenir une pâte grumeleuse. Étalez cette dernière au fond du moule en tassant bien, couvrez et laissez raffermir 30 min au réfrigérateur.

2 Mettez la gélatine dans l'eau chaude, dans un petit récipient, et faites-la fondre au bain-marie, au-dessus d'une petite casserole d'eau frémissante. Laissez refroidir 5 min.

3 Pendant ce temps, fouettez le cream cheese et le lait concentré pour obtenir un mélange léger. Battez séparément la crème jusqu'à ce que de petits pics se forment à la surface.

4 Incorporez la gélatine au cream cheese battu avant d'ajouter la crème et le chocolat blanc fondu. Étalez ce mélange sur la base biscuitée, couvrez et réfrigérez toute une nuit.

5 Au moment de servir, démoulez le cheesecake puis garnissez le dessus de quartiers de fraise. Faites tiédir la confiture et le jus de citron à feu doux puis nappez-en le gâteau. Servez aussitôt.

Brownies au chocolat

8   20'   30'   180°C

300 g de chocolat noir coupé en morceaux
150 g de beurre coupé en dés
330 g de sucre roux
4 œufs légèrement battus
150 g de farine
120 g de crème fraîche
75 g de noisettes grillées coupées
en morceaux

Sauce au chocolat

(voir page 490)

1 Préchauffez le four à 180 °C.
Graissez un moule rectangulaire.

2 Mélangez le chocolat et le beurre
dans une casserole et laissez fondre
à feu doux, en remuant sans cesse.

3 Versez le mélange dans un saladier
puis incorporez le sucre et les œufs.
Ajoutez enfin la farine, la crème
et les noisettes.

Quand la préparation est homogène,
versez-la dans le moule et lissez
la surface. Faites cuire au four
30 min puis laissez refroidir.

4 Pendant ce temps, préparez
la sauce au chocolat. Au moment
de servir, détaillez le gâteau en rectangles
puis nappez-les de sauce au chocolat.

Moelleux chocolat-noisettes

12 · 35' · 2h · 25' · 180°C

100 g de chocolat noir de dégustation en gros morceaux
180 ml d'eau
100 g de beurre ramolli
220 g de cassonade
3 œufs
25 g de cacao en poudre

110 g de farine avec levure incorporée
35 g de poudre de noisettes

Ganache aux noisettes
80 ml de crème fraîche épaisse
180 g de chocolat au lait râpé
2 c. à s. de liqueur de noisette

1 Préchauffez le four à 180 °C. Beurrez 12 petits moules ovales de 125 ml.

2 Préparez la ganache : dans une casserole, faites fondre à feu doux la crème et le chocolat au lait. Ajoutez la liqueur. Versez le mélange dans un récipient, couvrez et réservez 2 h au frais.

3 Pour la pâte, faites fondre le chocolat avec l'eau dans une casserole. Dans un saladier, fouettez le beurre et le sucre. Ajoutez les œufs un à un, puis incorporez le chocolat fondu tiède, le cacao en poudre, la farine tamisée et la poudre de noisettes. Répartissez la pâte dans les moules et faites cuire 20 min au four.

4 Sortez la ganache du réfrigérateur et fouettez-la jusqu'à ce qu'elle pâlisse. Étalez-la aussitôt sur les gâteaux refroidis.

Bouchées chocolatées

12 · 50' · 15' · 40' · 30' · 170°C

Génoise moka
500 g de beurre coupé en morceaux
300 g de chocolat noir grossièrement haché
880 g de sucre en poudre
500 ml d'eau
160 ml de liqueur de café
2 c. à s. de café soluble
450 g de farine ordinaire
75 g de farine avec levure incorporée
50 g de cacao en poudre
4 œufs

Ganache au chocolat
600 ml de crème épaisse
800 g de chocolat noir grossièrement haché

Pour décorer
Disques en carton épais de 15 cm, 20 cm, 30 cm, 35 cm et 45 cm de diamètre
5 m de liseré en coton de 1,5 cm
4 boîtes vides de 9 cm de haut et 5 cm de diamètre
Papier d'emballage pour les boîtes
200 g de chocolat au lait

115 g de gingembre confit haché finement
10 g de pétales de rose séchés
25 g de grains de café grillés
2 langues-de-chat

1 Préchauffez le four à 170 °C. Garnissez 2 moules à muffin de 12 alvéoles de caissettes en papier.

2 Pour la génoise : mélangez le beurre, le chocolat, le sucre, l'eau, la liqueur de café et le café soluble dans une grande casserole. Faites chauffer à feu doux en remuant jusqu'à obtention d'un mélange lisse. Versez la préparation dans un grand saladier. Laissez refroidir 15 min.

3 Incorporez les deux farines et le cacao tamisés, puis les œufs. Versez 2 c. à s. rases de pâte dans chaque caissette.

4 Enfournez et faites cuire environ 40 min. Démoulez et laissez refroidir sur une grille.

5 Préparez la ganache : portez la crème fraîche à ébullition et versez-la sur le chocolat. Remuez jusqu'à obtention d'un mélange lisse. Couvrez et placez au frais pendant 30 min jusqu'à épaississement (la ganache ne doit pas durcir).

6 Collez le liseré en coton sur le tour des cartons avec du ruban adhésif double face. Couvrez les boîtes avec le papier d'emballage. Collez les boîtes au centre des quatre plus grands cartons. Empilez les cartons comme sur l'illustration.

7 Nappez les petits gâteaux de ganache. Faites des copeaux de chocolat au lait avec un épluche-légumes. Décorez avec les copeaux, le gingembre confit, les grains de café, les pétales de rose et les langues-de-chat. Disposez les gâteaux sur les cartons.

TRUFFES

Utilisez du chocolat de bonne qualité et formez des boulettes en roulant des cuillerées à café pleines de pâte pour réaliser des truffes de taille égale. Chaque recette est prévue pour environ 30 truffes.

Chocolat blanc et pistache

Faites fondre 300 g de chocolat blanc et 80 ml de crème liquide dans une casserole ; mélangez à feu doux jusqu'à obtention d'une consistance homogène. Placez la nuit au réfrigérateur. Formez des boulettes avec la préparation puis roulez-les dans 75 g de pistaches hachées.

Chocolat blanc et amandes

Mélangez 250 g de chocolat blanc et 60 ml de crème liquide dans une casserole. Incorporez 55 g d'amandes effilées et 1 c. à s. de liqueur d'amandes ; placez la nuit au réfrigérateur. Formez des boulettes avec la préparation puis roulez-les dans 250 g de chocolat blanc fondu.

Chocolat noir et gingembre

Faites fondre 200 g de chocolat noir et 60 ml de crème liquide dans une casserole. Incorporez 110 g de gingembre confit haché ; placez la nuit au réfrigérateur. Formez des boulettes avec la préparation puis roulez-les dans du cacao en poudre.

Canneberges séchées, porto et chocolat

Faites fondre 200 g de chocolat noir et 60 ml de crème liquide dans une petite casserole. Incorporez 2 c. à s. de porto et 60 g de canneberges séchées, hachées. Placez la nuit au réfrigérateur. Formez des boulettes avec la préparation puis roulez-les dans 300 g de chocolat noir fondu.

Chocolat blanc et ananas

Faites fondre 250 g de chocolat blanc et 60 ml de crème liquide dans une petite casserole. Incorporez 75 g d'ananas confit haché et 1 c. à s. de malibu ; placez la nuit au réréfrigérateur. Formez des boulettes avec la préparation et roulez-les dans 250 g de chocolat blanc fondu puis dans 90 g de noix de coco en poudre grillée.

Chocolat blanc, citron et citron vert

Faites fondre dans une petite casserole 360 g de chocolat blanc, 125 ml de crème de coco, 2 c. à c. de zeste de citron finement râpé et 2 c. à c. de zeste de citron vert finement râpé. Placez la nuit au réfrigérateur. Formez des boulettes avec la préparation puis roulez-les dans 75 g de noix de coco râpée.

Rhum et raisins

Faites fondre 200 g de chocolat noir et 60 ml de crème liquide dans une casserole. Incorporez 1 c. à s. de rhum et 50 g de raisins secs hachés ; placez la nuit au réfrigérateur. Formez des boulettes avec la préparation puis roulez-les dans du chocolat noir fondu.

Chocolat et menthe poivrée

Faites fondre 200 g de chocolat au lait et 60 ml de crème liquide dans une petite casserole. Incorporez 2 barres de chocolat croustillantes à la menthe poivrée hachées ; placez la nuit au réfrigérateur. Formez des boulettes avec la préparation puis roulez-les dans 300 g de chocolat noir fondu.

Abricot et chocolat blanc

Mélangez dans un récipient 180 g d'abricots secs hachés, 90 g de noix de coco déshydratée et 70 g de lait concentré. Placez au réfrigérateur pendant 1 h. Formez des boulettes avec la préparation puis arrosez-les de chocolat blanc fondu.

Orange et amandes

Faites fondre 250 g de chocolat noir et 80 ml de crème liquide dans une petite casserole. Incorporez 2 c. à c. de zeste d'orange finement râpé et 1 c. à s. de liqueur d'orange ; placez la nuit au réfrigérateur. Formez des boulettes avec la préparation puis roulez-les dans 90 g d'amandes caramélisées hachées.

Café et chocolat au lait

Faites fondre 250 g de chocolat au lait et 80 ml de crème liquide dans une petite casserole ; mélangez à feu doux jusqu'à obtention d'une consistance homogène. Incorporez 2 c. à s. de liqueur de café et placez la nuit au réfrigérateur. Formez des boulettes avec la préparation puis roulez-les dans 25 g de cacao en poudre.

Cacahuètes et chocolat au lait

Faites fondre 200 g de chocolat au lait et 60 ml de crème liquide dans une petite casserole. Incorporez 60 g de beurre de cacahuètes croquant. Placez la nuit au réfrigérateur. Formez des boulettes avec la préparation puis roulez-les dans 100 g de noisettes concassées.

Craquelins au chocolat

100 g de chocolat noir
de dégustation en gros morceaux
80 g de beurre détaillé en cubes
220 g de sucre en poudre
1 œuf légèrement battu

150 g de farine ordinaire
2 c. à s. de cacao en poudre
¼ de c. à c. de levure chimique
40 g de sucre glace

1 Faites fondre le chocolat et le beurre à feu doux. Versez le mélange dans un saladier.

2 Incorporez le sucre en poudre et l'œuf, puis la farine tamisée, le cacao en poudre et la levure. Couvrez et réfrigérez 15 min jusqu'à ce que le mélange soit suffisamment ferme.

3 Préchauffez le four à 180 °C. Beurrez 2 plaques de cuisson et chemisez-les de papier sulfurisé.

4 Façonnez en boules des cuillerées rases de pâte. Roulez-les une à une dans le sucre glace et disposez-les sur les plaques, à 8 cm de distance. Faites cuire 15 min au four. Laissez refroidir sur les plaques.

Cookies piment-chocolat

250 g de beurre ramolli
1 c. à c. d'extrait de vanille
165 g de sucre en poudre
165 g de sucre roux
1 œuf
100 g de Fleur de Maïs Maïzena®
200 g de farine ordinaire
25 g de cacao en poudre
1 c. à c. de bicarbonate de soude
400 g de chocolat noir grossièrement haché

Piments confits
55 g de sucre en poudre
60 ml d'eau
3 piments thaïs frais finement hachés

1 Préchauffez le four à 180 °C. Recouvrez plusieurs plaques de cuisson, huilées, de papier sulfurisé.

2 Préparez les piments confits : mélangez le sucre et l'eau dans une petite casserole puis faites chauffer à feu vif en remuant constamment jusqu'à ce que le sucre soit dissous. Ajoutez les piments et faites bouillir pendant 2 min. Laissez refroidir. Filtrez et jetez le sirop.

3 Fouettez le beurre, l'extrait de vanille, le sucre en poudre, le sucre roux et l'œuf dans un saladier à l'aide d'un batteur électrique jusqu'à obtention d'un mélange léger et mousseux.

4 Mélangez la farine, la Maïzena®, le cacao et le bicarbonate de soude tamisés. Incorporez au mélange précédent, en 2 fois. Ajoutez les piments confits et le chocolat.

5 Prélevez des cuillerées à soupe rases de pâte et façonnez des boulettes que vous disposerez sur les plaques, espacées d'environ 5 cm. Aplatissez-les légèrement avec le plat de la main. Enfournez et faites cuire environ 12 min. Laissez refroidir sur une grille.

Fondants chocolatés
aux raisins secs et au rhum

75 g de raisins hachés
2 c. à s. de rhum ambré tiède
150 g de chocolat au lait
en gros morceaux

2 c. à s. d'huile végétale
60 ml de crème fraîche
200 g de chocolat noir
de dégustation en gros morceaux

1 Faites gonfler les raisins au moins 3 h dans le rhum. Beurrez un moule à gâteau rectangulaire ; couvrez le fond et les grands côtés de papier d'aluminium, en laissant ce dernier dépasser de 5 cm.

2 Faites fondre au bain-marie la moitié du chocolat au lait avec la moitié de l'huile. Versez cette crème au fond du moule. Réfrigérez 10 min.

3 Faites fondre la crème et le chocolat noir dans une petite casserole à feu doux. Incorporez les raisins avec le rhum dans lequel ils ont trempé, puis étalez ce mélange sur la base de chocolat. Réfrigérez 20 min.

4 Faites fondre au bain-marie le reste du chocolat au lait avec le reste de l'huile. Nappez-en les raisins secs et réfrigérez 40 min à peu près jusqu'à ce que le chocolat soit ferme. Démoulez le fondant avant de le découper en tranches rectangulaires.

Financiers chocolat-noisettes

6 blancs d'œufs
185 g de beurre fondu
100 g de poudre de noisettes
240 g de sucre glace
75 g de farine ordinaire

1 c. à s. de cacao en poudre
100 g de chocolat noir
finement haché
35 g de noisettes grillées,
grossièrement hachées

1 Préchauffez le four à 200 °C. Garnissez de caissettes en papier un moule à dariole ovale de 12 alvéoles (contenance 125 ml).

2 Fouettez les blancs d'œufs légèrement à l'aide d'une fourchette. Ajoutez le beurre, la poudre de noisettes, la farine, le sucre glace et le cacao tamisés, ainsi que le chocolat noir. Mélangez.

3 Répartissez cette pâte dans les alvéoles du moule. Parsemez de noisettes grillées. Faites cuire 25 min au four. Laissez refroidir 5 min avant de démouler sur une grille. Laissez refroidir.

Conseils
Ces financiers se conservent jusqu'à 3 jours dans un récipient hermétique. Dans cette recette, nous avons garni chaque alvéole avec un carré de papier fantaisie de 12 cm puis avec un carré de papier sulfurisé.

Mousse au chocolat

175 g de chocolat noir
coupé en petits morceaux
300 ml de crème liquide

3 œufs, blancs et jaunes séparés
2 c. à s. de sucre semoule
25 g de chocolat noir supplémentaire

1 Dans un grand saladier, mélangez le chocolat et la moitié de la crème. Placez le saladier au-dessus d'une casserole d'eau frémissante et remuez jusqu'à ce que le chocolat soit fondu. Laissez refroidir 5 min, puis ajoutez les jaunes d'œufs, un à un.

2 Dans un petit saladier, montez les blancs d'œufs en neige à l'aide d'un batteur électrique jusqu'à ce qu'ils forment des pointes. Ajoutez le sucre et battez jusqu'à ce qu'il soit dissous.

3 Incorporez délicatement les blancs en neige, en 2 fois, au mélange crème-chocolat. Versez la mousse dans 4 coupes de 160 ml. Laissez reposer 3 h au moins au réfrigérateur ou toute une nuit.

4 Battez le reste de la crème liquide jusqu'à ce qu'elle double de volume. À l'aide d'un épluche-légumes, râpez les 25 g de chocolat en copeaux. Servez les coupes de mousse garnies de crème fouettée et de copeaux de chocolat.

Sundaes au chocolat

2 litres de glace à la vanille
70 g de noisettes concassées
12 gaufrettes
100 g de guimauve

Sauce au chocolat chaud
200 g de chocolat noir grossièrement haché
125 ml de crème fraîche épaisse

1 Préparez la sauce au chocolat chaud. Faites fondre le chocolat et la crème dans une petite casserole sur feu doux jusqu'à obtenir une sauce lisse ; ne prolongez pas la cuisson.

2 Versez-en un peu au fond de 6 coupes à glace d'une contenance de 180 ml, puis ajoutez la glace, de la sauce au chocolat, des noisettes, des gaufrettes et des guimauves.

Chocolate kisses

80 g de beurre ramolli
½ c. à c. d'extrait de vanille
55 g de sucre en poudre
1 œuf
50 g de poudre de noisettes
110 g de farine ordinaire

25 g de cacao en poudre
1 c. à s. de cacao en
poudre supplémentaire

Crème chocolat-noisettes
(voir ci-dessous)

1 Fouettez le beurre, l'extrait de vanille, le sucre et l'œuf dans un saladier. Incorporez la poudre de noisettes puis la farine et le cacao tamisés.

2 Étalez la pâte au rouleau sur 3 mm d'épaisseur entre 2 feuilles de papier sulfurisé. Placez 1 h au frais.

3 Préparez la crème chocolat-noisettes. Préchauffez le four à 180 °C. Recouvrez plusieurs plaques de cuisson huilées de papier sulfurisé.

4 À l'aide d'un emporte-pièce cannelé de 4 cm de diamètre, découpez 52 disques. Disposez-les sur les plaques.

5 Enfournez 8 min. Laissez reposer 5 min puis faites refroidir sur une grille.

6 Versez la crème chocolat-noisettes dans une poche munie d'une douille cannelée de gros calibre. Assemblez les gâteaux deux par deux avec la crème. Saupoudrez de cacao.

Petites mousses chocolat-noisettes

Crème chocolat-noisettes
110 g de Nutella®
25 g de poudre de noisettes
100 g de chocolat noir fondu
1 c. à s. de gaufrette
émiettée finement

12 noisettes grillées
1 c. à s. de poudre de noisettes
supplémentaire

1 À l'aide d'un pinceau fin parfaitement propre, tapissez généreusement l'intérieur de 12 caissettes en papier (2,5 cm de diamètre) de chocolat fondu. Posez les caissettes sur un plateau et placez-les 5 min au réfrigérateur. Lorsque le chocolat a pris, ôtez délicatement les caissettes.

2 Préparez la crème chocolat-noisettes : mélangez la pâte à tartiner et les noisettes en poudre dans un petit saladier. Versez la préparation dans une poche munie d'une douille cannelée de 1,5 cm de diamètre.

3 Répartissez les miettes de gaufrette et les noisettes grillées dans les caissettes en chocolat. Déposez des petits tas de pâte à l'aide de la poche à douille et saupoudrez de poudre de noisettes.

Gâteaux sans cuisson

5 barres Mars® de 60 g
50 g de beurre
120 g de céréales Rice krispies®
200 g de chocolat au lait fondu

1 Garnissez un moule à muffin (12 alvéoles) de caissettes en papier.

2 Hachez grossièrement 4 barres Mars®. Coupez le Mars® restant en tranches.

3 Faites chauffer les Mars® hachés et le beurre à feu doux. Remuez jusqu'à obtention d'une pâte lisse. Ajoutez les céréales.

4 Répartissez la préparation dans les caissettes. Versez le chocolat fondu. Décorez avec les tranches de Mars®. Faites prendre 30 min au réfrigérateur.

Fruits au chocolat

375 g de chocolat au lait
15 cl de crème fraîche épaisse

1 Garnissez un plateau de papier sulfurisé.

2 Détaillez le chocolat en morceaux et faites-le fondre avec la crème dans une casserole, en remuant.

3 Trempez les morceaux de fruits un à un dans le chocolat fondu, sans les y plonger complètement, puis étalez-les sur le plateau préparé et mettez-les 30 min au réfrigérateur pour que le chocolat ait le temps de raffermir.

Assortiment de fruits (quartiers de pomme, de poire ou d'orange, fraises, bananes en tranches, abricots secs…)

Conseil
Cette recette peut être adaptée en version « fondue au chocolat ». Quand le chocolat est fondu, maintenez-le au chaud dans un bain-marie (un grand plat rempli d'eau bouillante) et mettez-le au centre de la table : chacun se servira à sa guise. Avec les fruits, vous pouvez aussi servir différents biscuits (langues-de-chat, sablés, cigarettes russes…).

Roses des sables

12   20'   10'   1ʰ   kcal 59

35 g de pistaches (non salées)
35 g d'amandes (non salées)
150 g de pastilles de chocolat au lait
80 g de raisins secs

1 Garnissez de papier sulfurisé une tôle à pâtisserie. Concassez grossièrement les amandes et les pistaches puis faites-les griller à sec dans une poêle (surveillez bien la cuisson car elles peuvent brûler rapidement). Réservez dans un autre récipient.

2 Faites fondre le chocolat dans une casserole, à feu doux ou au bain-marie, en remuant sans cesse. Ajoutez les amandes et les pistaches ainsi que les raisins secs.

3 Déposez des petits tas irréguliers de ce mélange sur la tôle à pâtisserie et laissez raffermir au moins 1 h au réfrigérateur.

Bouchées chocolat-noisettes

24   20'   15'   180°C   kcal 123

110 g d'amandes effilées
110 g de noisettes grillées, grossièrement hachées
55 g de sucre en poudre

1 c. à s. de jus d'orange
2 c. à c. de zeste d'orange, finement râpé
250 g de chocolat noir fondu

1 Préchauffez le four à 180 °C. Garnissez de caissettes en papier 2 moules à minimuffin de 12 alvéoles chacun (contenance 20 ml).

2 Dans un saladier, mélangez les amandes, les noisettes, le sucre et le jus d'orange. Étalez ce mélange sur une plaque de cuisson huilée. Faites cuire 15 min au four, en remuant de temps en temps.

3 Sortez la plaque du four et ajoutez le zeste d'orange. Remuez pour incorporer le zeste et émietter la préparation. Laissez refroidir.

4 Dans un saladier, mélangez la préparation aux noisettes et le chocolat fondu. Répartissez ce mélange dans les caissettes. Laissez prendre à température ambiante.

Churros et chocolat chaud

6 | 25' | 15' | kcal 701

100 g de beurre
250 ml d'eau
150 g de farine
3 œufs
Huile de friture
75 g de sucre
1 c. à c. de cannelle moulue

Chocolat chaud
180 g de chocolat noir
1 litre de lait
250 ml d'eau
110 g de sucre
35 g de cacao en poudre

1 Coupez le beurre en dés. Portez le beurre et l'eau à ébullition dans une casserole moyenne. Ajoutez la farine tamisée et mélangez énergiquement avec une cuillère en bois jusqu'à ce que la pâte se détache des parois de la casserole et forme une boule.

2 Versez la pâte dans un saladier et ajoutez les œufs un à un, tout en fouettant avec un batteur électrique, 1 min environ, jusqu'à ce que la pâte soit brillante.

3 Préparez le chocolat chaud. Cassez le chocolat en morceaux dans une grande casserole. Ajoutez le lait, l'eau, le sucre et le cacao tamisé. Fouettez à feu doux jusqu'à ce que le chocolat soit fondu. Réservez au chaud ou à feu très doux.

4 Faites chauffer l'huile dans une friteuse ou une grande casserole. Versez la pâte dans une poche munie d'une douille cannelée de 1 cm de diamètre. Faites tomber dans l'huile des bandes de pâte de 15 cm de long. Coupez les bandes de pâte avec un couteau pointu ou des ciseaux. Faites frire 4 churros à la fois, 2 min environ de chaque côté. Égouttez-les sur du papier absorbant. Roulez les churros chauds dans le sucre mélangé à la cannelle.

5 Servez les churros aussitôt et dégustez-les en les trempant dans le chocolat chaud servi dans des tasses ou des verres.

DÉCORER DES GÂTEAUX

Embellissez vos gâteaux et vos desserts en les garnissant de décorations comestibles ; voici quelques idées faciles à réaliser.

Glacer des fruits

Pour ajouter une touche brillante et savoureuse, badigeonnez des fraises lavées et séchées avec de la confiture chaude tamisée. La confiture d'abricot est notre préférée ; réchauffez-la au micro-ondes puis passez-la dans une passoire fine.

Former des quenelles de crème

Former des quenelles dans de la crème fraîche épaisse est facile et fait très pro. Servez-vous de deux cuillères à dessert pour donner une forme de quenelle à la crème, en la faisant passer d'une cuillère à l'autre.

Décorations chocolatées

Pour donner de l'allure à un dessert, faites des décorations chocolatées sur des assiettes de service avec une poche à douille. Vous pouvez facilement fabriquer vous-même une poche à douille en papier. Remplissez la poche de chocolat fondu puis coupez un tout petit bout sur la pointe.

Décorer des bords à la poche à douille

La poche à douille est très pratique car elle permet de recouvrir les bords disgracieux d'un gâteau ou de réaliser de jolies bordures. Une fois que vous maîtrisez la technique, vous ne l'oublierez pas ; entraînez-vous avec de la pomme de terre écrasée. Nous nous servons ici d'une poche à douille à embout cannelé pour faire une bordure sur un gâteau glacé.

Faire griller des amandes

Vous pouvez faire griller des amandes (ou noisettes, noix, etc.) au four à température moyenne, en les posant sur une plaque, ou bien dans une poêle à fond épais sur la cuisinière. Avec les deux méthodes, il est nécessaire de les remuer pour qu'elles brunissent de façon uniforme : deux fois au four, et constamment à la poêle. Retirez les amandes de la plaque ou de la poêle dès qu'elles sont brunies, sinon elles vont brûler.

Sauce au caramel au beurre

La fraise est le fruit que l'on trempe le plus volontiers dans une sauce au caramel ; vous pouvez également y plonger des quartiers de mandarine, des petites grappes de raisins, etc. Faites attention à ne pas vous brûler avec le caramel chaud. Vous vous faciliterez la tâche en enfilant les morceaux de fruits sur des brochettes. Laissez couler l'excédent de caramel puis placez les fruits sur une plaque tapissée de papier sulfurisé pour laisser refroidir.

Enrober de sucre

Certains fruits et fleurs comestibles peuvent être enrobés de sucre. Badigeonnez très légèrement le fruit ou la fleur de blanc d'œuf non battu, puis saupoudrez légèrement de sucre en poudre – la couche va sécher et former une fine « croûte ».

Dessiner des formes

Le chocolat blanc fondu et coloré est idéal pour dessiner des petites formes décoratives à l'aide d'une poche à douille, sur des plaques tapissées de papier sulfurisé ; laissez-les prendre à température ambiante. Décollez les formes du papier et utilisez-les à votre guise.

Utiliser du fondant blanc

Le fondant blanc (dit aussi fondant pâtissier) fabriqué industriellement est principalement utilisé pour napper des gâteaux. Une fois qu'il est étalé, on peut y découper des formes, les faire sécher, puis s'en servir à sa guise.

Confire des zestes

Prélevez des zestes d'agrumes avec un zesteur ou un économe, puis hachez-les très finement. Faites blanchir les zestes deux fois (en les plongeant dans de l'eau bouillante puis dans de l'eau glacée), puis ajoutez-les dans un sirop de sucre aromatisé aux agrumes. Faites bouillir le sirop jusqu'à ce qu'il épaississe puis retirez les zestes et posez-les sur une grille métallique pour les faire refroidir avant emploi.

Faire des fils de caramel

Pour réussir à atteindre la consistance désirée, vous aurez besoin d'un peu de pratique. Faites des fils de caramel (une fois que les bulles ont disparu) sur des plaques tapissées de papier sulfurisé en vous servant des dents d'une fourchette. Laissez le caramel refroidir à température ambiante puis décollez-le du papier ; cassez-le à la longueur désirée et décorez-en des gâteaux ou des desserts pour un effet garanti.

Formes de caramel

Pour obtenir des formes courbées de caramel, recouvrez un rouleau à pâtisserie de papier sulfurisé et versez le caramel en filet sur le rouleau (une fois que les bulles ont disparu). Laissez sécher à température ambiante puis décollez les formes pour en décorer des gâteaux ou des desserts.

Cookies romarin, raisins, noix

125 g de beurre ramolli
2 c. à c. de zeste d'orange
finement râpé
220 g de sucre roux
200 g de farine complète
à levure incorporée
100 g de cerneaux de noix
hachés grossièrement

100 g de raisins secs coupés en deux
2 c. à c. de romarin séché
80 ml de jus d'orange
50 g de noix de coco séchée
60 g de flocons d'avoine

1 Préchauffez le four
à 180 °C. Recouvrez
plusieurs plaques de
cuisson préalablement
huilées de papier sulfurisé.

2 Fouettez le beurre,
le zeste et le sucre dans
un saladier à l'aide d'un
batteur électrique jusqu'à
obtention d'un mélange
homogène. Transvasez la
préparation dans un saladier.
Incorporez la farine tamisée
puis les autres ingrédients.

3 Prélevez des cuillerées
à soupe bombées de pâte
et façonnez des boulettes
que vous disposerez
sur les plaques, espacées
d'environ 5 cm. Aplatissez-les
légèrement. Enfournez et faites
cuire environ 15 min. Laissez
refroidir sur les plaques.

Cookies briochés aux raisins secs

125 g de beurre ramolli
150 g de sucre en poudre
1 œuf
40 g d'écorce d'agrumes confite
80 g de raisins secs
1 c. à c. de quatre-épices

300 g de farine avec levure incorporée
2 c. à c. de lait
2 c. à s. de poudre d'amandes
100 g de pâte d'amandes
2 c. à s. de confiture d'abricots,
réchauffée et filtrée

1 Préchauffez le four
à 160 °C. Recouvrez
plusieurs plaques huilées
de papier sulfurisé.

2 Fouettez le beurre, le sucre
et l'œuf dans un saladier.
Mélangez l'écorce confite,
les raisins secs, la farine
tamisée, le quatre-épices
et le lait, puis incorporez au
mélange précédent, en 2 fois.

3 Façonnez des boulettes
et disposez-les sur les
plaques, espacées de 5 cm.

4 Pétrissez la poudre
et la pâte d'amandes.
Façonnez de longs boudins
de pâte de 5 mm de
diamètre puis coupez-les
en tronçons de 4 cm.

5 Badigeonnez les cookies
de lait. Posez les tronçons
de pâte d'amandes sur les
cookies en formant une croix.

6 Enfournez 15 min.
Badigeonnez de confiture
puis laissez refroidir.

Petits carrés « la citadine »

30 25' 30' 15' 180°C

2 sachets de 18 g de Nescafé® Latte
1 c. à s. d'eau bouillante
125 g de beurre en pommade
165 g de sucre roux

1 œuf
225 g de farine ordinaire
35 g de farine avec levure incorporée

1 Mélangez le Nescafé® Latte et l'eau dans une tasse. Fouettez le beurre, le sucre, l'œuf et la pâte au Nescafé® dans un saladier à l'aide d'un batteur électrique jusqu'à obtention d'un mélange homogène. Incorporez les deux farines tamisées, en 2 fois.

2 Farinez le plan de travail et pétrissez la pâte jusqu'à ce qu'elle soit lisse. Étalez la pâte au rouleau sur une épaisseur de 5 mm entre 2 feuilles de papier sulfurisé. Placez 30 min au réfrigérateur.

3 Préchauffez le four à 180 °C. Recouvrez plusieurs plaques de cuisson préalablement huilées de papier sulfurisé.

4 À l'aide d'un emporte-pièce aux côtés ondulés, découpez 30 carrés que vous disposerez sur les plaques. Imprimez un motif au centre de chaque cookie à l'aide d'un tampon fariné.

5 Enfournez et faites cuire environ 15 min. Laissez refroidir sur une grille.

Croquants caramel-gingembre

45 20' 20' 160°C

300 g de farine ordinaire
½ c. à c. de bicarbonate de soude
1 c. à c. de cannelle moulu
2 c. à c. de gingembre moulu
220 g de sucre en poudre
125 g de beurre froid en cubes

1 œuf
1 c. à c. de miel liquide
2 c. à s. de gingembre confit finement haché
45 caramels durs

1 Préchauffez le four à 160 °C. Recouvrez plusieurs plaques de cuisson huilées de papier sulfurisé.

2 Mixez les ingrédients secs tamisés, le sucre et le beurre dans un robot jusqu'à obtention d'un mélange granuleux. Ajoutez l'œuf, le miel et le gingembre confit, puis continuez de mixer jusqu'à ce que les ingrédients s'amalgament. Finissez de travailler la pâte en la pétrissant sur un plan de travail fariné jusqu'à ce qu'elle soit bien lisse.

3 Façonnez des boulettes que vous disposerez sur les plaques, espacées de 3 cm. Aplatissez-les légèrement.

4 Enfournez et faites cuire 13 min. Posez un caramel sur chaque gâteau et remettez au four pendant environ 7 min jusqu'à ce que le caramel commence à fondre. Laissez refroidir sur une grille.

Biscuits à la cassonade et aux noix de pécan

30 • 20' • 15' • 170°C

200 g de beurre ramolli
½ c. à c. d'extrait de vanille
220 g de cassonade
1 œuf
60 g de noix de pécan grossièrement broyées
260 g de farine ordinaire
½ c. à c. de levure chimique

1 Préchauffez le four à 170 °C. Beurrez et chemisez de papier sulfurisé deux plaques de cuisson.

2 Fouettez en crème légère le beurre, l'extrait de vanille, la cassonade et l'œuf. Incorporez les noix de pécan, puis, en 2 fois, la farine et la levure tamisées.

3 Roulez en boules des cuillerées de pâte et disposez-les sur les plaques, à 3 cm de distance. Faites-les cuire 15 min au four. Laissez les biscuits refroidir sur les plaques.

Biscuits aux pépites de chocolat

30 • 20' • 15' • 170°C

200 g de beurre ramolli
½ c. à c. d'extrait de vanille
160 g de sucre glace
1 œuf
95 g de pépites de chocolat

260 g de farine ordinaire
½ c. à c. de levure chimique
1 c. à s. de sucre en poudre
2 c. à c. de noix de muscade râpée
2 c. à c. de cannelle moulue

1 Préchauffez le four à 170 °C. Beurrez et chemisez de papier sulfurisé deux plaques de cuisson.

2 Fouettez en crème légère le beurre, l'extrait de vanille, le sucre glace tamisé et l'œuf. Incorporez les pépites de chocolat, puis, en 2 fois, la farine et la levure tamisées.

3 Mélangez le sucre en poudre, la noix de muscade et la cannelle.

4 Formez des boules de pâte, roulez-les dans le mélange sucre-muscade-cannelle, et disposez-les sur les plaques, à 3 cm de distance. Faites-les cuire 15 min au four. Laissez les biscuits refroidir sur les plaques.

Palets aux pépites de chocolat

24 • 15' • 15' • 180°C

125 g de beurre ramolli
½ c. à c. d'extrait de vanille
75 g de sucre en poudre
75 g de cassonade
1 œuf

150 g de farine ordinaire
½ c. à c. de levure chimique
150 g de chocolat blanc
en gros morceaux
50 g de noix grossièrement broyées

1 Préchauffez le four
à 180 °C. Beurrez
2 plaques de cuisson
et chemisez-les de papier
sulfurisé. Lissez en pommade
le beurre, l'extrait de vanille,
les sucres et l'œuf, sans trop
fouetter. Incorporez la farine
et la levure tamisées, puis
le chocolat et les noix.

2 Faites tomber des
cuillerées de pâte sur
les plaques en les espaçant
de 5 cm. Passez les palets
15 min au four. Laissez-les
refroidir sur les plaques.

Conseil
Les noix constituent une source
appréciable d'oméga-3. Pour les
broyer, servez-vous d'un couteau
à lame épaisse ou utilisez la touche
« Impulsion » de votre robot.
Les noix de pécan, qui ont tendance
à rancir, se gardent de préférence
au réfrigérateur : sortez-les 1 h
à température ambiante avant
de les broyer pour éviter qu'elles
ne forment une pâte compacte.
Travaillez toujours par brèves
impulsions pour obtenir
une poudre fine et légère.

Palets croquants au muesli

36 • 15' • 25' • 150°C

90 g de flocons d'avoine
150 g de farine ordinaire
220 g de sucre en poudre
2 c. à c. de cannelle moulue
35 g de raisins secs
55 g d'abricots secs
détaillés en dés

70 g d'amandes effilées
125 g de beurre
2 c. à s. de sirop de sucre
de canne ambré
½ c. à c. de levure chimique
1 c. à s. d'eau bouillante

1 Préchauffez le four
à 150 °C. Beurrez
des plaques de cuisson
et chemisez-les de
papier sulfurisé.

2 Mélangez dans un saladier
les flocons d'avoine, la
farine, le sucre, la cannelle,
les fruits secs et les amandes.

3 Faites fondre à feu doux
le beurre et le sirop de
sucre de canne. Ajoutez
la levure délayée dans

l'eau bouillante. Incorporez
cette préparation aux
ingrédients secs.

4 Façonnez en boules
des cuillerées rases de
pâte et déposez-les sur les
plaques, à 5 cm de distance.
Aplatissez-les à la main.
Passez les palets 20 min
au four, puis laissez-les
refroidir sur les plaques.

Biscuits complets

150 g de farine ordinaire
60 g de son complet
60 g de flocons d'avoine
½ c. à c. de levure chimique
60 g de beurre détaillé en cubes
110 g de sucre en poudre
1 œuf
2 c. à s. d'eau

1 Travaillez en chapelure la farine, les flocons d'avoine, le son, la levure et le beurre. Ajoutez le sucre, l'œuf et suffisamment d'eau pour obtenir une pâte ferme. Pétrissez-la sur une surface légèrement farinée pour qu'elle soit lisse. Couvrez-la et réfrigérez-la 30 min.

2 Préchauffez le four à 180 °C. Beurrez des plaques de cuisson et chemisez-les de papier sulfurisé.

3 Divisez la pâte en deux. Abaissez chaque moitié entre 2 feuilles de papier sulfurisé jusqu'à une épaisseur de 5 mm environ. Découpez dedans des disques de 7 cm de diamètre et placez-les sur les plaques, à 2 cm de distance. Passez-les 15 min au four. Laissez les biscuits reposer 5 min sur les plaques avant de les mettre à refroidir sur une grille.

Conseil

Ces biscuits sont parfaits pour votre santé puisqu'ils sont préparés avec du son de blé, dont les vertus ne sont plus à démontrer. Procurez-vous, pour cette recette, des flocons d'avoine naturels (et non pas une préparation instantanée).

Monocles à la confiture

24   **30'**   **15'**   **180°C**

125 g de beurre ramolli
½ c. à c. d'extrait de vanille
110 g de sucre en poudre
120 g de poudre d'amandes
1 œuf
100 g de farine ordinaire
2 c. à s. de confiture de framboises

1 Préchauffez le four
à 180 °C. Beurrez
2 plaques de cuisson
et chemisez-les de papier
sulfurisé.

2 Battez en crème légère
le beurre, l'extrait de
vanille, le sucre et la poudre
d'amandes. Ajoutez l'œuf
en fouettant bien. Incorporez
la farine tamisée.

3 Faites tomber
des cuillerées rases
de pâte sur les plaques,
à 5 cm de distance.
Creusez un petit puits
au centre et remplissez-le
de confiture. Faites cuire
15 min au four. Laissez
refroidir sur les plaques.

Langues-de-chat à la vanille

24   **20'**   **5'**   **200°C**

1 gousse de vanille
30 g de beurre ramolli
55 g de sucre en poudre
1 blanc d'œuf légèrement battu
35 g de farine ordinaire

1 Préchauffez le four
à 200 °C. Beurrez
2 plaques de cuisson
et chemisez-les de papier
sulfurisé.

2 Mettez le beurre et le sucre
dans un saladier ; fendez
la gousse de vanille en deux
dans la longueur et grattez
l'intérieur pour récupérer
les graines dans le saladier.
Battez le mélange en crème

avant d'incorporer le blanc
d'œuf et la farine. Versez
la pâte dans une poche
à douille munie d'un embout
simple de 5 mm de diamètre.

3 Formez des langues-
de-chat de 6 cm
de long environ, en veillant
à les espacer de 5 cm. Faites
cuire 5 min au four. Laissez
refroidir sur les plaques.

Carrés moelleux aux fruits rouges

2 feuilles de pâte feuilletée
3 œufs
130 g de sucre en poudre
75 g de farine avec levure incorporée

225 g de fruits rouges surgelés
1 blanc d'œuf légèrement battu
1 c. à s. de sucre glace

1 Préchauffez le four à 220 °C. Beurrez un moule à génoise rectangulaire. Mettez une des feuilles de pâte en place dans le fond du moule en la faisant remonter sur les côtés. Piquez-la à la fourchette et congelez-la 5 min.

2 Placez un autre moule sur la pâte et faites cuire cette dernière à blanc pendant 5 min avec le moule, puis encore 5 min sans le moule.

3 Fouettez les œufs avec 110 g de sucre en poudre puis incorporez la farine tamisée. Versez ce mélange sur le fond de pâte cuit et répartissez les fruits rouges dessus.

4 Recouvrez les fruits rouges avec l'autre feuille de pâte. Badigeonnez-la de blanc d'œuf et saupoudrez le reste du sucre en poudre. Incisez-la en croisillons.

5 Faites cuire 20 min au four. Laissez refroidir dans le moule. Saupoudrez de sucre glace tamisé et découpez 20 carrés.

Carrés caramel, chocolat, cacahuètes

125 g de beurre détaillé en cubes + **20 g** pour le glaçage
220 g de sucre en poudre
395 g de lait concentré sucré

140 g de cacahuètes grillées non salées
200 g de chocolat noir de dégustation

1 Beurrez un moule carré de 19 cm de côté. Prenez une feuille d'aluminium de 40 cm de long et pliez-la en trois pour l'ajuster au fond du moule, en la laissant dépasser sur deux côtés opposés. Découpez un carré de 19 cm de côté dans du papier sulfurisé pour en couvrir le fond du moule sur le papier d'aluminium.

2 Mélangez dans une casserole le lait, 125 g de beurre et le sucre. Laissez fondre le beurre et le sucre puis portez à ébullition et laissez frémir 10 min en remuant pour former un caramel qui se décolle des parois de la casserole.

3 Versez le caramel dans le moule. Lissez la surface avec une spatule en métal et enfoncez les cacahuètes dans le caramel avec la spatule. Laissez refroidir 20 min.

4 Faites fondre le chocolat et le reste du beurre au bain-marie. Étalez ce glaçage sur les cacahuètes et réfrigérez plusieurs heures. Démoulez et découpez en 40 petits carrés.

Carrés meringués au citron

90 g de beurre ramolli

2 c. à s. de sucre en poudre

1 œuf

150 g de farine ordinaire

80 g de confiture d'abricots

Meringue

(voir page 573)

Garniture au citron

2 œufs

2 jaunes d'œufs

110 g de sucre en poudre

300 ml de crème fraîche

1 c. à s. de zeste de citron râpé

2 c. à s. de jus de citron

1 Préchauffez le four à 200 °C. Beurrez le fond d'un moule rectangulaire (19 x 29 cm). Chemisez-le de papier sulfurisé en laissant légèrement déborder.

2 Fouettez dans un saladier le beurre, le sucre et l'œuf. Incorporez la farine tamisée, en 2 fois. Étalez la pâte dans le moule, piquez à la fourchette et faites cuire 15 min au four. Laissez refroidir 20 min. Nappez de confiture.

3 Réglez le four à 170 °C. Pour la garniture au citron, fouettez tous les ingrédients et recouvrez-en le fond de pâte. Enfournez 35 min puis laissez reposer 20 min.

4 Montez le thermostat à 220 °C. Préparez la meringue et étalez-la sur la garniture au citron. Faites dorer au four, 3 min. Laissez le gâteau refroidir 20 min. Découpez en 16 carrés.

Carrés au gingembre et aux amandes

255 g de farine ordinaire

220 g de sucre en poudre

150 g de gingembre confit en gros morceaux

80 g d'amandes mondées grossièrement broyées

1 œuf

185 g de beurre fondu

2 c. à c. de sucre glace

1 Préchauffez le four à 180 °C. Chemisez un moule rectangulaire de papier sulfurisé, en laissant ce dernier dépasser de 2 cm sur les bords longs.

2 Travaillez du bout des doigts la farine, le sucre, le gingembre, les amandes et l'œuf pour obtenir une chapelure grossière. Incorporez enfin le beurre.

3 Étalez la pâte dans le moule et faites cuire 35 min au four. Laissez

reposer le sablé 10 min avant de le démouler sur une grille. Saupoudrez-le de sucre glace et découpez-le en 20 carrés.

Note

Le gingembre confit se prépare avec des racines de gingembre que l'on fait pocher dans du sirop de sucre. Sa saveur à la fois douce et intense se renforce d'un soupçon de braise piquante. On le consomme comme friandise ou on l'utilise en pâtisserie pour parfumer des gâteaux ou d'autres desserts.

Cupcakes au glaçage blanc

| 12 | 20' | 25' | 5' | 180 °C | kcal 360 |

125 g de beurre en pommade
½ c. à c. d'extrait de vanille
165 g de sucre en poudre
3 œufs
300 g de farine à levure incorporée
60 ml de lait

Glaçage blanc
320 g de sucre glace
20 g de beurre fondu
2 c. à s. d'eau chaude

1 Préchauffez le four à 180 °C. Garnissez de caissettes en papier un moule à muffin de 12 alvéoles.

2 À l'aide d'un batteur électrique, fouettez tous les ingrédients à vitesse lente jusqu'à obtention d'un mélange lisse. Passez à la vitesse moyenne et fouettez 3 min jusqu'à ce que le mélange pâlisse.

3 Répartissez cette pâte dans les caissettes et faites cuire 25 min au four. Laissez reposer 5 min avant de démouler sur une grille. Laissez refroidir.

4 Préparez le glaçage blanc : tamisez le sucre glace dans un saladier. Incorporez le beurre et un peu d'eau jusqu'à obtention d'une pâte ferme. Faites ramollir le mélange au bain-marie. Quand les cakes sont froids, nappez-les de glaçage.

Cupcakes aux fruits rouges

| 12 | 20' | 1h | 35' | 170 °C |

125 g de beurre ramolli
½ c. à c. d'extrait de vanille
150 g de sucre en poudre
2 œufs
150 g de fruits rouges séchés
70 g d'amandes effilées
100 g de farine ordinaire
50 g de farine avec levure incorporée
60 ml de lait

Fruits glacés
150 g de myrtilles fraîches
120 g de framboises fraîches
1 blanc d'œuf légèrement battu
2 c. à s. de sucre vanillé

Crème au fromage frais
30 g de beurre ramolli
80 g de fromage frais
240 g de sucre glace tamisé

1 Préparez les fruits glacés : à l'aide d'un pinceau, enduisez chaque baie de blanc d'œuf. Tournez les fruits dans le sucre et disposez-les sur un plateau recouvert de papier sulfurisé. Laissez sécher 1 h.

2 Préchauffez le four à 170 °C. Garnissez un moule à muffin de 12 alvéoles de caissettes en papier.

3 Fouettez le beurre, l'extrait de vanille, le sucre et les œufs. Ajoutez les ingrédients restants. Répartissez la préparation dans les caissettes. Faites cuire 35 min.

4 Préparez la crème au fromage frais en fouettant tous les ingrédients. Nappez les gâteaux de crème et décorez de fruits glacés.

Macarons roses

3 blancs d'œufs
2 c. à s. de sucre en poudre
Colorant alimentaire rose
200 g de sucre glace
120 g de poudre d'amandes
2 c. à s. de sucre glace supplémentaire

Ganache au chocolat blanc
100 g de chocolat blanc grossièrement haché
2 c. à s. de crème fraîche épaisse

1 Préparez la ganache : faites chauffer la crème épaisse et le chocolat à feu doux, et remuez jusqu'à obtention d'un mélange lisse. Versez dans un saladier et laissez reposer au réfrigérateur jusqu'à épaississement. La ganache ne doit pas durcir.

2 Recouvrez plusieurs plaques de cuisson préalablement huilées de papier sulfurisé.

3 Fouettez les blancs d'œufs dans un saladier à l'aide d'un batteur électrique jusqu'à ce que des pointes souples se forment. Ajoutez le sucre et le colorant, et continuez de fouetter jusqu'à ce que le sucre soit dissous. Transvasez la préparation dans un saladier. Incorporez le sucre glace tamisé et la poudre d'amandes, en 2 fois.

4 Versez la pâte dans une poche munie d'une douille unie de 1,5 cm de diamètre. Déposez 36 disques de pâte de 4 cm de diamètre sur les plaques, espacés de 2 cm. Tapotez chaque plaque pour que les macarons s'étalent légèrement. Saupoudrez de sucre glace et laissez reposer 15 min.

5 Préchauffez le four à 150 °C. Enfournez et faites cuire environ 20 min. Laissez reposer 5 min sur la plaque avant de déposer les macarons sur une grille pour qu'ils refroidissent.

6 Assemblez les gâteaux deux par deux avec de la ganache au chocolat blanc. Saupoudrez de sucre glace, si vous le souhaitez.

COMMENT RÉUSSIR DES MUFFINS

Impressionnez vos invités et métamorphosez vos plats en fignolant la présentation.

Moules

Vous trouverez des moules à muffin de différentes tailles dans les supermarchés et les magasins d'ustensiles de cuisine. Les plus courants sont les moules à minimuffin et les moules standard.

Tapisser ou graisser des moules

Les moules à muffin doivent être graissés ou tapissés de caissettes en papier de la taille des différentes alvéoles du moule. Vous pouvez revêtir uniformément les alvéoles avec un spray de cuisson anti-adhésif ou bien les badigeonner avec un peu de beurre fondu.

Tamiser

Tamisez les ingrédients secs au-dessus d'un récipient à ouverture large car cela permet non seulement d'aérer la préparation, mais aussi de mélanger les ingrédients. On tamise parfois également le sucre à cette étape.

Incorporer le beurre

La plupart des recettes de muffins ne contiennent pas beaucoup de matière grasse, ce qui explique pourquoi ils ne se gardent pas bien. Incorporez les dés de beurre froid dans les ingrédients secs, en les travaillant du bout des doigts.

Ajouter les ingrédients

Vous pouvez ajouter n'importe quels fruits secs, frais ou surgelés, etc. à cette étape, en même temps que le sucre. Nous préférons ajouter le sucre à ce moment-là car si vous incorporez le beurre dans les ingrédients secs contenant déjà le sucre, le tout sera très collant.

Ajouter les ingrédients liquides

Dans la plupart des recettes de muffins, il est conseillé de mélanger dans un premier temps les ingrédients liquides – œufs, miel, etc., puis de les ajouter dans un puits creusé au centre des ingrédients secs.

Mélanger

Utilisez une fourchette pour mélanger légèrement les ingrédients : la préparation doit être épaisse et grumeleuse.

Remplir le moule à la cuillère

À l'aide d'une ou de deux cuillères, ou d'une cuillère et d'un doigt, répartissez la préparation dans les alvéoles du moule. Les recettes vous indiqueront quelle quantité vous devez y mettre ; pour vous donner un ordre d'idée, il faut les remplir environ aux deux tiers.

Cuire

Généralement, les muffins de taille standard doivent cuire à four moyen-chaud pendant environ 20 min, tandis que les minimuffins sont plus rapides à cuire. Ils sont cuits quand les côtés se détachent légèrement des parois des alvéoles. Démoulez-les sur une grille en fer pour les faire refroidir.

Méthode au batteur

Fouettez le beurre, le sucre et les œufs au batteur électrique ; il n'est pas nécessaire de battre la préparation jusqu'à ce qu'elle soit très claire et crémeuse. Les muffins préparés ainsi ont une texture plus proche de celle du gâteau au beurre que de celle, plus épaisse, du muffin traditionnel. Transvasez la préparation dans un grand récipient pour qu'il soit plus facile de la battre.

Ajouter les ingrédients

À l'aide d'une fourchette, incorporez le reste des ingrédients dans la préparation beurre-sucre-œufs. Comme dans la méthode traditionnelle, ne mélangez pas trop les ingrédients : la préparation doit rester un peu épaisse.

Moule à cake

La plupart des pâtes à muffins peuvent être cuites dans un moule à cake ; la pâte mettra environ 45 min pour cuire à four moyen. Servez les muffins coupés en tranches, chauds ou froids, avec du beurre. Il est judicieux de chemiser la base et les deux grands côtés avec une feuille de papier sulfurisé.

Muffins aux fruits rouges

| 12 | 10' | 20' | 5' | 200°C | kcal 268 |

375 g de farine avec levure incorporée
100 g de beurre coupé en gros morceaux

220 g de sucre en poudre
310 ml de lait fermenté
1 œuf battu légèrement
200 g de fruits rouges mélangés

1 Préchauffez le four à 200 °C. Garnissez de caissettes en papier un moule à muffins de 12 alvéoles (contenance 80 ml).

2 Tamisez la farine au-dessus d'un saladier. Incorporez le beurre en travaillant le mélange du bout des doigts. Incorporez le sucre, le lait fermenté et l'œuf. Ne remuez pas trop : la préparation doit rester grumeleuse. Ajoutez les fruits rouges.

3 Répartissez la pâte dans les caissettes. Faites cuire 20 min au four. Laissez reposer 5 min avant de démouler sur une grille. Laissez refroidir.

Conseil

Vous pouvez utiliser n'importe quels fruits rouges, frais ou surgelés. Ces muffins se conservent jusqu'à 2 jours dans un récipient hermétique.

Muffins caramel-noix de pécan

| 12 | 15' | 25' | 5' | 200°C | kcal 317 |

240 g de confiture de lait
300 g de farine avec levure incorporée
165 g de sucre roux
90 g de noix de pécan grillées grossièrement hachées

80 g de beurre fondu
250 ml de lait fermenté
1 œuf

1 Préchauffez le four à 200 °C. Garnissez de caissettes en papier un moule à muffins de 12 alvéoles.

2 Faites chauffer la confiture de lait à feu doux en remuant. Laissez refroidir 5 min.

3 Tamisez la farine et le sucre au-dessus d'un saladier. Ajoutez les noix de pécan. Dans un autre saladier, mélangez le beurre, le lait fermenté et l'œuf.

Incorporez ce mélange à la farine sans trop remuer.

4 Répartissez la moitié de la pâte dans les caissettes. Versez la moitié de la confiture de lait sur la pâte. Versez le reste de la pâte puis le reste de la confiture de lait. À l'aide d'une brochette, faites pénétrer délicatement le lait concentré dans la pâte. Faites cuire 20 min au four. Laissez reposer 5 min avant de démouler sur une grille. Laissez refroidir.

Minicakes sans gluten aux fruits rouges

125 g de beurre ramolli
2 c. à c. de zeste de citron râpé
165 g de sucre en poudre
4 œufs
240 g de poudre d'amandes

40 g de noix de coco râpée
+ 1 c. à s. pour décorer
100 g de farine de riz
1 c. à c. de levure chimique
150 g de fruits rouges

1 Préchauffez le four à 180 °C. Beurrez 12 alvéoles d'une plaque à muffins.

2 Fouettez en crème légère le beurre, le zeste et le sucre. Ajoutez les œufs un à un, en mélangeant bien après chaque addition. Incorporez les amandes en poudre, la noix de coco, la farine tamisée et la levure. Ajoutez enfin les fruits rouges.

3 Répartissez la pâte dans les alvéoles et faites cuire 25 min environ au four. Laissez reposer les bouchées 5 min avant de les démouler sur une grille. Saupoudrez-les du reste de noix de coco.

Minicakes amandes-rhubarbe

125 ml de lait
40 g d'amandes mondées grillées
80 g de beurre ramolli
1 c. à c. d'extrait de vanille
110 g de sucre en poudre
2 œufs
150 g de farine avec levure incorporée

Rhubarbe pochée
250 g de rhubarbe en tronçons
60 ml d'eau
110 g de sucre en poudre

1 Préchauffez le four à 180 °C. Beurrez 6 moules à muffin.

2 Pour la rhubarbe pochée, portez tous les ingrédients à ébullition dans une casserole. Laissez frémir 10 min. Égouttez la rhubarbe, réservez le sirop.

3 Mixez le lait et les amandes. Battez le beurre, l'extrait de vanille et le sucre. Ajoutez les œufs un à un, puis incorporez en 2 fois la farine tamisée et le lait aux amandes.

4 Répartissez la pâte dans les moules et faites cuire 10 min au four. Couvrez chaque minicake de rhubarbe pochée et repassez-les 15 min au four.

5 Laissez reposer les gâteaux 5 min puis démoulez-les sur une grille. Servez-les tièdes avec le sirop de rhubarbe tiède.

Financiers au café et aux noix

125 g de noix grillées
2 c. à c. de café soluble
2 c. à c. d'eau bouillante
6 blancs d'œufs

185 g de beurre fondu
240 g de sucre glace
75 g de farine ordinaire
24 grains de café

1 Préchauffez le four à 200 °C. Huilez un moule à dariole ovale de 12 alvéoles (contenance 125 ml).

2 Dans un robot, hachez les noix finement.

3 Dans un bol, mélangez le café et l'eau bouillante.

4 Fouettez les blancs d'œufs légèrement à l'aide d'une fourchette. Ajoutez le beurre, la farine et le sucre glace tamisés, les noix en poudre et le café dissous. Mélangez.

5 Répartissez cette pâte dans les caissettes. Déposez 2 grains de café sur chaque financier et faites cuire 20 min au four. Laissez reposer 5 min avant de démouler sur une grille. Laissez refroidir. Avant de servir, saupoudrez de sucre glace tamisé.

Conseil

Ces financiers se conservent jusqu'à 3 jours dans un récipient hermétique.

Financiers aux cerises et au cognac

150 g de cerises dénoyautées surgelées
2 c. à s. de cognac
6 blancs d'œufs
185 g de beurre fondu
240 g de sucre glace

75 g de farine ordinaire
120 g de noix de pécan grillées, finement hachées en robot
55 g de sucre en poudre
2 c. à s. d'eau

1 Préchauffez le four à 200 °C. Huilez un moule à dariole ovale de 12 alvéoles.

2 Dans un bol, faites tremper les cerises dans le cognac 30 min. Égouttez les cerises en réservant le liquide.

3 Fouettez les blancs d'œufs à l'aide d'une fourchette. Ajoutez le beurre, la farine et le sucre glace tamisés, puis les noix de pécan hachées. Répartissez cette pâte dans les alvéoles du moule. Parsemez de cerises égouttées. Faites cuire 20 min au four. Laissez reposer 5 min avant de démouler.

4 Préparez la sauce aux cerises : dans une casserole, fouettez le sucre, l'eau et le cognac réservé. Faites chauffer à feu doux jusqu'à ce que le sucre soit dissous. Portez à ébullition. Réduisez le feu et laissez épaissir 3 min à découvert. Servez la sauce à part.

Financiers noix de coco-ananas

12 · 15' · 20' · 5' · 200°C · kcal 336

6 blancs d'œufs

185 g de beurre fondu

120 g de poudre d'amandes

240 g de sucre glace

50 g de farine ordinaire

170 g d'ananas confit
finement haché

40 g de noix de coco râpée

1 Préchauffez le four
à 200 °C. Garnissez de
caissettes en papier un moule
à dariole ovale de 12 alvéoles
(contenance 125 ml).

2 Fouettez les blancs d'œufs
légèrement à l'aide d'une
fourchette. Ajoutez le beurre,
la poudre d'amandes, la farine
et le sucre glace tamisés,
l'ananas et la moitié
de la noix de coco râpée.
Mélangez. Répartissez
cette préparation dans les

alvéoles du moule. Parsemez
de noix de coco restante.
Faites cuire 20 min au four.

3 Laissez reposer 5 min
avant de démouler sur
une grille. Laissez refroidir.

Conseil

Ces financiers se conservent jusqu'à
3 jours dans un récipient hermétique.

Financiers pistaches-citron vert

12 · 15' · 25' · 5' · 200°C · kcal 294

140 g de pistaches grillées
non salées

6 blancs d'œufs

185 g de beurre fondu

240 g de sucre glace

75 g de farine ordinaire

2 c. à c. de zeste de citron vert
finement haché

1 c. à s. de jus de citron vert

1 Préchauffez le four
à 200 °C. Garnissez de
caissettes en papier un moule
à dariole ovale de 12 alvéoles
(contenance 125 ml).

2 Dans un robot, hachez
finement les pistaches.

3 Fouettez les blancs d'œufs
légèrement à l'aide d'une
fourchette. Ajoutez le beurre,
la farine et le sucre glace
tamisés, le zeste et le jus de
citron, ainsi que les pistaches.

Mélangez. Répartissez
la préparation dans les
alvéoles du moule. Faites
cuire 25 min au four.

4 Laissez reposer 5 min
avant de démouler sur
une grille. Laissez refroidir.
Avant de servir, saupoudrez
de sucre glace tamisé.

Conseil

Ces financiers se conservent jusqu'à
3 jours dans un récipient hermétique.

Cake au yaourt et au citron

10	15'	40'	10'	180°C	kcal 212

125 g de margarine de colza
250 g de sucre en poudre
2 œufs, blancs et jaunes séparés
1 ½ c. à s. de zeste de
citron finement râpé

375 g de farine avec levure
incorporée tamisée
250 g de yaourt nature
60 ml de lait

1 Préchauffez le four
à 180 °C. Graissez
un moule de 14 x 21 cm.
Chemisez le fond et la paroi
de papier sulfurisé, en laissant
dépasser le papier de 5 cm.

2 Fouettez la margarine,
le sucre, les jaunes d'œufs
et le zeste de citron avec
un batteur électrique. Versez
la préparation dans un saladier
puis incorporez la farine,
le yaourt et le lait. À part,
montez 2 blancs d'œufs
en neige souple. Incorporez

¼ des blancs à la préparation
au citron avant d'incorporer
les ¾ restants.

3 Étalez la pâte dans
le moule et faites cuire
15 min au four. Réduisez
la température à 160 °C
et faites cuire encore 25 min.
Laissez reposer le cake
10 min avant de le démouler
sur une grille. Laissez
refroidir complètement.

Muffins aux fruits rouges, ricotta et menthe

6	10'	35'	5'	200°C	kcal 614

8 c. à s. de feuilles de menthe fraîche
300 g de farine avec levure incorporée
150 g de farine
¼ de c. à c. de bicarbonate de soude
125 g de beurre
165 g de sucre roux
225 g d'un mélange de fruits rouges
frais ou surgelés
180 g de ricotta
1 œuf
180 ml de lait
2 c. à c. de sucre glace

1 Préchauffez le four à 200 °C. Beurrez
une plaque à 6 muffins (180 ml).

2 Hachez finement les feuilles
de menthe. Tamisez les farines
et le bicarbonate de soude au-dessus
d'un saladier. Ajoutez le beurre
et sablez la pâte grossièrement
du bout des doigts. Incorporez
le sucre, les fruits rouges, la ricotta
émiettée et la menthe. Ajoutez l'œuf
battu et le lait, puis remuez sans trop
mélanger (la pâte doit rester grumeleuse).

3 Répartissez la pâte dans
les moules. Faites cuire 35 min
au four. Laissez reposer les muffins
5 min avant de les démouler sur
une grille. Saupoudrez-les
de sucre glace avant de servir.

Conseil
Vous pouvez congeler les muffins 3 mois
en les enveloppant séparément dans du film
alimentaire. Décongelez-les toute la nuit
au réfrigérateur ou passez-les au micro-ondes
30 secondes à puissance maximale.

Gâteau au pavot et au citron vert

400 g de graines de pavot

125 ml de lait

250 g de beurre ramolli

1 c. à s. de zeste de citron vert râpé

275 g de sucre en poudre

4 œufs

335 g de farine avec levure incorporée

110 g de farine ordinaire

240 g de fromage blanc

Sirop de citron vert

125 ml de jus de citron vert

250 ml d'eau

220 g de sucre en poudre

1 Préchauffez le four à 180 °C. Beurrez un moule carré de 23 cm de côté.

2 Laissez tremper les graines de pavot 10 min dans le lait.

3 Battez en crème le beurre, le zeste de citron et le sucre dans un petit saladier. Ajoutez les œufs un à un, en fouettant bien après chaque addition. Versez le mélange dans un saladier, puis incorporez en 2 fois les farines tamisées et le lait aux graines de pavot. Ajoutez enfin le fromage blanc.

4 Étalez la pâte dans le moule et enfournez. Laissez cuire 1 h.

5 Préparez le sirop : mettez tous les ingrédients dans une casserole et faites chauffer le mélange à feu moyen. Remuez bien pour faire dissoudre le sucre puis laissez frémir 10 min, sans couvrir.

6 Laissez reposer le gâteau 5 min avant de le démouler sur une grille. Glissez un plat dessous et nappez le gâteau de sirop chaud : l'excédent de sirop coulera dans le plat. Laissez tiédir à température ambiante.

Moelleux aux fruits de la Passion

8   20'   1ʰ10   5'   180°C

160 ml de pulpe de fruits de la
Passion (environ 7 fruits entiers)
250 g de beurre ramolli
1 c. à s. de zeste de citron râpé
220 g de sucre en poudre
3 œufs
250 ml de lait fermenté
300 g de farine avec levure incorporée

Sirop au citron
80 ml de jus de citron
60 ml d'eau
165 g de sucre en poudre

1 Préchauffez le four à 180 °C.
Beurrez et chemisez de papier
sulfurisé un moule à gâteau
carré de 19 cm de côté.

2 Passez la pulpe de fruits de
la Passion au chinois dans un saladier,
en réservant les graines pour le sirop.

3 Battez en crème le beurre, le zeste
de citron et le sucre. Ajoutez
les œufs un à un, en fouettant bien
après chaque addition.

4 Incorporez la pulpe de fruits de
la Passion et le lait fermenté, puis
la farine tamisée en 2 fois. Versez la pâte
dans le moule et faites cuire 1 h au four.

5 Préparez le sirop ; dans une petite
casserole, mélangez le jus de citron,
l'eau, le sucre et la moitié des graines
de fruits de la Passion (congelez le reste).
Laissez chauffer à feu moyen en remuant
bien pour faire dissoudre le sucre puis
laissez frémir 5 min, sans mélanger.

6 Laissez reposer le gâteau 5 min
avant de le démouler sur une grille.
Glissez un plat sous la grille et nappez-le
généreusement de sirop brûlant
(l'excédent de jus coulera dans
le plat). Servez tiède.

Cake aux fruits

100 g de beurre ramolli
2 c. à c. de zeste d'orange râpé
165 g de sucre en poudre
2 œufs
320 g de farine complète
avec levure incorporée

280 g de yaourt
80 ml de jus d'orange
200 g de figues sèches
détaillées en petits dés
150 g de raisins secs en cubes

1 Préchauffez le four
à 180 °C. Beurrez
un moule à cake.

2 Dans un saladier,
fouettez à vitesse moyenne
le beurre, le zeste d'orange,
le sucre, les œufs, la farine,
le yaourt et le jus d'orange :
vous devez vous contenter
de mélanger les ingrédients,
sans battre trop longtemps
la pâte. Incorporez enfin
les fruits secs.

3 Versez la pâte dans
le moule. Couvrez d'une
feuille d'aluminium (faites un pli
au centre pour que le gâteau
gonfle) et faites cuire 1 h 15
au four. Enlevez la feuille
d'aluminium et repassez
encore 15 min au four.

4 Sortez le cake du four
et laissez-le reposer
10 min avant de le démouler
sur une grille. Servez-le
froid, coupé en tranches
fines que vous pouvez faire
griller et tartiner de beurre.

Cake aux noix, café et poire

75 g de beurre
125 ml de lait
1 c. à s. de café soluble
110 g de sucre roux
35 g de noix grossièrement hachées

1 œuf
1 poire moyenne (230 g)
150 g de farine avec
levure incorporée

1 Préchauffez le four
à 160 °C. Beurrez
un moule à cake de
9 x 19 cm. Chemisez-le
de papier sulfurisé en
laissant celui-ci dépasser
de 5 cm de chaque côté.

2 Faites fondre le beurre,
le lait et le café dans
une casserole à feu doux.
Retirez du feu. Ajoutez
le sucre et la moitié
des noix. Mélangez,
puis incorporez l'œuf.

3 Pelez, épépinez et coupez
la poire en petits dés.
Ajoutez la poire et la farine
tamisée dans la préparation
précédente.

4 Versez la pâte dans
le moule et parsemez
le reste des noix sur le
dessus. Faites cuire 40 min
environ. Laissez reposer
le cake 10 min avant de le
démouler et de le laisser
refroidir sur une grille.

Cake de patate douce aux noix de pécan

200 g de beurre ramolli
165 g de cassonade
2 œufs
90 g de noix de pécan grossièrement broyées

40 g de noix de coco râpée
150 g de patate douce cuite, écrasée
225 g de farine avec levure incorporée
125 ml de lait

1 Préchauffez le four à 170 °C. Beurrez un moule à cake de 14 x 21 cm ; tapissez le fond et les grands côtés de papier sulfurisé en laissant ce dernier dépasser de 2 cm sur les bords.

2 Battez en crème épaisse le beurre, le sucre et les œufs. Incorporez les noix de pécan, la noix de coco et la patate douce. Ajoutez en 2 fois la farine tamisée et le lait.

3 Étalez la pâte dans le moule et faites cuire 1 h 40 au four. Laissez reposer le gâteau 10 min avant de le démouler sur une grille. Servez à température ambiante.

Carrot cake

5 œufs, blancs et jaunes séparés
1 c. à c. de zeste de citron râpé
275 g de sucre en poudre
480 g de carottes râpées
240 g de poudre d'amandes
75 g de farine avec levure incorporée
2 c. à c. d'amandes effilées grillées

Glaçage au cream cheese
100 g de cream cheese
80 g de beurre ramolli
80 g de sucre glace
1 c. à c. de jus de citron

1 Préchauffez le four à 180 °C. Beurrez un moule à gâteau carré de 19 cm de côté.

2 Fouettez en crème épaisse les jaunes d'œufs, le zeste de citron et le sucre. Incorporez les carottes râpées, la poudre d'amandes et la farine tamisée.

3 Montez les blancs d'œufs en neige dans un saladier. Ajoutez-les en 2 fois à la pâte.

Versez la pâte dans le moule et enfournez 1 h 15. Laissez reposer le gâteau 5 min avant de le démouler sur une grille.

4 Préparez le glaçage : battez en crème légère le cream cheese et le beurre. Sans cesser de fouetter, incorporez le sucre glace et le jus de citron.

5 Nappez le gâteau froid de glaçage et décorez d'amandes grillées.

Moelleux aux pistaches, amandes et pignons de pin

| 8 | 20' | 40' | 5' | 180°C |

80 g de beurre ramolli
1 c. à c. d'extrait de vanille
110 g de sucre en poudre
1 œuf
150 g de farine avec levure incorporée
80 ml de lait
2 c. à s. de pistaches finement broyées
2 c. à s. d'amandes émondées finement broyées
2 c. à s. de pignons de pin finement broyés
40 g de sucre glace
½ c. à c. de poivre de la Jamaïque moulu
½ c. à c. de cardamome moulue
1 c. à c. de cannelle moulue

1 Préchauffez le four à 180 °C. Beurrez un moule à gâteau de 20 cm de diamètre.

2 Fouettez en crème légère 60 g de beurre, l'extrait de vanille, le sucre et l'œuf. Incorporez la farine tamisée et le lait.

3 Étalez la pâte dans le moule et faites cuire 25 min au four. Laissez reposer le gâteau 5 min puis démoulez-le sur une grille. Laissez refroidir.

4 Mettez dans une passoire les pistaches, les amandes et les pignons de pin pour les rincer à l'eau claire. Mélangez-les ensuite avec le sucre glace et les épices, sans les sécher complètement. Étalez-les sur une plaque et glissez-les au four 10 min pour les faire légèrement griller.

5 Faites fondre le reste du beurre pour en badigeonner le gâteau. Répartissez les fruits secs grillés dessus. Servez tiède.

Conseil
Pour cette recette, achetez des pistaches, amandes et pignons de très bonne qualité et croquants. On les mélange avec des épices avant de les faire griller. Ce gâteau est assez facile à réussir mais il faut bien mélanger le sucre, le beurre et les œufs.

Gâteau épicé aux amandes et au miel

8 | **20'** | **50'** | **5'** | **3ʰ** | **180°C**

125 g de beurre ramolli
75 g de sucre en poudre
2 c. à s. de miel
1 c. à c. de gingembre moulu
1 c. à c. de poivre moulu
2 œufs
180 g de poudre d'amandes
80 g de semoule fine
1 c. à c. de levure chimique
60 ml de lait

Sirop aux épices
220 g de sucre en poudre
250 ml d'eau
8 gousses de cardamome
2 bâtonnets de cannelle

Crème au miel à l'orange
180 ml de crème épaisse
1 c. à s. de miel
2 c. à s. de zeste d'orange râpé

1 Préchauffez le four à 180 °C. Beurrez un moule à gâteau de 20 cm de diamètre ; chemisez-le de papier sulfurisé.

2 Fouettez en crème légère le beurre, le sucre, le miel et les épices. Ajoutez les œufs un à un, en mélangeant bien après chaque addition. Incorporez les amandes en poudre, la semoule, la levure et le lait.

3 Étalez la pâte dans le moule et faites-la cuire 40 min au four. Laissez reposer 5 min.

4 Préparez le sirop : mélangez tous les ingrédients dans une petite casserole et faites chauffer à feu doux. Quand le sucre est dissous, laissez bouillir 5 min sans couvrir ni remuer pour faire épaissir le sirop. Passez-le dans un tamis fin. Versez-le encore brûlant sur le gâteau chaud. Laissez refroidir avant de démouler sur une grille. Réfrigérez-le au moins 3 h.

5 Sortez le gâteau du réfrigérateur. Montez en chantilly la crème avec le miel et le zeste d'orange. Découpez le gâteau en tranches et servez-le à température ambiante avec la crème.

Cheesecake aux framboises

8	20'	1h30	3h30	150°C	kcal 593

200 g de biscuits sablés
au chocolat
80 g de beurre ramolli
90 g de chocolat blanc râpé
125 ml de crème fraîche
200 g de chocolat blanc

250 g de mascarpone
250 g de cream cheese
110 g de sucre en poudre
3 œufs
2 blancs d'œufs
400 g de framboises fraîches

1 Pulvérisez les biscuits au robot. Ajoutez le beurre et le chocolat râpé. Mélangez bien. Tassez cette pâte à la main sur le fond et la paroi d'un moule à charnière. Réfrigérez 30 min.

2 Préchauffez le four à 150 °C. Dans une casserole, faites chauffer la crème jusqu'au point d'ébullition puis ajoutez le chocolat en morceaux. Mélangez hors du feu et laissez tiédir. Fouettez le mascarpone et le cream cheese. Incorporez les œufs un à un puis le sucre et le mélange chocolaté. Montez les blancs d'œufs en neige ferme et incorporez-les au mélange précédent. Ajoutez la moitié des framboises.

3 Versez dans le moule et faites cuire 1 h 30. Laissez refroidir dans le four en gardant la porte entrouverte.

4 Mettez le gâteau au moins 3 h au frais. Au moment de servir, démoulez-le sur un plat puis décorez-le avec les framboises.

Cheesecake à la vanille

10	20'	1h	3h30	160°C	kcal 721

250 g de biscuits sablés
125 g de beurre ramolli
500 g de cream cheese ramolli
165 g de sucre en poudre
2 c. à s. d'extrait de vanille

½ c. à s. de zeste de citron
2 c. à s. de jus de citron
4 œufs, jaunes et blancs séparés
180 ml de crème fraîche

1 Broyez les biscuits au robot pour obtenir des miettes fines. Ajoutez le beurre et continuez de battre pour obtenir un mélange homogène. Tassez cette pâte sur le fond et la paroi d'un moule à charnière. Réfrigérez 30 min.

2 Préchauffez le four à 160 °C. Dans un grand saladier, fouettez le cream cheese, le sucre et l'extrait de vanille pour obtenir un mélange onctueux. Incorporez au fouet le zeste et le jus de citron, les jaunes d'œufs et la crème. Montez 2 blancs d'œufs en neige ferme avant de les ajouter à la préparation. Jetez les deux autres blancs.

3 Versez la préparation dans le moule et faites-la cuire 1 h au four jusqu'à ce que le mélange soit ferme. Laissez refroidir dans le four, en gardant la porte entrouverte. Réfrigérez le cheesecake au moins 3 h. Démoulez-le juste avant de servir et accompagnez-le de fruits pochés.

Gâteau de ricotta et cerises rôties

| 4 | 40' | 50' | 10' | 180°C | kcal 671 |

1 gousse de vanille

800 g de ricotta

120 g de sucre glace

4 œufs

2 c. à c. d'eau de fleur d'oranger

45 g de pistaches

Cerises rôties

1 orange moyenne (240 g)

400 g de cerises fraîches
ou surgelées

2 c. à s. de sucre

1 c. à s. de liqueur d'orange

1 c. à s. de jus de citron

1 Préchauffez le four à 150 °C. Beurrez un moule à manqué de 20 cm de diamètre. Chemisez le fond et la paroi de papier sulfurisé.

2 Fendez la gousse de vanille en deux. Prélevez les graines et mettez-les dans un saladier. Réservez la gousse pour les cerises rôties. Ajoutez la ricotta, le sucre glace, les œufs et l'eau de fleur d'oranger dans le saladier, puis mélangez. Versez la pâte dans le moule et lissez la surface.

3 Mettez le moule dans un plat à four et ajoutez de l'eau bouillante à mi-hauteur du moule. Faites cuire 40 min. Retirez le moule du plat à four et laissez refroidir.

4 Pour faire rôtir les cerises, augmentez la température du four à 180 °C. Prélevez le zeste de l'orange à l'aide d'un zesteur. Pressez l'orange pour obtenir 80 ml de jus. Coupez les cerises en deux et dénoyautez-les. Mélangez le zeste, le jus d'orange, les cerises, le sucre et la gousse de vanille réservée dans un plat à four. Faites cuire 10 min au four jusqu'à ce que les cerises soient à peine tendres. Ajoutez la liqueur et le jus de citron, puis mélangez.

5 Hachez grossièrement les pistaches. Démoulez le gâteau à la ricotta et coupez-le en parts. Avant de servir, ajoutez les cerises rôties et les pistaches sur le gâteau.

LA PÂTE BRISÉE ÉTAPE PAR ÉTAPE

C'est la pâte la plus couramment utilisée. Nous vous montrons ici comment la faire à la main et au robot.

Tamiser

Il n'est pas indispensable de tamiser les ingrédients, mais c'est ce que font les pâtissiers. Utilisez un tamis ou une passoire pour tamiser les ingrédients secs au-dessus d'un récipient à ouverture large. Refroidissez le récipient si vous préparez la pâte lorsqu'il fait chaud.

Incorporer le beurre

Coupez le beurre froid en dés, ajoutez-le dans le récipient puis sablez du bout des doigts (la partie la plus froide de la main) rapidement pour que le beurre reste froid. Secouez le récipient pour faire remonter les gros grumeaux à la surface.

Ajouter les jaunes d'œufs

Il n'est pas obligatoire de mettre des jaunes d'œufs dans une pâte brisée ; ils ajoutent cependant de la couleur et de la richesse grâce à la matière grasse qu'ils contiennent. Les jaunes d'œufs sont meilleurs lorsqu'ils sortent du réfrigérateur. Ajoutez-les à cette étape mais ne les mélangez pas encore.

Ajouter le jus de citron

Si vous mettez des jaunes d'œufs dans la pâte, la plupart des recettes vous indiqueront aussi d'ajouter du jus de citron pour en compenser la richesse. Pressez un citron frais puis égouttez le jus.

Ajouter l'eau

Si vous ne voulez pas que votre pâte brisée soit trop riche, utilisez de l'eau bien fraîche à la place des jaunes d'œufs et du jus de citron. Respectez la quantité d'eau indiquée dans la recette – elle est souvent approximative.

Mélanger les ingrédients

Travaillez délicatement et rapidement les ingrédients du bout des doigts. Il devrait y avoir juste assez de liquide pour humidifier les ingrédients secs.

Pétrir la pâte

Transvasez la pâte sur une surface froide, puis pétrissez-la très légèrement jusqu'à ce que les ingrédients collent ensemble et soient presque homogènes. Ne malaxez pas trop la pâte, sinon elle durcira et sera plus difficile à manipuler.

Laisser reposer la pâte

Tapotez-la pour l'aplatir, enveloppez-la dans un morceau de film plastique puis placez-la au réfrigérateur pendant 30 min. Mettez votre minuteur en route car si vous laissez la pâte trop longtemps au frais, vous devrez la laisser reposer à température ambiante pendant un moment avant de pouvoir l'abaisser.

Préparer une pâte au robot

Les robots de cuisine permettent d'obtenir des pâtes très bonnes, et sont particulièrement utiles si vous avez les mains chaudes. Mettez les ingrédients secs dans le bol du robot – il n'est pas nécessaire de les tamiser – , puis ajoutez les morceaux de beurre froid.

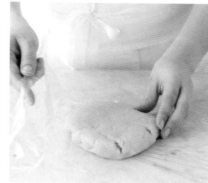

Mélanger

Mixez les ingrédients par à-coups jusqu'à obtention d'un mélange sablé. Ne partez pas en laissant le robot en marche, sinon la lame continuera à couper le beurre et à le mélanger avec la farine. Il est important d'ajouter un peu de liquide dans la pâte.

Former une boule

Ajoutez suffisamment de liquide dans le mélange farine-beurre, la même quantité que si vous prépariez la pâte à la main. Si vous mettez trop de liquide, la pâte sera trop molle, et si vous en mettez trop peu, elle sera trop ferme : dans les deux cas, elle sera difficile à abaisser. Mixez les ingrédients par à-coups jusqu'à la formation d'une boule. Sortez la pâte du robot.

Laisser reposer la pâte

Pétrissez la pâte jusqu'à ce qu'elle soit homogène, comme sur la photo. Il est aussi indispensable de faire reposer la pâte préparée au robot que la pâte faite à la main. Les premières ont généralement un aspect plus homogène que les secondes car le beurre a été réparti dans la farine de façon plus uniforme.

TRAVAILLER LA PÂTE

Nombreux sont ceux qui pensent que le secret pour réussir des bonnes pâtes, c'est un cuisinier aux mains froides et au cœur chaud.

Pétrir

Ce n'est pas un mot très approprié pour parler d'une pâte à pâtisserie car il faut la travailler rapidement et légèrement jusqu'à ce que les ingrédients forment une boule homogène.

Conserver et congeler

La pâte se conserve au réfrigérateur jusqu'à une semaine, ou au congélateur pendant un mois, bien enveloppée dans du film plastique puis emballée dans un sac en plastique. Lorsque vous sortez la pâte, attendez un moment avant de l'utiliser pour qu'elle soit à température ambiante.

Saupoudrer

Saupoudrez légèrement et uniformément le plan de travail de farine (ou parfois de sucre pour les pâtes sucrées) pour empêcher la pâte de coller. Pour ce faire, utilisez un saupoudroir (récipient avec un couvercle à trous).

Abaisser

Saupoudrez votre rouleau à pâtisserie de farine ou abaissez la pâte entre deux feuilles de papier sulfurisé. Commencez à l'étaler en partant du centre vers les bords puis tournez-la d'un quart de tour. Ne retournez jamais la pâte.

Foncer un moule

Saupoudrez légèrement l'abaisse de farine, enroulez-la sans serrer autour d'un rouleau à pâtisserie fariné puis déroulez-la sur le moule. Détachez-la délicatement, en faisant attention à ne pas l'étirer, et pressez-la dans le moule. Coupez l'excédent de pâte sur les bords et laissez reposer au réfrigérateur avant de faire cuire.

Piquer la pâte

Un pique-pâte comporte une roulette à pointes destinée à faire des petits trous dans la pâte non cuite pour éviter qu'elle ne gonfle en cuisant. Vous pouvez aussi utiliser une fourchette pour piquer toute la surface de la pâte.

Cuire à blanc

Un fond de tarte peut être cuit à blanc (vide) pour être plus croustillant. Tapissez la pâte de papier sulfurisé et lestez-la avec du riz cru ou des haricots secs, puis enfournez en suivant les indications de la recette. Le riz et les haricots peuvent être réutilisés pour cuire un fond de tarte à blanc, mais ne peuvent être consommés.

Chiqueter

Pour chiqueter le bord d'un fond de tarte ou la croûte d'une tourte, poussez le bord intérieur de la pâte avec le pouce vers l'extérieur, entre le pouce et l'index pincés de l'autre main. Pour un effet rayon de soleil, aplatissez le bord et faites des entailles de 1 cm tout autour, à 2 cm d'intervalle.

Treillis

Détaillez la pâte en fines lanières puis disposez une rangée de bandes parallèles sur le moule. Coupez l'excédent pour qu'elles soient de la taille du moule ; pressez les extrémités des lanières sur la pâte inférieure. Répétez l'opération en disposant des bandes de pâte perpendiculairement aux premières.

Pâte filo

Sortez les feuilles de pâte filo une par une de leur emballage pour qu'elles ne sèchent pas ; le reste des feuilles doit être couvert de papier sulfurisé et placé sous un torchon humide. Badigeonnez la feuille d'huile ou de beurre fondu, recouvrez-la d'une autre feuille puis répétez l'opération. Ne congelez pas la pâte filo.

Pâte feuilletée prête à l'emploi

Si vous ne préparez pas vous-même votre pâte feuilletée, achetez-en une pur beurre dans le commerce. Utilisez-la lorsqu'elle est bien froide, et n'oubliez pas d'entailler les bords avec un couteau tranchant et sans étirer la pâte pour qu'elle gonfle uniformément en couches fines.

Pâte à choux

Utilisez la pâte à choux dès qu'elle est prête et tant qu'elle est encore chaude. À l'aide d'une poche à douille, disposez des petits tas hauts ou de la longueur d'un doigt, ou déposez des cuillerées à soupe pleines, bien séparées, sur des plaques de four recouvertes de papier sulfurisé ; faites cuire en suivant les indications de la recette.

Tartelettes aux noix de cajou

| 24 | 20' | 50' | 25' | 15' | 200°C | kcal 223 |

150 g de noix de cajou grillées
1 c. à s. de Maïzena®
165 g de sucre roux
2 c. à s. de miel liquide
50 g de beurre fondu
2 œufs
2 c. à s. de crème fraîche
1 c. à c. d'extrait de vanille

Pâte
(voir ci-dessous)

Crème à la cannelle
300 ml de crème fraîche
1 c. à s. de sucre glace
1 c. à c. de cannelle moulue

1 Préparez la pâte. Huilez 2 moules à muffin de 12 alvéoles. Abaissez la pâte sur 3 mm d'épaisseur. Découpez 24 disques de 8 cm de diamètre. Garnissez-en les alvéoles. Piquez le fond avec une fourchette. Placez 20 min au réfrigérateur.

2 Préchauffez le four à 200 °C. Enfournez 10 min puis laissez refroidir. Baissez le four à 160 °C.

3 Mélangez les noix de cajou et la Maïzena®. Ajoutez le sucre, le miel, le beurre, les œufs, la crème fraîche et l'extrait de vanille. Répartissez cette crème dans les alvéoles. Faites cuire 15 min puis laissez refroidir. Placez 30 min au réfrigérateur.

4 Battez tous les ingrédients de la crème à la cannelle. Servez ces tartelettes avec la crème.

Tarte aux noix de pécan

| 10 | 30' | 1h | 55' | 180°C | kcal 484 |

120 g de noix de pécan grossièrement hachées
2 c. à s. de Maïzena®
220 g de sucre de canne blond
60 g de beurre fondu
2 c. à s. de crème fraîche
1 c. à c. d'extrait de vanille
3 œufs
40 g de noix de pécan supplémentaires
2 c. à s. de confiture d'abricots réchauffée et passée au tamis

Pâte
185 g de farine
55 g de sucre glace
125 g de beurre froid coupé en morceaux
1 jaune d'œuf
1 c. à s. d'eau

1 Préparez la pâte. Mixez la farine, le sucre glace et le beurre jusqu'à l'obtention d'une texture sablée. Incorporez le jaune d'œuf et l'eau. Pétrissez la pâte sur un plan de travail jusqu'à ce qu'elle soit lisse. Couvrez-la et placez-la 30 min au réfrigérateur.

2 Beurrez un moule à tarte à fond amovible de 24 cm de diamètre. Étalez la pâte entre 2 feuilles de papier sulfurisé au diamètre du moule. Foncez-la, pressez-la au fond du moule et découpez les bords qui dépassent. Couvrez-la et placez-la 30 min au réfrigérateur.

3 Préchauffez le four à 180 °C.

4 Placez le moule sur une plaque de four. Recouvrez la pâte de papier sulfurisé et de haricots secs ou de riz. Faites-la précuire pendant 10 min, ôtez le papier et les haricots, et prolongez la cuisson de 5 min environ, puis laissez refroidir.

5 Baissez la température du four à 160 °C.

6 Dans un saladier moyen, mélangez les noix de pécan hachées et la Maïzena®. Ajoutez le sucre, le beurre, la crème, l'extrait de vanille et les œufs. Mélangez bien. Versez la préparation dans le moule, décorez avec les noix de pécan supplémentaires.

7 Faites cuire la tarte pendant 45 min environ. Laissez-la refroidir, puis badigeonnez-la de confiture.

Tarte aux nectarines

8 · 40' · 45' · 10' · 30' · 220°C

8 nectarines coupées en deux
60 ml de jus d'orange
110 g de sucre roux

Pâte
(voir page 567)

Crème pâtissière
300 ml de crème épaisse
250 ml de lait
110 g de sucre
1 gousse de vanille fendue en deux
3 jaunes d'œufs
2 c. à s. de Maïzena®

1 Préchauffez le four à 180 °C. Étalez la pâte, foncez-en un moule à tarte beurré, couvrez de papier sulfurisé et de haricots secs. Enfournez 10 min, puis à nouveau 10 min sans papier ni haricots. Laissez refroidir.

2 Portez à ébullition la crème, le lait, le sucre et la gousse de vanille dans une casserole, puis laissez infuser 10 min hors du feu. Ôtez la gousse. Fouettez les jaunes d'œufs, incorporez la Maïzena® puis la crème vanillée tiédie. Remettez dans la casserole, portez à ébullition puis laissez épaissir 10 min à feu doux. Filmez au contact et laissez refroidir.

3 Faites rôtir les nectarines nappées de jus d'orange et saupoudrées de sucre 20 min au four à 220 °C.

4 Étalez la crème pâtissière sur le fond de tarte, couvrez et réfrigérez 30 min. Garnissez de nectarines tièdes.

Tartelettes aux prunes

2 · 10' · 15' · 220°C

½ rouleau de pâte feuilletée
1 jaune d'œuf
1 c. à s. de lait
300 g de petites prunes mûres en tranches fines
2 c. à c. de sucre en poudre
½ c. à c. de cannelle moulue

1 Préchauffez le four à 220 °C ; chemisez une plaque de cuisson de papier sulfurisé.

2 Découpez la pâte feuilletée en 2 carrés, posez ces derniers sur la plaque de cuisson et badigeonnez-les du mélange de jaune d'œuf et de lait.

3 Disposez sur les carrés de pâte les tranches de prune en les faisant se chevaucher (laissez une bordure de 2 cm). Saupoudrez de cannelle et de sucre.

4 Faites cuire les tartelettes 15 min au four jusqu'à ce que la pâte soit dorée et croustillante. Servez tiède.

Banoffee pie

| 10 | 50' | 1ʰ | 30' | 10' | 200°C | kcal 534 |

395 g de lait concentré sucré en boîte
80 g de beurre coupé en cubes
110 g de sucre roux
2 c. à s. de miel liquide
2 grosses bananes (460 g)
coupées en fines rondelles
300 ml de crème entière fouettée

Pâte
225 g de farine
1 c. à s. de sucre glace
140 g de beurre froid coupé en cubes
1 jaune d'œuf
2 c. à s. d'eau glacée, environ

1 Préparez la pâte. Mixez la farine, le sucre glace et le beurre jusqu'à l'obtention d'un mélange sableux. Ajoutez le jaune d'œuf et l'eau, et mixez jusqu'à l'obtention d'une pâte. Pétrissez-la sur un plan de travail fariné jusqu'à ce qu'elle soit lisse. Enveloppez-la dans du film alimentaire et placez-la 30 min au réfrigérateur.

2 Beurrez un moule à tarte cannelé à fond amovible de 24 cm de diamètre. Abaissez la pâte entre 2 feuilles de papier sulfurisé de façon à obtenir un morceau assez grand pour en foncer le moule. Déposez délicatement la pâte dans le moule, en appuyant sur le fond et le pourtour. Coupez l'excédent et piquez le fond avec une fourchette. Couvrez et placez 30 min au réfrigérateur.

3 Préchauffez le four à 200 °C. Disposez le moule sur une plaque de cuisson. Chemisez la pâte de papier sulfurisé, recouvrez de haricots secs ou de riz et faites cuire 10 min au four. Retirez le papier et les haricots, et poursuivez la cuisson pendant 10 min. Laissez refroidir.

4 Faites chauffer 10 min à feu moyen le lait concentré, le beurre, le sucre et le miel dans une casserole, en remuant, jusqu'à ce que la préparation soit couleur caramel. Laissez-la reposer 5 min, puis versez-la dans le fond de tarte. Laissez refroidir.

5 Recouvrez le caramel de rondelles de banane et de crème fouettée.

Tarte au citron

(8) (30') (55') (1ʰ) (210°C)

185 g de farine
40 g de sucre glace
30 g de poudre d'amandes
125 g de beurre en morceaux
1 jaune d'œuf
Sucre glace pour décorer

Crème au citron
1 c. à s. de zeste de citron
125 ml de jus de citron
5 œufs
165 g de sucre en poudre
250 ml de crème fraîche

1 Mélangez au robot la farine, le sucre glace, les amandes et le beurre. Ajoutez le jaune d'œuf et fouettez. Pétrissez la pâte sur un plan de travail fariné. Filmez-la et réfrigérez-la 30 min.

2 Abaissez la pâte. Foncez un moule à tarte à fond amovible de 24 cm de diamètre. Couvrez et laissez reposer 30 min au réfrigérateur. Préchauffez le four à 200-210 °C.

3 Tapissez le fond de tarte de papier sulfurisé et recouvrez-le de haricots. Faites cuire la pâte à blanc 15 min, puis 10 min sans les haricots. Sortez-la du four. Baissez le thermostat à 180-190 °C.

4 Pour la crème au citron, fouettez les ingrédients dans un saladier puis laissez reposer 5 min. Versez la crème sur le fond de tarte et faites cuire 30 min. Laissez tiédir avant de mettre au frais. Pour servir, saupoudrez de sucre glace.

Tarte Tatin

(8) (40') (1ʰ45) (30') (5') (200°C)

6 grosses pommes
100 g de beurre doux en morceaux
220 g de sucre roux
2 c. à s. de jus de citron
Crème fraîche fouettée (facultatif)

Pâte
300 g de farine
2 c. à s. de sucre en poudre
80 g de beurre doux froid, en dés
2 c. à s. de crème fraîche

1 Pelez les pommes, épépinez-les puis coupez-les en quatre. Faites fondre le beurre dans une sauteuse, ajoutez les quartiers de pomme, saupoudrez-les de sucre et arrosez-les de jus de citron. Laissez cuire 1 h à feu doux en les retournant plusieurs fois dans le sirop. À la fin de la cuisson, les pommes doivent être presque brunes et le sirop caramélisé.

2 Beurrez un moule à tarte puis disposez les quartiers de pomme en cercles concentriques. Étalez dessus 1 c. à s. de sirop caramélisé (réservez le reste). Tassez bien les pommes dans le plat et couvrez.

3 Préparez la pâte. Mettez la farine, le sucre, le beurre et la crème dans le bol d'un robot et mixez jusqu'à obtention d'une boule homogène. Pétrissez la pâte sur un plan de travail fariné jusqu'à ce qu'elle soit lisse. Couvrez et laissez reposer 30 min au réfrigérateur.

4 Préchauffez le four à 200 °C. Abaissez la pâte entre 2 feuilles de papier sulfurisé puis mettez-la en place sur les pommes en l'enfonçant bien dans le moule sur les côtés.
Faites cuire 30 min au four jusqu'à ce que la pâte soit dorée. Laissez reposer la tarte 5 min à température puis démoulez-la sur un plat de service.

5 Réchauffez le caramel réservé et nappez-en la tarte. Servez aussitôt avec la crème fouettée.

Conseil
Vous pouvez remplacer la crème fouettée par de la glace à la vanille ou servir la tarte nature. Si vous manquez de temps, utilisez une pâte feuilletée toute prête.

Pasteis de nata

| 24 | 25' | 20' | 220°C | kcal 81 |

110 g de sucre en poudre
2 c. à s. de Maïzena®
3 jaunes d'œufs
180 ml de lait

125 ml de crème fraîche
1 gousse de vanille fendue en deux
1 rouleau de pâte feuilletée
pur beurre

1 Préchauffez le four à 220 °C. Huilez 2 moules à minimuffin de 12 alvéoles.

2 Dans une petite casserole, mélangez le sucre et Maïzena®. À part, mélangez les jaunes d'œufs, le lait et la crème. Versez ce mélange dans la casserole, tout en fouettant.

3 Grattez les petites graines de vanille au-dessus de la casserole. Déposez du film alimentaire sur la crème pendant que vous préparez la pâte.

4 Coupez la pâte feuilletée en deux. Superposez les deux moitiés. Enroulez la pâte sur elle-même dans le sens de la longueur, en serrant. Découpez le rouleau en 24 tronçons.

5 Abaissez chaque tronçon au rouleau pour obtenir 24 disques de 6 cm de diamètre. Garnissez-en les alvéoles des moules.

6 Répartissez la crème dans les alvéoles. Faites cuire 12 min au four. Démoulez sur une grille et laissez refroidir.

Tarte frangipane aux fruits rouges

| 6 | 10' | 5' | 40' | 220°C | kcal 412 |

1 rouleau de pâte feuilletée
300 g de fruits rouges surgelés

Frangipane
80 g de beurre ramolli
½ c. à c. d'extrait de vanille
75 g de sucre en poudre
2 jaunes d'œufs
1 c. à s. de farine ordinaire
120 g de poudre d'amandes

1 Préchauffez le four à 220 °C. Beurrez un moule de 20 x 30 cm.

2 Étalez la pâte feuilletée de manière à recouvrir le fond et la paroi du moule. Foncez la pâte dans le moule. Piquez-la avec une fourchette sur toute la surface, puis placez-la 5 min au congélateur.

3 Placez par-dessus un autre moule de la même taille et enfournez 5 min. Retirez le moule supérieur et prolongez la cuisson de 5 min jusqu'à ce que la pâte soit légèrement dorée. Laissez-la reposer pendant 5 min. Baissez la température à 180 °C.

4 Pendant ce temps, préparez la frangipane. Dans un petit saladier, fouettez le beurre, l'extrait de vanille, le sucre et les jaunes d'œufs au batteur électrique jusqu'à l'obtention d'une crème légère et aérée. Incorporez la farine et la poudre d'amandes.

5 Étalez la frangipane sur la pâte feuilletée. Recouvrez-la de fruits rouges et enfoncez-les dans la frangipane. Enfournez 30 min environ jusqu'à ce que la tarte soit légèrement dorée.

FRUITS TROPICAUX

Les fruits tropicaux sont désormais un luxe que l'on peut s'offrir plus souvent car, pour la plupart, on les trouve facilement chez nous.

Ramboutan

Membre de la famille du litchi dont la chair, comme celle du litchi, est succulente et parfumée et a un goût qui s'apparente à celui du raisin. Pour enlever la peau dure recouverte de poils, fendez-la avec l'ongle et pelez-la comme un œuf.

Banane naine

Petites bananes à la peau jaune or et à la chair sucrée et crémeuse, originaires d'Asie. Ces bananes sont généralement vendues en régime dans les épiceries asiatiques. Ne les conservez pas au réfrigérateur, sinon leur peau noircira.

Carambole

Également connue sous le nom de « poireau d'été » et « balimbling » (variété plus petite), la carambole est très croquante et juteuse et a une saveur délicate et sucrée. Elle peut devenir jaune ou rose-jaune en mûrissant, mais a le plus souvent une couleur jaune-vert.

 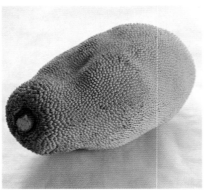 

Litchi

Sa chair juteuse et translucide a un goût de raisin, mais plus riche et parfumé. Non épluché, il se conserve pendant des semaines au réfrigérateur. On peut le déguster seul ou dans des salades de fruits ; il donne aussi une délicate saveur sucrée à une salade de canard.

Pomme de jacque

Fruit énorme contenant de nombreuses graines entourées d'une chair dorée, richement parfumée et à la saveur forte et sucrée. Courante dans les salades de fruits, les glaces, les boissons au lait et les soupes. Les graines sont comestibles, bouillies puis grillées dans une poêle avec un peu d'huile.

Fruit du dragon

Fruit d'un cactus, à la chair savoureuse et légèrement sucrée, un peu similaire à celle du kiwi ; elle se déguste crue. Prélevez la chair et les graines du fruit bien frais à l'aide d'une cuillère à café.

Mangue verte

C'est le fruit pas encore mûr du manguier, dont la chair est délicieusement acide. Elle est utilisée crue dans de nombreuses salades asiatiques, ou bien comme légume ; on peut l'acheter en pickles ou séchée.

Mangue

Fruit à la saveur, à la texture et au parfum de paradis ; la mangue est délicieuse nature dans des desserts ou dans des currys. Choisissez des mangues très colorées mais pas trop molles, ou bien encore un peu vertes, que vous faites ensuite mûrir à température ambiante.

Papaye

Il existe des variétés de papaye à chair jaune et à chair rose. Son parfum léger et sucré peut être rehaussé par du jus de citron vert.

Fruit de la Passion (variété panama)

Membre de la famille des baies, ce fruit est rempli d'une chair acidulée et sucrée qui renferme des petites graines noires. Il n'est pas aussi acide que la variété pourpre, plus commune, de fruit de la Passion.

Mangouste

Sa peau brillante, couleur brun rougeâtre, s'épluche pour révéler des quartiers de chair blanche, dont la saveur rafraîchissante, sucrée mais légèrement acidulée, rappelle celle de l'ananas. Délicieuse mangée à la main, comme une orange, ou bien fraîche et mixée avec d'autres fruits tropicaux.

Durian

Il est réputé être un fruit à l'odeur pestilentielle mais à la saveur exquise. Pour bien apprécier le goût sans être gêné par l'odeur, il est recommandé de couper la chair sucrée et parfumée en morceaux et de la laisser tremper une journée dans du lait de coco.

Salade de fruits toute rouge

2   **10'**   **kcal 200**

1 pamplemousse rose (350 g)
1 grenade (320 g)
125 g de fraises
200 g de raisins rouges

1 Pelez le pamplemousse et découpez les segments dans un saladier en prenant soin de récupérer le jus. Coupez la grenade en deux et détachez les graines avec une cuillère. Retirez tout morceau de membrane. Équeutez et coupez les fraises en deux.

2 Ajoutez la grenade, les fraises et le raisin dans le saladier, puis mélangez.

Salade de fruits rouges au yaourt et au muesli

4   10'   5'   kcal 268

250 ml d'eau

220 g de sucre

½ c. à c. d'eau de rose

2 clous de girofle

1 bâton de cannelle

300 g de pastèque

250 g de fraises

100 g de myrtilles

1 c. à s. de menthe fraîche finement hachée

280 g de yaourt à la grecque

90 g de muesli grillé

1 Mélangez l'eau, le sucre, l'eau de rose, les clous de girofle et la cannelle dans une petite casserole. Faites chauffer sans faire bouillir jusqu'à ce que le sucre soit fondu. Retirez du feu et laissez refroidir.

2 Coupez la pastèque en dés. Équeutez les fraises et coupez-les en morceaux. Mélangez la pastèque, les fraises, les myrtilles, la menthe et 2 c. à s. de sirop dans un saladier. Répartissez les fruits dans des verres. Ajoutez le yaourt et le muesli sur le dessus et arrosez avec 1 c. à c. de sirop par verre.

Conseil

Préparez le sirop à l'avance. Conservez-le dans un récipient hermétique au réfrigérateur 1 mois au maximum.

Crêpes aux fraises rôties

2   5'   15'   180°C   kcal 160

250 g de fraises coupées en deux
1 c. à s. de sucre en poudre
½ c. à c. d'extrait de vanille
1 petite orange détaillée en segments
60 g de farine ordinaire
95 ml de lait
1 c. à s. de menthe fraîche ciselée

1 Préchauffez le four à 180 °C. Chemisez de papier sulfurisé 2 ramequins peu profonds. Répartissez-y les fraises. Saupoudrez-les de sucre en poudre, arrosez d'extrait de vanille et mélangez. Faites rôtir 7 min jusqu'à ce que les fruits commencent à ramollir. Sortez les ramequins du four et ajoutez les segments d'orange.

2 Tamisez la farine au-dessus d'un petit récipient. Avec un fouet, incorporez progressivement le lait jusqu'à obtention d'une pâte lisse. Faites chauffer une poêle antiadhésive à feu moyen. Versez-y la moitié de la pâte en inclinant la poêle pour en napper le fond. Faites cuire la crêpe des deux côtés, puis faites-la glisser sur une assiette et couvrez-la pour la maintenir au chaud. Faites cuire la deuxième crêpe. Servez les crêpes avec les fraises. Décorez de menthe ciselée.

Pommes au four et yaourt aux épices

2   10'   35'   180°C   **kcal** 234

2 grosses pommes vertes (400 g)
2 c. à s. d'amandes entières finement hachées
1 c. à s. de pruneau finement haché
1 c. à s. de figue sèche finement hachée
1 c. à s. d'abricot sec finement haché

Yaourt aux épices
95 g de yaourt nature
2 c. à c. de jus de citron
2 c. à c. d'extrait de vanille
1 c. à c. de miel
½ c. à c. de mélange d'épices pour pain d'épices

1 Préchauffez le four à 180 °C. Évidez les pommes non pelées aux trois quarts, sans percer la base, pour former un trou de 4 cm de diamètre. Entaillez les pommes à mi-hauteur avec un couteau pointu.

2 Mélangez les amandes et les fruits secs dans un bol. Mettez ce mélange dans le trou des pommes en tassant bien. Posez les pommes dans un petit plat

à four et enfournez 35 min jusqu'à que ce qu'elles soient tendres.

3 Pendant ce temps, préparez le yaourt aux épices en mélangeant tous les ingrédients dans un bol.

4 Avant de servir, nappez les pommes de yaourt aux épices.

Nectarines grillées

6 nectarines moyennes, coupées en deux et dénoyautées

2 c. à s. de sucre brun

1 c. à s. de liqueur d'orange ou de jus d'orange

210 g de yaourt nature

1 c. à s. de sucre glace

2 c. à s. de pulpe de fruits de la Passion

1 Préchauffez le gril du four. Déposez les nectarines sur la peau dans un grand plat, saupoudrez-les de sucre et arrosez-les de liqueur ou de jus d'orange. Passez-les au four jusqu'à ce qu'elles caramélisent légèrement.

2 Fouettez le yaourt et le sucre glace. Incorporez la pulpe de fruits de la Passion.

3 Dégustez le yaourt avec les nectarines chaudes ou tièdes.

Conseil

Les nectarines grillées se gardent 3 jours au réfrigérateur. Servies avec du yaourt et du muesli, elles composent un petit déjeuner très sain.

Bananes grillées

4 bananes coupées en deux dans la longueur

55 g de sucre roux

20 g de beurre

2 c. à s. de malibu (liqueur de noix de coco)

1 gousse de vanille

160 ml de crème fraîche épaisse

1 c. à s. de sucre glace

1 Saupoudrez les bananes de 1 c. à s. de sucre roux puis faites-les caraméliser sous le gril du four.

2 Mélangez le reste du sucre, le beurre et le malibu dans une casserole. Faites chauffer à feu doux, sans laisser bouillir. Réservez au chaud jusqu'au moment de servir.

3 Fendez la gousse de vanille en deux, grattez les graines et incorporez-les à la crème fraîche ; ajoutez le sucre glace et fouettez vigoureusement au batteur électrique. Répartissez les bananes sur des assiettes à dessert, garnissez de crème fouettée et nappez de sauce chaude. Servez aussitôt.

Prunes et figues grillées au miel

4 petites prunes (150 g) coupées en deux
et dénoyautées
4 figues moyennes (140 g) coupées en deux
2 c. à s. de miel
1 c. à s. de sucre roux
4 c. à c. de yaourt

1 Préchauffez le gril du four. Posez les prunes et les figues
dans un plat peu profond. Arrosez-les avec la moitié
du miel et saupoudrez-les de sucre. Faites-les caraméliser
légèrement sous le gril du four : leur chair doit être moelleuse.

2 Disposez les fruits sur une assiette à dessert
et nappez-les du reste du miel et des sucs de cuisson
récupérés au fond du plat. Dégustez avec le yaourt.

Mandarines caramélisées et glace à la vanille

4   10'   10'

50 g de beurre

75 g de sucre roux

5 mandarines pelées et détaillées en quartiers

1 litre de glace à la vanille

1 Faites fondre le beurre dans une casserole puis ajoutez le sucre et les quartiers de mandarine. Laissez frémir jusqu'à ce que les mandarines soient juste tendres.

2 Répartissez la glace dans des coupelles et garnissez de quartiers de mandarine. Nappez de sauce caramel. Servez aussitôt.

Conseil

Servez ce dessert avec des tuiles aux amandes.

Figues caramélisées et yaourt aux épices

4   10'   10'

280 g de yaourt

35 g de pistaches grillées concassées

¼ de c. à c. de noix de muscade moulue

1 c. à s. de sucre en poudre

6 grosses figues fraîches

1 c. à s. de miel

1 Mélangez le yaourt, les pistaches, la noix de muscade et le sucre dans un saladier.

2 Coupez les figues en deux dans la longueur et badigeonnez de miel les faces coupées.

3 Faites cuire les figues dans une grande poêle antiadhésive, face coupée vers le bas, puis retournez-les et laissez-les dorer 5 min. Servez les figues accompagnées du yaourt aux épices.

Fondue de fruits et de marshmallows à l'orange

6 · 20' · 10' · kcal 426

150 g de sucre roux
25 g de beurre
160 ml de crème fraîche
1 c. à c. de zeste d'orange râpé
2 c. à s. de liqueur d'orange
ou de jus d'orange
100 g de chocolat blanc
coupé en morceaux

1 grosse banane
coupée en morceaux
250 g de fraises équeutées
et coupées en deux ou en quatre
2 petites poires épépinées
et coupées en cubes
2 mandarines détaillées en quartiers
150 g de marshmallows

1 Mélangez le sucre, le beurre, la crème, le zeste d'orange et la liqueur dans une casserole. Laissez chauffer à feu moyen pour faire dissoudre le sucre puis portez à ébullition. Laissez frémir 3 min. Retirez du feu et laissez refroidir 5 min.

2 Faites fondre le chocolat blanc avant de l'incorporer à la sauce à l'orange.

3 Disposez les fruits et les marshmallows sur un grand plateau ou dans des assiettes. Présentez des petits bâtonnets en bois ou en plastique dans des verres. Mettez le tout sur la table avec la sauce à l'orange ; chacun se servira à sa guise.

Brochettes de fruits et yaourt au miel

4 · 30' · 10' · kcal 323

½ ananas frais
2 ou 3 oranges
250 g de fraises
2 bananes
30 g de beurre

55 g de sucre roux
1 c. à s. de jus de citron
250 g de yaourt brassé
2 c. à s. de miel liquide

1 Épluchez l'ananas en taillant franchement dans la chair pour enlever tous les résidus d'écorce et ôtez le cœur. Coupez l'ananas en tranches dans la longueur puis en morceaux. Pelez à vif les oranges avant d'en prélever les quartiers. Équeutez les fraises et coupez-les en deux si elles sont grosses. Enlevez la peau des bananes et coupez-les en tranches épaisses. Enfilez les fruits sur des brochettes.

2 Faites fondre le beurre puis ajoutez le sucre. Laissez sur le feu jusqu'à ce que le sucre soit dissous, ajoutez le jus de citron puis badigeonnez les brochettes de fruits de ce mélange. Faites-les alors griller au four 5 min : elles doivent être légèrement dorées. Mélangez le yaourt et le miel. Servez les brochettes bien chaudes avec le yaourt.

Meringues au sucre roux et bananes au caramel

4 | 15' | 1ʰ | 120°C | kcal 350

3 blancs d'œufs
220 g de sucre roux
3 c. à c. de Maïzena®
3 c. à c. de vinaigre blanc
1 c. à c. d'extrait de vanille

10 g de beurre
80 ml de crème fraîche
55 g de sucre roux supplémentaire
2 bananes en tranches fines

1 Préchauffez le four à 120 °C. Montez les blancs en neige dans un petit saladier. Ajoutez 165 g de sucre, cuillerée par cuillerée, et continuez de fouetter pour obtenir un mélange ferme et lisse. Incorporez enfin la Maïzena®, le vinaigre et l'extrait de vanille.

2 Répartissez la meringue dans 4 moules à tartelette et faites cuire 1 h au four, sans couvrir.

3 Pendant la cuisson des meringues, faites fondre le beurre dans une petite casserole puis ajoutez la crème et le sucre restant. Portez à ébullition puis réduisez le feu et laissez frémir 2 min pour faire épaissir le caramel.

4 Répartissez les tranches de banane sur les meringues et nappez le tout de caramel.

Meringues au sirop de grenade

6 | 20' | 40' | 120°C | kcal 374

4 blancs d'œufs
220 g de sucre en poudre
1 c. à c. d'eau de fleur d'oranger
300 ml de crème fraîche

Sirop de grenade
2 c. à s. de sucre en poudre
2 c. à s. d'eau
125 ml de pulpe de grenade

1 Préchauffez le four à 120 °C. Huilez un moule à gros muffins de 6 alvéoles. Garnissez chaque alvéole avec 2 bandes de papier sulfurisé de 5 x 20 cm que vous croiserez.

2 Montez les blancs en neige souple au batteur électrique. Incorporez peu à peu le sucre. Ajoutez l'eau de fleur d'oranger.

3 Répartissez cette meringue dans les alvéoles du moule. Avec le dos d'une cuillère, dessinez un tourbillon dedans. Enfournez 30 min. Laissez les meringues refroidir au four, porte entrouverte.

4 Préparez le sirop de grenade : faites chauffer le sucre et l'eau. Quand le sucre est dissous, faites bouillir 2 min à découvert pour faire épaissir. Ajoutez la pulpe de grenade. Laissez mijoter 2 min puis laissez refroidir. Démoulez les meringues en tirant sur le papier. Servez-les avec le sirop de grenade et la crème fraîche.

Pavlova aux fruits rouges

4 blancs d'œufs
250 g de sucre en poudre
4 c. à c. de cannelle moulue
2 c. à c. de zeste d'orange finement râpé
3 c. à c. de Maïzena®
1 c. à c. de vinaigre blanc
300 ml de crème fraîche épaisse
½ c. à c. d'extrait de vanille
150 g de fraises coupées en tranches fines
300 g de framboises et de myrtilles mélangées

1 Préchauffez le four à 140 °C. Chemisez une plaque de cuisson de papier sulfurisé et dessinez un cercle de 20 cm de diamètre.

2 Montez les blancs d'œufs en neige au batteur électrique puis incorporez le sucre en plusieurs fois, en battant bien entre chaque ajout. Continuez de battre 4 à 5 min jusqu'à obtention d'un mélange épais et satiné. Ajoutez délicatement la cannelle, le zeste d'orange, la Maïzena® et le vinaigre. Étalez la meringue sur le disque dessiné en la lissant avec le dos d'une cuillère. Donnez-lui une forme légèrement bombée et ménagez un petit puits au centre.

3 Faites cuire la meringue 45 min au four puis éteignez-le, et laissez la meringue refroidir, la porte du four entrouverte. Fouettez la crème et l'extrait de vanille jusqu'à ce que de petits pics se forment à la surface. Garnissez-en le centre de la meringue, décorez de quelques fruits rouges et présentez le reste tout autour de la pavlova.

Conseil
Vous pouvez servir cette pavlova avec un assortiment de fruits exotiques (ananas frais, kiwis, oranges) ou d'autres fruits de saison (pêches et abricots, pastèque et melon), voire tout simplement garnie de crème fouettée et nappée d'un coulis de mangue ou de framboise. La meringue peut être préparée 4 jours à l'avance.

Minicharlottes aux fruits rouges

12 biscuits à la cuiller
250 ml de jus de canneberge
400 g de fromage blanc

1 sachet de sucre vanillé
150 g de framboises fraîches
150 g de myrtilles fraîches

1 Trempez 3 biscuits dans le jus de canneberge et disposez-les debout dans un verre, contre la paroi. Répétez trois fois l'opération.

2 Sucrez le fromage blanc et répartissez la moitié dans les verres, couvrez avec la moitié des fruits puis ajoutez le reste du fromage blanc et enfin le reste des fruits. Servez sans attendre.

Conseil
Vous pouvez préparer ce dessert quelques heures à l'avance et le conserver au réfrigérateur jusqu'au moment de servir.

Trifles à la myrtille

½ **c. à c.** d'extrait de vanille
1 c. à s. de sucre glace
180 ml de yaourt nature
2 miniroulés à la confiture
2 c. à s. de jus d'orange
120 g de myrtilles
2 c. à c. de zeste d'orange finement râpé

1 Mélangez l'extrait de vanille, le sucre glace et le yaourt.

2 Tranchez finement les miniroulés à la confiture. Répartissez les tranches dans 2 verres (contenance 180 ml). Arrosez-les avec le jus d'orange. Répartissez la moitié des myrtilles, puis versez le mélange au yaourt dans les verres, à parts égales. Placez 30 min au réfrigérateur.

3 Répartissez le reste des myrtilles et le zeste d'orange finement râpé juste avant de servir.

Pain perdu aux pommes et sauce caramel

2 pommes rouges (400 g)

55 g de sucre

2 c. à c. de zeste de citron finement râpé

1 c. à c. de cannelle moulue

4 œufs

180 ml de lait

60 ml de crème liquide

55 g de sucre supplémentaire

4 tranches de brioche de 3 cm d'épaisseur (240 g)

60 g de beurre

2 c. à c. de sucre glace

Sauce caramel

80 g de beurre

75 g de sucre roux

160 ml de crème liquide

1 Pelez les pommes, coupez-les en quatre et épépinez-les. Coupez-les en fines tranches et mélangez-les avec le sucre, le zeste de citron et la cannelle dans un saladier.

2 Battez les œufs, le lait, la crème et le sucre supplémentaire dans un saladier.

3 Préchauffez le four à 180 °C.

4 Incisez les tranches de brioche dans l'épaisseur pour faire une poche en laissant une bordure de 1 cm. Glissez les tranches de pomme dans la poche. Conservez le jus restant au fond du saladier pour la sauce caramel. Trempez les tranches de brioche dans le lait des 2 côtés et mettez-les dans un plat à four ou sur une plaque de cuisson. Versez le reste du lait sur le pain.

5 Faites chauffer la moitié du beurre dans une grande poêle. Faites cuire la moitié des tranches de brioche jusqu'à ce qu'elles soient dorées des 2 côtés. Mettez-les sur une plaque de cuisson recouverte de papier sulfurisé. Essuyez la poêle et recommencez avec le reste du beurre et de la brioche. Mettez la plaque de cuisson au four et faites cuire 10 min jusqu'à ce que les pommes soient tendres.

6 Préparez la sauce caramel. Mélangez le beurre, le sucre, la crème et le jus réservé dans une casserole moyenne. Faites chauffer à feu doux, en remuant, jusqu'à ce que le beurre soit fondu, puis portez à ébullition et retirez du feu.

7 Saupoudrez le pain perdu de sucre glace et servez-le avec la sauce caramel. Vous pouvez l'accompagner de yaourt ou de crème, si vous le souhaitez.

Verrines à la mangue et aux fruits de la Passion

1 mangue coupée en gros morceaux
1 fruit de la Passion coupé en deux
2 blancs d'œufs
75 g de sucre en poudre
400 g de yaourt à la vanille

1 Mixez la mangue et le fruit de la Passion.

2 Montez les blancs d'œufs en neige ferme en ajoutant progressivement le sucre jusqu'à ce que la préparation soit lisse. Incorporez le yaourt.

3 Répartissez dans des coupes, en couches alternées, la purée de fruits et la préparation au yaourt. Réfrigérez 30 min avant de servir.

Conseil

Préparez ce dessert avec de la purée de mangue (rayon surgelés) si vous ne trouvez pas de mangue fraîche.

Verrines aux abricots

500 ml de lait
30 g de préparation en poudre pour crème anglaise
50 g de sucre roux en morceaux
2 œufs
1 c. à s. d'extrait de vanille
825 g d'abricots en boîte
375 ml de nectar d'abricot
2 c. à c. de gélatine en poudre
250 g de biscuits fourrés aux fruits
80 ml de liqueur d'orange
300 ml de crème fraîche fouettée

1 Faites bouillir le lait dans une casserole puis retirez-le du feu. Fouettez dans un récipient la préparation pour crème anglaise, le sucre et les œufs puis versez ce mélange dans la casserole et remuez. Laissez chauffer jusqu'au point d'ébullition, en remuant sans cesse. Quand la crème a épaissi, retirez-la du feu et incorporez l'extrait de vanille. Couvrez et laissez refroidir à température ambiante.

2 Égouttez les abricots et réservez-les. Récupérez le jus dans une casserole. Versez le nectar d'abricot et saupoudrez la gélatine dessus. Faites chauffer le mélange au bain-marie pour faire dissoudre la gélatine, en remuant régulièrement, puis laissez reposer à température ambiante.

3 Coupez les abricots en tranches fines et tapissez-en le fond d'un moule rectangulaire. Versez la gélatine et laissez prendre au moins 30 min au réfrigérateur.

4 Coupez les biscuits en tranches de 1 cm d'épaisseur et répartissez-en la moitié dans 6 verres hauts. Arrosez avec la moitié de la liqueur d'orange. Coupez la gelée en cubes de 5 cm et mettez-en la moitié dans les verres puis couvrez-les avec la moitié de la crème fouettée. Répétez l'opération en disposant successivement le reste des biscuits (nappez-les de liqueur d'orange) puis le reste de la gelée et, enfin, le reste de la crème. Mettez au réfrigérateur jusqu'au moment de servir.

Crumble aux pommes

4 petites pommes en cubes

4 c. à c. de jus de citron

4 c. à s. de sucre brun

2 pincée de cinq-épices

4 c. à s. de farine

40 g de beurre en dés

1 Préchauffez le four à 200 °C. Beurrez légèrement un grand ramequin.

2 Mélangez dans un saladier les cubes de pomme, le jus de citron, la moitié du sucre brun et la moitié du cinq-épices.

3 Dans un autre saladier, malaxez le reste du cinq-épices avec la farine et le beurre pour obtenir la texture d'une chapelure. Incorporez le reste du sucre.

4 Répartissez les pommes dans le fond du ramequin et saupoudrez le crumble dessus. Faites cuire 30 min au four jusqu'à ce que le dessus commence à dorer.

5 Dégustez le crumble chaud avec de la crème fraîche ou une crème glacée à la vanille.

Crumbles pommes-fruits rouges

2 pommes moyennes (300 g)

115 g d'un mélange de fruits rouges surgelés

2 c. à s. de jus de citron

2 c. à s. de sucre de canne blond

2 c. à s. de farine ordinaire

20 g de flocons d'avoine

20 g de beurre

30 g de noisettes grillées finement hachées

Sucre glace

1 Préchauffez le four à 200 °C. Beurrez 4 ramequins de 180 ml et placez-les dans un plat à four.

2 Épluchez et évidez les pommes, hachez-les grossièrement. Dans un saladier, mélangez les pommes, les fruits rouges, le jus de citron et la moitié du sucre. Répartissez ce mélange dans les ramequins.

3 Dans un bol, mélangez le sucre restant, la farine et les flocons d'avoine. Frottez le beurre dans ce mélange et ajoutez les noisettes. Répartissez le crumble sur les fruits en appuyant fermement.

4 Faites cuire 30 min au four jusqu'à ce que les crumbles soient légèrement dorés. Saupoudrez de sucre glace tamisé et accompagnez de yaourt.

Crumble aux coings et aux mûres

6   30'   2ʰ   180°C

185 g de beurre doux
165 g de sucre en poudre
2 œufs
335 g de farine avec levure incorporée
180 ml de lait
300 g de mûres surgelées
2 c. à c. de Maïzena®

Coings pochés
750 ml d'eau
165 g de sucre en poudre
1 bâton de cannelle
1 c. à s. de jus de citron
1 kg de coings découpés chacun en 8 quartiers

Crumble à la cannelle
110 g de farine ordinaire
2 c. à s. de sucre en poudre
110 g de cassonade
100 g de beurre doux froid, détaillé en cubes
1 c. à c. de cannelle moulue

1 Préparez les coings pochés : mélangez dans une casserole le sucre, la cannelle, le jus de citron et l'eau, laissez chauffer à feu moyen pour faire dissoudre le sucre, portez à ébullition puis laissez pocher les coings 1 h 30 dans ce sirop. Laissez-les tiédir avant de les égoutter. Réservez le sirop à part.

2 Préchauffez le four à 180 °C. Beurrez un moule à gâteau carré de 23 cm de côté ; couvrez le fond de papier sulfurisé.

3 Fouettez en crème légère le beurre et le sucre dans un saladier. Ajoutez les œufs un à un puis incorporez en 2 fois la farine tamisée et le lait. Versez la pâte dans le moule et faites cuire 25 min au four.

4 Malaxez en chapelure grossière les ingrédients du crumble.

5 Sortez le gâteau du four et étalez les coings pochés dessus. Saupoudrez les mûres (non décongelées) de Maïzena® avant d'en recouvrir les coings pochés. Terminez par le crumble et remettez le gâteau au four 5 min environ. Attendez 5 min pour le démouler et servez-le tiède avec le sirop des coings.

Crème brûlée

6 | 15' | 40' | 3h | 180°C

1 gousse de vanille
750 ml de crème fraîche

6 jaunes d'œufs
100 g de sucre en poudre

1 Préchauffez le four à 180 °C. Coupez la gousse de vanille en deux et prélevez les graines avec la pointe d'un couteau (réservez-les). Faites chauffer la crème et la gousse de vanille dans une casserole à feu doux, sans laisser bouillir.

2 Fouettez les jaunes d'œufs, 60 g de sucre et les graines de vanille dans un récipient avant d'incorporer la crème chaude. Mettez le récipient au-dessus d'une grande casserole d'eau frémissante et faites cuire 10 min au bain-marie, en remuant. Quand la crème a épaissi, retirez le récipient de la casserole puis ôtez la gousse de vanille.

3 Répartissez la crème dans 6 ramequins. Placez-les dans un grand plat allant au four et versez de l'eau chaude dans le plat jusqu'à mi-hauteur. Faites cuire les crèmes 20 min. Laissez refroidir à température ambiante puis mettez au moins 3 h au réfrigérateur.

4 Avant de servir, préchauffez le four en position gril. Disposez les moules dans un grand plat rempli de glaçons. Saupoudrez uniformément les crèmes du reste du sucre et faites-les caraméliser sous le gril.

Crèmes au caramel et poires rôties

2 | 10' | 1h05 | 220°C

55 g de sucre en poudre + **1 c. à s.**
125 ml de crème fraîche
60 ml de lait

1 œuf + **1** jaune d'œuf
2 petites poires (200 g)
15 g de beurre en cubes

1 Préchauffez le four à 160 °C. Dans une petite casserole, faites dissoudre le sucre à feu doux dans 1 c. à s. d'eau. Portez à ébullition, sans remuer, jusqu'à l'apparition d'un caramel doré. Retirez la casserole du feu pour ajouter la crème et le lait. Remettez sur le feu et mélangez pour lier le caramel.

2 Fouettez l'œuf et le jaune d'œuf dans un saladier. Incorporez le caramel au fouet.

3 Répartissez cette crème dans 2 ramequins, posez ces derniers dans

un plat, versez de l'eau bouillante jusqu'à mi-hauteur et faites cuire 30 min au four. Retirez du four. Réglez le thermostat à 220 °C.

4 Coupez les poires en tranches fines sans les peler. Déposez-les sur une plaque de cuisson beurrée. Parsemez de cubes de beurre et saupoudrez la moitié du sucre restant. Faites cuire 15 min au four. Retournez les poires et saupoudrez-les du reste du sucre. Remettez 15 min au four. Servez les crèmes avec les poires rôties.

Crème pâtissière au four

6 | 5' | 45' | 5' | 160°C | kcal 243

6 œufs

1 c. à c. d'extrait de vanille

75 g de sucre en poudre

1 litre de lait chaud

¼ de c. à c. de noix de muscade moulue

1 Préchauffez le four à 160 °C. Beurrez un plat à four profond d'une contenance de 1,5 litre.

2 Dans un grand saladier, fouettez les œufs, l'extrait de vanille et le sucre, puis incorporez progressivement le lait chaud. Versez la préparation dans le plat ; saupoudrez-la de noix de muscade.

3 Déposez le plat dans un plus grand plat à four et remplissez-le d'eau à mi-hauteur. Faites cuire 45 min, à découvert. Ôtez la crème du grand plat et laissez-la reposer pendant 5 min avant de servir.

Conseil

Servez cette crème avec des fruits de saison, comme des fruits rouges, pour un accompagnement idéal.

Panna cotta aux fruits rouges

½ gousse de vanille
80 ml de crème fraîche épaisse
1 c. à s. de sucre en poudre
¾ de c. à c. de gélatine en poudre
2 c. à s. d'eau bouillante
120 g de yaourt nature

Compote de fruits rouges
1 bâton de cannelle
125 g de fruits rouges frais
ou surgelés, décongelés
1 c. à s. de sucre en poudre
2 c. à s. d'eau bouillante

1 Grattez les graines de la demi-gousse de vanille au-dessus d'une casserole. Jetez la gousse. Ajoutez la crème et le sucre. Faites chauffer 5 min à feu doux, en remuant, jusqu'à ce que le sucre soit dissous. Dans un petit bol, faites dissoudre la gélatine dans l'eau bouillante. Incorporez la gélatine à la crème, dans la casserole, et laissez refroidir 5 min. Avec un fouet, incorporez le yaourt. Versez la préparation dans 2 moules de 125 ml, recouvrez de film alimentaire et faites prendre 4 h au réfrigérateur.

2 Dans un bol, mélangez la cannelle, les fruits rouges, le sucre et l'eau bouillante. Remuez jusqu'à ce que le sucre soit dissous. Couvrez et placez au réfrigérateur. Avant de servir, retournez les moules sur 2 assiettes et servez avec la compote de fruits rouges (sans le bâton de cannelle).

Riz au lait et compote de framboise

100 g de riz blanc à grains ronds
500 ml de lait entier
250 ml de lait écrémé
1 c. à c. d'extrait de vanille
55 g de sucre en poudre

Compote de framboise
300 g de framboises surgelées
1 c. à s. de sucre en poudre

1 Préchauffez le four à 160 °C. Rincez soigneusement le riz sous l'eau froide, égouttez-le et étalez-le dans un plat allant au four.

2 Mélangez le lait entier, le lait écrémé, l'extrait de vanille et le sucre dans une casserole. Portez à ébullition puis versez ce liquide sur le riz en mélangeant délicatement. Couvrez le plat de papier d'aluminium et faites cuire le riz au four pendant 1 h 15 environ jusqu'à absorption complète du lait. Le riz doit être moelleux.

3 Pendant la cuisson du riz, mettez les framboises et le sucre dans une casserole. Faites chauffer à feu doux jusqu'à dissolution du sucre puis laissez refroidir 10 min. Servez le riz tiède avec la compote de framboise.

Clafoutis aux mûres

6 c. à s. de sucre en poudre
70 g de mûres
2 c. à s. de lait
4 c. à s. de crème fraîche
½ c. à c. d'extrait de vanille
2 œufs
2 c. à c. de farine

1 Préchauffez le four
à 180 °C. Beurrez
2 ramequins peu profonds,
saupoudrez 1 c. à c.
de sucre sur le fond
et la paroi de chacun.
Déposez les mûres dedans.

2 Portez à ébullition
le lait, la crème fraîche
et l'extrait de vanille
dans une petite casserole.
Réservez cette crème.

3 Au fouet électrique, faites
blanchir les œufs avec
le reste du sucre. Incorporez
progressivement la farine et
la crème à la vanille. Versez
le mélange sur les fruits.

4 Faites cuire les clafoutis
20 min environ au four,
jusqu'à ce que la crème
soit ferme et le dessus
légèrement doré.

Riz au lait de coco et à la mangue

300 ml de crème fraîche épaisse
125 ml de crème de coco
80 g de sucre glace
340 g de riz blanc cuit
600 g de mangue grossièrement hachée
25 g de copeaux de noix de coco grillés

1 Fouettez la crème fraîche,
la crème de coco et
le sucre dans un bol jusqu'à
obtention d'un mélange ferme.

2 Versez le riz dans
un saladier et incorporez
la crème battue. Remuez bien
et placez au réfrigérateur
pendant que vous préparez
la mangue.

3 Mixez les trois quarts
de la mangue. Tranchez
le quart restant en fines
lamelles. Répartissez la
préparation au riz et la purée
de mangue en couches
alternées dans de grands
verres de présentation.
Décorez de lamelles de
mangue et de copeaux
de noix de coco.

Conseil

Vous pouvez remplacer
la mangue par de la papaye
ou des fruits rouges de votre choix.

Yaourt glacé aux fruits de la Passion

4 · **10'** · **5'** · **3ʰ** · **kcal 221**

110 g de sucre en poudre
60 ml d'eau
1 feuille de gélatine
560 g de yaourt
La pulpe de **6** fruits de la Passion

1 Mélangez le sucre et l'eau dans une casserole. Laissez chauffer à feu doux jusqu'à dissolution du sucre. Versez le sirop dans un récipient.

2 Faites tremper la gélatine dans un peu d'eau froide pour qu'elle s'assouplisse puis mélangez-la au sirop, en remuant bien, jusqu'à dissolution complète.

3 Ajoutez dans le récipient le yaourt et la pulpe de fruits de la Passion. Versez ensuite cette préparation dans un moule rectangulaire peu profond et couvrez de papier d'aluminium. Faites raffermir la glace 1 h au réfrigérateur. Quand elle commence à prendre, fouettez-la à la fourchette. Répétez l'opération 2 fois. Servez la glace en boules dans des coupes à dessert. Accompagnez d'un coulis de fruits de la Passion ou de mangue.

Glace vanillée au yaourt

750 ml · **30'** · **5ʰ** · **kcal 155**

2 c. à c. de gélatine en poudre
2 c. à s. d'eau bouillante
4 c. à s. de miel
500 g de yaourt nature
2 blancs d'œufs
1 c. à s. d'extrait de vanille

1 Faites dissoudre la gélatine dans l'eau bouillante. Laissez refroidir 5 min. Mélangez le miel et le yaourt dans un saladier. Incorporez la gélatine dissoute. Versez le mélange dans un récipient peu profond, résistant au gel. Recouvrez le plat avec du papier d'aluminium et faites prendre 2 h au congélateur.

2 Dans un robot, mixez le yaourt gelé avec les blancs d'œufs et l'extrait de vanille. Reversez la préparation dans le récipient, couvrez et faites prendre 3 heures ou toute une nuit au congélateur. Servez 185 ml de glace au yaourt par personne avec ½ pêche en morceaux ou 125 g de fraises.

Crème glacée banane et noix de macadamia

4 5' kcal 618

1 litre de glace à la vanille
150 g de noix de macadamia grillées
et grossièrement concassées
2 bananes
60 ml de sirop d'érable

1 Mixez la glace à la vanille avec les noix de macadamia, les bananes et le sirop d'érable. Remettez la glace au congélateur jusqu'au moment de servir.

Crème glacée et sauce aux fruits exotiques

4 5' kcal 333

8 fruits de la Passion
8 mandarines détaillées en quartiers
2 petites bananes coupées en tranches
1 litre de glace à la vanille

1 Mélangez la pulpe des fruits de la Passion, les quartiers de mandarine et les tranches de banane. Servez ce coulis sur des boules de glace à la vanille.

Glace vanille et Maltesers®

4 5' kcal 452

200 g de Maltesers® (bonbons
au chocolat fourrés de biscuit craquant)
1 litre de glace à la vanille ramollie
30 g de lait malté en poudre
(magasins diététiques)

1 Concassez grossièrement les Maltesers® et mélangez-les avec la glace à la vanille et le lait malté. Remettez la glace au congélateur jusqu'au moment de servir.

Crème glacée et praliné à la pistache

4 10' 8' 220°C kcal 221

55 g de sucre en poudre
50 g de pistaches non salées, concassées
1 litre de glace

1 Préchauffez le four à 220 °C. Saupoudrez le sucre sur une feuille de papier sulfurisé puis passez-le au four 8 min pour obtenir un caramel liquide. Sortez la feuille du four et mettez-

la sur une grande planche à découper. Saupoudrez sur le caramel liquide les pistaches concassées puis laissez raffermir. Quand le caramel est devenu dur et cassant, mixez-le grossièrement.

2 Mettez 3 boules de glace dans 4 coupes et saupoudrez de praliné.

Yaourt glacé à la mangue

3 jaunes d'œufs
150 g de sucre en poudre
300 ml de crème
310 ml de lait

500 g de yaourt à la grecque
2 petites mangues mûres (600 g)
pelées et détaillées en cubes
+ quelques tranches pour servir

1 Travaillez en crème les jaunes d'œufs et le sucre dans un saladier.

2 Faites chauffer la crème fraîche et le lait jusqu'au point d'ébullition puis retirez la casserole du feu. En fouettant, incorporez graduellement les jaunes d'œufs battus avec le sucre.

3 Reversez la crème dans la casserole et faites-la cuire à feu doux en remuant constamment pour qu'elle épaississe et nappe la cuillère. Veillez

à ne pas la laisser bouillir. Laissez-la tiédir un peu puis laissez-la 1 h au réfrigérateur pour qu'elle soit bien froide.

4 Mélangez le yaourt et la crème froide. Faites prendre dans une glacière, en respectant les instructions du fabricant. Quand le mélange est ferme, ajoutez les mangues. Transférez la glace dans un bac adapté et congelez-la 4 h environ.

5 Servez la glace en boules avec des tranches de mangue fraîche.

Sorbets aux fruits des tropiques

125 ml d'eau
110 g de sucre en poudre
2 blancs d'œufs
Fruits de votre choix

1 Faites chauffer le sucre et l'eau dans une casserole jusqu'à dissolution du sucre. Portez à ébullition puis baissez le feu et laissez frémir 5 min, sans remuer. Transférez ce mélange dans un récipient et laissez refroidir 10 min.

2 Mixez les fruits choisis pour obtenir environ 500 ml de coulis. Incorporez ce dernier au sirop de sucre.

3 Versez le mélange dans un moule rectangulaire, couvrez d'une feuille d'alu et congelez 3 h au moins.

4 Au robot ou au batteur électrique, fouettez le sorbet avec les blancs d'œufs puis remettez le tout dans le moule. Laissez prendre au moins 1 h au congélateur.

Ananas
Mixez 1 petit ananas épluché et grossièrement haché puis suivez la recette de base.

Kiwi
Mixez 7 kiwis pelés et coupés en morceaux puis suivez la recette de base.

Mangue
Mixez 3 petites mangues pelées, dénoyautées et coupées en morceaux puis suivez la recette de base.

Sorbet exotique et mangues grillées

6 fruits de la Passion mixés
250 ml d'eau
110 g de sucre en poudre
1 grosse mangue coupée en morceaux
+ 4 petites mangues entières
2 c. à s. de liqueur d'orange
3 blancs d'œufs
2 c. à s. de sucre roux
1 citron vert coupé en huit

1 Passez les fruits de la Passion mixés dans un tamis fin ; réservez les pépins.

2 Faites dissoudre le sucre dans l'eau à feu moyen puis portez à ébullition. Dès les premiers bouillons, baissez le feu et laissez frémir 10 min sans remuer pour faire épaissir le sirop. Laissez refroidir.

3 Mixez les morceaux de mangue, transférez-les dans un récipient et ajoutez les fruits de la Passion mixés, le sirop de sucre et la liqueur d'orange. Étalez le mélange dans un moule rectangulaire en plastique ou en métal et congelez au moins 3 h. Le sorbet doit être juste pris.

4 Battez le sorbet avec les blancs d'œufs pour obtenir une consistance mousseuse puis incorporez 2 c. à s. de pépins réservés. Remettez le mélange dans le moule, lissez la surface et faites prendre 12 h au congélateur.

5 Au moment de servir, détaillez les mangues restantes en tranches épaisses puis incisez leur surface en losanges. Saupoudrez-les de sucre roux et faites-les rôtir sous le gril du four jusqu'à ce que le sucre soit fondu et commence à caraméliser. Disposez deux tranches dans chaque assiette à dessert et garnissez de sorbet. Accompagnez de tranches de citron vert.

Bombe glacée à la mangue

2 litres de crème glacée à la mangue
60 ml de jus d'orange
2 c. à s. de liqueur d'orange
1 génoise ronde de 16 cm de diamètre
1 mangue épluchée et détaillée
en tranches fines
4 blancs d'œufs
220 g de sucre en poudre

1 Sortez la crème glacée au moins 30 min à température ambiante pour la faire ramollir. Pendant ce temps, garnissez de film alimentaire un moule de 15 cm de diamètre en le faisant dépasser sur les côtés. Étalez la crème glacée à la mangue au fond du moule et congelez 2 h.

2 Préchauffez le four en position gril. Mélangez le jus et la liqueur d'orange. Coupez le dessus bombé de la génoise pour obtenir une surface bien plane puis recoupez la base en deux dans la hauteur. Posez la moitié inférieure sur une plaque de cuisson légèrement beurrée et badigeonnez-la de jus d'orange. Garnissez de tranches de mangue et couvrez avec la seconde moitié de la génoise, elle-même badigeonnée de jus d'orange.

3 Démoulez la glace à la mangue sur la génoise puis recoupez les bords de cette dernière pour que son diamètre soit égal à celui de la glace. Travaillez la glace pour lui donner une forme légèrement bombée. Remettez le tout au congélateur.

4 Battez les œufs en neige ferme en incorporant le sucre cuillerée par cuillerée. Quand la meringue est prête, étalez-la sur la bombe glacée en l'enveloppant complètement. Passez la bombe 3 min sous le gril du four pour que la meringue dore légèrement. Servez aussitôt.

CAFÉS

Ceux qui vouent un culte au café ne seront pas surpris d'apprendre que c'est une des boissons les plus appréciées dans le monde.

Espresso

Un espresso standard comporte 30 ml de café, et est préparé avec 7 g de grains moulus. Un double espresso est deux fois plus fort : il est fait avec 14 g de grains moulus. Les deux doivent être surmontés d'une couche de mousse de 5 mm.

Ristretto

Espresso intense et plus corsé, obtenu avec la même quantité de grains moulus qu'un espresso standard, mais contenant seulement 15 ml d'eau environ. C'est un café très apprécié par les vrais amateurs d'espresso.

Café noir long

Pour faire un double (voir précédemment), mettez 14 g de grains moulus dans une tasse de 180 ml, et recouvrez d'eau bouillante. Idéal pour ceux qui veulent une bonne dose de caféine mais sans ajouter de lait.

Cappuccino

Café espresso surmonté d'une mousse de lait dense ; il est servi dans une tasse à cappuccino de 180 ml. Le cappuccino est généralement saupoudré de chocolat en poudre.

Affogato

L'affogato est un dessert pour les amateurs de café, réalisé en versant un espresso chaud sur de la glace à la vanille de très bonne qualité. L'affogato doit être préparé sur la table devant les convives pour qu'ils puissent le déguster avant que toute la glace ne fonde. Dans les cafés, le café et la glace sont généralement servis dans deux récipients séparés.

Irish coffee

Café noir sucré dans lequel on ajoute du whisky irlandais chaud, puis qu'on recouvre d'un peu de crème légèrement fouettée. Il est parfois servi dans un verre à Irish coffee (grand verre à pied avec une anse), ou dans un verre à pied pour ressembler à un verre de Guinness.

Macchiato

Macchiato signifie «taché» ou «maculé» en italien, en référence au nuage de lait et de mousse dense que l'on ajoute à un espresso. Un macchiato peut être court (avec un espresso simple) ou long (avec un double espresso).

Café noisette

Café espresso avec légèrement plus de lait qu'un cappuccino. Il faut verser le lait pour qu'il n'y ait pas de mousse ; la tasse de café est ensuite recouverte d'une très fine couche de mousse.

Café latte

Servi dans un verre, un café latte est un espresso dans lequel on ajoute du lait pour remplir le verre – plus de lait que dans un café noisette. Un café latte doit être recouvert d'une couche de mousse d'environ 1 cm d'épaisseur.

Jamaican coffee

Pour préparer un Jamaican coffee, on mélange du café noir de Jamaïque avec du rhum blanc, et parfois de la Tia Maria®. On le recouvre ensuite de crème légèrement fouettée, et on le sert dans un verre ballon.

Roman coffee

Le Roman coffee est un café noir long mélangé avec du Galliano. Certaines recettes indiquent d'ajouter de la crème, d'autres non. Il peut être servi dans une tasse à cappuccino ou, s'il est recouvert de crème, dans un verre à anse similaire à un verre à Irish coffee.

Moka

Pour ceux qui n'arrivent pas à se décider entre un chocolat chaud et un cappuccino. Mélangez du cacao en poudre dans un espresso standard et ajoutez de la mousse de lait par-dessus. Le moka peut être servi dans un verre ou une tasse à cappuccino.

Choux & éclairs

 10' 30' 200°C

Pâte à choux
20 g de beurre
60 ml d'eau
35 g de farine
1 œuf

Crème pâtissière
250 ml de lait
½ gousse de vanille, fendue
3 jaunes d'œufs
75 g de sucre en poudre
2 c. à s. de Maïzena®

Caramel liquide
220 g de sucre en poudre
125 ml d'eau

Pâte à choux

1 Préchauffez le four à 200 °C. Graissez légèrement 2 plaques en métal.

2 Mélangez le beurre et l'eau dans une petite casserole ; portez à ébullition. Ajoutez la farine ; remuez à feu doux avec une cuillère en bois jusqu'à ce que la préparation se détache de la casserole et forme une boule lisse.

3 Transférez la pâte dans un bol ; incorporez l'œuf en fouettant jusqu'à ce que la préparation devienne luisante.

4 Mettez-la dans une poche à douille. Préparez les éclairs, les profiteroles et les paris-brest en suivant les indications des recettes suivantes.

Crème pâtissière

1 Mélangez le lait et la vanille dans une casserole et portez à ébullition. Quand le lait a bouilli, ôtez du feu et jetez la gousse.

2 Battez les jaunes d'œufs, le sucre et la Maïzena® jusqu'à obtention d'un mélange épais. Sans cesser de battre, ajoutez progressivement le lait parfumé à la vanille. Remettez le mélange dans la casserole et faites chauffer à feu doux en remuant sans cesse jusqu'à épaississement.

Caramel liquide

1 Mélangez le sucre et l'eau dans une poêle moyenne à fond épais. Faites chauffer à feu doux jusqu'à dissolution du sucre, puis portez à ébullition.

2 Baissez le feu et laissez cuire à feu doux, sans mélanger, jusqu'à ce que le sirop prenne une teinte brun doré. Retirez la casserole du feu et laissez reposer jusqu'à ce que les bulles se soient résorbées.

Paris-brest

16 20' 22' 200°C

1 Formez des petits disques de pâte à choux à l'aide d'une poche à douille et faites cuire 7 min à four chaud. Baissez le four et prolongez la cuisson pendant 10 min jusqu'à ce que les couronnes soient légèrement dorées. Coupez-les en deux horizontalement ; laissez cuire encore 5 min jusqu'à ce que la pâte soit sèche. Laissez refroidir à température ambiante.

2 Mettez la crème pâtissière dans une poche munie d'une douille de 1 cm ; déposez de la crème sur la base des couronnes, puis recouvrez avec les moitiés supérieures. Arrosez-les de caramel liquide et garnissez d'amandes effilées.

Éclairs au chocolat

16 20' 22' 200°C

1 Façonnez des bûchettes de pâte à choux de 5 cm de long sur les plaques préparées, en espaçant chaque éclair de 3 cm, puis faites cuire 7 min à four chaud. Baissez le four et laissez cuire encore 10 min jusqu'à ce que les éclairs soient légèrement dorés et croustillants. Ouvrez-les délicatement en deux dans le sens de la longueur, ôtez le centre moelleux et laissez cuire encore 5 min pour qu'ils soient secs. Laissez reposer à température ambiante.

2 Mettez la crème pâtissière dans une poche munie d'une douille de 1 cm ; garnissez de crème la base des éclairs et recouvrez avec les moitiés supérieures. Nappez les éclairs de chocolat noir fondu.

Bouchées pomme-caramel

2 pommes rouges moyennes (300 g)
1 c. à s. de jus de citron

660 g de sucre en poudre
250 ml d'eau

1 Préchauffez le four à 100 °C. Huilez 2 moules à minimuffin de 12 alvéoles chacun (contenance 20 ml).

2 Coupez les pommes, sans les peler, en dés de ½ cm. Tournez-les dans le jus de citron. Étalez les dés sur une plaque de cuisson recouverte de papier sulfurisé. Faites sécher 40 min au four.

3 Mélangez le sucre et l'eau dans une casserole à fond épais. Portez à ébullition. Laissez bouillir 10 min, sans remuer, jusqu'à coloration. Retirez la casserole du feu et laissez tiédir légèrement.

4 Répartissez les dés de pomme dans les alvéoles. Versez le caramel sur les pommes puis laissez reposer 10 min.

5 Plantez ½ bâtonnet en bois au centre de chaque alvéole. Laissez refroidir. Démoulez à l'aide d'un couteau pointu.

Conseil

Choisissez de préférence des pommes rouges pour cette recette. Pour verser le caramel dans les alvéoles, utilisez une casserole avec un bec verseur.

Madeleines

2 œufs
2 c. à s. de sucre en poudre
2 c. à s. de sucre glace
35 g de farine avec levure incorporée
35 g de farine ordinaire

75 g de beurre doux fondu
1 c. à s. d'eau
2 c. à s. de sucre glace
supplémentaire

1 Préchauffez le four à 200 °C. Huilez 2 moules à madeleine de 12 alvéoles chacun (contenance 30 ml).

2 Dans un saladier, battez les œufs, le sucre en poudre et le sucre glace tamisé jusqu'à obtention d'un mélange épais et crémeux.

3 Pendant ce temps, tamisez les deux farines puis incorporez-les à la préparation aux œufs.

Dans un saladier, mélangez le beurre et l'eau. Ajoutez-les à la pâte.

4 Déposez des cuillerées à soupe bombées de pâte dans les alvéoles. Faites cuire 10 min au four. Tapez le moule encore chaud contre le plan de travail pour détacher les madeleines des parois. Démoulez sur une grille et laissez refroidir. Au moment de servir, saupoudrez de sucre glace tamisé.

Roulés aux noisettes

185 g de farine ordinaire
100 g de beurre en cubes
110 g de sucre en poudre
1 jaune d'œuf

1 c. à s. de lait environ
110 g de Nutella®
2 c. à s. de poudre de noisettes

1 Préchauffez le four à 180 °C. Beurrez 2 plaques de cuisson et chemisez-les de papier sulfurisé.

2 Malaxez en chapelure la farine, le beurre et le sucre. Ajoutez le jaune d'œuf et mélangez en ajoutant suffisamment de lait pour que la pâte forme une boule. Pétrissez cette dernière sur un plan de travail fariné. Réfrigérez-la 1 h à couvert.

3 Abaissez la pâte entre 2 feuilles de papier sulfurisé pour obtenir un rectangle de

20 x 30 cm. Retirez la feuille du haut. Tartinez uniformément la pâte de Nutella® et saupoudrez de poudre de noisettes. Formez un rouleau serré, couvrez de film alimentaire et réfrigérez 30 min.

4 Retirez le film alimentaire et découpez la bûche en tranches de 1 cm. Placez celles-ci sur les plaques à 2 cm de distance. Faites-les cuire 20 min au four. Laissez-les reposer 5 min sur les plaques avant de les mettre à refroidir sur une grille.

Bouchées aux noix de pécan

2 c. à s. de miel liquide
40 g de noix de pécan finement broyées
125 g de beurre ramolli
¼ de c. à c. d'extrait de vanille

75 g de sucre en poudre
1 jaune d'œuf
150 g de farine ordinaire

1 Préchauffez le four à 180 °C. Beurrez 2 plaques de cuisson et chemisez-les de papier sulfurisé.

2 Dans un saladier, mélangez les noix de pécan avec la moitié du miel.

3 Fouettez en crème légère le beurre, l'extrait de vanille, le sucre, le reste du miel et le jaune d'œuf. Incorporez la farine tamisée.

4 Prélevez des cuillerées à café bombées de pâte et formez des boudins de 12 cm de long que vous roulez en spirales. Déposez les bouchées sur les plaques à 3 cm de distance. Décorez-les de noix de pécan au miel et faites cuire 10 min au four. Laissez refroidir sur les plaques.

Amandins au café

24 · 15' · 15' · 180°C

1 c. à s. de café soluble
3 c. à c. d'eau chaude
360 g de poudre d'amandes
220 g de sucre en poudre
2 c. à s. de liqueur de café
3 blancs d'œufs légèrement battus
24 grains de café enrobés de chocolat

1 Préchauffez le four à 180 °C. Beurrez 2 plaques de cuisson et chemisez-les de papier sulfurisé.

2 Faites dissoudre le café dans l'eau chaude et versez-le dans un saladier. Ajoutez la poudre d'amandes, le sucre, la liqueur et les blancs d'œufs. Mélangez afin d'obtenir une pâte ferme.

3 Façonnez en boules des cuillerées à soupe rases de pâte. Disposez-les sur les plaques à 3 cm de distance. Aplatissez-les à la main. Enfoncez 1 grain de café au centre et faites cuire 15 min au four. Laissez refroidir sur les plaques.

Petites bouchées au sirop d'érable

24 · 20' · 15' · 180°C

125 g de beurre ramolli
½ c. à c. d'extrait de vanille
80 ml de sirop d'érable
110 g de farine ordinaire
35 g de Maïzena®

1 Préchauffez le four à 180 °C. Beurrez 2 plaques de cuisson et chemisez-les de papier sulfurisé.

2 Battez en crème légère le beurre, l'extrait de vanille et le sirop d'érable. Incorporez la farine et la Maïzena® tamisées. Versez la pâte dans une poche à douille munie d'un embout en étoile de 1 cm de diamètre.

3 Formez des petites étoiles sur les plaques à 3 cm de distance. Faites-les cuire 15 min environ au four. Laissez refroidir sur les plaques.

Rochers à la noix de coco

18 15' 45' 150°C

1 œuf, blanc et jaune séparés
1 jaune d'œuf
55 g de sucre en poudre
120 g de noix de coco râpée

1 Préchauffez le four
à 140-150 °C.

2 Battez les jaunes
d'œufs et le sucre
dans un saladier pour obtenir
un mélange aéré. Incorporez
alors la noix de coco. Montez
le blanc d'œuf en neige ferme
puis mélangez-le à la pâte.

3 Formez des petits tas
de pâte sur des plaques
légèrement graissées

et faites-les cuire 15 min
au four. Réglez le thermostat
sur 120 °C et poursuivez
la cuisson encore 30 min.
Quand les rochers sont bien
dorés, décollez-les avec
une spatule et laissez-les
refroidir sur la plaque.

Conseil

Ces rochers se gardent 3 semaines
dans un récipient hermétique
ou 3 mois au congélateur.

Bouchées abricot-chocolat blanc

65 30' 30' 12ʰ

410 g d'abricots secs
250 ml d'eau bouillante
60 g de beurre ramolli
80 g de sucre glace

135 g de noix de coco râpée
1 c. à s. de zeste de citron
finement râpé
300 g de chocolat blanc fondu

1 Garnissez de papier
sulfurisé un moule
rectangulaire en le laissant
dépasser sur les côtés.

2 Faites gonfler les abricots
30 min dans l'eau
bouillante puis égouttez-les.

3 Mixez les abricots,
le beurre, le sucre,
la noix de coco et le zeste
de citron. Étalez le mélange
dans le moule et laissez
raffermir toute une nuit
au réfrigérateur.

4 Formez des petites boules
de la valeur de 1 c. à c.
de pâte aux abricots puis
trempez-les rapidement
dans le chocolat blanc fondu
avant de les faire refroidir
sur une feuille de papier
sulfurisé. Répétez l'opération
pour obtenir un nappage
uniforme. Mettez de nouveau
au réfrigérateur pour faire
raffermir le chocolat blanc.

Conseil

Vous pouvez servir ces bouchées
avec un cappuccino.

Sablés aux pistaches

70 g de pistaches décortiquées, grillées
250 g de beurre ramolli
160 g de sucre glace
225 g de farine ordinaire
2 c. à s. de farine de riz
2 c. à s. de Maïzena®
90 g de poudre d'amandes
55 g de sucre glace supplémentaire

1 Préchauffez le four à 150 °C. Recouvrez plusieurs plaques de cuisson huilées de papier sulfurisé.

2 Hachez grossièrement la moitié des pistaches.

3 Fouettez le beurre et le sucre glace tamisé dans un saladier à l'aide d'un batteur électrique jusqu'à obtention d'un mélange léger. Transvasez le mélange dans un saladier.

Incorporez la farine tamisée, la farine de riz, la Maïzena®, la poudre d'amandes et les pistaches hachées.

4 Façonnez des cuillerées à café rases de pâte en petits monticules que vous disposerez sur les plaques, espacés d'environ 3 cm. Enfoncez 1 pistache entière au sommet de chaque monticule. Enfournez et faites cuire environ 25 min. Laissez reposer 5 min puis faites refroidir sur une grille. Saupoudrez de sucre glace.

Carrés à la noix de coco et aux abricots

250 g de petits-beurre
100 g de beurre détaillé en cubes
125 ml de lait concentré sucré
40 g de noix de coco râpée
80 g d'abricots secs détaillés en dés

Garniture au chocolat blanc
200 g de chocolat blanc
2 c. à c. d'huile végétale

1 Beurrez un grand moule rectangulaire peu profond. Chemisez-le de papier sulfurisé, en laissant ce dernier dépasser de 2 cm.

2 Écrasez en poudre fine 200 g de petits-beurre. Malaxez le reste en chapelure plus grossière.

3 Faites fondre le beurre dans le lait à feu doux, en remuant. Dans un saladier, mélangez bien les chapelures de biscuits avec la noix de coco et les abricots avant d'incorporer le lait chaud. Étalez la pâte dans le moule, couvrez et réfrigérez 20 min.

4 Pour la garniture, préparez un glaçage avec le chocolat blanc et l'huile que vous travaillez en pommade lisse au bain-marie. Versez cette crème sur le fond de pâte et réfrigérez plusieurs heures. Découpez en 24 carrés.

Carrés de café aux noix de macadamia

250 g de petits-beurre
100 g de beurre détaillé en cubes
125 ml de lait concentré sucré
70 g de noix de macadamia grillées et hachées

Garniture au café
2 c. à c. de café soluble
2 c. à s. d'eau bouillante
200 g de sucre glace
10 g de beurre

1 Beurrez un grand moule rectangulaire peu profond. Chemisez-le de papier sulfurisé, en laissant ce dernier dépasser de 2 cm.

2 Écrasez en poudre fine 200 g de petits-beurre. Malaxez le reste en chapelure plus grossière.

3 Faites fondre le beurre dans le lait à feu doux, en remuant. Dans un saladier, mélangez bien les chapelures de biscuits avec les noix avant d'incorporer le lait chaud.

Étalez cette pâte dans le moule. Couvrez et réfrigérez 20 min.

4 Mélangez le café avec l'eau bouillante, puis incorporez le sucre glace et le beurre en travaillant le glaçage au bain-marie pour obtenir une crème lisse. Versez cette crème sur le fond de pâte et réfrigérez plusieurs heures. Découpez en 24 carrés.

Nougats turcs

400 g de chocolat blanc
en gros morceaux
200 g de marshmallows à la vanille
et à la framboise détaillés
en petits cubes

200 g de loukoums
détaillés en petits dés
110 g de noix de macadamia
grillées, grossièrement broyées

1 Chemisez de papier
sulfurisé 2 moules à cake
en le laissant dépasser
de 2 cm sur les bords.

2 Faites fondre le chocolat
au bain-marie puis
laissez-le tiédir 2 min.

3 Mélangez le reste des
ingrédients dans un saladier
avant d'incorporer rapidement
le chocolat fondu. Répartissez
la crème dans les moules et
mettez au frais jusqu'à ce qu'elle
soit bien ferme. Découpez-la
en cubes avant de servir.

Note

Le loukoum est une friandise turque
à base de sirop de sucre, de fruits
secs, de noix ou d'amandes et
de gomme arabique aromatisée
(traditionnellement à la rose,
à la vanille, à la pistache ou
à l'orange). On en attribue l'invention
à un sultan ottoman qui cherchait
à se gagner les faveurs des femmes
de son harem. La recette est
demeurée inchangée et s'apprécie
de nos jours dans le monde entier.

Baklava à l'eau de rose

260 g d'amandes mondées
140 g de pistaches décortiquées
2 c. à c. de cannelle moulue
1 c. à c. de clous de girofle moulus
1 c. à c. de noix de muscade râpée
16 feuilles de pâte à brick
80 g de beurre fondu

Sirop à l'eau de rose
250 ml d'eau
220 g de sucre en poudre
90 g de miel
1 c. à c. d'eau de rose

1 Préchauffez le four à
180 °C. Beurrez un moule
carré de 23 cm de côté.

2 Réduisez en poudre
fine les fruits secs
et les épices. Étalez sur
une plaque de cuisson
et faites dorer 10 min.
Augmentez le thermostat
à 200 °C.

3 Déposez 3 feuilles de
brick dans le moule
et badigeonnez-les de

beurre fondu. Répartissez
dessus un tiers des fruits
secs. Répétez l'opération
2 fois et terminez par une
couche de brick. Découpez
le baklava en 16 triangles.
Enfournez 25 min à 200 °C,
puis 10 min à 150 °C.

4 Préparez le sirop de rose
en laissant bouillir tous les
ingrédients 5 min, sans couvrir.
Sortez le baklava du four
et arrosez-le de sirop chaud.
Laissez refroidir dans le moule.

Petits caramels à l'orange

220 g de sucre en poudre

90 g de beurre doux

2 c. à s. de miel liquide

115 g de sirop de glucose

125 ml de lait concentré sucré

60 ml de crème fraîche

2 c. à c. de zeste d'orange finement râpé

30 g de pistaches grillées, non salées, finement hachées

1 Huilez 2 moules à minimuffin de 12 alvéoles chacun (contenance 20 ml).

2 Dans une casserole à fond épais, mélangez le sucre, le beurre, le miel, le glucose, le lait concentré et la crème fraîche. Faites chauffer à feu doux en remuant jusqu'à ce que le sucre soit dissous. Portez à ébullition. Faites bouillir 8 min en remuant jusqu'à coloration. Incorporez le zeste d'orange. Retirez la casserole du feu et laissez tiédir quelques instants.

3 Répartissez cette préparation dans les alvéoles. Parsemez de pistaches. Laissez reposer 20 min avant de démouler à l'aide d'une palette huilée.

Marshmallows aux fruits de la Passion

160 g de noix de coco séchée

80 ml de pulpe de fruits de la Passion

1 c. à s. de gélatine (14 g)

60 ml d'eau froide

220 g de sucre en poudre

125 ml d'eau chaude

1 Huilez 2 moules à minimuffin de 12 alvéoles. Saupoudrez les alvéoles de noix de coco.

2 Filtrez la pulpe de fruits de la Passion. Jetez les petites graines. Diluez la gélatine dans l'eau.

3 Versez la pulpe filtrée, le sucre et l'eau chaude dans une casserole à fond épais. Faites chauffer en remuant pour dissoudre le sucre. Portez à ébullition. Ajoutez la gélatine. Portez de nouveau à ébullition et laissez bouillir 15 min, sans remuer. Versez dans un robot et laissez tiédir.

4 Fouettez la préparation 4 min à vitesse rapide jusqu'à épaississement.

5 Sans attendre, répartissez cette préparation dans les alvéoles des moules. Parsemez de noix de coco et laissez prendre 2 h.

6 Étalez le reste de la noix de coco sur un plateau. Tournez les marshmallows dedans.

Bûchettes aux amandes

1 blanc d'œuf

150 g de sucre en poudre

¼ de c. à c. d'extrait d'amande

125 g de poudre d'amandes

70 g d'amandes effilées, légèrement grillées et concassées

50 g de chocolat noir en morceaux

1 Préchauffez le four à 180 °C. Graissez légèrement 2 plaques de four.

2 Montez le blanc d'œuf en neige au batteur électrique, en incorporant le sucre cuillerée par cuillerée. Ajoutez enfin l'extrait d'amande, la poudre d'amandes et les amandes concassées.

3 Avec cette préparation, formez sur les plaques de cuisson 28 petites bûchettes de 6 cm de long. Faites-les cuire 8 min au four puis laissez-les refroidir.

4 Faites fondre le chocolat noir dans une casserole. Décorez les bûchettes de chocolat fondu en vous aidant d'une poche à douille.

Meringues au café et aux noisettes

2 blancs d'œufs

110 g de sucre en poudre

2 c. à c. de café soluble

½ c. à c. d'eau chaude

3 c. à c. de liqueur de café

35 g de noisettes grillées

1 Préchauffez le four à 120 °C. Beurrez 2 plaques de cuisson et chemisez-les de papier sulfurisé.

2 Montez les blancs d'œufs en neige. Incorporez progressivement le sucre, en fouettant bien après chaque addition.

3 Faites dissoudre le café dans l'eau chaude avant d'ajouter la liqueur. Incorporez ce mélange à la meringue.

4 Versez la meringue dans une poche à douille munie d'un embout en étoile de 5 mm de diamètre. Formez des petits tas sur les plaques à 2 cm de distance. Décorez chaque meringue d'une noisette.

5 Faites cuire les meringues 45 min au four. Laissez-les refroidir dans le four, porte ouverte.

FRIANDISES À OFFRIR

Transformez vos friandises maison en petits cadeaux spéciaux qui vont surprendre et ravir.

Bocaux en verre

Les bocaux en verre font d'excellents emballages cadeaux, que l'on peut garder longtemps après que les biscuits ont été mangés. Achetez-les à bas prix et stérilisez-les avec de l'eau bouillante avant de les remplir.

Emballage rustique

Faites deux cadeaux en un. Enveloppez un gâteau lourd, comme par exemple un cake aux fruits, dans un torchon 100 % lin, en le posant sur un carton à gâteau. Fermez avec un élastique et décorez avec des pinces à linge en bois qui traînent chez vous.

Enveloppes surprise

Prenez une enveloppe en guise de pochoir et découpez-en la forme dans un napperon en papier ; glissez-y un morceau de carton pour plus de stabilité et collez-la. Introduisez-y quelques friandises : voilà un cadeau idéal pour une petite fille.

Soyez créatif

Laissez tomber les rubans. Assemblez des simples mouchoirs en papier ou du papier d'emballage avec des matériaux réservés à d'autres usages. Essayez aussi le fil 100 % mohair, la laine de couleur ou la ficelle de cuisine.

Boîte en fer blanc

Recyclez de vieilles boîtes de chocolats ou à thé ou achetez des boîtes en fer blanc dans les magasins loisirs créatifs. Customisez-les en les enveloppant de papier transparent à motifs et en les ornant de rubans. Ces boîtes sont idéales pour conserver des biscuits au frais, et peuvent être réutilisées.

Cadeaux personnalisés

Découpez des rectangles dans des sacs en cellophane, que vous trouverez dans les magasins de loisirs créatifs. Placez un biscuit en forme de lettre au centre et enveloppez-le en tournant les extrémités du rectangle pour que le sachet ait la forme d'un bonbon ; fermez avec du bolduc.

Boîte cadeau

Remplissez une boîte cadeau tapissée de papier de soie avec des biscuits faits maison, et une autre avec des feuilles de thé enveloppées dans un « sachet » en mousseline. Les magasins de loisirs créatifs ont des stocks de boîtes et de mousseline.

Panier cadeau

Une barquette de framboises comme celle-ci peut faire office de récipient rustique et plein de charme pour accueillir des biscuits fraîchement sortis du four. Tapissez l'intérieur et protégez les biscuits avec du papier sulfurisé.

Sacs à bonbons

Fabriquez d'élégants sacs à bonbons pour les grands enfants avec des sacs en papier fermés par des autocollants. Pour une touche personnelle, ajoutez une initiale ou un autocollant sur le sac, disponibles dans les magasins de loisirs créatifs.

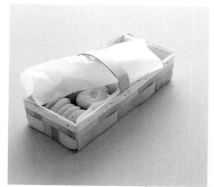

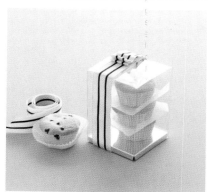

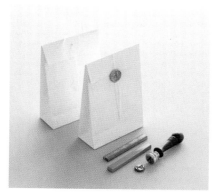

Assortiment de couleurs

Un schéma simple de couleurs peut avoir beaucoup d'allure : travaillez par ton avec une ou deux couleurs seulement et faites un emballage soigné, en nouant le ruban avec originalité.

Friandises vedette

Achetez des boîtes transparentes dans des magasins de loisirs créatifs puis décorez-les avec simplicité ; les friandises seront ainsi vraiment mises en valeur. Mettez-les dans des caissettes blanches et superposez-les dans la boîte en les séparant avec un morceau de papier sulfurisé. Sur la photo, le ruban a été plié deux fois et fixé avec une épingle à tête perlée pour changer.

Traditionnel

Un cachet de cire permet de sceller un sac en papier rempli de friandises d'une façon personnelle et un brin *old-school*. Ajoutez ainsi une touche de cérémonie et d'importance à des friandises simples. Idéal pour une bonbonnière de mariage.

INDEX

TABLE DES RECETTES

T

GLOSSAIRE

A

AMANDE
Fruit de l'amandier, légèrement aplati et pointu. On en consomme la graine, d'un beau blanc crémeux, recouverte d'une fine pellicule brune.
amandes effilées : coupées en lamelles.
amandes mondées : débarrassées de leur pellicule brune.
poudre d'amandes : amandes broyées finement.

B

BADIANE
Aussi appelée anis étoilé. *Voir page 466.*

BASILIC THAÏ
Voir page 393.

BEURRE DE CACAHUÈTE
Pâte à tartiner à base d'arachide. Populaire aux États-Unis et très utilisé dans la culture culinaire africaine. Composé d'huile végétale, de sel, de sucre et bien évidemment d'arachides, il est de consistance pâteuse. Il en existe du sucré et du salé ; du « crunchy », croustillant avec des morceaux de cacahuète, ou du « smoothie » à la texture plus lisse.

BICARBONATE DE SOUDE
Remplace la levure dans la pâtisserie.

BLETTE
Plante potagère dont on consomme les côtes charnues et parfois les grandes feuilles vert foncé.

BOK CHOY
Voir page 352.

BOULGOUR
Voir page 328.

BROCOLI CHINOIS
Voir page 353.

BROCCOLINI
Plus doux et plus sucré que le brocoli traditionnel. Tout se mange, des fleurs à la tige. Il a une saveur délicate, légèrement poivrée.

C

CANNEBERGES
Il s'agit de baies rouges acidulées, à riche teneur en vitamine C. On peut les remplacer par des airelles.

CÂPRES
Bouton floral d'une plante méditerranéenne, le câprier. Les câpres sont vendues confites au vinaigre ou en saumure. Leur saveur aigre relève les sauces froides ou chaudes. Les plus petites, qui ont été cueillies plus tôt, sont plus savoureuses et plus chères que les grosses. Dans la cuisine méridionale, on les associe souvent aux olives et aux anchois.

CARDAMOME
Épice originaire d'Inde et très présente dans la cuisine orientale. On la trouve en gousses, en graines ou moulue.

CARVI
Plante aromatique voisine du cumin, de saveur anisée très prononcée. Vendue en graines ou en poudre.

CÉLERI-RAVE
Racine charnue, bosselée, à la peau brune et à la chair blanche. Conservez un céleri-rave pelé dans de l'eau citronnée pour éviter que la chair ne noircisse.

CHAMPIGNONS
enoki : ces champignons blancs, longs et fins, d'origine japonaise, offrent une délicate saveur fruitée.
pleurotes : ces champignons de couleur beige, en forme d'éventail, sont appréciés pour leur texture moelleuse et leur saveur subtile.
shiitake : ces champignons cultivés, d'origine japonaise, se distinguent par leur saveur brute, évoquant celle des espèces sauvages. Ils se vendent frais et séchés – les séchés doivent être réhydratés avant emploi.

CHAPELURE
industrielle : mie de pain séchée et réduite en poudre, prête à l'emploi.
maison : pain rassis râpé ou haché finement dans un robot.

CHÂTAIGNES D'EAU
Appelées aussi marrons d'eau ou liserons d'eau. Leur chair est blanche, croustillante, et a le goût de noisette. Elles sont meilleures fraîches, mais on les trouve plus couramment en boîte. Se conserve 1 mois au réfrigérateur après ouverture.

CHEVEUX D'ANGE
Vermicelles très fins, appelés aussi spaghettini.

CINQ-ÉPICES
Mélange en poudre de cannelle, clous de girofle, badiane, poivre du Sichuan et graines de fenouil.

CITRON KAFFIR (FEUILLES DE)
Appelées aussi feuilles de kaffir. *Voir page 353.*

CITRONNELLE
Voir page 352.

CITRONS CONFITS
Spécialités d'Afrique du Nord, les citrons sont habituellement immergés entiers dans un mélange de jus de citron ou d'huile et de sel (parfois parfumé d'épices). Ils doivent mariner au moins

30 jours avant d'être consommés mais ils se conservent plusieurs mois dans cette saumure. En général, on n'utilise que l'écorce des citrons confits, que l'on hache finement avant de l'incorporer dans une recette.

CORIANDRE
Voir page 392.

CRÊPES CHINOISES
Ces petites crêpes rondes, à base de farine et d'eau, se vendent fraîches ou surgelées dans les épiceries asiatiques.

CUMIN
Épice de la famille du persil au goût puissant, vendu moulu ou en graines.

CURCUMA
Ce rhizome apparenté au galanga et au gingembre s'utilise râpé ou pilé, libérant alors son arôme âcre et sa saveur affirmée.

E

ÉPICES CAJUN
Mélange d'épices du sud des États-Unis comprenant, en proportions variables, du paprika, du basilic, de l'oignon, du fenouil, du thym, du piment de Cayenne et de l'estragon.

F

FENOUIL
Légume dont on consomme le bulbe rond et croquant, vert pâle, légèrement anisé, mais aussi les feuilles, au goût anisé plus prononcé. Les graines de fenouil ont un goût d'anis assez puissant.

FÈVES
Voir page 329.

FROMAGES
bleu : fromage moulé à la louche comprenant des strates ou des alvéoles de moisissure bleue.
bocconcini : petite boule de mozzarella dont le nom vient de l'italien boccone qui signifie « bouchée ». Fromage de la taille d'une noix, à pâte demi-ferme, de couleur blanche, traditionnellement à base de lait de bufflonne. Il s'abîme rapidement et doit donc être conservé au réfrigérateur dans la saumure pendant 1 à 2 jours au maximum.
cheddar : fromage semi-dur d'origine anglaise à la texture légèrement friable. Il est affiné de neuf mois à deux ans et son goût se fait plus piquant avec l'âge.
feta : fromage grec au lait de chèvre ou de brebis. Sa texture est friable et son goût piquant et salé.
fontina : fromage italien au goût de noisette, à pâte lisse et ferme sous une croûte brune ou rouge.
fromage frais : il est issu du lait naturellement fermenté. Plus égoutté que le fromage blanc, il offre un aspect de pâte épaisse.
haloumi : fromage de brebis à pâte ferme affiné dans de la saumure. Sa saveur rappelle celle de la

feta salée avec un léger goût de menthe.

mascarpone : fromage frais lombard au lait de vache, très crémeux, à la fois doux et très légèrement acide.

mozzarella : fromage italien à pâte molle, fait à partir de lait de vache ou de bufflonne.

pecorino : nom générique des fromages de brebis italiens, généralement affinés entre 8 et 12 mois.

ricotta : fabriquée avec le petit-lait, cette préparation fromagère moelleuse contient peu de corps gras et a une texture plus grumeleuse que la crème fraîche.

FRUITS À COQUE
Voir pages 28-29.

GARAM MASALA
Voir page 403.

GÉLATINE
Substance sans saveur utilisée comme épaississant, vendue sous forme de poudre ou de feuilles translucides.

GELÉE EN CRISTAUX
Mélange de sucre, de gélatine, de colorant et d'arômes. Lorsque la gelée est dissoute dans l'eau, le mélange se fige. Vous la trouverez dans les épiceries anglo-saxonnes.

GINGEMBRE
Ce rhizome noueux et épais provient d'une plante tropicale. Il se conserve au réfrigérateur et peut se congeler dans un récipient hermétique. Le gingembre en poudre s'emploie pour aromatiser les gâteaux, les tartes et les crèmes.

GOLDEN SYRUP
Sirop de sucre ambré fait à partir de sucre de canne. Très épais, il ressemble à du miel.

GOMBO
Fruit allongé et strié d'une plante originaire d'Inde. Recouvert d'une peau duveteuse, il sert à épaissir les préparations mijotées. Frais, il se conserve trois jours au réfrigérateur.

HOUMOUS
Sauce du Moyen-Orient composée de pois chiches, d'ail, de jus de citron et de tahini écrasés en purée.

KAFFIR (FEUILLES DE)
Appelées aussi feuilles de combava, makrut ou citron thaï. *Voir page 353.*

LEMON CURD
Préparation à base de jus de citron, de sucre, de beurre et de jaunes d'œufs.

MÉLASSE DE GRENADE
Sirop épais obtenu par réduction du jus de grenade. Offrant une saveur à la fois aigre et fruitée, semblable à celle du vinaigre balsamique, il s'étale sur les viandes, les volailles et les fruits de mer avant de les griller ou de les rôtir. Ce produit d'origine libanaise est en vente dans les épiceries moyen-orientales.

MIRIN
Vin de cuisine japonais. On le tire d'un mélange de riz gluant et d'alcool.

NORI
Algue vendue séchée, largement utilisée dans la cuisine japonaise, pour décorer ou pour envelopper les sushis. Vendue dans les épiceries asiatiques, sous forme de feuilles très fines, nature ou grillées (yaki-nori).

NOUILLES
Voir pages 316-317.

OIGNONS
ciboule : en fait, une variété d'ail. Ses feuilles creuses se consomment aussi crues.

ciboulette : plante de la famille de l'oignon, dont les feuilles creuses et minces sont employées comme condiment. On peut lui substituer des tiges de ciboules, à la saveur plus prononcée.

de printemps : bulbe blanc, relativement doux, aux longues feuilles vertes et croustillantes. Appelés aussi oignons nouveaux.

échalote : membre de la famille des oignons, elle a un goût plus délicat (surtout la variété grise), sous une peau d'un brun doré ou rose.

jaune : oignon à chair piquante, utilisé dans toutes sortes de plats.

rouge : plus doux que les blancs et les jaunes, ils sont délicieux crus dans les salades.

vert : oignon cueilli avant la formation du bulbe, dont on mange la tige verte.

ORANGE SANGUINE
Variété d'orange contenant peu de pépins, à la chair rouge foncé et à la peau pigmentée de rouge. Elle est douce avec de légers accents de fraise ou de framboise. Son zeste n'est pas aussi amer que celui des oranges classiques.

PAIN
Voir pages 92-93.

PANAIS
Légume-racine de forme allongée et de couleur crème. Sa chair est blanche et son goût plus sucré que celui de la carotte.

PANCETTA
Bacon italien, non fumé. Poitrine de porc salée et épicée puis roulée en forme de saucisse et mise à sécher pendant plusieurs semaines.

PAPRIKA
Poivron rouge séché et moulu en poudre. Doux ou fort.

PATATE DOUCE
Tubercule farineux ou tendre et fondant selon les variétés. Les variétés à chair orange sont les plus fondantes.

PÂTISSON
Courge ronde légèrement aplatie, jaune à vert pâle, à bord festonné. Cueilli jeune, sa chair est blanche et tendre et il offre une saveur très particulière.

PIGNON DE PIN
Amande, de couleur crème, qui croît dans le cône des pins parasols. Très utilisé dans la cuisine du pourtour méditerranéen. Ingrédient indispensable des pestos et des salades italiennes.

POIVRE DE CAYENNE
Piment rouge extrêmement fort, réduit en poudre.

POLENTA
Voir page 329.

PROSCIUTTO
Jambon italien salé, mis en saumure et séché à l'air (non fumé).

QUATRE-ÉPICES
Mélange d'épices composé de poivre, de noix de muscade, de clou de girofle et de cannelle.

RAIFORT
De la famille de la moutarde ; la racine a un goût fort et piquant ; souvent utilisé comme condiment. La crème est faite à base de raifort râpé, de vinaigre, d'huile et de sucre.

RIZ
Voir pages 300-301.

SAFRAN
Voir page 402.

SAKÉ
Vin de riz japonais qui s'emploie aussi en cuisine, dans les marinades ou les sauces d'accompagnement. À défaut, on peut y substituer du sherry sec, du vermouth ou du cognac.

SAUCES
char siu : sauce chinoise, conçue pour le barbecue, qui se présente sous la forme d'une pâte rouge foncé, à la saveur douce et piquante. Elle se compose de fèves de soja fermentées, de miel et d'épices variées.

aux haricots noirs : sauce chinoise composée de germes de soja fermentés, d'épices, d'eau et de farine de blé.

hoisin : sauce chinoise épaisse, suave et aromatique, composée de pâte de germes de soja salés fermentés, d'oignon et d'ail.

d'huître : sauce parfumée et épaisse d'origine chinoise, tirée d'huîtres cuites avec leur eau, que l'on prépare avec du sel et du soja et que l'on épaissit d'amidon.

kecap asin : sauce de soja foncée, épaisse et salée, originaire d'Indonésie.

kecap manis : sauce indonésienne, épaisse et sucrée, à base de soja auquel ont été ajoutés du sucre et des épices.

nuoc-mâm : également appelé sauce de poisson. Sauce vietnamienne à base de poissons fermentés et salés pulvérisés (habituellement des anchois). La variante thaïlandaise (nam pla) est plus légère.

sambal oelek : sauce au piment d'origine indonésienne.

shoyu : sauce japonaise polyvalente, pauvre en sodium, contenant plus de blé que la sauce soja chinoise.

soja : à base de germes de soja fermentés. On la trouve dans la plupart des supermarchés et des épiceries asiatiques. La sauce soja peut être très sombre (presque noire) ou très claire, mais cette dernière n'est pas moins forte au goût.

sukiyaki : sauce japonaise à base de sauce soja, de mirin, de sucre et de sel. Vendue en bouteille.

Tabasco® : nom de marque d'une sauce très forte à base de vinaigre, de piments rouges et de sel.

tamari : sauce soja épaisse, foncée et sucrée. On l'utilise dans les mets où la saveur du soja est essentielle, par exemple les sauces à tremper et les marinades.

teriyaki : sauce d'origine japonaise à base de sauce soja, de mirin, de sucre, de gingembre et d'épices variées.

worcestershire : condiment de couleur foncée, à base d'ail, de sauce soja, de tamarin, de citron vert, d'oignons, de mélasse, d'anchois, de vinaigre et d'assaisonnement.

SHICHIMI
Mélange de sept épices japonais très courant, composé de piment rouge, de zestes de mandarine, de graines de sésame, de graines de pavot, de nori et de poivre du Sichuan.

TAHIN
Pâte obtenue avec des graines de sésame broyées. Elle s'utilise dans la préparation du houmous (crème de pois chiche) ou du caviar d'aubergine.

TAMARIN
Le tamarinier produit des grappes de gousses velues dont chacune est emplie de graines et d'une substance visqueuse ensuite séchées et pressées. On le trouve dans les épiceries asiatiques. Il confère aux plats une saveur sucrée et acidulée légèrement astringente.

TOFU
Ce produit d'un blanc cassé est tiré du « lait » de soja (en fait, des germes de soja pressés). Frais, il se présente sous forme d'une pâte ferme ou moelleuse. On conserve le tofu frais 4 jours au réfrigérateur dans une eau que l'on change quotidiennement.

VANILLE (EXTRAIT)
S'obtient de gousses de vanille qui ont été immergées dans de l'alcool. On peut y substituer de l'essence de vanille.

VINAIGRE
balsamique : vinaigre fabriqué avec le jus de raisin blanc Trebbiano. De couleur brune, c'est un vinaigre au goût unique, à la fois doux et mordant.

de malt : vinaigre à base de malt d'orge fermenté et de copeaux de hêtre.

de riz : vinaigre à base de riz fermenté.

VIN DE CUISINE CHINOIS
Aussi appelé vin de riz chinois, il est composé de riz fermenté, de blé, de sucre et de sel et titre 13,5 % d'alcool. On peut le remplacer par un vin blanc sec.

WONTON (PÂTE À)
Petits ronds de pâte séchée servant à préparer les raviolis. On peut y substituer des galettes de riz pour rouleaux de printemps ou pâtés impériaux.

XÉRÈS
Vin blanc sec de la région de Jerez consommé en apéritif et employé en cuisine.

Conception graphique de l'intérieur : Aurélie Vitoux
Conception graphique de la couverture : Anne Martirénée
Mise en page des recettes : les PAOistes
Suivi éditorial : Natacha Kotchetkova
Relecture : Véronique Dussidour et Dominique Montembault

Édité par Hachette Livre, 58 rue Jean Bleuzen, CS 70007 92178 VANVES CEDEX
Dépôt légal : septembre 2015
ISBN : 978-2-501-10951-2 - 1533368
Achevé d'imprimer en août 2015
sur les presses de Graficas Estella, Espagne.